助理云经纪师

韩景偶　何　杰　主　编

刘　涛　于长锐
　　　　　　　　　副主编
梁贺君　陈逸群

上海财经大学出版社

图书在版编目(CIP)数据

助理云经纪师/韩景偶,何杰主编 . 一上海:上海财经大学出版社,2015.1

(云经纪师培训教程)

ISBN 978-7-5642-2079-2/F • 2079

Ⅰ.①助… Ⅱ.①韩… ②何… Ⅲ.①信息服务业-经纪人-培训-教材 Ⅳ.①F719

中国版本图书馆 CIP 数据核字(2014)第 300437 号

□ 责任编辑 陈 佶
□ 封面设计 张克瑶
□ 责任校对 胡 芸 卓 妍

ZHULI YUN JINGJISHI
助 理 云 经 纪 师

韩景偶 何 杰 主 编

刘 涛 于长锐

梁贺君 陈逸群 副主编

上海财经大学出版社出版发行

(上海市武东路 321 号乙 邮编 200434)

网 址:http://www.sufep.com

电子邮箱:webmaster @ sufep.com

全国新华书店经销

上海华教印务有限公司印刷装订

2015 年 1 月第 1 版 2015 年 1 月第 1 次印刷

787mm×1092mm 1/16 19 印张 462 千字

印数:0 001－3 500 定价:46.00 元

总　序

随着计算机技术与通信技术的发展与融合,计算机互联网方兴未艾,给现代社会带来了巨大的变化。特别是进入 21 世纪以来,互联网已经成为人类社会生活不可或缺的基础设施。这种数字化、网络化的发展趋势在催生各种计算机应用新技术的同时,也发展和丰富了各行业的业务形态,并对相关经营模式具有颠覆之势。

互联网领域活跃的创造力,吸引着人们的关注。在这里,技术的竞争和淘汰非常激烈,极大地缩短了技术概念的生命周期,一些技术风行几年甚至几个月后就不知所踪,被新的技术概念与模式所替代;而有一些技术在市场的检验下因其具有良好的基因与发展空间而存活,云计算就是其中的佼佼者。云计算非但没有消失,反而有越来越多的软硬件公司加入云计算产业中。

考察计算机网络的发展史,我们会发现,生存下来的一些主流的技术标准,一开始是为了特定的目的而以极为简化的技术来实现的,如以太网、TCP/IP 协议。虽然在技术上它们存在一些缺陷,之后推出了不少的网络技术和标准化的 OSI 协议,希望以此来完善或者取代它们,不过因为技术方面的复杂性而使得推行的范围始终有限。云计算属于市场先行的技术,在技术规范还没有制定出来之前,各大公司已经在推出自己的云计算商用产品了。从这个意义上看,云计算也会与 IP 技术一样,先占有市场,然后获得学术界的承认。

在这个背景下,云计算已经成为各行业认真对待的互联网的下一个关键应用,纷纷积极投入财力、物力和人力来跟上这个潮流。云经纪师应运而生,其作为第三方咨询服务商为用户进行 IT 应用现状、组织结构和业务流程等方面的信息化需求分析,例如,帮助用户在中亚云交易平台或线下选择合适的云计算提供商。

就云计算市场现状来看,尽管云计算产业发展迅猛,但在云计算提供商和用户之间,由于缺少有效的对接,市场需求"瓶颈"仍未被有效突破。按照一般的市场原则,用户潜在的计算和存储需求需通过专业的从业人员去挖掘,这就需要云经纪师,云经纪师是云产业的"润滑剂",在行业中肩负着促进买方和卖方沟通的职能。

在本系列丛书的编写过程中,我们参阅了国内外大量的文献和资料,其中信息明确的已列于参考文献中,而信息不全、无法详细查证其出处的,未能一一列出,在此,向所有在本系列丛书编写过程中所帮助的国内外专家和学者致以真诚的谢意!

本系列丛书为云经纪从业人员提供了一套完整的云经纪师培训教材,包括《云经纪基础知识》、《助理云经纪师》、《中级云经纪师》、《高级云经纪师》。本系列丛书是国内第一套系统的云经纪师培训教材,但由于编者水平所限,加上时间仓促,书中一定存有不足之处,恳请读者批评、指正。

编　者

2014 年 11 月于上海财经大学

目　录

第二篇　云经纪服务模式

第三篇　建立云经纪业务

第四篇　云经纪师技能

第五篇　云经纪师与云交易所

第一篇

云经纪基础知识

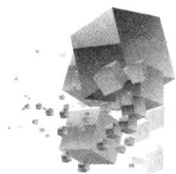

第一章
云经纪师的定义

学习要点

1. 了解云计算的含义及相关服务内容；
2. 掌握云经纪人的定义和云经纪提供的关键服务；
3. 了解云计算经济学相关内容。

第一节 云计算及服务

在《云计算解码》一书的一开始提到了一个对云计算的重要评价——云计算是第三次 IT 革命。工业革命的发生使得人类从手工业、农业社会迈入机器工业、信息社会，其中，信息社会开始于 20 世纪 40 年代计算机的发明，而真正影响大众信息化进程的是第一次 IT 革命(即个人计算机的出现)以及第二次 IT 革命(即互联网技术的广泛应用)。目前我们又将经历第三次 IT 革命。

在介绍云计算之前，我们先简单回顾一下为云计算的发展奠定坚实基础的最近一次信息革命。

Web2.0 技术的发展改变了信息的产生和交互模式，普通人也可以参与信息的制造和传播。信息的交互形式更加丰富，出现了博客、SNS、微博等新型应用，用户规模不断扩大，互联网数据量出现大规模爆炸式增长，大型互联网服务提供商不断建设新的数据中心以满足海量数据的存储和处理需求。为了搜集全球不断增加的数据量，谷歌建立了全球规模最大的数据中心，以统一管理和调度庞大的分布式资源。在此过程中，分布式技术逐渐成熟，更多技术可以基于这些技术来发展，人们通过浏览器不再仅仅是从某几台服务器上获取数据和应用能力，而是可以从几千台甚至几万台服务器组成的庞大集群上获得数据和应用能力，从 B/S 走向 B/C(Cloud，庞大的服务器集群)，即所谓的云计算。

另外，传统的用户终端也开始分化，除了 PC、笔记本，还出现了上网本、平板电脑、智能手机等更加便携的设备，笔记本和 PC 也从以桌面应用为中心向以浏览器为中心发展，总的趋势是终端多样化、操作系统瘦小化、浏览器中心化、网络无线化和存储处理网络化。与终端变化相呼应的是被称为第三次 IT 革命的云计算技术。随着终端需要处理的数据越来越多以及浏览器逐步成为信息交换中心，更多的存储和计算能力转移到网络上，更多的软件网络化，后端服务器开始演变成"云"。云技术使得后端服务器能够以较低的成本实现规模化扩展，满足海量数据的存储和并发处理需求。

由云计算带来的第三次 IT 革命,将彻底改变人们获取信息、软件甚至硬件资源能力的方式,即步入互联网发展的更高阶段,也意味着人类将进入一个崭新的 IT 时代,移动互联网、物联网等互联网技术都将依赖于云计算的发展。

云计算是一个典型的 IT 服务化产品,将传统的 IT 产品、IT 能力通过互联网以服务的形式交付给用户,即大家熟知的 IaaS(Infrastructure as a Service,基础设施即服务)、PaaS(Platform as a Service,平台即服务)、SaaS(Software as a Service,软件即服务)。

IaaS:基础设施即服务。消费者通过互联网可以从完善的计算机基础设施获得服务,如硬件服务器租用。

PaaS:平台即服务。PaaS 实际上是指将软件研发的平台作为一种服务,以 SaaS 的模式提交给用户。因此,PaaS 是 SaaS 模式的一种应用。但是,PaaS 的出现可以加快 SaaS 的发展,尤其是加快 SaaS 应用的开发速度,如软件的个性化定制开发。

SaaS:软件即服务。它是一种通过互联网提供软件的模式,用户无须购买软件,而是向提供商租用基于 web 的软件来管理企业经营活动,如阳光云服务器。

在一篇名为《云应用基础技术需要 7 年才能成熟》的报告中提到,到 2011 年,在积极应用、开发、组织云计算技术的过程中,应注意战略战术。因为在此期间,日渐成熟的市场由一些选定的供应商主导。在此之后,将产生一个新的供应商潮,随后云计算将成为吸引更多的应用程序开发的主流。到 2015 年,云计算将完成商品化,这将是对于很多应用发展项目最可取的办法。

高德纳(Gartner)公司的副总裁马克表示,SEAP 是为了使软件作为服务的解决方案而建立的。在未来的几年中,随着能提供服务功能的应用平台日益成熟,高德纳公司预计 IT 产业将会有三个独立但又稍有重叠的阶段:

第一阶段:开拓时期(截至 2011 年)。此阶段为市场的发展阶段。鉴于 SEAP 解决方案此时并不成熟,再加上其专有性,高德纳公司建议采用快速出击的方案,因为商机和开发人员的生产效率不具有长期技术可行性。尽管存在罕见的例外,IT 开发人员仍应将精力主要集中在 18~24 个月内能产生效益的项目上。由于投资较为保守,早期投资者将获利。基于这样的趋势,许多早期 SEAP 厂商将侧重于以快速应用发展为导向的技术和部署。

第二阶段:巩固时期(2010~2013 年)。截至 2012 年,SEAP 市场将充斥着来自大大小小供应商的各种各样的解决方案,而且竞争压力将推动许多较弱市场的变革,从而导致并购的发生。在这一时期,SEAP 基础设施对于广泛的潜在使用者将变得越来越有吸引力,导致更主流和更保守的用户群的产生。从而,执行能力将变得与技术革新和市场远景同等重要,投资回报率的时限将延长为 3~5 年。高德纳公司认为,在 2013 年,SEAP 技术是最好的,但并无排他性,大部分企业将依赖 SEAP 平台来寻求长远投资。

第三阶段:商品化的云计算产生时期(2012~2015 年)。在 2013 年,少数大型 SEAP 供应商仍将主导市场走势。在起初的 5 年,这些供应商将主要利用专利技术进行开发,但他们也将得到广泛支持云间应用程序的编程接口,以建立一个 SEAP 技术网络,从而在供应商平台实现云计算。[1]

2008 年《福布斯》网站(www.forbes.com)发表分析师文章称,"云计算"(cloud computing)是一个相对较新的概念,但事实上它的起源可追溯到互联网诞生之初。云计算越来越成为经济发展过程中的一种必然选择和趋势。

"云计算"是一个简单的概念,也就是通过互联网提供软件与服务,并由网络浏览器界面来实现。用户不需要安装服务器或任何客户端软件,无论在何时何地,用户都可以使用任何接入互联网的设备进行访问。业界称这种服务模式为 SaaS,而对大多数用户来说,它不过就是一个网络。

在过去的 15 年中,云计算一直在不断发展,没有人能够精确地预测出云计算将给我们的生活带来哪些变化。但随着云计算的不断推进,无论是消费者还是商业人士,他们都可以感受到云计算带来的巨大变化。随着云计算时代的到来,人们生活的交互性将越来越强,因此创建一个能全球对话和多层面的协作已成为可能。[2]

IBM 的创立者托马斯·沃森曾表示,全世界只需要 5 台电脑就足够了。微软的创立者比尔·盖茨则在一次演讲中称,个人用户的内存只需 640K 足矣。现在看来,这两家伟大公司的创始人在他们所熟知的科技和软件行业,均没能进行准确的预测。今天,即使是普通的个人电脑用户,也在不断追求更强的计算机能力:处理能力更强劲的芯片、容量更大的内存、更大的硬盘空间……

云计算甚至可以让你体验每秒 10 万亿次的运算能力,拥有这么强大的计算能力可以模拟核爆炸、预测气候变化和市场发展趋势。简而言之,云计算是一种基于互联网的超级计算模式,在远程数据中心,成千上万台电脑和服务器连接成一片"电脑云"。用户通过台式电脑、笔记本、手机等方式接入数据中心,按自己的需求进行运算。

网络软件、存储、安全等服务都只是云计算的一种体现,而非全部。云计算更多的是指通过千万台互联的电脑和服务器进行大量数据运算,为搜索引擎、金融行业建模、医药模拟等应用提供超级计算能力。

下面这个具体例子便于我们加深对云计算的理解:《纽约时报》租用亚马逊的云计算服务,使用基于云计算的开源软件 Hadoop,将其自 1851 年以来的 1 100 万份报道转变成可搜索的数字化文档,耗时仅一天。如果用传统方法,这项工作可能要历时数月才能完成。[3]

第二节 云计算与经济学

《云经济学》是乔·韦曼(Joe Weinman)所写的一本通俗易读的著作。书中并没有过多的经济学推导公式或深奥的理论,韦曼以开放的思维视角不仅重新定义了 B2C 商业模式、分解了 B2B 商业模型,而且把人类历史和竞争观点贯穿其中,在阅读的过程中能让读者发出"是的,就是如此!"的感慨。韦曼在书中总结出了云经济学十大定律。其中,最为核心的三大定律分别是:公用服务的成本乍看虽然比较高,但其实成本较低;按需提供资源胜过预先估测;总和的峰值绝不会大于峰值的总和,企业的资源部署必须考虑到需求的最大值。

为了进一步阐述什么是"云经济学",韦曼列举了很多生活中鲜活的例子。其中,"拥有一辆私家车与经常叫出租车相比哪个更省钱"就是很有意思的例子。从短期来看,如果拥有私家车,每次出行看上去只需要支出汽油费,而叫出租车就贵很多。但从长期来看,实际上购买并使用一辆私家车所花的钱更多,而叫出租车则完全免去了这笔费用。

运用汽车租赁类比的方法,韦曼形象地描绘出了云服务以下五个特征。

特征一:按需自助服务。租一辆车很容易,你可以打电话或上网预订。

特征二：分布广泛的接入网络。汽车租赁公司的网络遍布世界各地，你可以随处获得租车服务。

特征三：资源聚集。汽车租赁公司在其业务覆盖范围内的任一城市都拥有大量汽车以满足租赁需求，因此你不必担心。如果一家公司无车可提供，他们往往会向你推荐其他公司，帮助你租到汽车。

特征四：快速的调整能力。当汽车租赁公司知道某处有一个大型活动，租车需求会很大时，就会把车都投放到那里。他们会调整规模以适应需求变化。

特征五：计费服务。你只为使用汽车的时间付费。一旦将车归还，你的义务就结束了，不用再付保养、保险、燃油和轮胎损耗等费用。

确实，云计算最为核心的也是被大家一致认同的是"接入而非拥有"的理念。正如中国电子信息产业发展研究院院长罗文曾经提到的："云计算就是一种商业模式，可以随时随地、便捷、随需应变地从池中获取资源。这些资源能快速供应、交付，最大限度减少资源管理的工作量和用户与服务商之间的互动成本……有便捷、便宜的系统随时随地可用，我们何必苦苦追求一定拥有？"

如同许多产业革命一样，云计算经济正在推动着不同产业改变旧有的模式。在今天这样一个信息时代，公司通常都要花费巨额资金用于开发或采用拥有版权的数据，同时还得花费巨资保护这些数据。现在有越来越多的公司将上述数据托管给云计算，因为这么做的优势非常明显，除了可以节省大量硬件、软件和能耗开支之外，还具有高效和安全等特点。或许有人对云计算的安全性存有疑问，不过像 Google 这样的公司，其全球运营都是采用云计算模式，毕竟不管是自身还是用户的安全都是其首要考虑的问题。

在云计算时代，即便是一些小公司也可以与跨国公司一样拥有同样的网络影响力，毕竟网络浏览器的窗口都是同样的尺寸，不管是谁在提供信息。

首先，对中小企业和创业者来说，云计算意味着巨大的商业机遇，他们可以借助云计算在更高的层面上和大企业竞争。自 1989 年微软推出 Office 办公软件以来，我们的工作方式已经发生了极大变化，而云计算则带来了"云端"的办公室——更强的计算能力，而且无需购买软件，省去了本地安装和维护。

其次，从某种意义上说，云计算意味着"硬件之死"。至少那些对计算需求量越来越大的中小企业，不再试图去买价格高昂的硬件，而是从云计算供应商那里租用计算能力。在避免了硬件投资的同时，公司的技术部门也无需为忙乱不堪的技术维护而头痛，节省下来的时间可以进行更多的业务创新。

以亚马逊为例，其云计算产品价格便宜（当然利润丰厚），吸引了大批中小企业，甚至是纽约时报、红帽、晟碟等大型公司。亚马逊每提供 1G 的存储收费 15 美分，服务器的租用则是每小时 10 美分。据称，其"云"中的每台计算机投资仅为 300 美元，假设电力消耗也是 300 美元，按此收费标准，在一年不间断提供服务的情况下其收益为 876 美元，利润率约为 45%，高于其销售书籍的毛利。

云计算对商业模式的影响体现在对市场空间的创新上。哈佛商学院教授克里斯滕森认为，Google Apps 是他所提出的创新理论中的新市场创新。他在接受一家中国商业媒体采访时说："我在哈佛商学院的学生做文字处理时用 Google Docs，他们将文件存储在 Google 的服务器上，而不是自己的电脑上。这是一个典型的新市场破坏，当互联网变得越来越快和更可依赖时,用户正从电脑桌面上的软件应用转向基于互联网的应用。"

同时,云计算开发新产品、拓展新市场的成本非常低。比如,如果用户对 Gmail 的需求突然猛增,Google 的云计算系统会自动为 Gmail 增加容量和处理器的数量,无需人工干预,而且增加和调整都不增加成本。依赖云计算,Google 能以几乎可以忽略不计的成本增加新的服务。如果新增的服务失败了,那也没关系,关掉并且忘掉它就可以;如果成功了,系统会自动为它增加空间和处理能力。

中国开发中心首席技术官兼新技术研发中心总经理毛新生在 2011 年撰文说:1848 年美国内华达山脉发现金矿不久,众多淘金者涌进加利福尼亚州,引发了轰轰烈烈的淘金热。但有谁知道,在这股淘金热中的发财者不是挖金子的人,而是在矿井边卖水的人? 然而,当送水人多了之后,还有谁能够发财?

云计算平台就相当于金矿,基于云平台的各种应用程序提供商就是在矿井边卖水的人。这样把基础设施和增值服务结合起来,企业不再是单独的个体,而是共同组成一个商业生态共同体。

云计算背后的经济属性注定了云计算实际上是一种全新的生产力,使得我们的社会生活和商业活动与工业经济时代迥然不同。在工业经济时代,用户是产品的接受方,无法涉足生产过程;而在信息社会中,生产过程同时也是创新过程,用户需求也可以影响产品的生产过程。

我们可以把云计算浅显地理解为新一代服务经济的基础设施和工具,它带领我们迈向全新的服务经济时代,告别大工业生产的单一化和拼成本,也告别农业经济时代的高成本和低效率。工业经济时代提供的产品很难满足个性化需求,农业经济时代提供的产品虽然个性化,但无法进行大规模生产。

服务经济时代扬长避短,将人类的生产带入一个崭新的时代,同时这也是云计算所具有的经济学上的巨大意义。因为这样一种意义,云计算给任何一个行业、一个区域、一个企业甚至一个国家带来了巨大的潜力,需要我们深入思考并且加以利用。

一、重新明确"云"概念

关于云计算,我们可以找到无数定义。根据美国国家标准技术研究所的定义,云计算是对 IT 资源新的使用模式,也是 IT 资源的一种新交付模式。

"新"在哪里? 首先,云计算是把 IT 资源变成一个资源池,这个资源池是动态的,可以被共享,而且通过配置来驱动,是一个非常动态的、灵活的、可以切割的、共享的资源池。

云计算还有三个要点。第一,通过网络来访问,就像我们每天通过浏览器访问网站一样。第二,能够随时随地按需访问。以亚马逊提供的云计算服务为例,只需要在线填好需求,比如需要多少台服务器、CPU 为多少兆赫兹、带宽需要多少、硬盘的配置如何等,再提供信用卡号码,就可以完成付款,几十秒后会收到反馈,计算资源就可以被使用;如果走传统的IT 采购渠道,则可能需要 3 个月以上。第三,从管理的角度看,是完全自动化的。也就是说,资源的分配、使用、示范都是自动化的,不需要付出太多管理上的代价。

理解了这三点,就可以明白云计算是一种全新的、非常灵活的、动态的、可共享的、配置驱动的 IT 资源形态,并且可以按需通过互联网访问,进行自动化的管理。

云计算意味着按需自助服务、无所不在的网络接入和不用考虑具体物理位置的资源池。

在使用过程中,系统可以自动检测到用户的需求,动态地进行分配;当需求减少时,再动态地把资源收回,并且对这种使用进行严密的全程监控,了解到每一个用户的使用情况,根据使用情况来收费。这使得云计算从单纯的技术手段之外获得了商业化属性,开启了全新的业务形态。

让我们先来看一下云计算的四种形态:私有云、公有云、社区云和混合云。

私有云就是企业内部搭建的计算资源平台,IBM 在企业内部拥有并使用很多私有云平台,比如开发测试云——IBM Ring Cloud。研发人员看不到物理机器,每个人使用的是虚拟机,想要什么样的环境就分配给他什么样的环境;还有创新云,IBM 员工每人都可以将自己的创新应用发布到上面运行,并有可能被开发为新产品;IBM Blue Insights Cloud 上有公司全球销售的数据,可以根据这些数据进行分析预测,比如可以预测下个月应该向哪些客户进行推销、客户会有什么需求、销售业绩的大致趋势等,准确度高达 90%。

公有云是在公共网络上搭建的计算平台,比如亚马逊等网站提供的云服务。社区云是若干个企业共享一个云计算平台,介于公有云和私有云之间,主要特征是使用权和所有权的分离。混合云是将私有云和公有云结合起来的计算资源,比如很多银行和保险公司在月底做报表的时候需要大量的计算资源。如果按照这个峰值配置硬件设备,就会很浪费,80% 的机器在 80% 的时间里都将是闲置的。可以将企业内部的机器和亚马逊这类的云服务供应商相连接,需要的时候通过云计算服务租用机器。

根据经济学概念,在交付渠道层面,云计算使得 IT 基础设施的使用权和所有权分开。在交付服务层面,云计算的使用并且放弃基础设施的过程都是以服务的方式来进行的。在交付模式层面,私有云的私有权和所有权是结合在一起的;公有云的使用权和所有权是分开的,而且拥有者可以允许开放的人群、企业访问;社区云的使用者是受限的目标群体;混合云则是将公有云和私有云结合起来。

比基础设施更进一步的是,云计算还可以提供应用服务。也就是说,不仅可以帮助客户把系统做好、把平台建好,提供工具给客户,使其利用这个平台进行工作部署;云计算服务提供商还可以在平台上为客户搭建应用,提供应用服务。这在经济学上意义极其重大,即云计算带来的是新的服务交付模式。

二、云计算重塑经济学

你知道 Google 在 2008 年对它的系统做了多少次更新吗? 答案是 380 多次,这就意味着平均每天至少有一次更新。这完全取决于用户需求和市场竞争,这些都是互联网公司发展到一定阶段会面临的问题,这些问题要求它们把 IT 的形态变得更加动态、灵活、按需。这不仅带来成本、速度上的优势,还带来了不同的开放标准和经济模型。云计算通过新形态的 IT 资源使用模式,同样的物理资源可以做更多的事情,成本更低、效率更高,而且有更加便捷的客户体验,但这些只是基础层面的价值。

云计算更大的价值在于利用这种全新的 IT 形态所带来的业务创新机会。云计算因为自身的经济模式属性,彻底改变了传统的商业模式和业务模式。

首先,云计算带来规模效应。Google 有数以百万计的服务器,但 Google 的固定资产不仅仅是这些服务器,而是网络效应。打电话的人越多,意味着电话的网络价值越大。这一点还适用于互联网上提供的云服务,使用的人越多,价值也就越大。Google 的搜索结果其实每天都在根据每个搜索者的搜索结果进行修正,如果说 Google 提供的搜索结果准确率高,那是因为每一个使用者都在为此做出贡献。

还有亚马逊的云服务,因为买书的消费者数量巨大,所以亚马逊可以提供一个非常强大的推荐榜单,这也是根据读者的购买数据统计出来的。这就是传统的交叉销售,亚马逊网站所销售的图书超过一半是靠这个方式卖出去的,这就是亚马逊独有的、不可复制的商业秘密。

这就是网络效应,所有的云服务其实多多少少都具有这个特性。网络效应加上全球访问带来的结果是什么?从经济学的角度来讲是边际成本递减、效益递增,最终达到边际成本趋于零。

云计算还带来个性化的价值,几乎所有云服务都提供搜索,而推荐是另外一种搜索。网站可以根据用户现在的搜索动作,由系统自动推荐哪些是消费者可能感兴趣的,从而形成推荐榜单。在社交网络上也是如此,某些领域内的专家和名人的喜好会成为这个领域的新趋势、新流行。移动互联网带来了未知属性,进一步让我们的喜好有一个空间上的分割,通过这些可以充分地把消费者的个性和喜好都抓住。这些在商业上将产生巨大的价值,因为互联网提供给用户的是个性化的服务,这也是用户最想要的,这一点与工业经济大规模的销售完全不同。

云计算还带来了长尾效应,非常多的个性化需求加起来可以产生巨大价值。消费者很可能不知道,亚马逊网站上卖的冷门图书加起来超过总销售量的 70%,而畅销书只占 30%。所以云服务的价值在于开创"蓝海"。从经济学的属性来看,云服务比传统服务具有超过若干个数量级的竞争能力。

云计算的生产还可以众包,这也是所有互联网服务的特点。让我们来看苹果公司,在 iPhone 和 iPad 上开发软件都是依靠众包,不需要耗费苹果公司的资源,而在此平台基础上开发出来的每一个软件如果盈利,还要付给苹果公司 30%的利润。

网络效应、个性化服务、长尾效应、蓝海、众包,云计算带来的不仅仅是 IT 基础设施使用的改变,更重要的是重塑了经济学概念,促进企业业务模式的改变,从而快速迈进服务经济时代。[4]

第三节 云经纪的定义

云计算经纪人[后文称"云经纪人"(cloud broker)]到底是概念炒作,还是新一轮商业模式驱动下的必然?首先我们看看业界对云经纪人的定义和期望。

美国国家标准技术研究所最初将云经纪定义为在云客户和多个云服务提供者之间提供中介类型服务的实体(个人或者组织)。美国国防部首席信息官办公室明确规定,国防信息系统局将担负起企业云服务经纪的角色。这是对云经纪的传统定义,就如同股票经纪或者商品经纪,中间人为客户在有多个选项的复杂环境中导航。这项活动更好的名称可能是"云代理"。

云经纪的第二个定义与云服务提供商的新型软件有关,这种软件提炼、简化和绘制了不同云产品至用户环境的路径。云经纪软件帮助组织设计云的解决方案、向云迁移的解决方案、在云之间转移的解决方案。

高德纳公司将云服务经纪形容为："云服务经纪是一个信息技术角色和商业模式,代表一个或者更多消费者的一家公司或者其他实体为一个或者更多(公有或者私有)云服务增加价值,它的三种主要角色包括聚合、整合和定制经纪。一个云服务经纪成就者提供技术来实施云服务经纪,一个云服务经纪提供商提供技术、人员和方法来实施并管理与云服务经纪相关的项目。"

云经纪人是在云计算中起着中介作用的一种云服务提供商。换句话说,他们站在用户的角度,判断是否有真正适合用户的云选项,然后根据用户的需求帮他们做出最好的选择。

这个定义可能过于宽泛,因为一项产品的供应商往往牵涉到一系列的配件供应商。这就导致了云经纪人种类的复杂性。云经纪人的基本职责其实与抵押贷款或保险经纪公司类似——独立于云服务供应商,为客户选择最好的云服务,并且不希望受到供应商的佣金影响。

所以,我们可以说,云经纪人是指在云计算服务的用户和供应商之间充当中介的个人或企业。这与我们常见的地产经纪、婚恋中介等大众机构没有任何本质上的差异,唯一不同的是服务的对象和服务的内容有着天壤之别。

云经纪人的作用一般分为以下几种:

有一些云经纪人也许只是为了节省用户的时间,他会先研究不同厂商能为客户提供的各种服务信息,然后再收集客户的业务流程、配置需求、预算和数据管理需求等信息。最后,云经纪人会为客户推荐最合适的云服务供应商。

还有一些云经纪人可以代表客户与云服务供应商谈判。在这种情况下,云经纪人为了尽量提升客户效益,可能会使用多家云服务供应商的不同服务,尽管这有些复杂。云经纪人会为客户提供一个简单的应用程序接口(API)和用户接口(UI),使得用户与多个云服务供应商之间无缝地工作,就好像使用单一云服务一样。

除了作为中介,云经纪人还能为客户提供其他服务,比如重复数据删除、加密、将数据迁移到云以及数据生命周期管理(DLM)等。

云经纪人这种业务模式还在不断发展。简单来说,客户可以聘请一个云经纪人来承担云服务项目,并按小时给予一定费用。但是,根据客户的服务需求不同,云经纪人的费用也不同。另外,如果客户选择了其中一项云服务,云经纪人可以从该云服务供应商那里获取一小部分的提成。

另外,云经纪人也可以是一种软件应用程序,能帮助在不同的云服务供应商之间分配工作。这种类型的云经纪人也可以称为云代理(cloud agent)。

当然,云经纪人的角色可能仅仅是为购买者节约时间,他对不同厂家的服务进行研究,向客户提供如何使用云服务来支持业务目标的信息。在这种情况下,经纪人和客户合作以理解工作程序、提供预算和满足数据管理需求。在完成研究后,经纪人向客户提供推荐的云服务提供商的清单,客户联络选中的厂家来安排服务事宜。

一位云经纪人可能被赋予了代表客户与云提供者谈判合同的权利。在这种情况下,云经纪人有权在多个厂家之间分配服务,以尽可能做到高性价比,虽然与多个厂家进行谈判可能是复杂的。经纪人可能要向客户提供应用项目界面和用户界面,以掩盖复杂性,使客户能够像从单一厂家那里采购那样使用云服务。这种类型的云经纪人有时被称作"云聚合者"。

除了在合同谈判中充当中间方之外,一位云经纪人可能还向客户提供额外服务,使客户的数据向云迁移时重复数据能被更为便捷地删除、加密和转移,帮助数据全寿命期管理。这种类型的经纪人有时候被称作"云赋予者"。另一种类型的云经纪人有时候可能被称作"云定制者"或者"白标云服务",他代表客户选择云服务,对云服务进行整合,按照自己的品牌出售这一新产品。

云经纪的商业模式仍在演变中。最简单的商业模式是,客户可能在项目开始的时候雇用一位云经纪人,按小时为云经纪人的服务付费。不过,云经纪人可能提供更丰富的服务,他可能按递加模式向客户收费,这取决于客户按合同采购的服务是哪些。云经纪人还可能与一个或者多个云服务提供者合作,在客户与云服务提供商签订合同后,获得云服务提供商利润的一小部分。

那么到底谁是云经纪人?几乎在所有情况下,"经纪人"都是指提供一系列云服务的公司,这些服务可能来自公司本身,也可能来自公司亲密的合作伙伴。换言之,"经纪人"是为客户创造现有投资组合选择空间的销售人员。有些可能还只是半个经纪人,如电信硬件提供商,他们只负责按照客户选择的载体来完成设置,这有点类似于一些房屋建造商与抵押贷款提供商之间的协议。

根据高德纳公司的"炒作周期"(hype cycle)曲线模型,云经纪人位于曲线的底部——"技术萌芽期"(technology trigger),要经过5～10年的时间才能发展成熟。高德纳公司预测,到2015年,云服务经纪人将成为云计算行业中收入最高的一部分群体。数据交换中心公司(DCX)总经理马库斯·弗劳曼诺(Marcus Fraumano)表示,DCX是澳大利亚唯一的独立云经纪人。虽然现在云经纪人市场并不旺盛——客户不积极寻求云经纪服务,并且大部分市场意识薄弱,但弗劳曼诺相信人们很快就会认识到,云经纪人能在许多方面创造价值。

企业的IT部门、专门从事云计算服务的企业,甚至政府部门也能成为云经纪人。高德纳在2010年关于云计算的报告中提到一点,政府在云计算产业发展中应该充当五个重要角色,其中一个就是作为"经纪人"。报告指出,政府机构作为经纪人指的是政府机构成为用户和运营商的中间人,这样用户就不用再担心如何去寻找能够满足要求的服务供应商。政府机构作为经纪人,可以为用户提供相对灵活的选择,使用户避免与供应商直接接触。作为中间人,政府机构得以维持内部和外部资源的平衡,有效控制灵活度和开支。

第四节 企业云经纪人的关键服务

让我们从用户的角度来看这个问题。他们在一个混合环境中工作,每天要用到的一些功能都由传统环境、企业私有云和一系列服务供应商提供。他们需要进入各种环境中工作,这意味着他们要同时处理多个URL、用户名和密码、服务配置程序等。这相当累赘,更不用说还有更换供应商、移动工作量或升级服务等事情。

在云计算时代,用户需要独一无二的用户体验。IT真正需要做的是在复杂的服务采购中保护用户。作为一名用户,想要的是一个能够安全登录的网页,从中能够看到所使用的服务(不管是从哪里来的),以及自主决定想要进入哪个服务。用户需要的是一个可以在合适的地方进入合适的服务的前端功能。从本质上来说,这就是所谓的"云经纪人"。

阿瑟·科尔(Arthur Cole)曾分析了云经纪人的不断增长。从传统上来说,云经纪人代表一项特定公司的服务来提供多种云产品。他设想为企业量身定做一个把云服务和混合环境整合在一起的前端,可以把这想成是下一代的内网入口。他把这称作"企业云经纪人"。

企业云经纪人包括五个关键部分。下面是协同办公的具体方式:

1. 一个让用户可以链接到其消费服务的入口

这是用户可以验证身份的地方。用户的证书与企业目录相比对,让他可以看到已经配置的服务,可以进入所需的服务。用户不再需要知道该服务来自何处,因为这是一个单点登录,不必通过某个特定的证书来进入特定的服务。

2. 一个包括所有由 IT 提供的服务目录,按角色分类

一旦用户的身份通过了认证,系统会识别他的角色并且把可以使用的服务凸显出来。用户可以得到服务介绍、价格和其他信息,届时用户就可以决定需要哪项服务并且开始配置流程。

3. 审批流程

很多公司都需要在获得服务之前进行审批。一旦用户申请配置某个特定的服务时,系统会根据企业定制的政策来审核用户的请求。审批通过时,相关配置会在适当的云环境里开始。

4. 协调者

协调者可以是简单的,也可以是复杂的。如果企业云经纪人只涉及服务,那么这个角色就是简单的——只须请求适当的服务供应商配置服务,并且确保用户在登录之前该服务已经配置好了即可。

如果企业提供的是集成服务,那么协调者这个角色就较为复杂了。在这种情况下,协调者必须首先查看是否所有的服务都可以配置,然后再进行相关配置,把所有的服务联结在一起,并且要确保"端到端"的安全。最后较为重要的一点是,协调者需要建立和完善所有的付费信息。

5. 付款/服务等级协议(SLA)监测功能

当服务被消费时,企业云经纪人会从服务供应商那里收到消费信息,这可以作为付费的基础。如果是集成服务,企业云经纪人也许想要衡量消费并且根据实际情况来付费。或者,根据消费的服务不同,企业云经纪人会从不同的服务供应商那里收到不同的付费信息。这里的另外一个功能是服务等级协议(SLA)监测。在集成服务的情况下,综合服务的等级需要被衡量,并且发起人可能需要被监测。

经纪人协调者变成了"超级协调者",来操作每个云采购服务中可用的业务。

6. 整合传统环境

网络服务可用来为终端用户屏蔽掉传统环境,并且让用户进入一个基于云服务的传统功能中。使用同样的用户体验来整合云和传统环境,可为终端用户屏蔽掉 IT 的复杂性——让用户按其需求使用最好的服务,而并非最流行的。整合同时也让 IT 部门重新恢复对"影子 IT"的控制。

但整合也带来了其他的一些东西:它让 IT 改变了服务消费的模式,为终端用户带来了最大便利化。如果 IT 决定把应用从传统环境迁移到云世界中,现在这一切就可以在"幕

后"操作了。

　　企业云经纪人是进入云世界的一扇窗口。他们为终端用户提供了一个所需的简单环境,同时屏蔽了 IT 的复杂性,为了获得最佳的使用效果,还可以让 IT 管理采购和迁移服务。现在的云经纪人主要关注公共服务的交付,因此,他们与企业云经纪人还是有所不同的。[5]

第二章
为何需要云服务经纪师

学习要点
1. 了解云服务经纪师(云经纪人)的诞生;
2. 了解云服务经纪师(云经纪人)的作用;
3. 了解国内云服务的发展趋势。

第一节　云服务经纪师的诞生

任何职业的出现和发展,都与市场需求有着密不可分的联系。

根据高德纳公司调查显示,云计算提供商正在变得越来越专业。高德纳公司执行副总裁兼分析师达里尔·普卢默(Daryl Plummer)表示,云计算提供商在电子邮件、人力资源、服务器管理等解决方案上表现得非常精通。随着市场对此类专家的需求不断上升,为了帮助客户从云供应商那里挑选服务,云经纪人也就应运而生了。

普卢默解释道:"云经纪人能够汇总、整合、管理并定制云服务,以确保服务满足客户的具体需求。他们会重新想象业务模型,后现代企业甚至会重新想象IT部门将扮演的角色。3/10的IT企业最终会成为云经纪人,这也是他们生存的一种方式。"

此外,Appiro的一项调查显示,37%的受访者认为系统集成商是云经纪人的最佳类型,33%认为是第三方的技术提供商,另有30%看好云服务提供商。调查还发现,很多受访者对云经纪人的整体价值表示认同。事实上,45%的受访者表示云经纪人最宝贵的一点是连接了多个云平台,创造了更多价值且简化了使用流程。另有22%的人认为,帮助客户找到最适合的云服务才是云经纪人最宝贵的特质。

IT外包服务供应商Dimension Data(前身为战略服务咨询公司)的客户关系顾问戴纳·沃尔夫(Dana Wolfe)表示,对于虚拟化的优点,多数企业已经有了较为深刻的认识,并且在设计和部署虚拟化及云计算解决方案时,开始寻求外部专家的帮助。他建议,迁移到云的决定不仅仅与IT部门有关,解决方案供应商与咨询公司应具备相应的专业技能和知识来帮助指导、监督和提取最重要的用户信息。

沃尔夫告诉Channel Insider网站的采访者:"在整个方案的实施中确保业务目标的一致性,这应当也属于云监管委员会(Cloud Steering Committee)的职责之一。这样才能确保一切以稳定的状态发展——应用平台趋于成熟,应用程序更加适应各种云架构,企业对云概念更加得心应手。"

第二节　云经纪的不可或缺

在这个技术发展日新月异、商业模式被不断颠覆的时代，企业要想最大化地利用云服务，就需要专家和专业人士的协助，这些专业人士就是云计算经纪人。

云计算经纪人通过在客户和提供者之间发挥中介作用来实现商业价值，帮助客户管理云服务的复杂性。

落实、整合、聚合、定制云服务，需要提供一个受人信任的企业多个云的管理平台，使客户能够很容易并简单地接触到不同平台上的云的不同解决方案，聚合云服务为一个简单的"一站式商店"，以进行采购和管理；有必要在分析师中发展对云服务经纪重要性的云生态系统共识，充当云生态系统的整合者，帮助实现云采用进程的自动化。

2012 年，IPED 完成了一项有关云计算经纪人的研究报告，该报告评估了客户和云计算合作伙伴的意见，针对云经纪人的存在，以巩固为客户提供服务时，云计算能够准确地为客户提供 IT 服务的能力。

报告称，42%的受访客户表示，云经纪人是如今实施云服务时重要的或关键的环节之一。另有 13%的受访者认为，当客户的 IT 交付模式包括 3～5 个或更多的云服务时，云服务经纪人的价值就充分体现出来了。今天的重要性日益增加了客户使用私有云，并引入更多的公共云服务，需要对其系统组合的经纪服务。

从合作伙伴的角度来看，受访者表示，在一个小型和中小型企业很少需要云经纪人，很少或没有 IT 人员进行整合和管理 IT 环境的变化。随着业务进一步扩大，市场和进入企业的客户，对于云经纪人的需求就不太重要了。但当从事更多的云服务，甚至当企业客户有足够的工作人员在管理系统的时候，云经纪人就显得十分重要了。专利合作伙伴在云服务代理中的重要性，在中等规模和更高的驱动因素下会越来越显著。

合作伙伴概念清楚地表明，需要建立在 2012 年的基础上继续作为业务优先级云服务的经纪能力。需要关注将业务纳入管理和云服务的合作伙伴。伙伴标有"进步"的是那些已采取将云服务纳入经常性收入的服务公司，但其中经常性收入还没有占公司收入的大部分。

在 2012 年的研究中，IPED 列举了一个合作伙伴，现在再来仔细看一下这个案例。冠军解决方案集团，位于佛罗里达州。冠军自 1979 年以来，已经将其业务从电话推销员改变为经销商，再从经销商到产品的销售和服务，最终从产品的销售和服务转变为云解决方案和服务代理的解决方案的销售。今天冠军的云经纪能力被纳入其特定的附加服务。例如，补丁管理被用来整合各种公共云提供商和巩固其客户服务。

冠军提供的服务内容包括：完整的基础设施服务器阵列；存储和虚拟化能力；电子邮件、云应用开发平台和云服务的应用，如 CRM 菜单。冠军的经纪服务被整合到一个具有每月账单发票的所有功能以及业务支持呼叫管理、设计和操作的 IT 环境中，以实现承诺的服务水平。这些功能已建成，同时保持解决方案转售的能力，让冠军捕捉客户的 IT 预算。客户的数据中心需要花费多少由冠军进行建议，无论是涉及一个托管的服务提供，或从一个公共的云服务提供商那里获得服务。

云计算服务商提供选择云服务的机会，为企业成长和改变企业的业务提供建议，并考虑企业的云经纪服务的计划和能力。无论是一项基础设施还是应用专家,趋势是走向单一第三方提供商的无缝整合各种 IT 计算的能力。[6]

对企业来说也是如此,响应变化的时间被减少了,即使是经济形势的波动也不会有太大影响。另外,随着全球化市场的不断扩大,机遇瞬息万变。成功只掌握在那些快速反应的人手里。

在《云计算解码》一书中提到这样一个观点,云计算正在重塑信息产业。

首先,从商业服务模式来看,云计算正在从根本上改变信息产业的计费模式——从按照复本付费转为按照使用量付费,这一发展趋近于电力工业的发展。

其次,云计算作为一次 IT 技术革命,正在引导整个产业的变革,重新定义 IT 产业的生产流程。这场产业革命和对生产流程的重新定义导致了整个市场环境的变化和利润的重新分配。

再次,云计算对信息咨询服务产业产生巨大影响。传统的企业 IT 市场需要规划、咨询、集成服务,而进入云计算时代之后,将会有越来越多的用户不再需要传统的信息服务,但传统业务和云业务的协同与集成可能会带来新的需求。

在过去,IT 是让那些技工们在自己的范围内创建和管理基础设施及应用的环境。现如今,业务需求快速的增长让这个环境发生了变化。人们需要快速响应,需要能够从 IT 那里得到所需的支持,并且希望这份支持能够及时提供。

IT 人员不能再仅仅被作为技工了,这一点可以通过两个方面来体现:通过虚拟化和自动化,云计算启动了数据中心;采购第三方服务的数量不断增加。

在这个崭新、灵活的世界中,没有什么一体化系统可以万能地应付所有问题。IT 部门把他们的传统环境和私有云与外部采购的服务结合了起来,比如 IaaS、PaaS 和 SaaS。这样一来,IT 部门就变成了一个战略服务经纪人。

可以从用户的角度来看待这个问题。他们在一个混合环境中工作,每天要用到的一些功能都由传统环境、企业私有云和一系列服务供应商提供。他们需要进入各种环境工作,这意味着他们要同时处理多个 URL、用户名和密码,还有服务配置程序等。这相当累赘,更不用说还有更换供应商、调整工作量或升级服务等事情。

云服务经纪人在 2012 年平均比上年同期增长了 1 倍,部分是由于市场试水期和之后加速发展的云服务的销售和营销活动。消息应用领域的云服务经纪人最多(27%),紧随其后的是业务协作应用程序(22%)和业务应用程序(18%),其余的则是基础设施、备份和存储、安全和杂项应用程序领域。BYOD 正在推动协作和消息传递应用程序的普及。

2013 年,云服务代理模式有望迅速扩大到主流服务提供商、电信运营商、IT 分销商和独立软件开发商生态系统。[7]

第三节　云经纪人的作用

为什么需要云服务经纪? 简单来说,有以下三个作用:

(1)降低采购方的云复杂性和负担;

(2)云服务需求和云交付的专家;

(3)为采购和管理云服务提供"一站式服务"。

云经纪人扮演着什么角色？云经纪人是第三方个人或者商业机构,作为计算服务的购买者和出售者之间的中介。总的来说,云经纪人是在谈判中的双方或者更多方中发挥中介作用。

云经纪人的关键评论员之一——高德纳公司副总裁布莱恩·普伦蒂斯(Brian Prentice)表示,针对云经纪人的不同作用,主要有三种模型,且层次逐渐上升。那些与单个供应商合作、完成单一任务的云经纪人,对CIO来说意义不大。这样的云经纪人与抵押贷款经纪人没有差别,而真正的云经纪模式需要更多地融入云服务中。

关于第一个模型,普伦蒂斯指出其具有"合成"特征。这意味着云经纪人要整合多位云供应商的服务。这样一来,免去了亲自审核供应商的环节,CIO的工作就轻松了很多。普伦蒂斯说,该模型还为其他经纪人的复制服务提供了机会。这对于经纪人而言可能不是什么好事,却能为客户提供更好的服务。

第二个模型在"合成"的基础上加入了知识产权(IP)。因此,云经纪人能提供属于自己的专有服务。同时,这对不同服务供应商的产品整合起到了"约束作用"。此外,传输模式的优化也增加了IP的附加价值。

第三个模型,也是高德纳的推荐模型,是将服务作为"财产"或者共有平台。这类似于零售商将楼面外租给其他供应商。你可以设想,化妆品柜台进驻一家大型百货公司,百货公司享有建筑权,而化妆品和香水公司需要支付楼面租赁费用。

现在的问题是,云经纪人一旦与特定的"租客"建立起某种联系,云经纪人还会是独立的吗？弗劳曼诺认为:"这样一来,从真正意义上说,我们已经不再独立。我们需要与卖主签署正式协议,以保证佣金即时支付。不过,我们不受单一供应商的投资组合约束,在这方面我们是独立的。不管怎样,我们选择云计算解决方案的标准是一定的,那就是为客户选择最适合的方案。"

那么,在部署云计算时,你会选择直接购买还是通过代理呢？考虑到云经纪人会收取佣金,这可能不是最廉价的选择。CIO还必须考虑,如果可以的话,服务能给终端产品增加哪些价值？

据高德纳公司表示,在导航、整合、消费、扩展和维持云服务的过程中,公司选择云服务经纪人,能让这一切变得简单、安全和高效。普伦蒂斯补充说,将经纪人作为供应链的一环,如果供应链变得越复杂,这条价值链的透明度就越低。供应链的每一级都必须确保其他供应商的服务质量。要知道,供应链是环环相扣的。如果一个环节无法正常提供服务,整条供应链都会面临崩溃的危险。所以说,供应链越复杂,风险系数也就越高。

SAS澳大利亚区首席技术战略官詹姆斯·福斯特(James Foster)强调,确保供应商与客户之间一对一的关系是非常重要的。如果在交易完成后经纪人就立即退出云客户的日常活动,那么CIO就需要亲自处理一系列的供应商问题。

如果只是帮客户完成交易,云经纪人的作用貌似可有可无。但是如果能创造一些额外价值,或者增加IP属性,那么云经纪人将成为未来不可或缺的职业。云服务有助于公司发展云经纪这一点将发挥重要作用,这是已经被业内认可的观点。

有报道称,云经纪将有助于云消费。随着云计算采用的普及,就云消费提供帮助的需求也呈增长之势。云经纪是在云计算中发挥中间角色的服务提供者,公众对云经纪概念的兴趣于 2013 年开始增加。高德纳公司预计这种趋势将在未来 3 年加速,越来越多的个人,不管他们是在信息技术单位还是业务线单位,将在不涉及信息技术部门的情况下消费云服务。

为了应对这些挑战,高德纳咨询公司认为,信息技术部门应当探索如何将自己定位为企业的云经纪,建立一个鼓励商业公司到信息技术组织来寻求建议和支持的采购流程。这些企业云经纪方式可能通过改进现存流程以及诸如内部门户和服务目录工具来落实。

现如今,从理论的角度来说,云的本质就是能实现在任何时间完成合同的签署工作,随时得到你需要的服务。换言之,云模式更偏向直销模式。当云行业在未来 3～5 年内慢慢成熟起来之后,云服务代理商或云经纪人仍旧能够发挥他们所具有的特殊作用。

目前,一般的公司会使用多种云服务,例如,会用到 Salesforce.com 的 CRM,用亚马逊 EC2 的一些实例来实现面向大众的网站服务,如邮件或反垃圾邮件渠道等。从这一点来看,未来仍是相对明晰的,也就是说,会有越来越多的云服务被用来辅佐事务运营。可是,正如今日的许多公司不能从一家云服务商那里取得一切服务,将来也不存在这种可能。换句话说,各种服务之间的区别将会越来越大,在公司的成功上也将发挥越来越重要的作用。[8]

虽然各种云服务提供商承诺为客户提供高质量的服务,可是来自不同商家提供的多个不同的云服务,使得用户眼花缭乱、应接不暇。有专家指出,为什么有的企业明明可以选用云服务来提高自己的服务效果、节约服务成本,却仍然处于观望态度呢?原因很简单,他们对这些来自不同服务提供商的云服务缺乏信赖,大家很难信任看不到、摸不着的东西,并且由于对云计算的透彻了解,也使得他们不敢盲目选择。

所以,如何根据企业的需求,为其定制适合企业发展的最佳的云服务集成,使用户不再发愁如何驾驭这项服务和技术,便是云经纪人存在的作用了。

第四节　国内云计算服务的发展

"云计算"最早由 Google 在 2006 年提出,美国作为云计算兴起最早的国家,一直扮演着云计算发展引领者的角色。不过,云计算在中国起步虽晚,但发展迅速。目前,除在 BAT 互联网巨头中应用广泛外,云计算更是得到国家的大力支持,特别是通过应用代替 IT 系统的变革发展,走出了一条独特的中国道路。

早在 2010 年,工信部、发改委等部委就联合确定了在北京、上海、深圳、杭州、无锡五个城市先行开展云计算服务创新发展的试点示范。紧接着以应用促发展,在 2011 年,发改委、财政部、工信部批准国家专项资金支持云计算示范应用,支持资金总规模高达 15 亿元,目标是经过 3 年努力,培育 10 家年收入超 50 亿元的龙头企业,使云计算产业规模达到 2 000 亿元。

从目前市场规模来看,根据工信部统计,在云服务领域,2013 年,我国 IaaS(管理硬件资源的软件服务)市场规模为 10.5 亿元,增速高达 105%;PaaS(管理软件资源的服务)市场规模为 2.2 亿元,增长 20%;SaaS(应用软件服务)市场规模为 34.9 亿元,增长 24.3%。未来,云服务市场的潜在空间在万亿元以上。

工信部软件服务业司长陈伟曾透露,工信部目前针对云计算的"十三五"规划已经启动,"培育龙头企业,打造完整的产业链。鼓励有实力的大型企业兼并重组、集中资源;发挥龙头企业对产业发展的带动辐射作用,打造云计算产业链",已成为我国云计算产业的发展思路和工作重点。[9]

阿里云计算宣布将每年投入数亿元,帮助中小型公司减少断电、断网故障带来的损失。通过新推出的"可用区"服务,阿里云用户可将 IT 系统部署在不同机房,当一处出现"天灾人祸"时,另一处云服务器仍可正常运转,最大限度地降低宕机风险。

再强大的公司也无法阻止"天灾人祸"的发生,这些突发情况包括数据中心断电、断网、火灾,甚至发生地震、爆炸等灾难。绝大部分公司对此无能为力,只有少数银行、互联网等大型公司才有多机房容灾的能力。多机房容灾是指在相隔较远的异地,建立两套或多套功能相同的 IT 系统,当一处系统因意外停止工作时,整个应用系统自动切换到另一处,继续正常工作。为了实现这一点,往往需要额外增加上千万元的成本,并且要解决机房间的专线部署和复杂的运维问题。

借助阿里云提供的可用区服务,中小型公司不花钱也能实现多机房容灾。用户只要购买了两台及以上的云服务器,就可选择在同一地域的不同机房部署 IT 系统。当一处发生物理故障时,IT 系统将自动迁移至另一处,并将数据恢复到最后一刻的状态,其间应用不中断。这一系列的复杂动作,都在消费者完全无感知的情况下悄悄完成。假设一处机房发生故障的概率是百分之一,两地部署就能将故障率降低至万分之一,三地部署则降低至百万分之一。

对互联网、电商、游戏、金融等行业而言,宕机往往带来巨大的经济损失。2013 年 8 月,亚马逊网站曾出现故障,导致美国及加拿大用户 40 分钟无法登录。若按照亚马逊的每分钟平均销售额11.788 2万美元计算,宕机 40 分钟,亚马逊就可能损失 472 万美元的销售额。谷歌也出现过同样的问题,短短 5 分钟的宕机,意味着54.5 万美元的广告营收损失。

"一个小时的断网故障,听起来好像并不严重,但如果你的网站为几万、几十万用户提供服务,这 60 分钟可能就是一条生命线。"此外,中国断电断网的概率比国外更高,传统数据中心的宕机问题,往往让中小型公司一筹莫展,阿里云则帮助用户零成本解决这一问题。

据悉,可用区服务免费向所有阿里云用户开放。为此,阿里云每年需额外投入数亿元,在各地进行多机房部署。同时,阿里云还推出了独立云磁盘服务,让用户可以在同一"可用区"中任意挂载和卸载磁盘。

阿里云总裁王文彬表示:"我们对安全性和稳定性的追求是不计投入和永无止境的,这是云计算的生命线,也是最终让全社会信任和使用云计算的基石。"2013 年"双十一",1.88亿笔支付宝交易,依托阿里云实现了零漏单、零故障。阿里云还为中国最大的基金公司——天弘基金——提供金融级的安全和稳定性保障。如今,这种保障能力将为全社会每一家公司开放。

除可用区服务外,阿里云还提供了多种传统数据中心所不具备的功能。比如数据备份,后台系统会自动拷贝,使数据始终保证三重备份,单份数据损坏对云服务器使用不会存在任何影响。

针对中小公司最害怕的 DDoS 流量攻击,阿里云也提供了统一的安全防护。传统数据中心的服务器托管,只提供一个集中存放的场所,单台服务器能分到的带宽和计算资源是固定的,很容易被各个击破。云计算用集群技术将成千上万台服务器连成一个整体,可与黑客进行"集团军作战"。用户不用再单独去买昂贵又低效的防火墙软件。

阿里云先后通过公安部等级保护测评(DJCP)和工信部可信云服务认证,并获得英国标准协会 BSI 向全球云服务商颁发的首张金牌。[10]

第三章
云经纪人所提供的服务

学习要点

1. 了解云经纪人服务的 3 个主要领域；

2. 了解云经纪人服务的 6 个特点；

3. 了解云经纪人提供的服务；

4. 了解成为云经纪人所需的基本技能。

第一节　云经纪人服务的 3 个主要领域

云服务经纪在 3 个主要领域提供服务：服务聚合、服务整合、服务定制。

1. 服务聚合：结合和整合多项服务，例如，在多个云提供商之间安全地转移数据或者提供数据整合

云聚合者与云提供者建立关系，使这些提供者的服务可以被终端用户所使用。云聚合者将多个云服务整合进一个单独的用户界面，为客户处理计费、管理和安全事务。云聚合者趋向于有着大规模和现有客户基础的公司，如电信公司和大型信息技术批发商。

2. 服务整合：确保不同系统能够合作，以便带给用户无缝体验

分布式计算技术的价格下降以及预算自由，已导致了特定应用程序服务器的增长。对于 CIO 来说，这已经触发了远离中心技术支持资源的大幅增长，其中，不仅包括服务器的多种应用程序，还包括它们在整个公司中的分布。

但这些平台未能充分发挥作用，往往无法满足公司的标准，使合规性审计和安全性问题变得严重。困难和成本共同推动了"服务器整合"趋势，这也是服务器虚拟化和云计算发展的主要诱因。

服务器整合是虚拟化出一个中心服务器"农场"，以取代无序化、分布式的服务器大型社区。云计算也提供了一个类似的增加附加值的机会：使用托管服务取代未充分发挥作用、难以支持的本地计算。公司可以使用服务器整合或云计算外包服务来取代许多特定应用程序的服务器，所以挑选最好的战略是十分重要的。

为了了解一个特定的服务器是否应进行整合或者云计算外包，需要知道在该台服务器上究竟产生了多少涉及内存、CPU 以及存储 I/O 活动的应用程序。这些信息将有助于估计应用程序实现云计算外包的成本，并确定应用程序是否使用了过多的资源以运行在与其他应用程序共享服务器的虚拟机上。占用资源的应用程序应当运行在它们自己的服务器上，

而企业则集中他们的服务器以便于进行支持。

数据存储和交换成本等原因会延缓,甚至终止某些公司的云计算外包项目,因此在作出决策前仔细审查候选应用程序的数据使用和成本方面的因素是非常重要的。平台即服务(PaaS)和软件即服务(SaaS)可以减少应用程序或平台软件的维护成本和使用许可证费用。最适合云计算的应用程序往往是拥有有限数据使用和无须访问庞大企业数据存储的应用程序。[11]

在审核待实施云计算的应用程序之后,下一步就是确定最适合应用程序的云计算服务模式了。

对于每一个应用程序来说,云计算并不总是实现整合任务的良好选择。即使很多公司正在使用云计算服务,他们仍然会有一些内部的 IT 应用程序。公共云计算和私有数据中心的混合将成为一个重要组成部分,同时,随着应用程序在云计算和数据中心的发展,还减少了支持成本。但是不管怎样,适合企业管理的最简单模式就是最好的模式。

以上的这些流程和程序需要专业人士的经验和分析,才能够确保万无一失。云经纪人正好可以充当这个重要角色。

3. 服务定制:制定特别定制功能来满足特定商业需求

云聚合者可能帮助客户获得不同的云服务,但是他们不对这些服务进行整合和定制。云定制者填补了这些缺口,可以向客户提供经过完全整合的云服务包。定制者代表他们的客户根据终端客户的需求来选择云服务。云定制者可能从 Cisco WebEx 调取一些内容,从 Microsoft Office 365 调取一些内容,再从亚马逊调取一些内容,然后将它们聚合为一体提供给客户。定制者将所有服务进行整合,随后以他们自己的包装来出售这个新的产品。尽管它是云定制者独特的服务包,但这一新产品来自数个不同的云服务。

第二节　云经纪人服务的 6 个特点

云经纪人服务具有 6 个特点,分别是:

(1)与服务消费者有直接的合同关系。

(2)可能与服务提供商有合同关系。

(3)至少为一个云服务提供经纪服务。

(4)在原来的服务上增加价值。

(5)保留和利用知识产权以避免一次性解决方案。

(6)向多名消费者提供一项云服务的经纪服务;向一名消费者提供多项云服务的经纪服务;或者向许多客户提供许多项云服务的经纪服务。

第三节　云经纪人提供的服务

一、云经纪人提供的具体服务

1. 整合、采购、购买、维持、管理和治理;

2. 分析性能、利用率、增长率；

3. 管理服务层次协议、运营平台、安全、增长计划和开支控制。

二、云经纪商业模式

云经纪最基本的形式是帮助商业客户从云服务提供商的产品库采购云服务。云经纪人与云服务提供商有合同关系，以出售基于定购的云服务，其中包括基础设施即服务、通信即服务、平台即服务。

（一）收入模式

这些合同关系通常可以分成两类：介绍或者销售代表。就第一种类型而言，云经纪人向云提供者提供线索，云提供者将为达成的销售支付前期佣金；就第二种类型而言，云经纪人介入销售过程，云服务提供商根据销售量向云经纪提供佣金。

在一些情况下，云服务提供商会向云经纪提供相当于总体交易额一定比例的佣金；还有一些服务是按年而不是按月支付佣金的。《云经纪报告》称，目前的佣金比例在 10%～15%，按合同期支付的佣金比例通常要比按月支付的高。

（二）客户关系

当云经纪人出售云服务时，云协议是在云经纪的客户与云服务提供者之间签署的。这与其他模式是明显不同的，如云分销商或云聚合者，渠道伙伴将为云服务向客户再收费。虽然如此，云经纪人可能要为客户直接提供额外的职业服务，创建自己与客户的合同关系。

（三）销售角色

云经纪人在与客户接触中的一个主要角色是供应商选择，因此，公司必须熟悉高度碎片化的新兴云市场的许多参与者。其价值命题的一个关键部分是核实提供者的实力，能够应对客户的需求。云服务经纪商 Nuvalo 负责人布埃特尼尔解释称，云提供者只预计用云经纪来进行客户介绍，为对话和提取需求提供方便，创造机会。不过，从现实操作而言，诸如 Nuvalo 等大多数云经纪商扮演了更多以客户为中心的咨询角色。

1. 销售前的责任

云经纪人典型的销售前责任包括：

（1）寻找机会。第一步包括了解云服务良好前景的特点，提出探索性问题以确定客户需求、关切点和时间表。

（2）确认利益相关者。这是确定机会的步骤，云经纪人需要确定组织内的所有决策者，以便让利益相关者参与接下来的发现以及随后的演示和展示活动，以加快销售周期，达成积极的结果。有关云迁移的决策越来越多地不只是涉及信息技术人员，而且还涉及高管和行业经理。

（3）确定预算资金。这是发现的一个关键步骤，需要确定客户的预算开支，这将影响建议云服务的指标，或者迫使寻求信息技术以外受影响业务的额外预算。

（4）确认要求。了解客户的需求是至关重要的，但是这一过程因云经纪人的不同而不同，这取决于他们的技能，可以是全面的审计和建议报告，也可以只是将客户的具体要求转达给潜在提供者而已。除了解决方案的具体情况之外，在此阶段考虑的一些重点包括具体行业的需求、合规需求、成长预期、商业可持续性和灾难恢复需求。

2. 制定需求方案说明书

云经纪人可能负责制定需求方案说明书,以提供给云提供商进行竞标。作为这一步骤的一部分,云经纪人从理想状态上只会邀请事前已确认资质的云提供商给出回复。在一些情况下,云经纪人可能不会制定正式的需求方案说明书,但将会与客户分享选出的数家提供商,以在随后展示提供商销售工程师的进一步发现。

3. 展示解决方案

云经纪可能是展示解决方案的前沿阵地,要么是为了自身应用或者是为了推进最后选择的管理界面,至少它们将协调云提供商的展示和演示活动。

4. 计算投资回报和总体投入

一个建议的售前步骤是,帮助客户计算投资回报或者更为重要的总体投入,以便帮助客户作出决策。对于那些首次将资本支出转变成运营支出模式的客户来说,这是一个尤其有价值的行动。

5. 帮助供应商选择

云经纪人将与客户合作来评估提供商提议,为最适合的提议提出建议。

6. 谈判客户合同

云经纪人要求就与云服务提供商的合同谈判提供建议,以确保有竞争性的收费、条件要求和服务层次协议。

7. 销售后的责任

虽然通常是由云提供商负责售后服务,但云经纪人也有被预计提供的售后服务。

8. 管理账户

云经纪人预计将管理账户,确保服务预期交付,客户对此感到满意。其中包括账单评估,评估第一个月的账单以确认其准确性。

9. 账户评估/更新

对账单和服务需求进行定期评估,更新按合同条件提供的服务。

10. 客户支持

在一些情况下,云经纪人是首个收到客户支持请求的一方,当客户拥有一个涉及多个提供商的解决方案时,这一点可能尤其重要。

11. 向上销售账户

在首个工作负载成功迁移至云后,云经纪人有机会出售额外的云服务或者相关服务,比如可连接性、管理服务、安全或者备份,例如 GreenAppx's Safran 就在简单的基于普通的微软 Exchange 中增加了投诉信息档案库和安全短信服务。

（四）专业服务

尽管一些云经纪人可能为了获得有佣金的销售而免费提供专业服务,但有经验的云经纪人建议为这些服务收费,直接向客户发账单。以下是云经纪人可能提供的一些专业服务:

1. 审计——这涉及对客户目前的信息技术环境进行基础评估,包括资产、速度、使用和运作性能等领域。

2. 需求评估——这涉及客户对云计算服务的潜在需求。

3. 规划/路线图——这一步骤列出了基本需求、准备程度、设备状态、目前提供商合同等向云迁移工作的负载。

4. 项目管理——由云经纪人管理云项目是很普遍的,尤其是在涉及多个云提供商的情况下。他们将与云提供商就安装和迁移日期以及流程进行互动。

5. 安装/定制——尽管云经纪模式的核心并不一定要求技术服务,但是一些云经纪人可能想提供软件研发专业知识来帮助整合云服务或者为客户定制应用。

6. 迁移服务——相类似地,云经纪人可能为客户提供从场所内至云服务的迁移。

7. 训练——云经纪人可能为管理人员和终端用户提供训练,以加速应用和投资回报。

8. 监控服务——监管网络和云服务、跟踪用户采用等服务。

第四节　云经纪人所需的技能

云经纪人所需的专业知识范围非常广泛,这取决于他们想提供的服务层次,基本的销售技能是必需的,因为它是对用户生意的战略理解,要具备做投资回报分析的能力。同时,域名专业知识不应当被忽视。拥有销售电信连接、计算、存储、软件(操作系统、中间层软件和应用)、虚拟化经验的专家将拥有优势。

云经纪最基本的形式是帮助商业客户从云服务提供商的产品库中采购云服务,云经纪人与云服务提供商之间有合同关系,以出售基于定购的云服务,其中包括基础设施即服务、通信即服务、平台即服务。

为了支持这一模式,云经纪人首先需要拥有一系列技能,如销售、技术、财务的技能,其中的一些专业知识可能已经存在,但另外一些技能是云业务专有的,需要掌握。其次,并不是所有的专业知识都必须由场内人员掌握,外包也是一个可行的策略,尤其是在建立云经纪服务的初期。云经纪人首要的是必须培养成功的云销售能力。

一、销售能力

1. 云基础

云经纪人必须了解所销售的云服务,这将有助于在与客户讨论将那些工作载荷向云迁移时获得可信性。

所以,如果云经纪人是在出售软件即服务,这时不仅需要了解云交付的基础知识,而且也需要了解所提供软件的性能,比如 CRM、UC、ERP。与此相类似,如果所销售的是基础设施即服务,那么必须了解计算、存储、虚拟、安全方面的专业知识。

此外,云经纪人需要了解公司现场内的系统如何与云解决方案合作,因为客户不太可能将它们的计算基础设施或者应用全部搬迁至云。与此相类似,了解公有云和私有云选项的优缺点、它们如何合作将是至关重要的。

2. 销售解决方案

云服务转换植根于它对商业结果的支持。这不再与速度和输入有关,而将是对一个业务处于中心位置的讨论,这些讨论通常是与公司高层或者业务经理们进行的。

3. 垂直特长

了解客户的行业也将是有所帮助的,尤其是在销售应用的时候。客户所使用的软件是他们行业所特有的,云经纪人需要了解如何使这些软件在云内运作或者找到一个可行的替代方案。除此之外,这种行业专业知识必须考虑到客户要达到的任何规则要求。

4. 供应商选择

作为云经纪人,一个主要价值体现是推荐与客户需求一致的云提供商。因此,必须对云提供商情况、云提供商各自优缺点有很好的了解。在这个非常碎片化的市场里,云经纪人不可能了解所有云供应商,但是需要了解自己所推荐的云提供商,同时还需要了解一些在云市场处于领导地位的云提供商,即便他们不在你的产品库里。

5. 账户管理

由于云服务是基于定购的,一个云经纪人必须将重点放在客户保留,以实现增长和盈利,这就是账户管理的功能。通过账户管理要确保客户的满意度,同时还可以向客户推荐有助于最初服务的补充服务。这样做的目标是降低损耗率,扩大从每个客户那里获得的平均收入。

二、技术

1. 销售工程

销售工程可能被认为是销售的一部分,但在这里列出是为了强调这一销售角色所需要的技术专业知识。接受采访的云经纪人们强调,在售前、寻找机遇、制订解决方案、设计提议时都需要这一技能。他们还建议公司内部人员应拥有这种技能。云经纪人需要有这方面的专业知识才能在销售周期内为迁移计划制定出路线图。

2. 需求评估

在许多情况下,对云服务感兴趣的公司客户不了解云服务如何能够帮助他们。这就需要对他们目前环境的评估,确认符合他们需求的云服务,制定向云迁移的路线图。这是一项可以收取单独费用的咨询服务。采纳云服务的客户非常可能只是按云经纪人的初步建议执行,所以,路线图也将为未来的销售机会提供指导。

3. 项目管理

如果认为项目管理就是协调供应商售后服务,那么它可能不需要很多的专业技术才能,可以由后端销售支持人员处理,后端销售人员可以作为客户和供应商的联络者。云经纪公司 Allyance Communications 运营副总裁皮里兹称:“如果你将提供一个项目计划(系统或者数据迁移),你对终端用户直接负责,那么这将需要工程资源,你可以就此收费。”

4. 整合

正如先前提到的那样,客户想让他们新的云基础设施或者应用与他们过去的基础设施或者应用一起运作;他们可能还想让云应用能够互相合作。这两者都要求系统整合,其中包括对使这一流程加快和简单化的工具的实用知识。

5. 云客户关照/寻助台

不可避免的是,终端用户将会对云服务提出问题或者需要帮助。在大多数情况下,云服务提供商通过其帮助台来提供答案,但云经纪人是第一个接到电话的,因此决定这些询问是通过内部处理还是提交给提供商或第三方处理将是重要的。投资于技术帮助台能够为客户带来更多的价值。

三、财务/法律

1. 合同管理

云经纪人的一个角色是帮助他们的客户就其厂商服务合同进行谈判,其中包括定价和服务层次协议。云经纪人对竞争性条款和条件有非常好的理解将是重要的,云经纪人还需要帮助客户管理公司。相类似地,云经纪人还必须就自己的赔偿和支持协议进行谈判和管理。

2. 会计

如果客户的公司对于持续性收入模式不熟悉,那么可能需要按月核对云提供商佣金,以确保收到应收款。特别是在账户上增加服务或者更新账户时,这一点尤其重要。

3. 账单

云经纪人为什么还要提供账单? 云经纪人可能提供其他帮助,例如云需求评估、安装、迁移或者整合,这可能需要为这些服务提供账单。即便不是直接提供这些服务,也要有为这些服务代收费的能力。

第四章
云经纪人的商业价值

学习要点

1. 了解云经纪人的 5 种商业价值——选择、控制/管理、效率提升、整合以及增信；
2. 结合案例了解云服务中云经纪人需要发挥的巨大作用。

首先来看一个案例：

云服务提供商 Nirvanix 公司在 2013 年底宣告破产，使其客户陷入困境。Nirvanix 给企业提供不到一个月的时间来转移数据。这对于该公司的客户来说，是个不小的灾难。

云安全联盟 2013 年 2 月的报告——《2013 年云计算面临主要威胁》——中表明，缺乏尽职调查是对云计算的持续威胁。当企业在评估云计算供应商时，他们对事情的看法显得有些片面。云安全联盟首席运营官约翰·豪伊（John Howie）表示："云计算用户过分重视信息安全和隐私性，或者说，过分专注于节约成本，而没有对供应商的财务状况进行充分调查。"

"盈利能力并不意味着公司或者服务提供商的稳定性，"New Horizons Computer Learning Centers 首席信息安全官亚当·戈登（Adam Gordon）表示："企业的管理战略可以在一夜之间取得财务方面的成功，提高盈利能力，如果没有人关注的话，该公司及其合作伙伴可能很快会'落入悬崖'。"

企业应该评估云服务提供商的财务状况。企业可以通过美国证券交易委员会检查其监管备案（例如 10-K）来调查上市公司，豪伊表示："这将详细介绍云服务提供商的财务状况和自我识别的风险。"

"如果可能的话，至少应该检查在过去两三年里的财务审计报表，"戈登表示，"这些应该能够显示企业在资产增长和管理方面的总体趋势。虽然在一段时间内，我们会看到波动和负面结果，但在 2~3 年的时间范围内，我们应该会看到收入和盈利能力的显著增长以及扩展。"

财务状况也会显示企业管理和企业发展战略，这些能够表明企业是否有着明确的发展方向、长期规划、完善的风险管理以及渡过危机的能力。"投资于长期战略来促进企业发展以及提高市场份额也是企业稳定性的重要指标。"

豪伊建议大型企业考虑通过云经纪人来分析云计算需求，确定自己的风险承受能力，并选择与之匹配的云服务提供商。豪伊表示："云经纪人将会检查供应商的整体财务状况，并确定供应商将会退出服务的潜在可能性。"美国国家标准技术研究所（National Institute of Standards and Technology，NIST）发布的 Special Publication 500-292 中，就定义了云经纪人的角色。

首席信息官或者其他 C 级管理人员应该参与到与云经纪人的合作中,以进行必要的战略调整,通过推动和引导云服务的消费来从经纪人处获得价值。戈登补充说:"你可以通过联邦和州政府级别的政府部门找到与云经纪人合作成功的真实世界案例,例如,得克萨斯州自 2011 年以来一直在使用云计算经纪模式,还有很多联邦机构也在使用。"[12]

云计算技术自出现以来就伴随着一片赞扬声,如降低成本、易于访问、简单灵活等,正因为这些好处,也加快了云计算技术的应用。即便采用的技术存在不安全之类的潜在危险,企业还是争先恐后地抓住每一个机会。无论是什么形式的报告,都显示云计算正以指数级增长。在传统的信息技术环境中,物理服务器、桌面系统、LAN、WAN 都由企业财务部管理费用,但使用云计算却恰恰相反。换句话说,整个 IT 基础设施可能都是由云服务供应商管理费用,包括提供服务器、应用程序、存储设施等。云的强势来袭,打破了原有的 IT 运营模式,那么在未来,企业内部的 IT 部门又将会是什么样的呢?

十几年前,IT 曾一度被认为是沉重的负担,是不可避免的灾祸,然而,IT 现在变得越来越重要,其重要性就如氧气之于人类一样。前面提到的信息技术是后台运行功能,但也是组织的核心。如果 IT 系统缺少资源,只能维持生计的话,将严重影响组织的效率。云计算可以更好地、无缝地解决这一问题。IT 劳动力已经成为组织中不可或缺的一部分,我们期望它能更清晰、更敏捷。云计算可能正是这一问题的答案。

天生灵活的云计算可以多种形式部署,如私有云、公有云、社区云或混合云,给企业足够的选择对象,做出最适合组织需求的选择。随着云计算的不断发展,可以发现云计算属于"得寸进尺"型的技术。云计算似乎有一种魔力,可以在不知不觉中渗透到企业中,而且是给企业提供正能量。当然也有负面的,就是会成为企业在积极适应新环境与新技术时的阻力。通常情况下,企业习惯于遵循传统的程序和惯例,但云计算却吸引着企业,让企业做出变革,从这点来看,云计算确实是一个令人生畏的概念。[13]

或许听起来已经是陈词滥调,但事实上,越来越多的企业在运用云计算来满足他们的IT 需求。云服务代理商 Jamcracker 的一份报告也强调了这一事实。根据研究,中小型企业正在越来越多地和云服务供应商进行合作,更频繁地满足他们的业务需求。

报告显示,云计算在最近几年的采用率正在爆炸式增长,而在此之前,还没有几个人知道云为何物,然后慢慢越来越成为热门话题,直到现在我们众所周知的情况。报告也显示,在云计算的细分模式里,SaaS 是采用率最高的模式,其次是 IaaS。

中小型企业对云计算的青睐增长得很明显,当然这也不是特别奇怪,因为云经纪人都会根据情况把最佳组合的系列服务推荐给客户们。云经纪人扮演着让客户信赖的顾问角色,帮他们选择最适合的云服务。

大型企业正在转向内部云服务代理部署模式。Jamcracker 指出,协作和消息传递应用程序占了云销售的近 50%,"表明了企业里 BYOD 和移动化的趋势"。

另外几个重要的发现包括:

云服务经纪人在 2012 年平均比上年同期增长了 1 倍,部分是由于市场试水期以及之后加速发展的云服务的销售和营销活动,正形成一个云服务供应商寻找合作伙伴共同成长的生态系统并增加他们的机会的趋势。

云服务代理模式在企业和各级政府中获得越来越多的关注。信息应用领域的云服务经纪人最多(27%),紧随其后的是业务协作应用程序(22%)和业务应用程序(18%),其余的则是基础设施、备份和存储、安全和杂项应用程序领域。BYOD 在推动协作和消息传递应用程序的普及。云服务代理模式有望迅速扩大到主流服务提供商、电信运营商、IT 分销商和独立软件开发商的生态系统。[14]

第一节　云经纪人的商业价值——选择

前文提到的 Nirvanix 的案例中,涉及一个云服务提供商选择的问题。下面先介绍云服务选择。

一、公有云

公有云在安全问题、隐私问题以及可控制性问题上会让一些企业产生顾虑。其中,有些与服务提供商的技术能力有关。例如,对于任何"刚起步"的云服务提供商,定制都是一个难题。有些顾虑与客户的组织结构有关,例如,确定谁有权签约使用公有云服务,谁负责保护可能会传送到服务提供商那里的数据。有些则涉及双方,例如制定并实施维护一个真正可靠而且可共同操作的云环境所必需的策略、标准和控制。

随着企业希望通过将更多种类的数据和业务流程转移到外部云,以利用规模经济带来的好处,缺少服务商透明性和可靠的第三方验证已日渐成为一个紧迫问题。服务商协作和透明性必然会随客户的需求而改进。对于限制性最高的应用程序和数据,仅有服务商的日志和作证可能是不够的。企业可能希望部署一些工具,以便能够亲自观察和衡量云的状况和活动。在最大型的企业中,由于其规模和财务实力允许它们有最完善的业务解决方案,公有云对于关键应用程序或那些处理高度敏感数据的应用程序来说,可能尚不是一个很有吸引力的选项。然而,那些内部 IT 能力有限的较小的企业,可能会发现公有云服务在功能性和管理控制上,都优于它们在内部可以部署的计算方案。

二、私有云

较之于公有云,私有云面临的合规性难题较少,因为数据就在企业内,而且控制是直接的。企业可以调整现有流程和操作程序以实现一个虚拟化和自助程度更高的环境,同时增强计算环境的透明性和可管理性。要注意的是,可以使用外部私有云,将私有云部署在企业之外。这非常类似于传统的向专用数据中心进行的外包,它可以和企业内的私有云一样安全,并可以得到严密管理。采用行之有效的实施和运营,私有云可比公有云和当今的多数 IT 环境更可靠、更安全。在私有云的虚拟化和自动化环境中,从一开始就可以内置更多安全机制并对数据及其他资产进行更精准的控制。这样,私有云就能够以保险、安全的方式实现云的性能及经济优势,从而减少信息技术的管理工作,降低运营风险。

三、混合云

混合云将公有云和私有云结合起来,让企业能够同时利用两者的优势。当前最灵活而且经济划算的计算环境都采用了公有云和私有云的结合,让适当的应用程序运行在公有云上,让最关键的以及处理敏感数据的应用程序运行在私有云上,让其他一些应用程序跨越公有云和私有云服务。工作负载跨越私有云和公有云有以下两种基本情形:当数据在公有云应用程序和私有云数据库或应用程序之间移动时,或者当公有云服务器和存储为处理峰值需求而临时作为私有云资源的补充资源时。企业应仔细考虑并解决管理这些云间互换带来的更大复杂性。

未来最终会是混合云的天下,而且混合云部署是当今多数企业可行的替代方案,但私有云是迈向混合云的这一进程中自然的第一步,它提供了安全性和性能的最佳组合。公有云在当前可能适合于特定的应用程序,但将来随着解决方案功能性和可靠性的日益成熟,它会适用于更多应用程序。

对于企业而言,应选择适合自身的云计算服务。[15]不同企业之间,因为企业自身的行业性质、企业规模和文化等都存在差异,因此他们对于成本和安全性的敏感度是不同的。例如,大型企业对安全性的敏感度要高于小企业,而小企业对成本的敏感度又要高于大型企业。这些差异不可避免地会影响企业采用云计算的策略和方法。大型企业一般已经在 IT 建设上有了大量的投资,因此,从保护投资的角度出发,这些企业还将继续维护现有的计算环境,只是他们要根据云计算的一些理念和技术对现有环境进行改造。相对于小企业来说,这些大型企业往往拥有自己的技术团队,对 IT 服务的定制化要求和能力也会更高。

如 eBay,在经历了云服务的波折后,其将重心转移到私有云上。eBay 的初衷是希望借助公有云服务,减轻自己在业务峰值时的计算压力与成本压力。为此,eBay 尝试将访问量的分流、页面图片的存储等服务放在一家云存储服务商的服务器上。压力的确减轻了,但 eBay 很快意识到了使用公有云服务的局限性,因为 eBay 内部不断涌现出新的业务开发需求,而公有云作为一种普适的服务,欠缺足够的灵活性,无法满足 eBay 这方面的需求。为此,云计算技术团队将不得不事先做很多准备工作。都说云计算可以省钱省心,现在看来不能一概而论。综观那些使用亚马逊公有云服务的企业,有些是游戏公司,有些是电影放映公司,它们只是对于存储有强烈的需求,但对于后续业务开发量较多的公司而言,就未必合适。对此,阿里云总裁王坚表示:"每个公司只能根据自己的需要选择适合自己的服务,一项服务不可能满足所有企业的需求。"

但并不是所有企业都适用私有云,如大量的小型企业,其不太可能具备必要的技能来构建一个云计算平台;相反,它们将会更多地考虑一些公有云的服务。公有云服务提供商可能有特定行业的技能,相比于小型企业掌握的技能,他们掌握了更高的云服务的技能,并利用规模化效应保持尽可能低的成本。公有云服务对小企业来说更是一个机遇,因为它降低了高质量 IT 服务的门槛,可以让小企业不受 IT 服务的限制而快速进入市场。从 IT 服务水平的角度,公有云为小企业与大企业站在同一个水平线上提供了可能。

企业需要认识到,一旦确定某个特定服务需要通过云计算进行,那么就需要做出决定,是等待比较成熟的云服务出现还是尽早发展私有云服务,并判断哪种对业务发展更有帮助。对于一些需要业务紧密整合、定制化和多样化的 IT 服务,应作为私有云建设的重点;而另外一些侧重于独立、标准化接口和非定制化的 IT 服务,则可以作为潜在的公有云服务候选项。

用户在迁移到云计算之前,应该仔细考虑以下 5 个步骤:

1. 确保知道自己在和谁打交道

一个企业网站并不是法律实体,所以不能给用户任何明确的指示,告诉用户正在和谁打交道。应确保找出注册企业的名称和位置、法律状况、主要股东和董事会的信息,谨慎对待不提供其实际地址和电话的供应商。同样重要的是,找出供应商的供应链的存在时间,以及他们是直接提供服务还是通过第三方提供服务。

2. 服务水平协议及合同

云计算是一种服务,因此需要得到一个明确且可强制执行的服务水平协议和合同,以确保供应商提供其承诺的服务。这应该包括定价政策、付款条件、合同期限和终止条件(双方)。更重要的是,服务水平协议需要明确,当出现问题时,供应商将如何承担责任以及他们将如何解决问题。另外,企业应该明确所出现的问题对企业造成的损失,供应商应赔付的金额。

3. 迁移和整合的经验很关键

在将 IT 迁移到云计算的过程中,供应商将如何提供支持?他们将如何整合云服务与客户可能仍在使用的现有系统?深入挖掘这方面的信息,弄清楚在迁移过程以及整个合同期中,潜在供应商将承担何种程度的责任,以及当客户想要检查现有的设置时,他们将如何适应。

4. 客户有审计的能力

不要把供应商的话都信以为真。他们应该具备审计的能力,包括对数据安全性和许可证合规性等一切要素的审计。

5. 退出策略

与任何服务合约一样,在选择供应商的那一刻,客户也进入了更换供应商的倒计时。近年来,供应商在技术行业中的问题一直存在,在云计算领域同样如此。请确保在与供应商的合同中明确了数据处理和迁移到新供应商时的责任。

第二节 云经纪人的商业价值——控制/管理

2014 年 8 月,网络报道中曾经提到,45％的企业对云服务缺乏控制。

计算机及网络安全提供商 F-Secure 的调查显示,对数据安全的担忧成为企业不使用云服务的主要原因。45％的企业表示,对云服务缺乏控制,担心存在安全问题。

该调查的对象为员工数在 500 人以下的企业。员工数在 50～249 人的企业,比例为67％;员工数在 250～500 人的企业,比例为 70％。企业的规模越大,这一比例也越高。对云服务缺乏兴趣的其他商业原因包括成本、性能问题以及法律责任。

F-Secure 副总裁蒂莫·拉克索宁说:"那些有安全顾虑的公司应该知道,合理设计和管理的企业云服务是非常安全的。而且,如果企业没有提供方便易用、实时在线的云服务,当员工需要通过其移动设备来与客户分享信息时,他们只会使用个人的云账户或者直接把信息下载到个人设备里,那才是安全风险。"

已经使用或者有意愿使用基于云的解决方案的企业,在选择云服务时,数据安全同样是最重要的考虑因素。84％的企业认为,数据安全是极其重要的,其次为易于使用和随时访问;52％的企业认为云服务器位置是极为重要的;43％的企业认为服务提供商的国籍最重要;27％的使用云服务的企业表示,最先开始使用基于云的解决方案实现商业目的的是员工,而不是企业本身。

这种对于云服务的使用心存顾虑和担忧的情况普遍存在。2011年中国国际信息通信展览会上,埃森哲(中国)技术咨询部门总监何嘉荣在演讲中提到,如何控制云服务是一个大问题。他提到一些实际工作中的案例,认为很多客户现在面临的问题是,他们买了一大堆硬件,却不知道怎么做下去。什么是云？ 领导要报告、要结果,但是没有提出一个很好的方向。这个时候,云经纪人可以帮客户做一下支撑,然后帮他们做规划,从一个企业的角度实实在在考虑怎么去做一个云。

再来看一个案例,这是一个关于云服务管控的失败案例。首先给出其核心教训是:云服务似乎很便宜,但用户会认为,如果云服务没有得到密切关注,费用会积少成多。

虽然业界一直吹嘘云服务能够节省成本,但实际情况对于厄尼·纽曼(Ernie Neuman)来说没有那么好,倒不是由于没有切实地节省成本,而是由于服务的使用失去了控制。

两年半前,纽曼还在西雅图Cole & Weber广告公司的IT部门工作。当时他从一家名为Tier 3的提供商那里获得了云服务,但后来却中途放弃,因为成本很快超过了预算。他称这是云服务散乱(cloud sprawl)的恶果:开发人员随意创建虚拟服务器,用过之后丢弃,再使用其他服务器,又没有关闭不再需要的服务器,结果虚拟服务器急剧增多,造成失控。

虽然纽曼预计开发人员最多使用25个虚拟服务器,但实际使用的数量达到了70个左右。他说:“与公司原先计划的开支相比,费用高得失控了。”

他试图改变使用虚拟服务器方面的政策,以实现只能从上午7:00到晚上19:00才可以使用虚拟服务器。但由于难免会出现项目赶进度、要满足最后期限的情况,因而势必会违反新政策,这一招同样行不通。

最后,这家公司建立了自己的VMware云环境,最多支持100个虚拟服务器。

后来,纽曼跳槽到了一家开发电脑游戏和在线游戏的Big Fish Games公司担任IT主管;他在这家公司再次试用云服务,但碰到了类似的结果。

Big Fish公司当时租用了亚马逊公司的服务器容量,以发布一款试验阶段的Facebook游戏。他说:“后来这款游戏大获成功。游戏放在云环境中运行很好,因为能够迅速扩展,但是成本随之失控了。”

于是,他再次从云环境中撤下了内容,并将游戏放在公司内部运行。他表示,此举在3个月后收到了成效:由于不必支付云服务费用,因而节省了成本。他说:“促使这次变化的并不是性能问题。”但是,这次经历让他对云服务有一些厌倦:“现在我们对云服务很反感,我们甚至在平时不谈论云服务。”

他表示,除非Big Fish公司开展的某个项目将得益于云服务,否则不会再使用云服务。

早在纽曼仍在Cole & Weber公司的时候,曾在云提供商Teremark(现在隶属于韦里逊公司)那里遇到了一个不同的问题,这个问题主要归因于这家成立时间比较短的服务提供商发展过快,结果无法有效地管理云服务。因此,这家广告公司把部署的所有SQL系统放到公司内部的物理服务器上,之前SQL系统在Teremark的云环境中进行了虚拟化处理。

他吸取的其他教训包括:要认真阅读服务级别协议(SLA),因为他发现自己碰到的一些人并没有认真阅读SLA。他说:“你可能遇到了一起严重停运事件,但是按SLA的条款,它可能在允许范围之内。”如果提供商提供99％的正常运行时间,这相当于每个月可以停机7

个半小时。"这可是整整一天。"他说。

总的来说,他对云服务安全持怀疑态度,他其实也没有认真审查云服务。他说:"我认为,云服务天生就不安全,因为我控制不了它。"

比如说,提供商表示自己在网络防御方面符合 SAS 70 标准,但是纽曼担心来自提供商的员工的威胁。他说:"就像其他公司一样,提供商的最大威胁来自内部。"

除非制定了可靠的云安全标准并认真审查了提供商的安全性,否则他会避免把关键应用程序放在云环境中。他说:"我几乎不得不知道提供商所做工作的方方面面。"

即使如此,还是存在不确定因素。比如说,如果数据放在某一个数据中心,但提供商扩大了规模,或者数据复制到云提供商网络中的另一个数据中心,对方怎样知道第二个站点一样安全?

纽曼表示,他用来部署 SQL 虚拟系统的提供商 Tier 3 在解释和确保安全方面做得很到位,但是仍要求客户承担部分责任。他说:"对方的立场就是,你需要自行采取必要的措施。"

他表示,IT 部门在设法做到尽可能灵活以支持项目,但现实情况是,云服务的成本很难准确预测。他说:"云服务的成本其实是一个未知因素。如果你要用 6 个月,云服务成本与购买物理硬件会一样高,那么你得改弦易辙。"

另一个方面就是云服务的管理。

"云"不再仅仅是虚拟化与网格技术的实施、计算资源的集合与操作系统的供应,它还应包括建立管理这些资源的策略和措施。事实上,云的推广和使用并不一帆风顺,它存在的许多不确定性限制了它被接受和发展,如成本与服务等级、数据安全与保护、可扩展性与可靠性、审计与法规遵守、控制与治理、安全性、可用性等,其中最后三种不确定性最为突出。因此,为加速对"云"的接受和实现对"云"可靠性的信任,必须从管理开始,通过确认、监督、诊断等手段解决以上不确定性。值得注意的是,人们在被"云"的好处吸引时,往往忽略了管理的挑战。[16]

云经纪人可以从云服务生命周期管理的角度出发。云服务生命周期相比其他系统而言更为复杂,它需要经历服务的全生命周期过程,包括从服务策略开始,到服务总体结构与工程、服务转换与运行以及随后的持续服务改进的全部过程。前三项的具体内容如下:

1. 服务策略

服务策略是指启用、管理和治理云服务的规划。开发恰当的服务策略将确保与治理和法规遵守的要求一致,并能形成适合供需关系的服务供应链(标准化的服务组合与服务交付);服务策略规划将帮助云服务供应商通过监督和管理云中的服务性能和可用性,建立业务服务管理规范;实施财务管理以确保最佳的投资回报,使管理与交付的服务体现价值并符合业务目标。

2. 服务总体结构与工程

服务总体结构与工程涉及服务规划、服务设计、服务开发和服务测试管理。

服务的规划、设计与开发是为多资源云环境中新的或变化的服务/功能确定可能性;服务测试管理则是通过检验预先确定的质量、性能与安全测试策略,确认开发的云应用是否适合和可用于专用云环境,以加速服务部署。

3. 服务转换与运行

服务转换与运行涉及服务变更、服务目录、服务运营和服务改进四方面的管理。服务变更管理将确保新的或变化的服务在投产过程中能持续运行而避免服务中断;服务目录代表在云中可提供的标准化的云服务和IT服务,它通过自助服务门户交付使用;服务运营管理可确保在多源云环境中能通过自动化的流程管理和监督软件有效地交付服务;服务改进是通过集成持续的业务需求、变化的管理,确保提供的服务质量能一直获得提升。

第三节　云经纪人的商业价值——效率提升

一些巨头公司在性能方面都有很高的市场信任度。假设所有大型云服务商都能够提供全面的计算、数据库和存储服务,那么各大厂商之间的区别就会微乎其微。最终,选择云服务商将取决于成本。可以看到,各大厂商之间存在这种残酷的价格战。因此,最具侵略性的厂商,一定会有最具侵略性的价格,进而能够锁定更多的用户进行长期合作。这个过程不会一帆风顺,但它必定能增加客户的投资回报,也能够给企业带来好处,而这正是云经纪人能够在云服务交易中所起到的重要作用。

首先,云经纪人可以帮助企业用户挑选合适的云服务供应商,并且在整个流程中全程跟进,及时为用户和服务提供商创建良好的沟通环境,为用户节约成本,为云服务供应商带来利润和效益,推进整个云服务交易的效率。

其次,在云服务交易过程中,云经纪人为交易双方提供专业周到的咨询、技术支持、资源配置等服务,可以提升云服务交易质量和效能。

2013年已经出现了很多云服务经纪商,成为云服务提供商和购买方之间的中间人。业界专家坚信,这种结合了技术、咨询和金融购买力的云服务经纪商将形成一种全新的、令人兴奋的商业模式。随着戴尔收购EnStratus、CSC收购ServiceMesh,这项转变在2014年实现了加速。在这些云服务经纪商的帮助下,客户可以基于自己的侧重点和服务多样性,自由选择哪家服务和服务时间。此外,客户还可以利用经纪商管理平台获得更加明确的云服务信息,并使得工作更加快速和智能。

第四节　云经纪人的商业价值——整合

云经纪人作为第三方咨询服务商,一手掌握用户需求,一手掌握供应商技术。

在实际工作中,应当仔细研究各种云服务潜在的益处,将它们与一系列挑战进行权衡,其中包括安全性、缺乏透明度、对性能和可用性的担心、潜在的厂家锁定、许可证限制、整合需求。

通过对用户的IT应用现状、组织结构和业务流程等信息化需求进行分析,可以选择合适的云计算提供商,而云经纪人也可以从中获利,其收益直接来自交易手续费,这在某种程度上取代了云服务提供商的销售团队。

云经纪人的价值命题是基于私有云和公有云的互可操作性之上的。

1. 简单经纪:在一个云内进行动态采购,例如在公共云基础设施即服务内公有云基础设施即服务的大多数提供商提供简单的报价,与在它们基础设施上运行的时间或者实际载荷没有关系。但是,随着价格压力增加,基础设施即服务和平台即服务的标准发生演变,计算能力的价格开始起伏。提供商将非常可能在接到需求之后的很短时间内,以更为简单的服务层次协议、更低的现货价格提供多余的能力。基于现货价格的动态采购推动了下一个明显的经济益处:传统的信息技术用户将不会对此进行跟踪,会欢迎云经纪的存在,它将按类似于旅行社的方式运作。信息技术使用者将根据工作载荷分类来决定使用私有云资源(类似于私营车辆)和共享的云资源(类似于公共运输工具)。与旅行社相类似,云经纪将为云服务提供一个最佳采购方案,自动交付并且提供一份合并后的账单。

2. 全面经纪:跨公有云、虚拟私有云、私有云的动态采购

一些工作载荷由于技术和合规的原因被部署在不同的云模式上,可以进一步讨论一个旅行社的类比,你可以乘飞机或者火车进行一些跨国的行程,也可以乘公司的车辆。DHL国际或者联邦快递等物流公司拥有自己的车队和机队,但它们也利用空运、货运能力或者诸如汉莎空运这样的航空运输商。用公司自己的物流网络或者混合使用公司自己的车辆、飞机以及共享的飞机和卡车的决定是在非常动态的情形下做出的。物流行业显然是一个非常成熟的行业。Forrester研究公司预测,跨自有和共享基础设施、应用和人员的同等程度的成熟动态采购将是所有云计算商业模式的最终演变方向。

尽管减少开支最初是采用云技术的主要动机,但是Forrester研究公司进行的一项研究表明,在决策者眼中,更好的基础设施弹性以及减少新平台和应用的上市时间变得同等或者更为重要。如果灵活性和敏捷性是客户采购云的最主要理由,那么云经纪将成为未来云成长的不可避免的命题。

简单经纪模式只是通过对比类似的云提供商选项、使用基于这些资源现货价格的动态提供来创造价值。全面经纪模式则要远胜于这一点,它使用"云爆发"(指从私有环境向云提供者转移的工作载荷或者反向的动态重新部署;工作载荷可以代表信息基础设施或者从始点至终点的商业过程)并以更低的价格向信息技术使用者提供更高的价值。新的云经纪模式的提供者将比商品化基础设施即服务获得更高的利润率。

新利润的主要来源是对"云爆发"管理基础设施和过程框架的工业化落实。通过收获所有三种云(私有云、虚拟私有云、公有云)的额外资源能力,云经纪可以找到足够多的资源以提供给客户。例如,云经纪可以一个比商品化基础设施即服务更低的价格提供虚拟机,例如亚马逊的Web服务。云经纪的商业模式基本上涉及与信息技术使用者共享价格优势,同时为实际的经纪服务保留5%或者更高的利润率。

云计算的一个主要原则是跨多个不同基础设施领域和地点分享资源。随着更多用户熟悉可用的不同资源池、总体资源弹性实现增长和成熟,新的商业模式将出现在转卖和整合现有的资源池方面:进入云经纪商业模式。相关报告定义了云计算方面目前和未来的商业模式,给出了为什么云经纪模式是最有前途,也是最具变革性的云应对方法的原因。它为信息技术和电信服务提供商以及其他厂商提供了建设可持续的具有更高利润率的服务交付模式的途径。

第五节 云经纪人的商业价值——增信

云经纪人虽然是一种全新的商业模式,接触的产品和服务是与时俱进的云计算服务,但其本质仍然是发挥中介和沟通桥梁的作用,所以增强信念、信心、信誉和信任,仍旧是云经纪人的商业价值之一。

云经纪人在经过专业培训之后,具备全面、前沿的专业知识和专业素养,其专业的形象可以使得交易双方都增加对其的信任度,因此对整个服务流程的可靠和稳定起到保证。

云经纪人通过不断实践和摸索,结合自身的专业素养,不断为客户指定个性化的云计算服务,并且承担服务提供商和企业用户之间的沟通桥梁作用,使得双方信息畅通,交易能够迅速达成,进而企业用户更加信任这些云服务提供商。

在交易过程中,云经纪人通过对企业用户在云计算服务使用和配置时的专业指导,能够促进企业用户对云经纪人的信任,更加凸显云经纪人的商业价值,形成一个良性循环。

第二篇

云经纪服务模式

第五章
云经纪服务的三种模式

学习要点

1. 掌握云经纪服务三种模式的含义；
2. 了解不同云经纪服务模式的提供商及产品。

2012 年,作为全球最具权威的 IT 市场研究与顾问咨询公司,高德纳公司预测了云计算领域的 5 个趋势,它们在未来 3 年中将加快转变或实现转折,用户须将其作为考虑因素纳入规划进程中:

(1)正式的决策框架促进云投资优化;

(2)混合云计算势在必行;

(3)云经纪促进云消费;

(4)云中心设计成为必需;

(5)云计算影响未来数据中心和运营模式。

从中不难发现,作为服务提供商,在云计算中扮演着中介角色的云经纪越来越得到人们的关注。云经纪服务是一种信息技术角色和商业模式,一个公司或者其他公司代表一个或者多个客户,通过聚合、整合和定制化云经纪来为一个或者更多(公有或者私有)云服务增值。云经纪服务赋予者提供技术来落实云经纪服务,云经纪服务提供者整合技术、人员和方法来落实和管理与云经纪服务相关的项目。

云经纪服务就是最大化地利用云服务。通过在客户和提供者之间发挥中介作用来实现商业价值,帮助客户管理云服务的复杂性,落实、整合、聚合、定制云服务。它作为一个受人信任的企业多个云的管理平台,使客户能够很容易并简单地接触到不同平台上的云的不同解决方案。通过聚合云服务为一个简单的"一站式商店",可以进行采购和管理。

云经纪服务的作用在于可以降低采购方的云复杂性和负担,现实的情况是,你不需要云服务和云交付方面的云专家,你的云经纪服务人为采购和管理云服务提供"一站式商店"。

云经纪服务所提供的包括整合、采购、购买、维持、管理和治理,分析性能、利用率、增长率,管理服务层次协议、运营平台、安全、增长计划和开支控制,具有选择、控制、节省、整合等商业价值。因此,关于云经纪服务的分类也有所不同,根据 NIST 的定义,基于云经纪提供的主要服务的功能性,可以分为以下 3 类:

(1)服务中介(Service Intermediation):云经纪通过提升某些特定的能力来增强某个既定的云服务,并且为云服务消费者提供增值服务。其中,关于能力的提升包括认证和使用管理、绩效报告以及云安全加强。

(2)服务聚合(Service Aggregation):云经纪将多个服务整合集成为一个或多个新的服务。云经纪会提供数据的集成,并保障数据在云服务消费者与多个云服务提供商之间的安全迁移。

(3)服务套利(Service Arbitrage):服务套利与服务聚合非常相似,主要区别是被聚合的服务不是固定的。服务套利允许云中介有灵活的与机会主义的选择。例如,云中介可以利用资信评级服务并从多个评级机构那里选择评级最好的服务。

2009年7月9日,高德纳在"Cloud Services Brokerage is Dominated by Three Primary Roles"一文中,从信息技术服务提供商应如何在其提供的服务中纳入云计算的角度,定义了云经纪的作用,并指出了以下3种不同类型的云经纪服务的模式(见图5—1)。

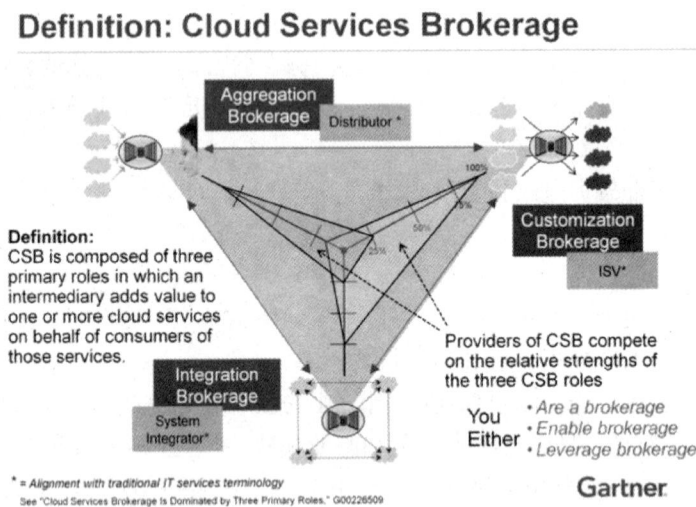

图5—1　高德纳定义的云经纪服务3种模式

第一种是作为聚合者的云经纪服务(Aggregation Brokerage):云经纪将单个云计算服务捆绑在一起并以集合的形式来展现,例如,在多个云提供商之间安全地转移数据或者提供数据整合。

第二种是作为云服务经纪成就者的云经纪服务(Integration Brokerage):企业经常会依赖于云经纪在整个商业流程中整合集成多种服务,共同提供新的功能,确保不同系统能够合作,以便给用户无缝体验。

第三种是作为云定制者的云经纪服务(Customization Brokerage):云经纪通过添加身份和访问管理,或与安全性、政策性相关的特点为个人客户定制云服务,满足特定商业需求。

除此之外,还包括以下两个职能:首先,作为仲裁者的云经纪,类似于NIST定义的服务套利;其次,作为管理者的云经纪,专注于与管理相关的云计算活动,如服务质量(QoS)和SLA管理的云经纪。

第一节　国内云服务提供商现状

一些云经纪服务商仅提供以上 3 种模式中的一种,而另一些服务商提供涉及 2～3 种模式的服务。在分析云经纪服务的 3 种模式之前,我们首先需要了解目前市场上的云服务提供商——一些主要承担云经纪服务职责的厂商。

根据国金证券 2010 年关于信息技术行业的报告所指出的,国外众多传统 IT 厂商具有强大的开发和业务提供能力,同时具备在该领域传统的技术实力,因此能够分别提供多种服务,如平台、系统集成、应用开发等。图 5－2 和图 5－3 所示分别为国内外云计算生态环境现状。

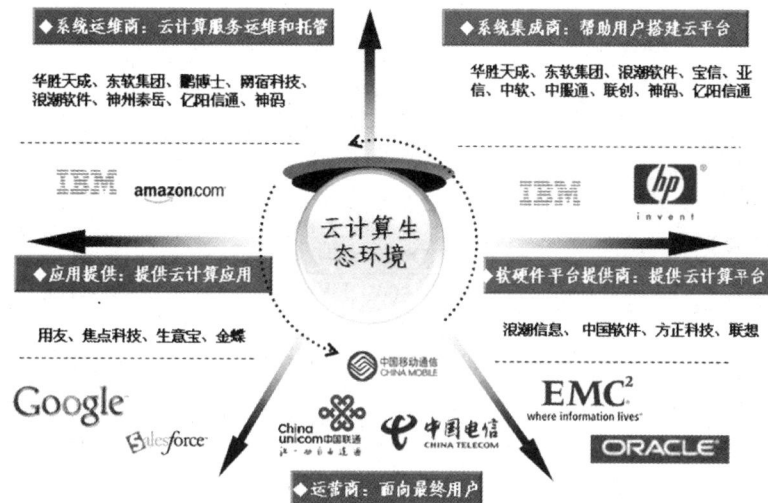

资料来源:国金证券研究所。

图 5－2　国内云计算生态系统现状

资料来源:国金证券研究所。

图 5－3　国外云计算生态系统现状

不难发现,当前我国云计算的发展正进入成长期,缺少大型的云平台集成商,产业链尚未成熟。由于对安全的担心和其他顾虑,国内云计算的使用率仍低于其他国家,且国内更倾向于创建私有云,而不是使用公有云。表5—1总结了我国云计算的生态环境。

表5—1　　　　　　　　　　　　中国云计算的生态环境总结

产业链角色	提供商	软/硬件研制及代理	集成和运维	应用	云计算的涉及领域
系统集成商	华胜天成	√	√		通过与Oracle、IBM建立良好的合作关系,提供的云计算是从系统集成到软/硬件,再到运维的全套解决方案
	东软集团	√	√	√	基于未来ERP服务,提供在线企业管理软件服务、外包的云计算平台及系统集成服务
	宝信	√	√		提供云计算系统集成方案
	华为	√	√		推出刀片服务器、(基于开源的)虚拟化产品、网络设备和存储,为云计算提供基础设施,同时提供系统集成的云计算方案
	中兴通讯	√	√		推出刀片服务器、(基于开源的)虚拟化产品、网络设备和存储,为云计算提供基础设施,同时提供系统集成的云计算方案
平台提供商	世纪互联	√			互联网基础设施服务提供商
	美地森	√			主要提供海量数据存储备份及云存储、云计算相关产品及解决方案
	友友新创	√			提供云计算基础技术平台,开发云计算核心底层构件及应用软件
	浪潮信息	√		√	基于个人计算机服务器,提供云计算硬件平台;基于未来ERP服务,提供在线企业管理软件服务
	中国软件	√	√		提供未来云计算软件基础平台中自有知识产权的Linux操作系统、数据库、中间件,并提供系统集成服务
	方正科技	√		√	提供基于云计算理念的个人计算机服务器,未来通过番薯网提供易于云计算的内容服务
服务提供商	八百客			√	向客户提供以PaaS管理自动化平台为核心的服务和解决方案
	鹏博士		√	√	提供基于云计算的平台IDC/CDN对外服务,以及数据中心托管
	网宿科技		√	√	提供基于云计算的平台IDC/CDN对外服务,以及数据中心托管
	中国移动		√	√	从服务自身主营业务的角度出发,研究云计算;基于云计算技术搭建企业IT基础设施平台,以节约成本并服务于移动互联网
	中国电信		√	√	现有计算能力的对外提供,以及未来移动互联网、物联网的SaaS应用提供
应用开发商	用友软件			√	基于未来ERP服务,提供在线企业管理软件服务
	焦点科技			√	为用户提供B2B网络服务,支撑系统采用低成本个人计算机构建云计算平台,从给中小企业用户提供在线交易服务变为提供从客户关系管理到生产计划、财务管理的全套在线企业管理方案

一、国内平台提供商

国内公司主要包括世纪互联、美地森、友友新创、浪潮信息、华胜天成、联想、方正科技等。

世纪互联是中国较早的 ISP/HDC 服务商之一,是目前中国规模较大的电信互联网基础设施服务提供商之一,已经部署了 10 个以上独立机房,全网处理能力超过 200Gbit/s。世纪互联较早投身于云计算,专注于 IaaS 领域,其在云计算方面提供的主要产品和服务包括弹性云计算、云存储服务、云备份服务等。

美地森是集群存储系统(Clustered Storage Systems)软/硬件服务提供商,主要提供海量数据存储、备份及云存储、云计算相关产品及解决方案,其自主研发了集群存储系统(USS)、云存储系统(W85)、互联网数据中心解决方案(Cloud Engine)。

友友创新主要提供云计算基础技术平台,开发云计算核心底层构件及应用软件,其云计算基础技术平台 CloudOS 系列产品以自主开发的数流平台为高效的数据传输通道,保证位于世界任意地点的任意两台或多台计算机之间可以进行安全、可靠、实时的海量信息交流。

二、国内系统集成商

主要的系统集成商包括东软、华为和中兴等。

东软主要提供 ERP 服务以及在线企业管理软件服务、外包的云计算平台和系统集成服务。

华为的 A&S Cloud 平台基于云计算技术的服务支持模型,以 CMDB(配置管理数据库)为核心,在 SMS/MMS/CRBT/OSS/BSS 等领域,解决电信网络在商业计划中的技术滞后问题,支持运营商日益关注的事件、问题、变更、发布、配置 5 个端到端管理流程。

中兴推出 Cocloud(彩云)解决方案,该平台从下层提供资源的直接对外服务,为第三方业务提供标准的接口。在上层则可以应用目前主流的一些 SaaS 应用,如业务商店、呼叫中心等。

三、国内服务提供商

八百客软件技术有限公司向客户提供以 PaaS 管理自动化平台为核心的服务和解决方案以及 SaaS 大型企业级 CRM(客户关系管理)的托管,如在线企业管理系统平台(800APP NAT)、软件协同开发平台(800APP COMPOSITE)。

鹏博士、网宿科技由原有的 IDC 主机托管和服务器租用,转型到提供基于云计算的平台 IDC/CDN 对外服务以及数据中心托管业务。

四、国内应用开发商

国内主要 SaaS 应用服务提供商包括用友、金蝶、焦点科技和生意宝等。

用友提出"企业商务云"(Enterprise Business Cloud,EBC),联合中科院、北京大学、清华大学、IBM、英特尔等数家机构和企业成立"云计算及 NC 高性能实验室"。该"企业商务云"体系与公共云计算不同,它的构建主体是大型企业或集团型企业,针对供应链上下游管理、产业链上下游 B2B 电子商务。作为云计算技术的一个分支,云安全技术通过大量客户端的参与和大量服务器端的统计分析来识别病毒和木马,取得了巨大的成功。瑞星、江民、Panda、金山、360 安全卫士、趋势科技等均推出了云安全解决方案。

五、国内电信运营商发展现状

中国电信由广州研究院牵头,联合北京研究院和上海研究院,多方面开展云计算的研究工作,在 IaaS 层面进行内部系统整合试点,提供新一代 IDC 和云存储新产品;在 PaaS 层面引入微软 Azure 平台,开发内部云创新平台;在 SaaS 层面与微软就 OneApp 方案进行合作,开发中小企业应用。

同时,中国电信也开展了云的业务和试点工作,外部业务和应用主要包括如下方面:

1. 商务领航

这是基于 SaaS 对政企客户推出的一项业务,为集团和省的两级架构,支持面向政企客户的通信应用、信息化应用和行业应用。

2. 天翼空间

天翼空间于 2010 年 3 月正式上线,实际上就是手机应用软件的综合服务平台。其推出了面向政企及个人用户基于云计算概念的手机终端"e 云手机"。

3. IDC 和 EDC 的升级

中国电信的 IDC 业务客户超过 30 000 家,主要服务对象为各地区的集团大客户,正在考虑从目前传统的资源出租逐步转变为能力和应用的出租,提供一些差异化的服务。

中国移动是较早开展云计算研究的国内电信运营商。中国移动研究院从 2007 年上半年开始跟踪云计算,提出基于开源技术、开放性云计算平台的"大云"计划,重点研究 HyperDFS、MapReduce、HugeTable、CloudMaster 等云计算平台关键技术。2009 年初,中国移动研究院自主搭建了由 1 000 个 CPU 组成的具有 256 个节点规模的云计算试验平台,通过开展系统评估与优化,构建了基于云计算技术的移动互联网业务海量数据存储和处理试验平台,开展了一系列的云计算应用研发和试验。2010 年 5 月发布的"大云"1.0 版本,节点包括 1 036 个服务器、5 208 个 CPU 核、10T 内存和 2.8P 硬盘。交换机采用 9 个万兆/千兆兼容以太网交换机,树状结构互联。软件使用 CentOS 5.3、Kernel 2.6.18、Gcc4.1.2、Jdk1.6、Hadoop-0.20 等,并且,部署了用户行为特征分析、话单查重与稽核系统、信令监测系统,提供数据挖掘、弹性计算平台 BC-EC、结构化海量数据管理平台 HugeTable、搜索引擎、云存储等应用。

中国移动在省公司云计算方面的应用主要集中在 OSS(Operation Supporting System,运营支撑系统)应用方面。

从 2009 年 6 月起,中国联通集团研究院开始了云计算的相关技术研究工作,提出了 PCCN(公众计算通信网)等云计算概念,并跟踪研究了 IaaS、PaaS 等相关技术。

2010 年中国联通在 2011~2013 年公司综合滚动规划中进行了云计算专项研究,初步制订了云计算的发展规划。中国联通的云计算规划采取内外并重的发展策略;对内主要着眼于 IT 系统的云化改造,最终目标是建立集约化的、面向各 IT 支撑专业的统一云平台,同时降低能源消耗、运营成本,实现公司"节流"的目标。而国外的各厂商及运营商在云计算业务的开展情况上就要比国内丰富得多。

第二节 国外云服务提供商现状

表5-2展示了国外各厂商及运营商云计算业务开展的具体情况。

表 5-2　　　　　　　　　　　　国外各厂商及运营商云计算业务开展情况

公司名	IaaS	PaaS	SaaS	云计算技术和业务开展情况
AT&T	√		√	将原来的 IDC 服务转型成为客户提供按使用付费的租赁服务,由原来的资源出租转型为集成服务,除了提供资源租赁外,还提供 SaaS 业务(应用托管包括 MS Exchange、Oracle 和 SAP 等)
Amazon	√	√	√	将过剩的闲散 IT 资源整合起来为客户提供服务,提高资源利用率,增加新的利润增长点
Google		√	√	为搜索等互联网业务建立低成本、可扩展性高的数据处理平台;为了打击竞争对手微软,推出了 Google Doc 等 SaaS 服务;为了与 Amazon 抗衡,提高了资源利用率,将剩余资源开放出来提供 PaaS 服务;同时 Google 也是云计算技术的领导者
Go-Grid	√	√	√	由原来的 IDC 服务转型而来,为客户提供弹性的部署并管理网络基础架构
Salesforce. com		√	√	由原来出售软件授权转型为出租软件的 SaaS 服务,并进一步扩展到 PaaS 服务领域(Force.com)
Facebook		√	√	为用户提供社交网络服务,支撑系统采用低成本个人计算机构建云计算平台,进行照片存储、后台日志分析及智能推荐等,降低系统成本,增强竞争力。基于开源 Hadoop 开发了 Hive 系统,支持海量数据仓库应用
Oracle/Sun	√	√	√	基于 Oracle 的基础 DB、中间件软件和 ERP/CRM 软件,提供按需使用的 SaaS 方式;通过收购 Sun,基于 Sun 服务器、Solaris 及虚拟化技术,提供更加全面的弹性解决方案
RedHat	√			基于开源 Linux 和虚拟化软件 KVM,提供云计算管理解决方案
微软	√	√	√	为了增强竞争力,从单纯的设备提供转型为提供互联网服务的综合服务提供商。提供 Azure 解决方案,包括基于 Windows 的虚拟计算环境和存储,以及在此基础上提供的 Live、Net、SQL 服务能力
IBM	√	√	√	基于 IBM 小型机、x 系列个人计算机服务器、数据库、中间件软件及 Tivoli 系统管理软件,提供按需计费的资源管理解决方案,以及 Lotus Live 等在线应用解决方案

续表

公司名	IaaS	PaaS	SaaS	云计算技术和业务开展情况
CISCO	√		√	将产品线由原来的网络设备扩展到个人计算机服务器领域,进而提供统一的数据中心解决方案;同时提供 WebEX 在线应用解决方案
VMware	√			提供 x86 虚拟化管理解决方案
CITRIX	√			主导推动开源软件 Xen,并基于 Xen 提供虚拟化管理解决方案
GreenPlum		√		提供海量并行处理技术的超大型数据库处理特殊优化的数据库引擎
Hadoop		√		基于个人计算机构建低成本、高扩展的海量数据存储和处理平台的开源软件,Hadoop 社区由 Yahoo、Facebook、微软、Cloudera 等公司推动

一、国外平台供应商

云计算的实现依赖于虚拟化、自动负载平衡、随需应变的软硬件平台,在这一领域的提供商主要是传统上领先的软硬件生产商,如 EMC、RedHat、Oracle、IBM、惠普、英特尔等。这些公司的特点是提供灵活和稳定兼备的集群方案,以及标准化、廉价的硬件产品,并且提供云计算平台。

2009 年 EMC 同英特尔合作开发高能效版本的 Atmos 云存储系统。AT&T 的 Synaptic 服务就是建立在 Atmos 平台基础之上。EMC 提出建设统一云架构,以满足不同应用的业务及支撑系统平台的需求,能够有针对性地满足数据库、文件、影视音频、图片等不同类型的数据对性能等不同的 SLA 的要求,并充分共享基础架构资源,提高利用率及可靠性,提升市场应对能力。

Red Hat 研发的云计算项目包括 Red Hat Open Cloud Project、Red Hat DeltacloudAPl、Red Hat BoxGrind(三者一起提供一套云计算环境的完整应用部署工具)、Red Hat Infinispan and Condor(提供一类 Amazon Simple DB 的云计算环境下数据网格存储技术)、Cloud Scheduler(提供一个云计算环境下计算任务调度器,兼容 Amazon 机 Red Hat 云)。Red Hat 提供纯软件的云计算解决方案(支持任意工业标准硬件)、四层云计算解决方案;通过虚拟化实现资源整合、共享、分配,按需在线扩展、按需支付使用资源费用;提供 IaaS、PaaS、SaaS,并结合第三方应用扩展 SaaS。Red Hat 已为 Amazon 提供云计算平台,并联手 Verizon Business 部署云计算服务方案。

2007 年,IBM 推出"蓝云"计算平台,为客户带来即买即用的云计算平台。IBM 的"蓝云"计算平台是一套软硬件平台,将互联网上使用的技术扩展到企业平台上,使得数据中心类似于互联网的计算环境。"蓝云"大量使用了 IBM 的大规模计算技术,结合 IBM 自身的软硬件系统及服务技术,支持开放标准与开放源代码软件。

惠普打造刀片系统矩阵(HP Blade System Matrix),为云计算提供基础平台,希望以此来降低基础设施的整体成本和数据中心的复杂性。Matrix 是建立在惠普 Systems Insight Manager 的基础之上的,对于快速配置软件(惠普的 RDP)、微软活动目录(Microsoft Active

Directory)、服务器虚拟化(Vmware、Xenserver 或 Microsoft Hyper-V)、惠普 Bladesystem c-Class刀片服务器和惠普 torageWorks EVA 光纤通道存储框架等相关服务有着极大的辅助作用。惠普面向需要针对虚拟环境实施共享存储的用户推出了云存储产品。

Sun 公司(现已被 Oracle 公司收购)于 2010 年 3 月 18 日推出开放式云计算平台(Sun OpenCloud Platform),该平台包括 Java、MySQL、Opensolaris 和开放式存储等,并预演了 Sun Cloud 计划。Sun Cloud 包括 Sun 云存储服务和 Sun 云计算服务,客户可以通过 Sun Cloud 充分利用开源和云计算相结合的优势,加速新应用的交付,降低总体风险,并迅速调整计算和存储规模来满足需求。Sun 的云存储服务支持 WebDAV 协议,并实现了对 Amazon S3 API 的兼容。

二、国外系统集成商

代表厂商包括 Oracle、Google、Amazon、IBM、HP、Sun 等公司,这些公司普遍具有强大的研发能力和技术团队,能够提供全面的云计算产品,帮助用户搭建云计算的软硬件平台。

Oracle 在 2005 年以 58 亿美元收购了 Siebel 公司,一举进入了云计算领域。Oracle 支持数据中心按需提供服务,其架构可以为个人用户进行配置,也可以集群的方式为拥有多个部门的大企业进行配置,还可以多客户共享的方式提供共享服务。Oracle 通过提供数据库和与中间件相关的数据库备份、数据安全产品,如 Oracle Real Applications Clusters (RAC)、Automatic Storage Management(ASM)和 Storage Grid,与第三方云计算服务提供商合作,让更多的云服务能运行在 Oracle 的产品上。Oracle 和 Amazon 合作为 Amazon 的 S3 提供安全的数据存储备份支持。Oracle 收购 Sun 之后,使用 Sun 服务器作为硬件,将 Java作为基础架构之间的编程工具。

三、国外服务提供商和电信运营商

代表企业包括提供新型数据中心服务的亚马逊、GoGrid、AT&T、Verizon 等,以及为应用开发者提供开发平台的 PaaS 公司,平台包括微软 Azure、Google App、Force.com 等。

微软于 2008 年 10 月推出了 Windows Azure 操作系统,其底层是微软全球基础服务系统,并基于遍布全球的第四代数据中心构成。微软"云计算"的原理是:未来,个人和企业不需要建立自己的数据中心,而是把数据存在微软的"云"里,在需要时随取随用。通过 Azure 的普及和深入应用,微软云计算可以为自己的客户和合作伙伴提供如下 3 种不同的云计算运营模式。

1. 微软运营

微软自己构建及运营公共云的应用和服务,同时向个人消费者和企业客户提供云服务。例如,微软向最终使用者提供 Online Services 和 Windows Live 等服务。

2. 伙伴运营

ISV/SI 等各种合作伙伴可基于 Windows Azure Platform 开发 ERP、CRM 等各种云计算应用,并在 Windows Azure Platform 上为最终使用者提供服务。另外一个选择是,微软运营在自己的云计算平台中的 Business Productivity Online Suite(BPOS)产品时,也可交由合作伙伴进行托管运营。BPOS 主要包括 Exchange Online、SharePoint Online、Office

Communications Online 和 LiveMeeting Online 等服务。

3. 客户自建

客户可以选择微软的云计算解决方案来构建自己的云计算平台。微软可以为客户提供包括产品、技术、平台和运维管理在内的全面支持。

Google 基于云计算平台实现了对 Google 各种应用的运行。Google 推出的 Google App Engine,允许开发人员编写 Python 应用程序,然后把应用构建在 Google 的基础架构上。Google 云服务起初主要是针对个人消费者,现在,包括 GE 和宝洁在内,已经有 50 多万家企业注册了 Google Apps,整个 Google Apps 的用户数量达到了约 1 000 万。2009 年,Google 收购了 Postini,其托管型 E-mail 安全监控软件现在是 Google Apps 的一部分。另外,2010 年 4 月,Google 与 Salesforce. com 合作,把 Salesforce CRM 和 Google Apps 集成在一起。同时,Google 和 IBM 联合向高校学生和研究人员提供云计算服务 Google-IBM。Google 近期在美国的艾奥瓦州、俄勒冈州、北卡罗来纳州、南卡罗来纳州等地区已经完成或正在构建全新的数据中心。

亚马逊 AWS 产品线以提供 IaaS 服务为主,并提供 S3(一种简单的存储服务)、EC2(弹性可扩展的云计算服务器)、Simple Queuing Service(一种简单的消息队列)及仍处在测试阶段的 Simple DB(简单的数据库管理)4 种云计算服务。S3 可以提供无限制的存储空间,让用户存放文档、照片、视频和其他数据。使用 EC2 服务的用户可以选择不同的服务器配置,并对实际使用的计算处理量付费。

AT&T 于 2008 年 8 月推出网络托管的 Synaptic Hosting 服务,通过 AT&T 所部署的网络、运算资源及数据储存中心,解决客户的运算需求。2009 年 5 月,AT&T 推出基于 EMC Atmos 数据存储基础架构的 SaaS 服务——Synaptic Storage as a Service。用户可以在任何时间从任何地点对自己的数据进行访问,并可以使用 AT&T 的网络云来保存、分布和找回数据。用户通过一个基于 Web 的用户界面制定详细规则,服务器自动按照用户需要扩展存储容量,而用户只需要根据使用付费即可。AT&T 与美国 VMware、Sun 两家公司合作推出 Synaptic Compute as a Service 云计算服务,旨在为世界上各种规模的企业提供可定制的、高扩展性的云计算服务。企业用户可以在 AT&T 的世界级网络内使用满足自己需要的不同计算处理功能。AT&T 的云服务进展较为顺利,已在美国取得成功,并逐步向全球扩展。

2008 年 11 月,NTT DoCoMo 与 OpSource 进行合作,在北美地区面向企业用户提供 SaaS 业务;2009 年,NTT DoCoMo 与 OpSource 面向企业用户提供云计算服务 CaaS(Computing as a Service,计算即服务);2009 年 6 月,NTT 欧洲在线和 OpSource 在欧洲提供虚拟化服务;2010 年底,NTT DoCoMo 推出以网络为基础的桌上计算机云端运算平台 Setten(日文意思为"接触点"或"接口"),Setten 可提供全面性的运作系统、储存及一系列应用托管方案,可实现通过互联网连接公司网络、电子邮件、文件及各种服务器,模拟桌上环境时与真实桌上计算机平台无异。

Verizon 于 2009 年 6 月面向企业用户推出了云计算服务 CaaS,按照 Verizon 云计算服务模式,该公司利用自有网络及数据中心对企业客户所提要求进行处理,用户通过 Web 门户来访问和使用 Verizon 的工程师为其定制的软件。计算中使用的服务器或者其他设备是在 Verizon 的数据中心内,也可实现为客户的系统进行定制化安装。Verizon 不仅可以出租虚拟服务器的计算资源,还可以出租物理服务器的资源。

四、国外应用开发商

应用开发商即 SaaS 应用服务提供商,所提供的应用包括微软的 Live 服务,互联网巨头 Google 的 Gmail、Google Earth,苹果的 MobileMe,黑莓企业方案,以及新兴的在线 CRM 解决方案提供商 Salesforce 等。

目前,使用 Salesforce 的用户已达 110 多万人,Salesforce 已经为世界 500 强中 1/4 的企业提供服务。此外,Salesforce 也开始提供各种新的云计算服务,在 2007 年 4 月份,其发布了自己的企业内容管理(Enterprise Content Management,ECM)产品——Salesforce Content,它可以让用户存储、分类和分享信息,与微软的 SharePoint 和 EMC 的 Document 类似。

苹果公司推出的 MobileMe 服务是一种基于云存储和计算的解决方案。按照苹果公司的整体设想,该方案可以处理电子邮件、记事本项目、通讯簿、照片及其他档案,用户所做的一切都会自动更新至 iMac、iPhone 等由苹果公司生产的各式终端界面。微软推出的 LiveMesh 能够将安装有 Windows 操作系统的计算机、Windows Mobile 系统的智能手机、Xbox,甚至还能通过公开的接口,将苹果电脑及其他系统的手机等终端整合在一起,其相互之间通过互联网来连接,从而让用户跨越不同设备进行文件、文件夹及各式各样网络内容的同步,并将数据存储在"云"中。

黑莓的云计算企业方案面向众多商业用户,让用户通过应用黑莓推送技术的黑莓终端,远程接入服务器访问自己的邮件账户。黑莓的邮件服务器将企业应用、无线网络和移动终端连接在一起。通过这种方式,用户可以轻松地远程同步自己的邮件和日历,查看自己的附件盒地址本。

五、政府

国外政府高度重视云计算的发展,美国政府将云计算、虚拟化和开源列为节约政府 IT 支出的三项重要手段,通过采用云计算和 SaaS 软件租赁服务,可以节约财政预算,并且将云计算作为一项长期性的政策,使用云计算服务解决安全性、性能和成本等方面的问题。云计算还被看成是增加政府透明度的有力工具。英国政府为了确立其在世界数字知识经济中的一席之地,改善政府 IT 水平,把更多的服务移植到在线。英国政府发表了《数字英国》白皮书,建立了覆盖整个政府的云计算网络 G-cloud。

欧盟 FP7 于 2010 年 6 月启动了 SIENA(Standards and Interoperability for e-Infra-structure Implementation Initiative)研究课题,该课题的目的是定义未来 e-Infrastructure 的发展路线,聚焦于分布式计算技术的协同工作和标准制定。该课题定义了云应用场景,确定了发展趋势,分析了欧洲及全球标准和策略的发展现状,并给出了未来的发展方向。

六、试验床

发展试验床的目的是为了消除资金和后勤方面的障碍,促进行业、科研机构和政府部门间的开放协作。目前,比较有影响力的试验床项目有 Open Cirrus 等。

Open Cirrus 云计算试验床成立于 2008 年 7 月,正在进行 50 多个研究项目,其模拟了一个真实、全球性、互联网范围的环境,研究人员借助于试验床测试应用和测量基础设施即服务的性能,以建立大规模的云系统。惠普、英特尔、雅虎及多家研究机构均已加入其中。

不难发现,目前云计算产业链与生态系统的核心是云中心服务提供商、云平台运营服务提供商和云应用服务提供商。云经纪服务在该生态系统中如何起到聚合、成就、定制云计算的作用,将在之后的章节中一一说明。

第六章
作为聚合者的云经纪服务

学习要点

1. 掌握聚合者的云经纪服务的含义与模式；
2. 了解不同云经纪服务模式的提供商及产品。

根据研究公司高德纳的调研，随着云计算的发展和示范变得越来越复杂，用户需要整合各种各样的服务。而这一需求将由云经纪提供云服务消费者与云服务提供商之间的谈判工作来解决，其中包括提供给用户的云环境下的各种服务。这也是云经纪服务的第一种模式：作为聚合者。

所谓"聚合"，是指将多个服务整合集成为一个或多个新的服务。云经纪会提供数据的集成并保障数据在云服务消费者与多个云服务提供商之间的安全迁移。云聚合者与云提供者建立关系，使这些提供者的服务可以被终端用户使用。云聚合者将多个云服务整合进一个单独的用户界面，为客户处理计费、管理和安全事务。云聚合者趋向于有着大规模、现有客户基础的公司，如电信公司、大型信息技术批发商和增值销售商。

第一节　作为聚合者的云经纪业务

作为聚合者的云经纪业务中，典型的业务模式为 XaaS 云服务（Cloud based XaaS）。XaaS 特指基于现有的一个或者多个云服务，通过聚合或增值，再以 XaaS 云服务的方式为云服务消费者提供服务的云服务中介。具体而言，该业务模式具有如下特点：

1. XaaS 云服务的交付方式可以是 IaaS、PaaS 或者 SaaS。例如，为现有云服务提供 CDN、智能 DNS 与安全防护等服务的交付方式，可以是一个新的 IaaS 云服务；对现有云服务进行集成的平台服务 iPaaS（integration Platform as a Service）的交付方式，可以是一个新的 PaaS 云服务；对现有 SaaS 服务提供附加安全增值 DLP（Data Lose Prevention）服务的交付方式，可以是一个新的 SaaS 云服务。

2. XaaS 云服务的交付方式也可以是云服务市场（Marketplace Aggregation）。例如，云服务中介通过对多个云服务聚合，并提供服务列表、服务订购、服务开通、认证计费、账务结算、客户服务等附加增值服务的"应用市场"、"应用商城"。

3. XaaS 云服务对于现有云服务的聚合与增值，包括对现有云服务安全与管理的附加增值。例如，云服务中介通过对多个 IaaS 服务聚合，提供统一的部署、监控管理等附加增值服务,并以 SaaS 服务方式提供给云服务消费者。

在云计算环境下,包括软件、平台、基础架构等都将以服务的形式提供给用户。如在第一章中所提及的,根据 NIST 的定义,云计算包含三个典型服务模式(Delivery Models)。

1. SaaS(Software as a Service,软件即服务)

通过网络使用提供商的应用程序。服务提供者拥有该设备,并负责运行和维护;客户提出需求并获取满足自身需求的 IT 基础设施服务。具有代表性的公司和业务有 Amazon 的 EC2、Verizon 的 Terremark 等。Amazon 部署了大量的 IT 资源和存储资源,为了充分利用闲置的 IT 资源,Amazon 将弹性计算云建立起来,并对外提供效能计算和存储租用服务,包括存储空间、带宽、CPU 资源及月租费。该月租费与电话月租费类似,存储空间、带宽按容量收费,CPU 根据运算量的时长收费。例如,弹性计算云 EC2 让用户自行选择服务器配置来对计算机处理任务按需付费;由于是按需付费,相比企业自己部署 IT 硬件资源及软件资源便宜得多,因而成为最成功的 IaaS 服务商之一。AT&T 提供按使用量付费的公用运算服务,供企业弹性使用资源并能够随时取得所需的处理及存储能力。NTT DoCoMo 与 Op-Source 合作推出基于安全的数据中心及可靠的可扩展网络的云计算解决方案,利用公共云为每个用户提供虚拟化的私有云,使用户在虚拟化的私有环境中完成计算和应用服务,并可实现在线购买。其目前提供按小时计费的模式。

2. PaaS(Platform as a Service,平台即服务)

将用户创建的应用程序部署到云中,以租用的模式提交给用户,具有代表性的公司和业务有 Google 的 GAE、Salesforce 的 Force. com 等。

Google 的云计算平台主要采用 PaaS 商业模式,提供的云计算服务按需收费,Google APP Engine 根据每个中央处理器核心每小时收费 10~12 美元,每 10 亿字节存储空间收费 15~18 美元。

Salesforce 的 PaaS 平台 Force. com 在互联网上运行,收费是以每次登录为基础的完全即时请求业务模式。通过联合独立软件提供商成为其平台的客户,从而开发出基于其平台的多种 SaaS 应用,扩展其业务范围,使其成为多元化软件服务供应商(Multi-Application Vendor)。

3. IaaS(Infrastructure as a Service,基础设施即服务)

包括租赁处理能力、存储能力、网络带宽以及其他基础计算资源。具有代表性的公司和业务有 Salesforce、微软的邮件等。

阿里软件基于 SaaS 模式,充分利用互联网资源,面向中小企业用户提供先尝试后购买、用多少付多少、无须安装(即插即用)的软件服务,实现低成本在线软件,可以根据行业、区域为中小企业管理软件做大规模需求定制。

Salesforce. com 让客户通过云端执行商业服务,而不用购买或部署软件,按照订户数和使用时间对客户进行收费。

微软构建及运营公共云的应用和服务,同时向个人用户和企业客户提供云服务。例如,微软向最终使用者提供 Online Services 和 Windows Live 等服务。

在这三个服务模式的构架中,SaaS 实际是面向最终用户的上层,PaaS 则介于 IaaS 和 SaaS 之间,是中层;IaaS 是下层,作为云服务的基础。SaaS、PaaS 和 IaaS 的首字母缩写是 SPI,这就是云计算 SPI 金字塔(Cloud Pyramid)架构。

　　作为聚合者的云经纪服务,就是提供基于以上云计算 SPI 金字塔架构下的 XaaS 服务。其面向对象一般为增值销售商(Value-Added Reseller,VAR)。一般而言,增值销售商指的是在一个现有产品的基础上添加自己的"价值",通常采用的形式是该产品的一个具体应用(如一个专门的计算机应用),再将它作为一个新的产品或"打包"(package)进行转销。例如,一家增值销售商可能会在带有 Unix 服务的 IBM OS/390 操作系统上,添加自己专有的为建筑师设计的 Unix 应用程序,再把整个系统打包卖给建筑公司。根据销售和安装的要求,增值销售商可以选择是否将 OS/390 明确作为打包的一部分。

　　我国的 IT 增值代理历程经过了三个时期,分别为市场导入期、市场生长期及市场成熟期。市场导入期主要体现在 1999 年以前,此阶段主要是蹒跚学步的起始阶段,比如神州数码签约思科,更早些还有晓通网络与思科的合作。从渠道的角度来看,这一阶段的特点就是"学":一是学习配合国际厂家的运作手法,二是摸索中国增值产品市场的特点。当时,市场主要表现为需求大于供给,这一阶段增值分销的业务模式仍处在摸索期,最初沿用的还是低端产品的分销方式,如路演等。但很快代理商发现,这些增值产品的回款周期、后续服务等都与海量产品不太一样,于是进入了增值代理的第二个阶段,即 1999~2005 年的市场生长期。在此期间,增值代理商主要致力于目标管理、质量管理,市场主要表现为需求等于供给。增值代理商主要着眼于与渠道的广泛合作,合作模式逐渐清晰。在这个时期,一方面,增值代理商不断把触角延伸到其他增值产品,包括软件等;另一方面,更多的分销商加入这个阵营,包括安全、存储等专业增值代理商。最后一个阶段就是市场成熟期,主要时间段为 2005 年至今,在这个阶段中,增值代理商主要是追求形象包装,如建立自己的 VI、CI 系统,建立自己的服务体系。这个时期的特征主要表现为形象需求大于形象供给,客户根据形象好坏选择产品,处于高度信息化时代。渠道整体经历了急剧贬值的过程,以及找不到自我价值中心所在的窘迫和惶恐阶段,这加速了创新求变的步伐,寻找自我的战略价值空间。

　　由于云计算自身的特点,增值销售商对于云经纪的意义不同以往,大型的云服务提供商均发布了其增值经销商计划。例如,早在 2009 年,Salesforce.com 就针对旗下的 Force.com 开发平台发布其增值经销商计划,让经销商代售 Force.com 的服务供客制化的应用程序开发。该计划将向各界开放,可协助经销商替客户在云端上开发及提供客制化应用程序,并让合作伙伴有机会创造重复性营收及管理合约的更新。一般认为,有兴趣加入 Force.com 增值经销计划的主要为系统整合业者及顾问公司,已加入该计划的业者包括 AmericanData、Centerstance、EDLConsulting、ForceBrain 及 Sundog 等。Salesforce 执行总裁马克·贝尼奥夫(Marc Benioff)指出,这些经销商拥有强劲的客户技术,将为云计算带来丰富的价值。

　　Salesforce 希望借由增值经销商计划扩大产业对云计算服务的采用,并针对这些增值经销商提供技术工具、教育训练及各种产品上市资源。经销商将可存取 Force.com 的销售资源,如各种销售工具及产业分析信息等,并设有顾问资源中心以供应最佳实作、社群讨论、范例及设计原则等信息。Force.com 的增值经销商将可销售 Force.com 云计算平台,以及其他诸如行动能力、储存、网站及开发沙箱等额外服务;供应给增值经销商的 Force.com 入门级价格为每个用户每月 7.5 美元。根据 Salesforce 的统计,目前 Force.com 已有 12 万种客制化应用程序,范围涵盖供应链管理、法规遵循追踪、品牌管理等。

　　又如,Microsoft 在 2010 年推出其云计算产品 Office 365,该产品包括 Office Share-

Point Online、Exchange Online 和 Lync Online 组件,并为这些组件提供实时升级服务。对于从微软 Office 365 的获利,微软表示,除了微软提供给合作伙伴的经常性收入之外,至少有 5 种方法可以让 VAR 从云计算中受益,这包括:

(1)咨询:评估客户的业务需求,并提出可选的解决方案。

(2)规划和设计:概括出适当的技术系统和实施策略。

(3)交付:准备分配的云产品。

(4)实施:转移分配和定制客户的数据。

(5)经营和管理:监控和维护所有系统的性能。

2013 年在北京召开的 IBM 中国渠道策略发布会上,IBM 表示将把"增值渠道"全面贯彻到整个合作伙伴生态系统层面,其中包括:

(1)把握新机遇:IBM 将专家集成系统、云计算、大数据、业务分析与优化、智慧城市等业界热点技术和领域作为渠道重点,并将进行大力开拓。

(2)拓展新市场:在市场拓展方面,IBM 会继续拓展区域市场,大力支持开发新客户和激活老客户的业务开拓,积极推动 Power Linux"天合计划"的实施,以及增强海量产品引擎对市场的拉动。

(3)加强解决方案销售:IBM 将重点投入 Power Cloud、天工计划以及 p/SSD 捆绑解决方案的销售。值得一提的是,IBM 在未来还会在渠道中加大对以大数据、商业智能和云计算为主的 IBM 软件业务的支持和推动。

(4)创造全新渠道价值:IBM 将利用新 IT 技术和新服务模式,帮助合作伙伴创造新的渠道价值。IBM 会继续加强合作伙伴在 PureSystems 新产品家族方面的销售和服务能力,利用整合、自动化、云部署的优势进行商机挖掘。另外,在 IT 服务方面,IBM 将提供更加丰富的整合科技服务,会与大型合作伙伴进行更深入的合作,并建立行业导向的合作模式。

(5)渠道大学培训:IBM 在渠道培训和市场支持方面将一如既往地提供大力支持。2013 年,IBM 中国渠道大学计划开设了至少 850 门课程,培养学员达 11 500 名,并帮助 6 000 名合作伙伴销售人员通过网络课堂完成 120 000 门课程。通过培训,提高合作伙伴在 IBM 云计算、大数据、智慧城市等领域解决方案的专业技能。

第二节 作为聚合者的云经纪介绍及案例

一、面向增值经销商的云服务聚合平台

目前面向增值经销商的云服务聚合平台主要有 Green Cloud Technologies、Ingram Micro Cloud、Parallels、Synnex CloudSolv、Tech Data TDCloud。

1. Green Cloud Technologies

总部位于美国格林威尔的 Green Cloud Technologies 是中小企业云解决方案的提供者。依靠世界级数据中心设施和行业领先的平台,如 BroadSoft、VMware、思科,Green Cloud Technologies 能够提供 IT 和电信解决方案,包括虚拟服务器、灾难恢复和业务连续性解决方案。Green Cloud Technologies 可以帮助中小企业使用云来提高生产率、改善性

能、控制成本和提升管理技术。

2. Ingram Micro Cloud

Ingram Micro Cloud 是一个面向增值经销商(VARs)和管理服务提供商(MSPs)的云服务聚合平台。Ingram Micro 是一家全球运营公司,其销售网络遍布北美、欧洲、中东、非洲、拉丁美洲和泛亚太地区。Ingram Micro 从 2006 年起开始提供管理服务,并从 2007 年开始提供云服务,在分销领域的云计算应用方面是先驱者。该公司推出的 Cloud Marketplace 系统是一个线上的市场,在这个系统中,解决方案提供商可以购物、采购、供应、管理和为个人云服务交易开取发票。Ingram Micro 的合作伙伴阵容侧重于基础设施和企业生产力解决方案,因此这个系统已经开始使用 IaaS 和 SaaS,并计划使用 PaaS。

Ingram Micro 公司已经建立了销售、市场营销、运营和业务开发团队,以集中于云计算和托管服务。该公司计划进一步增加这些方面的资源,以提供更大的杠杆作用,并已在亚太地区和拉丁美洲建立了专门的供应商和服务提供商的管理组织,以满足这些地区日益庞大的需求。

当分销商整合多个云服务来为他的合作伙伴提供各地的服务开通、计费和确定扣款规模时,Ingram Micro 则聚集各种云服务来构建其云计算市场。虽然目前 Ingram Micro 还没有投资云服务整合或定制,但是更全面、更充分的云经纪职能一定会在不远的将来实现。

3. Parallels

Parallels 是全球领先的虚拟化和自动化软件提供商,致力于帮助个人消费者、企业用户及服务提供商在主流硬件、操作系统及虚拟化平台上全面优化其计算能力。1999 年,Parallels 在俄罗斯成立,这是一家高速成长的企业,目前在北美洲、欧洲和亚洲有 800 名员工。使用 Parallels 服务交付平台即可向中小企业提供广泛的服务,所涉及服务从企业邮箱托管和网站托管到 VPS,再到 SaaS。全球 5 000 多名云计算服务商依托 Parallels 向客户提供最佳的应用程序和服务。

Parallels 先进的服务交付软件、过硬的专业知识和共赢的合作伙伴生态系统为服务提供商基于云计算盈利(Profit from the Cloud)不断成长提供了条件。9 000 多名服务提供商依赖 Parallels 为 130 多个国家的超过 1 000 万家中小型企业(SMB)提供上千种应用程序和云服务。该公司的客户和合作伙伴范围极广,其中包括传统的虚拟主机提供商、通信服务提供商、增值代理商 (VAR)、经销商和网站设计师等。

该公司的主机和云服务旗舰整合机制[即应用程序打包标准(APS)]开放自由,使得服务提供商能够方便快捷地提供新的应用程序和云服务,甚至还可以实现第三方应用程序和服务的整合。在该 APS 生态系统中,还包含上百个独立软件供应商(ISV),而 Parallels 服务提供商的合作伙伴则是他们打入数百万家中小型企业的重要新渠道。

Parallels 跨平台方案使客户和各种规模的企业基于不同平台的应用程序进行运行和访问得以实现,也为其提供了便捷之道。屡获殊荣并一直稳居销售排行榜首位的 Mac 桌面虚拟化软件——Parallels Desktop for Mac——占据了 90% 的市场份额,并已售出 400 多万套。有了 Parallels Desktop,企业和消费者用户无须重启,即可在 Mac 上同时运行 Windows 和 Mac 应用程序。

Parallels 面向企业的"带上你的设备"(BYOD)方案,包括针对 Microsoft System Center Configuration Manager(SCCM)的 Parallels Management Suite 插件,通过插件 SCCM

2007/2012，成为全球范围内可管理 Mac 和 PC 全面跨平台方案。此外，Parallels 正致力于在 Parallels Management Suite 中添加支持 iOS 和 Android 系统，那么 CIO 和 IT 专家只需通过一个基础架构管理方案，就能够轻松管理 PC、Mac、iPad、iPhone 和 Android 等多种设备。

Parallels 的软件包括虚拟化软件、供应和计费自动化软件、服务管理的控制面板软件等。这些软件使服务提供商能够归集在一起，向客户提供 IaaS 和 SaaS。这些服务提供商大多是一些中小型企业。通过 Parallels 自动化，Parallels 创建了一个 SaaS 市场，使得独立软件供应商和云服务提供商扩大他们的投资组合，并专注于向最终客户提供业务。而对于行使云经纪职能的 Parallels 而言，最重要的是 Cloud Marketplace（自动化云市场），Parallels 提供的服务和应用程序的目录都是清晰的，提供商希望通过这样一个共同的机制，把许多产品整合在一起。通过系统，具有 SaaS 功能的独立软件开发商能直接和客户支持部门与公司协商，这省去了与这些单独的软件供应商和运输人员等的协议。这类似于 Jamcracker 的产品，但更专注于应用程序的打包和部署，更称得上是真正的云服务。使用 Parallels Automation 支持多层经销商的模式，意味着 Parallels 既可以为用户直接提供服务，也可以作为经纪人通过 VAR 或 SIs 来销售服务。此外，通过使用 Application Packaging Standard（应用程序打包标准），可以在标准内将应用程序部署为服务，能使 Parallels Automation 立即获得许多 SaaS 应用，如客户关系管理、网络效果、合作和安全性等。

二、云解决方案聚合者

1. BlueWolf

BlueWolf 是一家全球性的商业咨询公司，其帮助客户吸引其他客户，以推动更多的销售。作为第一家建立在云上的全球性商业咨询公司，BlueWolf 的战略咨询、实施、培训和云管理服务能在几周内驱动出成果，而无须花费几年时间。

BlueWolf 的咨询业务优势在于，其是 Salesforce.com 排名第一的服务实现和培训合作伙伴、Google 应用程序套件的主要供应商、自定义云应用程序开发商；BlueWolf Blueprinting（蓝图计划）能帮助企业定义其愿景并实现商业战略；BlueWolf Beyond（超越计划）能提供持续的专家服务，快速地对云应用程序和业务进行改革。

2. CloudMore

CloudMore 是一家成立于 2004 年的云服务提供商，总部位于瑞典斯德哥尔摩。CloudMore 为英国、瑞典、芬兰、挪威、丹麦、爱尔兰等国家的企业提供服务。主要合作伙伴包括 IBM、Microsoft、HP Autonomy、VMware、Soonr、Crytpzone。

CloudMore 为经销商提供能快速有效实施的云服务产品，据称，CloudMore 有 1 000 多个合作伙伴，通过整合这些合作伙伴和服务提供商的云服务产品，并佐以 CloudMore 自有专利的控制表盘，云服务能变得易于销售、营销和管理，而经销商也成为了拥有销售、订单和管理服务的唯一接口的 IT 服务提供商。

基于上述条件，CloudMore 为经销商和供应商都带来了利益。对供应商而言，CloudMore 为其提供了更宽广的销售渠道，并通过订单管理、业务支持和服务中介，提高了产品的附加值。而对于经销商而言，CloudMore 能及时提供市场领先的完整服务组件，进而经销商在很多领域能取得竞争优势。他们能够从小企业起步，逐步成长；能够维持客户拥有率和满意度，并通过真正明码标价的服务维持定价水平；能够在经销商市场中保持领先性和竞争性；能通过不断更新的有效产品，在客户 IT 方面的预算中获得持续增长的份额；能通过服务的良好口碑，获得商业伙伴的推荐而获得更多的新用户；能通过可预测的现金流和利润率，取得更好的边际利润，并且变革商业模式；也可以减少管理的经常性支出。同时，Cloud-More 还在不断添加新的服务组合，其远远超出了一个云服务目录的范畴，是用创新的方式通过经销商来满足客户需求。

CSUB™是 CloudMore 推出的一款云服务束，可以让客户像买卫星电视包一样购买其支付水平上最有效的 IT 服务。客户可以在需要时添加额外的服务以配合企业职能的改变。CSUB™服务包只能通过现有 CloudMore 经销商购买，或者企业可以通过让其 IT 顾问与 CloudMore 合作以获得服务。CSUB™着重于提高个人和团队的工作效率，而不是技术，使客户能易于选择其需要的工作，并按实际使用来支付费用。

3. Cloud Nation

Cloud Nation 是一家总部在西雅图的云解决方案聚合者，前身是 Horizon Private Cloud 和 SMB Nation，两家公司于 2013 年 4 月合并建立 Cloud Nation。Cloud Nation 是一家纯粹的渠道服务提供商，其将一套完整的、建立在私有云上的 Windows 网络解决方案提供给增值经销商和管理服务提供商。

Cloud Nation 通过 Citrix XenApp 和微软 Windows 服务器部署提供业界领先的云桌面解决方案。其技术合作伙伴为客户在 Amazon AWS 全球平台上创建私有云，并在公有云上创建市场上唯一的 Citrix 云服务。通过 Cloud Nation 在全球的代理商和增值经销商网络，其成为了 Windows 应用程序部署云解决方案的领导者。

Cloud Nation 目前主要提供三种产品，vDesktop、vServer 和 vStorage。vDesktop 服务包括超高速的无限宽带互联网浏览、90 天的备份和恢复服务器以及完整的病毒和威胁的保护。vDesktop 可在任何使用 Citrix 接收器的计算机（包括 iPad 和 Android 的移动设备）上使用。而 vServer 是 Cloud Nation 与 Amazon AWS 合作的目前市场上性能较高的云服务器。通过 vServer，客户可享受 Amazon EC2 和 S3 平台的安全性。该私有云架构是目前最安全的设施，使用先进的电子监视和多因素访问控制系统来实现高度安全的数据中心，由训练有素的保安人员每天 24 小时负责安全，并配备旨在最小化中断操作影响的环境系统。Cloud Nation 和 Amazon 使用 SLA 保证 99.95％的服务正常运行时间。丰富的地域、容错、防弹安全和全球访问给 Cloud Nation 带来无与伦比的优势。随着 IaaS 和 PaaS 的发展，vServer 能提供的服务也越来越多，包括文件服务器（与备份的映射文件共享、内置病毒防护）、多租户域控制器、涵盖所有 Citrix 和 Microsoft 许可证、按月签署合同、无限存储。

三、垂直领域的聚合型云经纪介绍

1. CommonIT

CommonIT 是法国的云计算专业公司，提供基于 SaaS 的虚拟浏览器解决方案——Airship，帮助企业解决为他们的员工提供大量基于云服务端口的虚拟浏览问题。

CommonIT 的解决方案综合了集成云经纪职能和虚拟浏览器技术。在集成职能方面，CommonIT 向成百上千名用户提供集中管理的浏览器配置和全生命周期管理，可以访问很多网站和云服务，并且各种级别的授权（例如，只有授权的用户才可以登录某个特定的账户或者打印选定的内容）。这种虚拟浏览器技术使公司只需提供一个浏览器就能支持大多数基于 Web 的应用程序，并且填补了浏览器功能的空白。例如，Airship 可以同时执行多个行业标准的浏览器内核和插件。它同时也提供了其他的增值服务，如 SSO 和过滤。CommonIT 使得应用在微软的 IE 浏览器、Mozilla 的火狐浏览器、Google 的 Chrome 浏览器和苹果的 Safari 浏览器之间兼容，并且它也可以用来扩展访问 iPhone 和 iPad 上的 Flash 应用程序。该公司的优势在于，它专攻跨平台的浏览器兼容服务，并且是市场上较早致力于提供该服务的公司。但是公司的规模比较小，在方案提供上还有待成熟。

2. Xignite

Xignite 是一个比较小的供应商（只有 40 名员工），始建于 2004 年底，提供近乎实时的金融服务信息（例如，外汇计算、股票报价、公司的财务报表和 EDGAR 档案），通过基于云的交付模式，它有两种不同的 IT 产品：其一是 Xignite Web 服务，直接将金融服务信息出售给最终用户；其二是 2009 年推出的 XigniteOnDemand 服务，这可以用来管理基于云的信息服务。XigniteOnDemand 提供金融服务的相关信息给那些也希望以与 Xignite Web 服务一样的模式来提供内容的内容供应商们。

Xignite 的与云计算相关的金融服务信息的 API 都清楚地列示在网上，其中包括 60 个不同的金融服务信息和计算。除了少数产品（如大批量文件处理）外，大多数用户通过购买的 Xignite API 直接使用这些信息。Xignite 开发自己的复合应用程序（混搭）平台，让独立软件开发商和用户使用，通过整合和定制服务，以满足他们的特定使用需求。Xignite 使用技术和服务，如 NER、SQL SERVER、Amazon EC2 和 Amazon 53 来实施其解决方案。

Xignite 每月为遍布 46 个国家的1 000多个付费用户提供 50 亿 Web 服务请求，其中有1/3 是在美国以外的客户群。Xignite 的优势在于其是早期向市场推出基于云计算的金融服务、信息服务、云计算的本地交付和定价模式的供应商，盈利能力正大幅提升并有着不断增长的客户和收入基础。其面临的挑战包括规模相对较小、进入门槛低，以及潜在的老牌的金融服务和信息服务（例如汤森路透）的巨大威胁。由于提供基于云计算的金融服务和信息服务，Xignite 承担了聚合的职责，而通过对具有独特金融服务需求的用户提供集成的和定制的云服务，Xignite 也是云经纪定制公司。

第七章
作为云服务经纪成就者的云经纪服务

学习要点

1. 掌握经纪成就者的云经纪服务的含义与模式；
2. 了解不同云经纪服务模式的提供商及产品。

第一节　业务模式

作为成就者的经纪(Integration Brokerage,IB),过去通常被称为"B2B /电子数据交换(EDI)管理服务",是包括实现和管理服务的 IT 外包应用程序和数据集成项目的类型之一。

2004 年,高德纳将这一概念修正并扩展为"集成服务提供商"(Integration Service Providers),并在 2009 年将其定义为 3 个主要的云服务经纪(CSB)模式之一,因此,可以称为"集成型云经纪"。作为成就者的云经纪特征包括:

(1)扩展的集成项目实施和管理服务实现能力。

(2)提供多边[连接一次, 连接所有(connect once, connect to all)]网络(通常是全球)之间的通信,贸易伙伴、云服务提供商、移动和互联网连接设备(Internet of Things, IoT)之间的连接和数据管理,以及其他 B2B 网络的内部互联。

(3)基于云计算技术的多租户技术堆栈,可以是 PaaS 的集成(iPaaS),并在 B2B 网络中操作,包括可伸缩、安全通信、消息传递和数据转换,应用程序服务治理,以及社区门户协作。

虽然对作为成就者的云经纪有诸多的替代品,如集成软件和 iPaaS,全球数以百万计的公司仍选择承担成就者责任的云经纪。有报告显示,其每年的增长速度超过 10%。虽然目前大部分的集成项目中心在北美和西欧,但在拉丁美洲和亚洲地区,集成型云经纪正在发展壮大。目前的集成云经纪市场已经相当成熟,且其供应商范围已相对固定,但是,市场的动态变化仍不断在发生,变化的集成需求(如云计算、移动及物联网)、持续不断的创新投入、市场份额的增长和供应商间的兼并等都将推动变革。

云经纪服务成就者通过维护云服务聚合者使用的云聚合平台来成就云聚合者。Jamcracker 和 AppDirect 这样的云成就者就拥有大型主机服务提供者,以建设它们的聚合平台或者云市场的技术。

在高德纳公司 2014 年发布的魔力象限(Magic Quadrant)(见图 7—1)中,有 18 家云服务提供商被纳入其中,并按利用跨行业和地区的 B2B 网络和集成经纪能力所能取得的最大化的研发投资回报和未来集成经纪收入潜力,选取了 3 家供应商作为行业引领者。

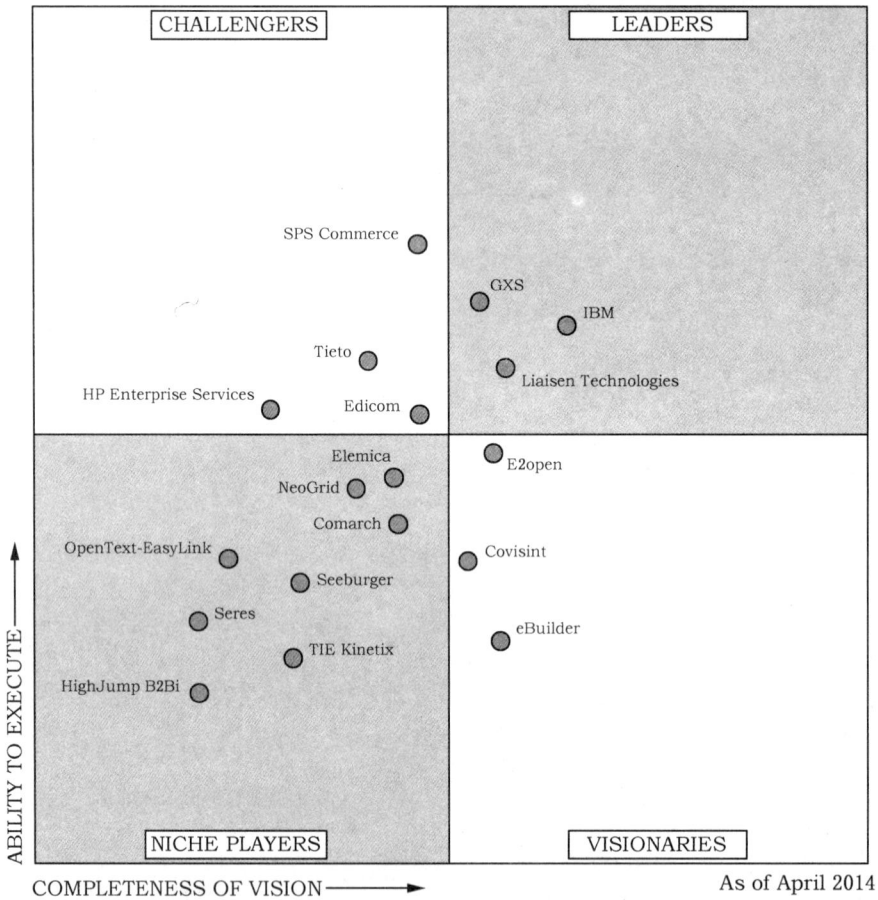

图 7—1　高德纳公司对集成型云经纪的魔力象限

　　高德纳按照两个维度来分析集成型云经纪。

　　第一个维度是执行能力。高德纳评估供应商的质量和功效的流程、系统、方法或程序，使供应商提供有效、有竞争力的绩效，并积极影响收入和声誉。

　　在该维度下，高德纳从七个方面评判集成型云经纪的执行力：产品/服务（Product or Service），财务状况（Overall Viability/Financials），销售执行/定价（Sales Execution/Pricing），市场响应能力和跟踪记录（Market Responsiveness/Record），营销执行（Marketing Execution），客户体验（Customer Experience），以及运营（Operations）。该七个方面又按不同的权重进行最后的加权评分（见表 7—1）。

表 7—1　　　　　　　　　　　　　高德纳对 IB 的执行力评判标准

评估标准	权　重
产品/服务	高
财务状况	高
销售执行/定价	中

续表

评估标准	权　重
市场响应能力和跟踪记录	中
营销执行	低
客户体验	高
运营	中

其中,产品/服务作为核心影响力,又分为三大部分、十个独立标准。这三大部分包括集成型云经纪服务实施(IB service delivery)、B2B 网络/协作(B2B network/collaboration)以及基于云计算的集合作用[cloud-based (in-network) integration functionality],并可进一步细分为项目实施、项目管理、B2B 网络、支持/协作站点、安全交流、信息/数据转换及信用服务管理。

财务状况是指对整体组织的财务状况、财政和业务单元的实践以及各个业务单元的持续投资产品组合可能性的评价,举例而言,包括年化收益率和经营性收入增长率、投资者的所有者权益、资产负债比率等。

销售执行/定价指的是供应商在所有预售活动和支持结构中的能力,包括交易管理、定价和谈判、售前支持和整体销售渠道的有效性。尤其是作为集成型云经纪的提供者,高德纳跟踪和利用 B2B 网络/社区规模(如用户的数量和事务/消息量)、B2B 项目实施和管理情况,还跟踪整体市场份额(在有针对性的垂直行业或地区)。

市场响应能力和跟踪记录指的是反应、改变方向、灵活地竞争以取得成功发展的机会,研究竞争对手行动、客户需求和市场动态变化发展的能力。

营销执行指的是提供能够影响市场、推广品牌和业务、增加产品知名度的清晰、有质量、有创造性和有效的程序,并建立一个积极的、基于买家思维的产品/品牌和组织识别。

客户体验指的是让客户成功有效地应用产品的关系、产品和服务项目。具体而言,这包括客户获得技术支持或账户支持的方式,以及辅助工具、客户支持程序、用户组的可用性和SLAs 等。

运营指的是组织满足其目标和承诺的能力。涵盖的因素包括组织结构的质量(包括技能、经验、程序、操作系统和其他使组织有效地在一个正在进行的基础上运行的能力)。

第二个维度是前瞻性。高德纳通过评估供应商是否具有对当前和未来的市场方向、创新、客户需求和竞争力的令人信服的清晰、有逻辑的表达,以及是否了解如何利用市场力量来创造机会的能力完成此项评价。

在该维度,高德纳从八个方面来评价,分别是市场理解(Market Understanding)、营销战略(Marketing Strategy)、销售战略(Sales Strategy)、产品战略(Offering/Product Strategy)、商业模式(Business Model)、垂直/行业战略(Vertical/Industry Strategy)、创新(Innovation)和地域战略(Geographic Strategy),详见表 7—2。

表 7—2 高德纳对 IB 的前瞻性评判标准

评估标准	权重
市场理解	高
营销战略	中
销售战略	低
产品战略	中
商业模式	中
垂直/行业战略	中
创新	高
地域战略	高

市场理解指的是供应商了解买家的需求,并将这些需求转化为产品和服务的能力。针对集合型云经纪,高德纳评估了供应商理解用户的需求的能力,包括特定的 IB 案例场景及其新兴力量关系(云、移动、社交和大数据)的结果,以及针对小型、中型和大型 B2B 项目在其目标市场的独特要求。

营销战略指的是通过网络、广告、客户程序和定位持续地与外界保持清晰、差异化的沟通。对于集成型云经纪,高德纳还通过其是否明确阐述了细分方案和其他 IT 解决方案(如 SaaS/CSB/多企业协作/BPO)的一部分进行价值定位。

销售战略指的是使用适当的直接/间接销售、网络营销、服务和通信子公司来扩展市场的广度、深度、技能、专业知识、技术、服务和客户基础。对集成型云经纪,还需要检测其是否在共生产业、区域、合作伙伴和客户(小型、中型和大型)领域进行有效的直接和间接销售。

产品战略指的是供应商的产品开发和交付方法,这里强调的是分化、功能、方法和反映当前和未来需求的特性集。集成型云经纪需要有效结合原始的第三方技术和服务提供商构成其 IB 产品,同时扩大其 B2B 网络和社区的规模、质量和市场份额,包括在云计算、移动、大数据和 API 等方面投资新的集成功能,帮助解决新兴需求,以及长期投资于其数据中心和 IT 堆栈的质量提高。

商业模式关乎云经纪商业定位的稳健性和逻辑性。举例而言,费用的收取模式(固定或分阶段)、在不同产品组合的服务中获取可持续的销售增长机会、在研发和增长战略中有效识别利润杠杆等都是需要考虑的问题。

垂直/行业战略指的是满足各个细分市场特定需求的战略资源配置、技能和产品。

创新指的是对资源、资本投入、与专业知识直接相关的互补协同的分配。创新可分为两类:一类是能被终端用户体验感知的,如分析师、高级社区管理、电子报表支持、支持消息传递的 API 和 API 管理;第二类并不一定能被最终用户看到,如容错、SOA 基础设施的支持程度。

地域战略指的是满足客户对特定地理位置,如在家或本地代理的需要进行设置;直接或通过合作伙伴、渠道和子公司来适应该市场。

在这两个维度的基础上,高德纳将云服务提供商分为四个象限,分别为领导者(Leaders)、挑战者(Challengers)、探索者(Visionaries)、观望者(Niche Players)。

处于领导者象限里的集成型云经纪具有挑战者和探索者的所有特质,同时还在至少一个垂直领域起着引领行业的作用,并在其他几个垂直领域拥有大量客户。有强有力的证据显示,其多年来在集成型云经纪业务上有持续稳定的利润增长;在目标市场上享有高知名度;在多个跨区域的市场业务上占有一定的业务比例并能吸引新客户。

挑战者指的是目前的执行能力很好,但对市场方向把握不那么清晰,因此可能在对未来发展的准备方面不那么积极主动的企业。挑战型的集成型云经纪一般运行一个巨大的全球网络销售和支持,有相当大的市场份额和跨区域的贸易交易,并有强有力的证据支持其持续实现高利润增长和扩张的能力。属于该象限的云经纪对用户项目的执行力整体把控极佳,但由于业务不够分化,在技术和商业上并没有足够的资源和担保,通常被认为是市场中的全球玩家、领先的创新者和改变市场的代理商。

探索者指的是一些具有高度相关性,但又存在差异化的、有影响力的集成型云经纪相关技术创新和商业营销策略的提供商,他们起到了市场变革代理的作用。探索者具有独特的、有前景的技术和方法,但他们的执行能力有一定的固有限制,比如市场占有率和资源的不足、过早进入市场、有限的财务实力或地域限制。

观望者(Niche Players)直译为利基型企业,指的是致力于按照规模、垂直市场或项目复杂性为标准区分出来的,以客户基础构成的特定细分市场,但其胜出或创新的能力可能会由于服务的市场过窄而受到影响,导致无法达成更大的市场整体竞争力。观望者可能无法表达其对更大市场的前瞻观念,也不太可能单方面推动整个市场发生重大变化。但是,观望者会吸引有特定项目需求(如区域要求、特殊的行业适用性)的用户关注。

第二节　作为成就者(集成者)的云经纪介绍及案例

处于领导者象限的 3 家集成型云经纪分别为 IBM、OpenText-EasyLink-GXS、Liaison Technologies。

1. IBM

在收购 Sterling Commerce 之后,IBM 提高了在云经纪市场上的竞争力。IBM 已经实现在 42 个国家扩大其销售和战略(通过 IBM Sterling B2B 集成服务和 IBM Sterling B2B 协作网络),并提供一个独立的解决方案(IBM WebSphere 产品)或嵌入式能力(作为 IBM 智能商务多企业流程的一部分,比如 Sell)。IBM 还大幅提高在研发和共生产品上的投入(如 MFT 的两种形式——Sterling 文件传输和 Aspera;分析的三种形式——Cognos、Ilog 和 SPSS;以及新型的活动管理和社区协作的多企业关系管理——MRM)。大型 B2B 网络(超过 350 000 个贸易伙伴),通过 WebSphere 和智能商务实现的全球销售和支持的整合,以及在新技术职位上的投资,使得 IBM 在细分市场上积极参与角逐。目前,IBM 面临的挑战包括缺乏规范化、客户满意度不一致,尤其是在定价与客户管理方面。

同时,IBM 也有潜在的威胁。首先,在客户满意度方面,无法实现持续性;其次,在厂商扩大销售推广后,云计算产品在新领域内的适应性不能得到充分印证,即使在一些重点行业,如制造业和零售业,供应商的市场份额也有限;最后,在 IBM 的集成型云经纪产品中缺乏规范性。

2. OpenText-EasyLink-GXS

2014 年 1 月 16 日,OpenText 完成了先前宣布的约 10 亿美元对 GXS 的收购;约两年之前,OpenText 刚收购了 EasyLink 服务,这代表了一个重要的集成型云经纪细分市场的趋势。

合并后的 OpenText 公司成为了全球最大的 B2B 提供者,无论是从网络规模、收入还是项目管理上来说。它还成就了一个强大的基于全球 B2B 思维分享以及潜在的与 OpenText 的整体 EIM 和 SAP 兼收并蓄战略同步的集成垂直和交叉的管理服务业务。高德纳预测 EasyLink 客户将有可能受益于由 GXS 支持的访问扩展的 B2B 网络、全功能的集成服务与 B2B 的功能。同时,GXS 客户将看到成为一家大公司的一部分的初始优势(例如,GXS 的未偿债务将会得到偿还),还可能最终受益于 OpenText 的 B2B/企业内容管理(ECM)的策略。然而,这种策略的有效性还有待证明。而从操作上,OpenText 面临的是如何在现有的四个 B2B 网络中实现技术和商业合理化的挑战。

OpenText 于 2012 年收购了 EasyLink 以扩大其 ECM 战略和业务,EasyLink 是业内知名可靠的全球 B2B 网络和传真(文档)处理服务提供商。其网络是一个 EDI VAN 和高性能的 MFT 的组合。投资之后包括可以通过 SaaS 或者 APIs 访问的(后者为未来使用 Open-Text 的智能过程应用和渠道合作伙伴)针对自主 EDI VAN 邮箱和贸易伙伴管理的 B2B 管理服务中心。同时,OpenText 在汽车和保险行业也处于领先地位,OpenText B2B 业务主要是针对 EDI VAN 客户。虽然 OpenText 有潜力在扩张 ECM 策略和组合时有效利用其新兴 B2B 能力,但仍存在一个关键问题,那就是如何证明这些业务线的平行共生,并说服客户它将会加大投资并积极参与 IB 细分市场角逐。

3. Liaison Technologies

Liaison Technologies 是一个快速增长的 IT 服务提供商,它通过过去 10 年间的众多收购,已经建立了一个大型 B2B 网络(约160 000名贸易伙伴)和丰富的自定义集成项目(主要位于美国和欧洲北部)经验,内容涵盖作为核心竞争力的内部应用程序互联(Application-to-Application,A2A)、B2B 电子商务、云服务和移动集成需求。通过广泛的市场推广策略和多样化的收购战略,Liaison Technologies 在许多垂直领域,如医疗保健和生命科学,建立了良好的声誉和商业地位,其中包括由默克全球卫生创新基金投资6 500万美元的项目。Liaison 以数据为中心的平台相关的创新项目在多个行业都有很强的竞争潜力,包括规范化(通过 Contivo)、MFT、数据加密和分析(通过 Liaison 企业导航系统)。然而,相较于市场上的其他供应商,其自助服务产品功能尚不完善。

位于挑战者象限的云经纪提供商有 SPS Commerce、Tieto、Edicom。

1. SPS Commerce

SPS Commerce 在零售业和消费品(主要是食品)行业有超过 10 年的集成服务经验,其主要营业目标在于垂直市场。健康的财务状况,多年持续稳定的收入增长和在技术上的投入(如销售点分析、网络 APIs 和零售标准 XML 规范化的结合),以及集成项目的实现能力(如在中国内地对贸易伙伴的新员工进行入职培训业务),都使得 SPS Commerce 在垂直市场占有主导地位,尤其是在基于美国零售业的现代 B2B 网络和平台以及在其他垂直行业(如高科技和汽车行业)成为行业的先行者;同时,SPS Commerce 在亚洲和欧洲的市场份额也在缓慢增长。如果 SPS Commerce 能有效地维持目前的高速增长,其自身以及合作伙伴带来的资产与价值在短期内将会维持其市场份额的增长并增加这些市场新进入者的壁垒。然而，SPS Commerce 若要确保长期的增长潜力，它需要进一步扩张其国际业务，尤其是在欧洲，并实现更强的市场协同效应（如电子账单及物流）以抵御新进入者的竞争压力。

2. Tieto

Tieto 专注于大型的 A2A 和 B2B 项目，包括新兴的 iPaaS 产品。Tieto 在零售，物流供应及政府、金融服务方面均处于领先位置。Tieto 在北欧国家（如芬兰、瑞典、挪威和丹麦）都占有相当大的份额，并一直在试图进入欧洲其他国家的市场，主要集中在东欧和西欧。在北欧国家以外的国家，Tieto 需要更强大的市场地位和更积极的营销计划来支撑未来经济增长。Tieto 也将提供强大的工具来支持电子账单等业务。

3. Edicom

Edicom 是一个正处于上升势头的西班牙的集成型云经纪，在中欧和南美都有很多重要的客户和品牌认知度。Edicom 提供成熟的电子票据产品和差异化的国际战略，主要针对零售、消费品、医疗保健、金融服务和汽车行业。虽然 Edicom 在过去几年里享有迅速的增长，但也存在一定挑战，主要是在营销方面，包括需要提供针对性和差异性更强的营收信息，提升品牌知名度。

位于探索者象限的有 E2open、Covisint 和 eBuilder。

1. E2open

E2open 提供了一个创新的混合解决方案，该方案将供应链 SaaS 应用（如供应商管理库存）与 B2B 网络、集成服务（E2 云连接）相结合。E2open 有着深厚的专业技能，在垂直领域，如高科技制造业，占有领先地位，在电信、通信与零售行业也有较强的适应性。除了在供应链 SaaS（如 icon-scm 控制塔）上的投资，在如 E2open 社区管理（综合化贸易伙伴培训自助服务）、跨企业定制的流程规范化、集成经纪的自动化配置生命周期管理等方面，E2open 也进行了创新探索。总而言之，这些创新帮助 E2open 及其合作伙伴减轻了大型 B2B 集成项目实施时的时间和精力消耗。E2open 强劲的增长势头和创新研究协助其在整合云经纪市场占据了一定地位，但在网络规模、除了高科技制造业之外的垂直市场份额的占有，以及在大型集成项目上对系统集成商合作伙伴（如百事通科技集团和 Justransform.com）的依赖等方面，E2open 还需要加强投入以赶上领先的集成型云经纪。

2. Covisint

2013 年 9 月，Convisint 首次公开发行股票（IPO）并从 Compuware 中剥离，使其顺利重新加入到快速变化的 B2B 市场竞争中。虽然 Covisint 以在汽车行业中出色的业务能力闻名业界，但在过去的 4 年中，其在医疗保健以及相关细分行业（如能源、食品和饮料）也建立了自己的优势。Covisint 充分利用其整合移动和物联网连接上的 B2B 网络投资、身份验证和访问管理以及用户体验门户（UXP 和云接触平台），创建了丰富的网络资源。供应商可以利用跨多个行业（如汽车保有者门户、健康信息交流与扩展的企业门户）来进行商业运作。未来，Covisint 将会主要投资于 B2B/UXP 混合解决方案的开发与市场开拓。

3. eBuilder

作为服务的业务流程（BPaaS）平台提供商，eBuilder 提供了连接客户及全球贸易伙伴网络的流程控制。eBuilder 帮助企业集成并协作多组织流程解决方案，如扩展供应链、采购和费用管理。在这些解决方案中，集成型云经纪功能作为嵌入式的一部分，被独立包装，起到了推动者的作用。eBuilder 的客户主要是北欧国家的跨国公司,集中于高科技、全球工业制造业和金融领域,这让 eBuilder 通过其客户的分支机构进入全球市场,其中就包括了瑞典和中国。显而易见,eBuilder 的创新、基于 API 的平台和网络是其最有价值的资产。然而,作为新兴公司,eBuilder 还需要加强其销售策略,强化其 BPaaS 产品的价值及其项目管理程序化安排的先进性。

而在观察者象限中,有两家公司的业务较有特点,分别是 Elemica 和 TIE Kinetix。

1. Elemica

Elemica 通过结合其行业领先的 B2B 网络和相关的技术知识,着重于流程制造业,其主要业务是整合化学和石油供应链。2009 年,Elemica 收购了 Rubber Network 来扩展其垂直行业领域(将流程制造与供应链的应用程序添加入橡胶工业),并在新 B2B 平台(Quick Link)和一系列多企业流程应用程序(Smark Link)的开发上投入新员工和知识产权(IP)。虽然 Elemica 目前运营的 B2B 网络较小(大约有 6 500 家企业与之相连接),但其拥有在直接材料采购项目上的成功实施和可靠地管理大型、复杂、全球化的跨企业项目的良好声誉。在网络订单管理、需求库存管理(VMI)、物流、国际电子发票和外包服务等流程上的应用程序也逐渐丰富了 Elemica 的网络。在过去的几年中,Elemica 在管理方式上进行了变革(如新的 CEO、CIO 和 CTO 的上任),在技术投入上也进行了创新(如 Quick Link 网络、Smark Link 应用、B2B 社交协作和第二代范式)。这些改变可能帮助 Elemica 在流程工业上提供更多的价值并推动其增长。

2. TIE Kinetix

TIE Kinetix 提供连接和整合涵盖市场营销、内容管理、销售、物流和金融方面主要流程的技术和云管理整合服务。TIE Kinetix 的总部位于荷兰和美国,并在纽约证券交易所上市,其在近几年里一直提供整合云经纪的解决方案。不同于其他集成型云经纪着重于垂直行业,TIE Kinetix 将目光投向横向产业,主要在电子通信、出版、DIY(Do-It-Yourself)、食品零售和汽车行业进行市场营销。由于 TIE Kinetix 只是一家小型云经纪商,其品牌知名度并不显著,但其整合云计算产品的能力和产品的宽度,使其拥有向上销售的能力及更强的商业模式。只要在强增长领域(类似将云经纪服务和 B2B APIs 结合提供产品)不丧失竞争力,TIE Kinetix 在一定时间内就会取得成功。

第八章
作为云定制者的云经纪人

学习要点

1. 掌握作为云定制者的云经纪人的含义与模式；
2. 了解不同云经纪服务模式的提供商及产品。

随着云计算的逐步成熟,越来越多的用户开始关注并尝试这种低成本、高效率的服务模式。然而,随着用户数量的增长,用户对于云服务的要求也越来越高。以 SaaS 为例,SaaS 提供的是一种在线的、可按需支付的软件应用,而且这类软件应用是面向多家企业级用户的,这一实质给人造成了"SaaS 云计算只能提供通用的软件服务,无法实现用户个性化需求的变化"的印象。正是这样的印象,使得很多 SaaS 软件千篇一律,无法满足不同企业的个性化需求。很多用户因此产生了不满:需要的功能在 SaaS 上找不到,不需要的功能却提供了一大堆,虽然租用的成本不高,但是这样的情况确实让人也没觉得 SaaS 有多实用。因此,云定制的概念逐渐走俏。

云聚合者可能帮助客户获得不同的云服务,但是他们不对这些服务进行整合和定制。云定制者填补了这些缺口,能向客户提供经过完全整合的云服务包。作为云定制者的经纪人代表他们的客户,根据终端客户的需求来选择云服务。云定制者可能从 Cisco WebEx 获取一些内容,从 Microsoft Office 365 获取一些内容,从亚马逊获取一些内容,把它们聚合为一单提供给客户。定制者将所有服务进行整合,随后以他们自己的包装来出售这个新的产品。尽管这一新产品是云定制者独特的服务包,但其来自数个不同的云服务。定制云的出发点非常清晰,即从业务角度出发,为客户提供业务系统的基础支撑,其背后的商业逻辑是:不同商业用户需要不同的云服务来满足各自的特定需求,尤其是在大数据的作用日益凸显的当下,定制云的兴起水到渠成。

第一节　业务模式

同样以 SaaS 为例,看看一个标准的 SaaS CRM 应该在用户个性化需求方面达到什么样的层次。

1. 模块化定制

如果一个 SaaS CRM 采用了模块化定制,那么用户在选用的时候显然更加方便。他只需要挑选适合自身的功能模块,即可实现自身需求。以中科软科技股份有限公司新推出的

361CRM 为例,在 361CRM 中,系统提供的所有功能都是以低耦合插件模式存在,模块与模块之间的逻辑关系松散,这使得用户可完全根据自己的需要,定义具有企业特性的个性化平台。除系统提供的准模块以外,用户可通过根据企业自身特性修改、增加、删减等手段来自定义模块和扩展新的业务模块。

2. 字段和数据定制

模块的组成包含两个部分——业务字段和数据项;361CRM 允许用户在遵循业务规则的情况下自定义每个字段和数据类型,同时,这种个性化的应用模式在整个平台中是透明隔离的,平台的升级、更新、迁移,用户的变更都不会对用户的私有数据和功能发生影响。这种技术特性使得不同行业、不同需求、不同结构的企业用户可以同时存在于同一平台下。

3. 工作流引擎定义

工作流是将一组任务(Task)组织起来完成某个经营过程。在工作流中定义了任务的触发顺序和触发条件。每个任务可以由一个或多个软件系统完成,也可以由一个或一组人完成,还可以由一个或多个人与软件系统协作完成。企业的业务流程因业务的差异和业务参与部门的不同往往非常复杂;而业务部门组织机构的调整、人员权限的调整以及业务管理流程等的调整都会对 CRM 系统的流程产生影响。361CRM 将工作流引擎的先进技术引入系统后,实现了工作流程的灵活定制和管理工作,用户可以通过工作流管理,方便地定制工单的流转方向、流转时限、查阅人员的权限,部门和业务流程的变更可以轻松实现。

4. 数据挖掘自定义

数据挖掘是决策支持所需要的重要功能,361CRM 系统通过大量的原始数据积累和复杂的数据分析引擎,帮助用户既可以使用系统提供的标准汇总分析报告和统计报告,也可以通过自定义实现无穷种类深度和广度的数据分析,完成企业决策所需要的信息支持。

可见,一套合格的 SaaS 产品,绝非是一个死板的 B/S 结构软件,而是一个模块化的、可任意定制和搭配使用的解决方案;而这样的解决方案,可以满足大多数用户的个性化需求。当然,任何解决方案都不可能满足所有用户的需求,这个时候,作为云定制者的经纪人可以帮助用户解决其个性化问题。

标准云的云计算方式只能够为用户提供基本服务,虽然这可能会在短期内降低成本,但用户最终会放弃并选择与自身业务结合更紧密的服务取而代之。按业务特点定制的云则相反,虽然在成本和管理的复杂程度上暂时处于劣势,但它能够更好地满足不同业务的定制化需求,因而具有长远的生命力。很多客户对云的应用并不是简单的数据化或私有云的建设,而是需要结合云计算支撑和大数据服务的"专业云"。

其实,从广义角度来看,一些互联网公司已经开始在各自的领域开展定制云服务,譬如阿里云、盛大云和腾讯云等。这些云服务商的业务模式与亚马逊 AWS 服务类似,均依托于各自庞大的业务(电商、游戏等),为各自平台用户提供相应的云服务,强调大数据的挖掘。有些云服务提供商已经开始意识到满足特定行业数据安全需求的价值。比如,微软在 2012 年发布了针对政府客户的 Office 365 产品,可以将各个政府部门的数据存储到多租户的公有云环境中。微软同时提供了 Office 365 ITAR——一个满足 FISMA(Federal Information Security Management Act,《联邦信息安全管理法》)和 ITAR(International Traffic in Arms Regulations,《国际武器贸易条例》)的数据中心环境。美国联邦航空管理局(Federal Avia-tion Administration)已经开始了公有云实践,计划为其 8 万名雇员提供 Office 365 工具。

第二节　作为定制者的云经纪介绍及案例

1. Appirio

作为一家云服务的经纪商和云定制者，Appirio 和许多云提供者（如 Salesforce. com、Workday Inc、谷歌平台）共事，以落实和定制应用研发。作为一家中等规模的供应商（有 300 名员工），Appirio 的目标在于结合云服务和一体化技术来"加速云商务"。Appirio 一部分的初始资金来自 Salesforce. com，并且正投资于 Appirio 的国际扩张。Appirio 的首席技术官威恩斯特恩称："客户视我们为伙伴，认为我们不仅可以落实和提供定制化的标准，还可以整合企业软件，这对于复杂的架构来说是真正需要的。"

云定制由 Appirio 的研发团队进行，云经纪典型客户项目的中心是扩展软件即服务平台至一个典型的云服务提供者伙伴所不能做到的地方。Salesforce. com 坚持核心关系管理程序，但 Appirio 可以整合商业流程，以达到标准核心关系管理程序所不能达到的标准。

威恩斯特恩称，与其他行业相比，数个垂直行业正在更多地与云经纪做生意，"为了满足我们客户的需求，可以发现我们正在提供与具体行业相关的更多解决方案和云服务包，如媒体和金融业"。

Appirio 的收益主要来源于咨询，帮助企业迁移、落账或者定制 SaaS 应用，其主要执行定制和整合两个云经纪功能。它实施过1 000多个项目，主要是 PaaS 的尖端定制。Appirio 大多数的业务是特意针对特定顾客定制的，比如，连接 Salesforce. com 和 Amazon S3 的云存储连接器的价格是基于层叠存储确定的。但如果是个人和之前的 sync 连接器，那就是以固定的市价出售的。

Appirio 为 Avon、Japan Post 和 Genentech 等公司提供定制，虽然它会利用客户解决方案中的连接器，但服务的价格是与客户协商决定的。对于咨询业务，许多 Appirio 的商务模式看起来像是传统的 SI。但是，公司坚持从每个项目和自己的 CloudSpokes 云开发人中建立 IP，并再运用于之后的项目中。在 Appirio 这样的专业云公司与传统企业竞争时，这也是不断提升自身价值的方法。对于 Appirio，未来最大的挑战在于公司想要发展除了项目外其他收入的多样性。这对于 BaaS 整合市场的咨询业务来说，也是一股巨大的势力。

2. GCommerce

GCommerce 原本是一家 B2B 的电子商务供应商，提供云经纪的整合服务。它主要侧重于汽车零部件市场的 B2B 业务。它集成了制造商、分销商和零售商之间，从零部件采购到提交订单，再到相关现金流程等的 B2B 交易。GCommerce 用规模化的 Microsoft BizTalk 族进行确认，在其数据中心实现交易。

除了传统业务——整合经纪公司业务，GCommerce 已经开始提供云定制的 IT 服务。例如，它最近推出了其新的虚拟库存控制系统（VICS）——NIES，这是托管在 Microsoft Azure(PaaS)上的企业复合应用程序。该 VICS 能帮助零售汽车配件商店（4S 店）实现定位车辆、盘点库存的共存，并且如果客户需要，可以提供实时订购特殊的汽车零部件的功能。该 VICS 在 2011 年三季度投入使用，有 10 个中心和 15 家供应商已经开始使用，其他的企业（如 Federated 和 The Alliance）也计划部署这个系统。

GCommerce 相关的 B2B 电子商务集成服务的混合组合（部署在 GCommerce 网络上）和 VICS 多企业复合应用程序（部署在 Microsoft Azure 上）的高效结合，使得 SaaS 集成和功能完美结合。与许多更成熟的 B2B 供应商相比，GCommerce 相对规模较小（它只有 38 个雇员和几百台 B2B 交换机），并由于其业务的垂直性，局限了它的发展机会。但是，GCommerce 已经开始扩展到新的领域（如重型设备、船舶和工业用品），业绩已在 2013 年增长了 40%。而混合的部署方法和积极扩展其在定制型云经纪中的角色，使其不断开拓具有成本效益的新的电子商务功能模式。

3. IBM

IBM 作为云经纪的职能始于其对 Cast Iron 和 Sterling Commerce 的收购，通过收购使得 IBM 拥有管理大型 B2B 集成项目和部署云服务集成项目的能力。Cast Iron 向 IBM 公司提供了集成 PaaS 的能力，而 Sterling Commerce 提供了 IBM 的集成软件、整合管理服务。之前称为 Sterling Collaboration Network 的 B2B 网络及其应用，如订单管理，与 TMS 相结合，将彰显 IBM"商务智能"的特色。这些"工业流程解决方案"是针对零售/消费品的应用，将 B2B 服务、分析、应用进行组合，专注于关键的业务活动，如采购、市场、销售和服务。从这个角度，IBM 公司是作为第三方云服务，并实现其融合服务产品的自定义扩展和新的行业解决方案，它也可能承担云经纪的云服务集成和定制职能。

IBM 认为，对最基本的云服务而言，很多企业的问题可以通过部署通用模式得到解决。但是，当涉及企业多样性的核心任务和业务转型时，云战略则必须符合企业的特定需求，而非云供应商的统一化配置。为此，IBM SmartCloud 解决方案提供集易用性、专家经验和灵活性于一体的云服务。在 SmartCloud 解决方案推出的两年间，超过 7 500 家企业成功部署了 IBM SmartCloud 的产品和服务。其中，成功的案例之一就是日本 Exa 公司，该公司为日本支柱行业提供系统集成服务。该公司部署的数百项服务横跨各业务部门，但安全顾虑阻碍其将系统迁入云端。于是，Exa 公司选择了有丰富安全性能的混合云路线，这一解决方案更加灵活、敏捷，不仅帮助他们推出了更多全新服务，还能与原有 IT 架构融为一体。显而易见，千篇一律的部署方式无法推动企业持续前行，唯有掌握更多的选择权与控制权，并为企业量身定做，才能重塑 IT，激发商业变革，而这也正是 IBM 行使的定制者职能所在。

2014 年 5 月，IBM 向希望跳出通用云服务的企业推出了一个投资组合的云包，这个云包被称为 IBM 云业务解决方案。这是为运行特定的业务流程而设计的，如资产管理和客户服务。每个云包都是由 IBM 的咨询服务、软件、分析工具、云基础设施组成的，并可以进行调整和定制以满足特定的用途。IBM 的云业务解决方案的定价将基于订阅模式以及前期的安装费用而决定。

这种转变将使得 IBM 超越一般的 IaaS 或 PaaS 的提供商，如竞争对手亚马逊、微软等。"到目前为止，云是现成的，不接受定制。但我们相信，在如何咨询和系统集成服务上，一个巨大的转变即将发生，" IBM 全球业务服务部的 CTO 凯利·钱布利斯（Kelly Chambliss）解释了这个云包如何保证组织运用 IBM 的定制云服务，"系统整合需要一定程度的个性化，以使其适合他们的环境、流程，并让他们获得竞争优势。"

最初，IBM 的云计算业务解决方案将提供 12 种，另外 8 种承诺在 2014 年底推出。关于这个云包，最初的想法是为企业内部一些常见任务提供功能化服务。通过客户端可以启动一组基本的技术，而 IBM 可以改变这些技术，以满足个性化需求。

可用的初始包中有部分是关于病人护理协调、客户数据、移动通信系统以及预测资产优化的。病人护理协调包让照顾患者的医护人员可以在不同系统间进行协调。客户数据包聚合了多个内部和外部数据源,可以分析客户的市场营销能力和业务洞察能力。移动通信系统是为了一些组织设计的,这些组织需要为他们的客户和员工提供更加具有互动性的移动应用程序。预测资产优化可以提供监测和分析跟踪设备,在组件失败时进行预测,并且可以通过提前规划来减少设备故障带来的损失。TP Vision,飞利浦品牌电视的制造商,正需要使用这个云包。这家公司是 IBM 客户数据云业务解决方案的早期用户,需要捕获和分析用户关于使用智能电视服务的数据,以便更好地了解顾客的偏好。

4. Capgemini Immediate

Capgemini Immediate 是由咨询、系统集成、应用软件外包、业务流程外包(BPO)和基础设施外包等广泛的合伙关系组成的云服务市场。Capgemini Immediate 同时执行云经纪的三个职能,所以本质上是一个全方位的云经纪。具体来说,Capgemini Immediate 使用私有云、咨询、外包服务、开源的托管服务、客户关系管理(CRM)和业务流程管理(BPM),来为 Google、Salesforce. com 和 Service Now 聚集、整合、定制云服务。

通过 Capgemini Immediate,客户可以创建自定义 BPaaS、SaaS、PaaS 或 IaaS 服务,以满足他们的特定需求。Capgemini Immediate 为公共部门机构、消费类产品公司、运输公司和电信公司提供云经纪服务。

5. TCS

TCS 是一家 IT 服务公司,同时也是一家商业解决方案公司和外包服务机构,专注于通过其全球网络交付模式提供 IT 相关的咨询和服务。TCS 在 42 个国家拥有超过198 500名员工,总部设在印度,是最大的 IT 服务供应商,也是 Tata 集团的一部分。Tata 集团是印度最大的工业集团和备受推崇的全球品牌。

TCS 提供端对端的云服务以及战略咨询。为了进一步转变组织利用 IT 的方式,TCS 将所提供的云服务扩展到 3 个领域:

(1)离散的服务,包括各类咨询(战略、业务、IT 咨询)和系统集成,如商业案例的云应用,涉及路线图、TGO 和 ROL 分析;应用组合分析,以识别并判断优先"云就绪"的应用程序和工作量;应用整治和优化,以实现云功能、云就绪、云优化和云本地化功能;调整云计划和企业安全策略的目标;进行统一的控制、有效的测量和连续监测私有云和混合云环境中的安全框架;IT 服务交付的分析,其重点是改变配置;事件和 SLA 管理,包括 IT 架构和云计算业务框架;从不同方面(如商务智能和灾难恢复)评估机会成本。

(2)云功能的外包产品,包括所有类型的解决方案的开发,并捆绑和打包为外包服务(基于平台的业务流程外包服务通常称为 BPaaS,包括应用、测试、服务等)。TCS 利用该解决方案的整体架构中的一个或多个云计算技术。云功能的外包解决方案,包括所有类型的托管服务解决方案的开发,并将其捆绑和打包为外包产品的组件。虽然尚未部署在印度之外,TCS 已经开发了两个额外的功能,充分利用云的外包产品:一个是 ION,基于云的 IaaS 产品,以解决印度的中小型企业的 IT 基础设施的需求;另一个是 C-Edge,与印度国家银行联合发行是为了专注于应用 IaHr 和实现 TCS BANCS 核心银行业解决方案的灵活和可扩展性的发展。

(3)强调 3 个基本云经纪职能的 IT 服务产品:聚合、集成和为客户定制解决方案。例如,确定和设计与企业目标相一致的云计算平台;转换应用到基于客户工作量和成本效益的不同云供应商,协助定义迁移策略和路线图,以满足特定的云计算目标,提高整体 IT 管理和治理;确定核心安全问题,优化信息安全的成本。

6. Jamcracker

Jamcracker 长期以来是一家应用服务提供商、SaaS 推动者和聚合者。为成为云经纪,Jamcracker 建立了便于供应商、合作伙伴和企业进行互动的服务网络,并为他们提供强大的云服务。Jamcracker 服务网络提供了一个包含通道传送机制、服务市场和云端服务的整合架构。

Jamcracker 平台提供服务的整合、配置、计费、认证,并协助销售;还提供用户生命周期管理和部署功能来凝聚客户和合作伙伴。随着网络和平台构建了云生态系统,各方可以交流信息和服务。Jamcracker 率先实现了企业服务的目录化,而这已经成为了一种市场公共领域的服务形式。

应用商店在很大程度上成为了提供云应用的主流方式。而 Jamcracker 提供的不只是一个应用程序商店,也是一个服务中心。Jamcracker 为合作伙伴彼此间的服务增加价值,提供联合服务,整合现有的服务,并建立一个统一的计费、计量和扣款财务模型来为这些用户创造收入。每个供应商为其他人能提供的服务都会在系统中列示。因此,该 Jamcracker 平台对这些用户们来说是一个非常有利的机制。

作为老牌的云经纪,Jamcracker 常被认为过于保守,因为在市场的印象里,其传统优势是集成项目。然而,作为整合和定制服务的提供者,Jamcracker 已经开始开发多项云经济集成和多维化的服务。

7. 阿里云

阿里金融云服务以云计算为支撑,联合恒生电子、金证等金融产品解决方案提供商,为银行、基金、保险以及证券等金融机构提供 IT 资源及互联网运营维修服务,包括天弘基金、众安在线等都已落户金融云。从具体应用来看,已有东海银行、渤海银行、天津农商银行、华润银行、鹤壁银行、厦门银行等通过"聚宝盆"实现了网上交易支付功能。这表明"聚宝盆"在为更多的中小银行持卡者提供便捷服务的同时,也拉开了我国2 000余家中小银行转型升级的序幕。

阿里云向中小银行输出云计算服务,并将数以千计的需求分散到各金融机构端的系统进行整合、集中入云,从而实现互联网金融业务快速交付。其帮助中小银行实现业务多样化,灵活应对不可预测的业务增长,并且减少了后期运维难度,最终解决其业务发展的"瓶颈"。阿里金融云服务总体架构可参考图 8—1。

考虑到中小银行对数据中心的安全及合规性有着较高的要求,阿里云为其单独建立了数据中心。金融集群独立于阿里云计算公有集群之外,是为满足金融客户需求而单独建设的转向集群。在金融云物理集群之上,部署了阿里云自主研发的云操作系统——"飞天"大规模分布式计算平台,有效地为上层的云计算应用提供高性能的计算和存储服务。

简言之,"飞天"平台以类似于超级计算机的形态展示在其他上层 SaaS 服务之中,并在这台超级计算机之上提供负载均衡(SLB)、弹性计算平台(ECS)以及关系型数据库(RDS)、云盾和云监控等服务,满足金融用户多样化的计算和存储需求。

在安全方面,据阿里云内部人士介绍,阿里云服务器的云盾、云监控等附加服务可以保

金融云服务总体架构

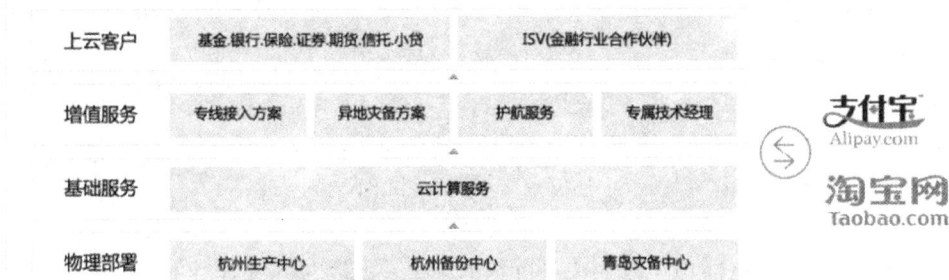

图 8—1　阿里金融云服务总体架构

障中小银行的 IT 系统安全：云盾可以自动帮助用户抵御网络攻击，排查网络安全漏洞；云监控则可以对主要的指标设置告警，一旦超越阈值，系统会自动通知用户。同时，阿里金融云还额外增加了 VPN 专线接入、异地灾难备份、运维团队护航保障、专属技术经理等增值服务，加强了对中小银行的安全保障。

8. 华为企业云平台

华为公司长期服务于运营商，有着长期的积累和丰富的经验，是国内三大电信运营商的长期合作伙伴。随着运营商需求的变化，华为运营商 BG 立足于运营商与服务，提供定制的企业云解决方案；帮助运营商拓展个人、家庭以及企业客户；紧紧围绕运营商，提供各种各样的产品与服务。华为企业云平台集成话费套餐、专线、宽带等服务，运营商则可以通过套餐的方式为不同的政企客户提供相应的服务。

华为企业云平台的特色就在于定制化。华为企业云平台在为运营商提供企业云平台的同时，与运营商有着深入的合作，为不同发展阶段以及不同规模的企业提供不同的解决方案。

华为企业云平台面向中小企业提供标准化的产品和标准化的套餐，如包含宽带、邮局、网址、话费套餐、VPM 等服务的基础企业总套餐。随着企业的发展，可以加入云主机、云存储形成一个企业主套餐。根据企业的需求，可以再加入 CRM、呼叫中心、会议系统，甚至是智真会议系统，形成金牌企业总套餐。华为企业云平台所有的套餐均通过打包的方式销售，非常符合运营商和客户经理常见的销售模式，也有利于华为整个企业业务的推广。

对于大型企业，华为则联合合作伙伴提供定制化服务，如与湖北移动合作的"兴业云"。对于有安全性需求的客户，则可以在定制化的前提下，提供个性化的以及基于安全性考虑的一些解决方案，如与广东移动合作的中外运云平台。

作为华为企业云平台的典型实践，湖北移动"兴业云"中小企业云服务平台从 2012 年开始搭建，到 2013 年 8 月底投入运营，主要是为湖北移动中小企业客户提供一站式服务。

"兴业云"平台是以中小企业信息化需求为导向，以中国移动核心通信能力开放为抓手，依托云计算和 ICT 融合技术，聚集企业信息化应用，规划并搭建的立足湖北、服务全国的中小企业信息化服务云平台。

"兴业云"平台具备了云资源"统一管理"、"统一分配"的特点，信息化产品提供商能够有效降低产品研发、测试和营销成本，并能够获得更好的产品市场运营能力。基于"云"应用的

"按需支付"、"以租代买"商业模式,为中小企业客户提供"有保障、找得着、用得起"的信息化支撑服务。

目前,整个云平台上已经聚集了6大类57项业务,包括食品溯源、会务通、集团V网、集群通、商户管家、订单管理、企业建站、企业短彩信、云主机、云存储等,并且这些业务在不断地丰富和发展。到2014年底,该企业云平台的直接收入可达3 000万元;通过企业云平台的SaaS服务、云主机、云存储、企业专线、带宽等业务,间接收入可达1亿元。

另一个成功案例是华为云呼叫中心。中国平安目前是国内第二大的寿险和产险公司,每天通过平台实现的销售额过亿元,是中国最大的电话保险销售平台。以前,平安保险采用的是在中国移动、中国电信租用呼叫中心的模式,但存在跨网现呼、网间结算成本较高等问题。在商业模式创新上,华为为中国平安提供了大容量、高可靠性、面对移动互联网发展的移动互联网呼叫中心解决方案——云外包呼叫中心。云呼叫中心的设备由华为托管,并设置移动、电信、联通专线,实现专网呼叫,大大降低了整个运营成本。华为云呼叫中心不仅仅服务于像中国平安这样的大型企业,也可以服务于小微企业,如"营销宝"上线两个多月便发展了30多家企业和800个以上的互联网式坐席。

华为运营商企业云的目标是希望能够和广大的合作伙伴一起,共同服务于各种类型的不同发展阶段、不同发展规模的企业客户,提供"云、管、端"的一站式服务。

9. 运营商系

与互联网系云计算服务提供商不同,运营商系定位于完全中立的第三方平台,它们能为不同行业(如交通、医疗、教育、金融、制造、数字娱乐等)提供放心的服务。

(1)上海电信。

在2007年,上海电信便开始提供IDC管理服务,包括用户网络管理、服务器管理、数据库管理、应用管理和部分安全服务;而在2010年,上海电信开始引入定制化的数据中心服务管理。

定制化的管理分成两个部分:一部分是对数据中心基础设施的定制,采用数据中心产业园区的模式,可以按照用户需求提供基础资源和外包服务;另外一部分则是针对中型企业提供的IDC和云计算个性化服务,通过建立一个具备云计算特征的资源池和管理平台,为用户提供定制化的云计算整体解决方案。

在云服务方面,上海电信可以提供面向所有用户的云主机,更加突出某些特征的专业云服务以及针对行业的定制云服务。其中,定制云服务是被认为在近阶段可能会大力发展的混合云模式,主要面向企业和政府提供按需定制的解决方案。

云主机主要是满足一些中小企业快速部署、使用方便、按需购买、弹性扩展的需求。其中,最大的特点就是快速部署:从用户提交订单到开通,只需要10分钟就可以提供服务。当然,如果用户需要在上面构建一些应用,可能还需要一点时间。

专业云主要是针对中高端客户,如金融、政府、大中型企业,上海电信可以提供整合网络和基础云的增值服务。为了给用户一个符合行业要求的整体性服务,保证物理安全,IDC机房本身要达到一定的安全等级,还要有逻辑安全和业务连续性,服务管理都是遵照标准提供逻辑服务。专业云可以比较灵活地提供资源,快速部署以避免一些风险,节省投资和成本,同时还享受了高品质、合规的服务。

定制云服务(混合云)在近期或者是将来,会是一种比较领先的模式。上海电信信息网络部高级经理、上海 IDC 云项目总负责人何国锋提到："我个人认为在发展模式上，在私有云发展到一定阶段之后，用户可能会从采用运营商提供的虚拟托管的模式，也就是虚拟私有云，逐渐转移到自身的物理资源池和运营商提供的资源池混合管理的模式。"

（2）Acision。

移动通信领域的全球领导者 Acision 推出了一个基于云的国际性数据中心网络，从而能够从 Acision 云服务商店（Cloud Service Store）内提供按需定制的通信服务。

这些先进的数据中心将在北美、南美和欧洲上线，计划不久后在亚太地区推出，这将使 Acision 能够满足人们对使用其不断扩大的云通信服务的不断增长的需求。Acision 云服务商店最初将提供个性化的信息服务，包括群组信息、自动回复和自动签名、信息拷贝、个性化黑/白名单、发送列表、多用户标识卡、别名以及转移功能。

这些数据中心便于移动运营商从几乎世界上的任何地方使用 Acision 云服务商店，并提供连接光纤骨干网和海底电缆的多个国内和国际地点的可升级的可靠连接性。这将确保运营商能够通过具有成本效益的带宽费用，投资利用易于变现的通信服务。此外，这些数据中心将提供每周 7 天、每天 24 小时的全天候支持服务，加上 Acision 完整的 KPI 和服务情报报告功能，这将能够测试和衡量云交付服务的使用效果。

Acision 首席执行官约根·尼尔森（Jorgen Nilsson）评论说："随着人们继续看到丰富大家生活的全球连接性的重要性，我们通过提供易于变现且被客户快速采用的创新移动服务，使运营商能够使用 Acision 的云服务来快速和具有成本效益地增加营收。通过一个全球性的数据中心网络，我们将使运营商能够充分认识到云的能力，促进一个更具活力的移动通信行业的发展前景，以更低的成本和更快的交付速度提供更大的服务差异化。"

10. 联想

2013 年 12 月 18 日，联想与微软签约，成为中国首家微软 Cloud OS 战略合作伙伴。经过半年多的合作开发，联想企业云服务解决方案逐渐成型。联想集团副总裁李祥林表示："联想企业云解决方案，本来就是联想自身 IT 运营平台的一部分。这个方案的核心价值是依托专家级的混合云服务，让处于不同发展时期的企业轻松地实现云转型，为企业提供公有云、私有云、混合云的一体化服务，满足企业云计算平台的建立、运维、管理、升级、迁移、扩容的全方位需求。"2014 年 4 月，联想在新财年启用了新的组织架构，其中，云服务集团赫然成为联想四大业务集团之一。同年 8 月 6 日，联想宣布携手微软发展混合云市场，由联想全球 IT 团队和服务团队共同开发、微软提供技术支持的联想企业云服务解决方案正式浮出水面。

联想此次推出的企业云服务解决方案，主要包括混合云数据中心服务和混合云应用（Hybrid APP）服务两大系列产品。联想的混合云数据中心服务，可以通过 Lenovo Hybrid Connect 技术连接企业客户和联想的数据中心，为客户提供一致的云服务使用体验。联想混合云应用服务则可以将传统的软件应用，以按使用量计费的服务模式交付给客户，既能减少用户的 IT 支出，还可以跨平台、跨设备、跨地域使用。

在此之前，望湘园已率先采用联想企业云服务。望湘园是一家国内知名的、专营精品湘菜的餐饮连锁企业，目前在上海、北京、南京、杭州、苏州等地拥有 70 多家门店。望湘园数据中心在初期设定的目标是服务于公司内部的 OA、ERP、CRM 等管理系统，但为了更好地服务于电话端、PC 端和移动端的客户，提供订位、等位、优惠查询、意见反馈等服务，望湘园又引入了微信、APP、官方网站、400预订中心等多个业务平台。望湘园(上海)餐饮股份有限公司副总裁赵建光简明扼要地说出了很多发展中企业在IT建设方面的痛点:"第一,我们原有的数据中心承载能力已经达到'瓶颈',急需扩容,但原有机房的空间有限,设备价格昂贵,导致系统扩容成本居高不下;第二,餐饮行业存在明显的波峰波谷,新的系统架构需要极高的弹性,并要求有较高的可用性和安全性;第三,新应用需求不断增加,传统模式下的企业应用软件按点计费的购买模式,给企业的财务带来很大压力,企业试错成本过高,不敢轻易尝试新应用。"

而联想为望湘园提供了定制的云服务。通过采用高安全性的混合云模式,联想打通了双方数据中心,充分利用公有云近乎无限的弹性资源,支持企业业务高峰时期的IT需求。同时,为了满足望湘园对客户资料、财务资料等敏感信息的严格保密要求,这部分数据依然保存在望湘园的私有云中,并可实现远程调用。混合云应用模式的采用,不仅可以让企业办公不再受场地、设备的限制,还让协同办公更加高效。更为重要的是,按需使用的计费模式让望湘园避免了应用软件采购带来的过高财务压力。

"联想此次为望湘园量身定制的混合云架构,让我们高峰时期的计算能力可以瞬时提升4~5倍,在数据中心成本投入方面降低了30%,而灵活的Hybrid Office使用模式在保证望湘园员工正常使用的前提下,将软件购买成本降低了40%。Hybrid Office模式还拥有跨平台、跨设备、跨地域的使用特性,让员工可以随时随地处理文件,提升了工作效率。"赵建光如是表示。[17]

第九章
云经纪市场及未来发展

学习要点

了解云经纪市场及未来发展的趋势。

云经纪还处于一个刚刚发展起步的阶段,根据国际上有关公司的数据,2011年,全球云计算服务的市场规模为900亿美元,中国占全球云计算市场份额不到3%,但正以每年40%的速度增长。有数据显示,中国云计算产业在2011~2015年,预计将创造400万个新工作岗位。

云服务经纪的市场有多大? 调研公司MarketsandMarkets称,云服务经纪造就的市场将从2013年的2.25亿美元增长至2018年的20.3亿美元,年均复合增长率达55.3%。云经纪的造就者是使这种服务成为可能的软件平台。总体来说,云经纪市场将由2013年的15.7亿美元增长至2018年的105亿美元,年均复合增长率达46.2%。

根据高德纳公司的"炒作周期"(hype cycle)曲线模型,云经纪人位于曲线的底部——"技术萌芽期"(Technology Trigger),要经过5~10年的时间才能发展成熟。即便如此,高德纳预测,到2015年,云服务经纪人将成为云计算行业收入最高的唯一群体。然而,有些人质疑,5~10年的预计可能还是太短。

数据交换中心(DCX)公司总经理马库斯·弗劳曼诺表示,5年的成长期只是保守估计。弗劳曼诺声称,DCX是澳大利亚唯一的独立云经纪人。虽然现在云经纪人市场并不旺盛——客户并不积极寻求云经纪服务,并且大部分市场意识薄弱,但弗劳曼诺说:"我相信人们很快就会认识到,云经纪人能在许多方面创造价值。"

云经纪人扮演着什么角色? 云经纪人的关键评论员之一——高德纳研究副总裁布莱恩·普伦蒂斯表示,针对云经纪人的不同作用,主要有三种模型,且层次逐渐上升。那些与单个供应商合作、完成单一任务的云经纪人,对CIO来说意义不大。这样的云经纪人与抵押贷款经纪人没有差别。而真正的云经纪模式需要云经纪人更多地融入。

关于第一个模型,普伦蒂斯指出其具有"合成"特征。这意味着云经纪人要整合多位云供应商的服务。这样一来,免去了亲自审核供应商的环节,CIO的工作就轻松了很多。普伦蒂斯说,该模型还为其他经纪人复制服务提供了机会。这对于经纪人而言可能不是什么好事,却能为客户提供更好的服务。

第二个模型在"合成"的基础上加入了知识产权(IP)。因此,云经纪人能提供属于自己的专有服务。同时,这对不同的服务供应商的产品整合起到了"约束作用"。此外,传输模式的优化也能增加IP的附加价值。

第三个模型,也是高德纳的推荐模型,是将服务作为"财产"或者共有平台。这类似于零售商将楼面面积外租给其他供应商。可以设想,化妆品柜台进驻一家大型百货公司,百货公司享有建筑权,而化妆品和香水公司需要支付楼面面积。

现在的问题是,云经纪人一旦与特定的"租客"建立起某种联系,云经纪人还会是独立的吗?

弗劳曼诺认为:"这样一来,从真正意义上说,我们已经不再独立。我们需要与卖主签署正式协议,以保证佣金及时支付。"他还表示:"不过,我们不受单一供应商的投资组合约束,在这方面我们是独立的。不管怎样,我们选择云计算解决方案的标准是一定的,那就是为客户选择最适合的方案。"[18]

那么,在部署云计算时,用户会选择直接购买还是通过代理呢?考虑到云经纪人会收取佣金,这可能不是最廉价的选择。CIO还必须考虑,如果可以的话,服务能给终端产品增加哪些价值?

高德纳公司表示,在导航、整合、消费、扩展和维持云服务的过程中,公司选择云服务经纪人,能让这一切变得简单、安全和高效。

普伦蒂斯补充说,将经纪人作为供应链的一环,会使得供应链越复杂,这条价值链的透明度就越低。供应链的每一级都必须确保其他供应商的服务质量。供应链是环环相扣的,如果一个环节无法正常提供服务,整条供应链都会面临崩溃的危险。所以,供应链越复杂,风险系数也就越高。

SAS澳大利亚区首席技术战略家詹姆斯·福斯特(James Foster)强调,确保供应商与客户之间一对一的关系是非常重要的。如果在交易完成后,经纪人就立即退出云客户的日常活动,那么CIO就需要亲自处理一系列的供应商问题。

如果只是帮客户完成交易,云经纪人的作用貌似可有可无。但是如果能创造一些额外价值,或者增加IP属性,那么云经纪人将成为未来不可或缺的职业。[19]

目前,已经存在云经纪的模型,但在很大程度上,它们都只是其他咨询服务的扩展。例如,Capgemini就充当着英国邮政服务公司Royal Mail及Phillips Healthcare的云经纪人。这些服务中的某些服务是由Capgemini通过自有的数据中心来提供的。Capgemini因为提供平台SAP而闻名。

荷兰电信公司KPN也在使用自有的基础设施提供云经纪服务,但这都只是冰山一角。鉴于这个领域的复杂微妙性,云经纪人所面临的机会是非常大的。

赫里尔(Herrier)是Cordys公司的英国总监,戴维斯(Davies)是产品主任。他们都认为目前仍处于云经纪市场的初期,然而他们已有的经验将为人们了解成功云经纪人的运作模式提供参考。"尽管如此,我们仍然很难用简短的句子描述云经纪人,"戴维斯说道,"我们所能看到的就是云经纪人处于三个路口的交叉点——基础设施、软件和咨询服务汇合的交叉路口。"

以推动云应用为目的的云产业论坛的主席安迪·伯顿(Andy Burton)持相同看法。他将云经纪人看成是提供三种主要服务的人:集多种服务于一身;促进不同技术的融合;协助云服务的迁移与整合。

伯顿认为:"要保证经纪人的工作效率及一定的业务广度,就需要让他们处理迁移问题,保持定价方面的引导者地位,为加固项目准备费用,并且为市场供应负责。道理虽然如此,但事实上某些经纪人可能只是在做简单的价格比较,某些经纪人可能在做费用统计,还有一些经纪人可能提供全套服务。这些都是可行的模式,但是市场还远未成熟,你也无法说出一个所以然来。"

伯顿相信,某些客户会找经纪人提供最佳的定价模式,而这个颇受关注的市场的主要吸引力还在于,小型公司可能会转向云经纪,这样它们就可以专心发挥自己的商业优势——它们将对与迁移相关的业务更感兴趣。"例如,小公司将会关注技术局限问题,"伯顿说道,"目前,市场还不存在平台标准。云经纪人所做的事情就是解决那个问题,因为你不需要担心从供应商 A 转到供应商 B 带来的服务互操作性问题。他们不需要实施计算功能,因为他们的需求是更低层面的。他们所需要的就是保证 IT 运营的可靠性,而不一定是云服务带来的灵活性。"

伯顿及 Cordys 团队认为,未来的市场将会变得更为分散,小型经纪公司将提供针对某个云挑战的服务。例如,可能会出现一个进行价格比较的网站市场,某些经纪人甚至可能专注于某个垂直市场。这些举措是在供应商建立类似于社区群体后实施的,以凸显那些自行发挥作用的技术。

赫里尔称,这个简单的领域将成为市场中最接近成熟的领域。在他看来,很多公司在准备为云服务投资资金时,他们会先开始寻找这些服务,但是会发现许多云服务方案都可以满足他们的需求。

主机托管公司 Savvis 的副总裁兼总经理丹尼尔·帕顿(Daniel Patton)认为,在云经纪真正成为一个行业之前,需要做很多让人信服的工作。他甚至还没有考虑将云经纪服务纳入 Savvis 的业务范围。[20]

Forrester 公司的首席分析师大卫·巴尔托莱蒂(Dave Bartoletti)认为:"如今的云计算经纪人有很多种,目前它还处于一个快速发展的阶段,合格的云计算经纪人应当是一个具备提供技术和服务能力的角色。"

在一个较高的水平上,诸如 Gravitant 公司、Jamcracker 公司以及 Parallels 公司这样的经纪公司可以为企业提供来源、价格、比较,并购买云计算服务。一旦企业签署了服务合同,那么云计算经纪人也必须承担起云计算的管理和会计责任。在理想情况下,云计算经纪人可为企业决策者提供一对一的云计算供应商定价和功能比较。有时,他们可以通过与供应商谈判而获得比企业自行争取到的价格更低的定价模式。

随着云计算市场的不断发展和壮大,云计算的架构和实施会变得更加复杂,因此,帮助企业做出合适的云计算服务采购决策将是云经纪市场的巨大动力来源。云计算经纪人可以作为 IT 部门的支持和发布渠道来开展工作,他们"货比三家",以便在云计算服务供方市场为他们的客户找到最好的交易对象、节约企业成本、降低云计算的技术门槛。

由于企业或组织签约云经纪人的动机不同,需求也就不一样。公司可能会选择使用云经纪人以便发现最优的云计算价格,或者 IT 部门可以依靠他们把企业的业务技术需求与最合适的云计算供应商进行匹配。美国国家标准技术研究所指出,云经纪人有时会为多个云计算服务提供统一和增强的管理接口。这样的功能包括为多个云计算供应商提供联合云计算,以及提供针对多个云计算供应商应用程序编程接口的联合访问。

随着云计算环境变得越来越复杂,云经纪人可以帮助企业整合多个供应商的多个系统。例如,如果一家企业需要设置面向公众、高容量的网页,那么它可能需要转而选择亚马逊网络服务。但是,它也可能需要其他的服务,例如微软公司的 Windows Azure,以便支持一个内部的协作系统。

一个合格的云计算经纪人可以帮助确定最适合企业现有云计算环境的服务,并帮助企业确定最适合的厂商以实现整合和执行一些正在运行的功能——例如,与企业合作,先开发、后监控一家供应商遵守服务水平协议的能力。[21]

特别提到,经新疆维吾尔自治区人民政府批准,国内首家云计算交易平台——新疆中亚商品交易中心——正式在克拉玛依创立。而一个全新的职业(云经纪人)也呼之欲出,令人期盼。这是第二次中央新疆工作座谈会后,在新疆全新展示的工作成效之一。

作为国内首家云计算交易平台,新疆中亚商品交易中心将依托交易产品质量监测标准的建立,利用云经纪人体系的市场化推广,打通供需对接"瓶颈",率先对市场资源开展"云化"整合。在解决市场有效性的同时,通过"池化"组合交易、OTC 预售等交易模式的创新,探索具有新疆中亚商品交易中心特点的发展之路。

此交易平台的搭建,将利用市场的有效性,提高云计算的使用率与利用率,缓解云计算资源的闲置、浪费;将促进云的应用,发掘当前被闲置的云资源;通过交易平台市场调节功能的发挥,为创业型企业、小微企业平等参与市场竞争提供帮助。该平台还将结合云计算的交易特点,利用交易平台的价值发现功能,以 OTC 预售为基本模式,通过交易指数的形成,以"商品云"质押形式,为互联网企业提供融资、担保等服务。其在行业内首次提出云经纪人概念,云经纪人通过资质认证,对接供需双方,为市场交易的规模化发展提供保障。

此交易平台的建设,为新疆以及整个西部利用资源优势实现跨越式发展提供模式支持,使传统的"西气东输"升级为"西数东输"。国内信息产业可以依托平台、抱团经营,与国外强势企业进行市场竞争;通过制定产业标准,影响全球信息产业发展格局,争夺世界级产业话语权;结合云经纪人的市场化培训,提高全社会的互联网安全意识。[22]

在展望云服务的未来时,也不得不考虑当前的商业轨迹。很明显,云服务资源的 3 项最主要业务就是计算、数据库和存储,这占到一家普通企业每月云服务支出的 80%。这 3 个组成部分是任何云应用的基本要素,大多数云服务提供商在 2014 年仍继续投资于这些领域,也就不足为奇了。

这是几家巨头在接下来启动竞争的基础:亚马逊网络服务(AWS)称,2013 年发展速度最快的服务就是其 DynamoDB 数据库服务;谷歌继续在 Compute Engine 计算和存储架构方面进行投资。在多家云服务客户中,谷歌 Compute Engine 仅次于 AWS,是使用第二多的服务,微软 Azure 紧随其后,排名第三位。

考虑一个务实的问题:谷歌利用自己全球数据中心规模,匹敌亚马逊云计算服务还需要多久? 根据谷歌在 Google Partners 项目上投入的时间和精力来看,这一天或许很快就会到来。

性能差异不重要。回顾 2013 年亚马逊 AWS、谷歌 Compute Engine 和微软 Azure 的宕机事件,其实或多或少总能看到一些问题,但总体而言,服务普及程度和响应时间较好。这意味着,从企业的角度看,99.99% 与 99.999% 没有多大区别,不会成为决定性因素。

在 2014 年,这三大巨头(以及惠普和 IBM 等公司)都在性能和普及度方面有很高的市场信任度。假设所有大型云服务商都能够提供全面的计算、数据库和存储服务,那么各大厂商之间的区别就会微乎其微。最终,选择哪家云服务商将取决于成本。

亚马逊不断下调自己的价格,谷歌也在 2013 年 12 月宣布存储和计算服务价格下调六成。2014 年,我们看到了各大厂商间继续着这种残酷的价格战。因此,最具侵略性的厂商一定会有最具侵略性的价格,进而能够锁定更多的用户进行长期合作。这个过程不会一帆风顺,但它定能增加客户的投资回报,也能够给企业带来好处。

2013 年已经出现了很多云服务经纪商,他们是作为云服务提供商和购买方之间的中间人。可以坚信,这种结合了技术、咨询和金融购买力的云服务经纪商将形成一种全新的、令人兴奋的商业模式。

随着戴尔收购 EnStratus、CSC 收购 ServiceMesh,这个转变在 2014 年实现了加速。在这些云服务经纪商的帮助下,客户可以基于自己的侧重点和服务多样性,自由选择服务商家和服务时间。此外,客户还可以利用经纪商管理平台获得更加明确的云服务信息,并使得工作更加快速和智能。

在过去的数据中心时代,IT 经理和 CIO(首席信息官)们都在寻求基础架构控制的最大化。在云计算时代,CMO(首席营销官)和其他部门越来越多地得到控制权,并建立起自己的 IT 预算。这就提出了一个有趣的问题:IT 部门如何在不打破开发商/运营商和非科技服务类客户所采用的"全新工作方式"的基础上,保持对云的控制(消费、成本、安全、服务水平等)?

可以相信,这就需要出现新的工具来替代旧的传统 ITIL(信息技术基础架构库)解决方案。新工具可以管理一切,从自助需求管理和成本估算,到供应、监管、云监管和接入控制等。公平而言,云服务管理的核心组成部分之一就是包含所有可用的云服务的服务目录。

目前,企业在云服务领域涉足不深,大多数从存储服务开始,而非计算服务。这意味着,他们把云存储当作一种数据"收集工人",专门存储不适宜或无法存储在私有数据中心的数据。

无论哪家云服务供应商,可以相信都会在采纳新技术方面更加大胆,并且会更加充分地使用开源平台,尤其是 OpenStack 平台。问题不再是"是否"需要使用它,而是"何时"启用云计算、用于哪些目的、如何获得收益最大化。

没有一种 IT 模式选项是完美无缺的,因此云计算经纪人也存在着潜在的短板因素。如同其他的第三方服务供应商一样,经纪人与相当数量的供应商都保持着一定的合作关系。虽然他们为企业提供了不少供应商的可选项,他们的供应商库可能会缺少最适合企业 IT 环境的服务或供应商。此外,回扣或奖励可能会促使经纪人力推一家并非最优的云计算服务给客户。

雇用一名经纪人可能会使签订合同的过程复杂化。在一份与云计算经纪人签订的合同中,企业并没有与它们的云计算供应商直接发生联系,如果企业希望更换经纪人,但仍与供应商保持原来的关系,那将是一项非常复杂的工作。同样,问题也可能会发生在经纪人和供应商之间,某一方的某种坚持往往会迫使对方更换合作对象。

专家们在预测经纪人市场的长期发展时发生了较大的分歧。"考虑到云计算公司的主要竞争力是价格方面的,而且公司的决策需要慎重,所以我还不确定云计算经纪人模式是一个好主意。"Enderle 集团的首席分析师罗布·安德雷(Rob Enderle)说。但是,总部位于波士顿的 451 集团的 EMEA 研究副总裁威廉·费洛斯(William Fellows)则坚持这是一个好主意。"在若干年后,我希望有很多云计算服务交易是通过经纪人完成的。"费洛斯说。[23]

目前的云计算市场尚未成熟。云计算企业很少,云客户就更少了。很多企业都没有提供真正的云经纪人,很多客户甚至仍旧对云计算的性质和优势云里雾里。直到今天,有一个问题一直没有解决:作为新型职业,云经纪人是否真的有价值?还是只是又一个概念炒作?

帕顿表示:"我知道公司对云经纪人的概念还是蛮感兴趣的,但是云经纪人的模式还远未成熟。我所了解的挑战包括以存储区域网络(Storage Area Networks)形式存在的云,有一些云是 VMware,还有一些云是充当超级监控者,这意味着实现的难度较大。如果你拥有3 个基于影像的云供应商,并且应用编程界面都保持一致,你就可以这样做。但迄今为止,这还是一个非常大的挑战。"

也就是说,云经纪人是一个快速发展的行业。高德纳称,云经纪人行业还需要 5～10 年时间发展成熟,但到 2015 年,它将成为最大的云计算技术相关的收入增长领域之一。在这个过程中,某些云经纪人需要接受严峻挑战,但是对于某些小心翼翼并且业务做得不错的经纪人来说,这个漫长的等待还是非常值得的。

今天,普通的企业可能会使用多种云服务。例如,用到 Salesforce. com 的 CRM,用亚马逊 EC2 的一些实例来托管面向公众的网站服务,使用邮件或反垃圾邮件平台等。从这一点来看,未来还是相对清晰的,也就是说,会有越来越多的云服务被用以辅助业务运营。然而,正如今天的很多企业不可能从一家云服务商那里获得所有服务一样,将来也不存在这种可能。换句话说,各种服务之间的差异将会越来越大,在企业的成功上也将发挥越来越重要的作用。

虽说各种云服务会实现其承诺,允许企业更快速、更高效地部署服务,但是这些服务将会来自众多的提供商,从而导致巨大的集成和支持方面的挑战,这是不争的事实。因此,对于代理行业来说,不仅要发挥代理作用,而且要能够智能化地将各种最佳的云服务集成在一起,为客户交付单一的、可支持的服务才至为关键。

事实上,正是这类代理商才会成为推动云服务采用进程向前发展的动力。如果询问那些至今尚未采用云服务的企业,它们为什么还不这么做?那么绝大多数的第一答案都会是信任问题。事实上,很多大型云服务商不带个性色彩的电话支持服务(如果他们没有以人为本的服务的话)搞糟了所有的事情。[24]

第三篇

建立云经纪业务

第十章
云经纪的商业模式

学习要点

1. 掌握云经纪商业模式的含义；
2. 了解简单经纪人与全面经纪人。

商业模式的概念出现得很早，一开始是从互联网上引进的。对其可以这样描述：一元钱通过企业绕了一大圈，将变成一元一角，商业模式就是指这一角钱在何时何地增加的。换言之，一角钱增加的内在逻辑就是商业模式。这一定义偏重于企业赚钱的过程，而忽视了为客户创造价值。一般而言，标准的企业运作逻辑是：钱—物—钱。前面的"钱"特指资金，包括资产和金钱；"物"特指产业化后的服务和物品；后面的"钱"指的是资金的增加价值。任何的机构都是围绕"钱—物—钱"来进行运作，这样才能支撑业务的循环。不管什么样的机构，其生存的根本是创造满足客户需求和价值的物，也就是说，要实现客户需求、满足客户需求，最终实现客户价值，从而实现利润。在这个过程中，机构内的各种资源都是围绕企业的价值取向来创造价值的，也就是说，都是为满足客户需求、实现客户价值来服务的。同时，在这个创造价值的过程中，还包含了供应链、企业运营、分销链，一直到价值交换与转移的全过程。因此，商业模式就是为了不断满足客户需求、实现客户价值而采取的一系列解决途径，也就是不断实现目标客户价值的经营方式。机构如何获得资本、用资本做什么、为谁做、用什么做、怎么做、用什么方式提供给需求者以及最终获得利润的整体解决方案，就称为商业模式。机构有时候可以实现盈利，这是不太难的，难的是要保持长期盈利。要实现长期盈利，机构最好让他们的商业模式不同于其他同行机构的商业模式。云经纪的商业模式要做到与别的企业不同，一定要让其他同行机构不可能马上效仿或效仿存在困难。更重要的是，用户的需求和新的需求要持续满足，对用户需求和价值趋向的发现、分析、创造和匹配是一个不间断的过程，也就是价值实现最大化的程序。应寻找好的方法和形式实现用户需求，更重要的是持续改变，随着条件的变化、竞争局势的变化，要及时改变和适应新的商业模式。

我们面临一个现代化的充满竞争的社会，在云计算时代，随着竞争的不断加剧，未来不可能是企业间的竞争，更不是一个方向上的价值链间的竞争。企业逐步从各自塑造价值走向联合实现价值，并且可以判断有很多种方法和途径实现价值链上的网络合作体系，这与云计算技术的优势有直接关系。在网络合作体系中，企业可将很多企业伙伴撮合在一起，通过合理高效的资源拼凑，形成高速、有力、安全的伙伴体系，从而实现随市场环境不断变化的模式。网络关系框架通过市场反馈以适应市场的反复性，借此来满足用户千变万化的需求，通过合作实现企业间和各企业内部价值的最大化。总之，商业模式从根本上讲就是满足客户需求、实现客户价值的经营模式。在云计算时代，云经济的商业模式含义可以描述为：为达到用户最大化的价值需求，运用可能的方案和渠道，让机构运作的各种资源通过内外部组织整合起来，构成一个高效率的运行系统，使其内部利益达到最大效用，并且营造机构较强的核心竞争力；采用最优价值体系达到最大限度的用户满足，从而最终实现用户价值需求，进而实现保持连续盈利。[25]

那么，在云计算时代，云经纪人的商业模式到底该如何设计？在云计算时代，商业模式的设计主要是通过围绕客户的需求，最大限度满足客户价值来实现的。企业通过整合内部资源或利益相关资源，构建一个互通有无的合作结构，然后经过不断完善，形成企业自身特有的核心竞争力，并用最优异的实现方式满足用户需求，尽最大可能实现客户价值的最大化，最终获取企业利益。商业模式是实现客户价值并创造利润的管理逻辑，这里价值的含义不仅是为企业创造了利润，还应该包括为企业用户、自己的员工、共事的合作伙伴、企业股东等各方提供价值和利益，并在此基础上，进一步优化模式本身的创意度，最终形成企业可持续发展的独特竞争力。我们常常会遇到企业用户的需求比企业提供的服务还要多，有时他们的需求和愿望往往不是一成不变的，这样一来，企业在满足用户的消费需求和服务方面一般来说不是圆满的，当然，在实现他们的价值方面也是有缺陷的。满足用户价值最大化不是绝对的，而是相对的，企业满足客户需求、追求客户价值最大化的努力不可能停止，这样，企业之间的客户需求满足与价值创新才会显得充满活力、格外激烈，才会不断推动市场竞争和发展。

商业模式，通俗来说就是机构用什么产品（包括服务）和方式赚钱。因此，我们在设计企业商业模式时要考虑三个最基本的问题：第一，涉及企业的用户都有哪些？第二，企业计划用什么样的产品或服务给他们提供价值？第三，这些企业用户为何愿意付给企业钱？换句话说，企业让用户支付的核心因素是什么？按照商业模式的有关核心规则，总体来说，一个未来可能获利的商业模式要具备五个方面的要求：准确定位、做大市场、发展迅速、构筑壁垒、降低风险。在云时代，我们在进行企业商业模式构建时，尤其要从这五个方面着手。

1. 准确定位

要对市场和客户进行准确定位，关键是要找到一个与现有市场所提供的产品需求相符的潜在客户，当然，也可以根据客户的需求提供企业的发展方向，即双向定位。因此，定位最主要的目标是要找到适合本企业的服务群体，把企业的这个细分市场的消费者需求分析和研究清楚，然后为这个细分市场提供满足用户需要、能够为他们带来价值的独特产品，让用户愿意为这个产品和服务付费。

2. 做大市场

对企业的细分市场进行准确定位后，下一步的关键是要培育一个迅速发展的、大范围的、长期增长的市场，也就是要下大力气做大市场，这也是判断一个市场定位是否优秀的关键因素。企业市场准确定位以后，企业需要保证所选择的目标市场是一个可持续发展的大规模市场，而且企业要考虑清楚，是否能保证该目标市场在未来持续高成长并确保从中获益。

3. 发展迅速

扩展是否迅速是决定商业模式是迟缓推进还是快速推进的最关键因素。企业销售收入是不是快速增加，是判断企业商业模式是否合理和适宜该企业，并且使得企业能快速做大规模的最关键原因。企业商业模式从本质上讲就是企业如何从用户那里赚钱,如果一个企业想通过该模式赚钱最快,可以从两个渠道实现:一是企业用户数量要快速扩展,二是用户拥有的购买力水平要高,以上两种情况都具备当然最好。但从另外一个角度,也就是从企业追求商业目的来说,真正起到重要作用的实际上是企业用户数量的扩张速度。这是因为,企业的用户数量如果没有可能实现大幅度增加,那么企业从少数用户身上获得的收入再高,但整体收入数额还是少的,这当然对企业大发展是没有帮助的。

4. 构筑壁垒

企业进行了准确定位、做大了市场、发展快速以后,接下来最重要的一点是必须确保企业的这个目标细分市场选择的是"我们",不管是现在还是将来绝不是别的企业。也就是说,我们不仅要特别爱戴我们的目标用户,更重要的是要把他们看作我们的上帝,另外还要使企业用户也特别看重和维护我们。但凡能够获利的商业模式,在大多数时候要同企业本身的优势紧密联合和匹配,我们这里说的优势是指企业独特的优势,这种优势既然是独特的,别的企业不具备,那么也就说明了为本企业在该商业模式方面构筑了最好的竞争壁垒。

5. 降低风险

商业模式设计时要考虑有效降低风险,尤其要评估可能面临的各种风险。要研究和评估风险,就需要采取一切办法判断和分析该商业模式所存在的可能的风险点,根据这些风险点研究有效的应对方式和策略,对这些风险进行有效管理,并控制在合理水平。换句话说,企业在实行所选择的商业模式时,要通过有效地识别风险、控制风险和转移风险来主动有效地降低风险,最终目的就是,企业不仅要设计一个能有效控制风险,还要使得企业能实现盈利并长期获利的商业模式。

综上所述,一个成功优秀的、能够长期获利的商业模式有很多方面需要考虑,但以上这些方面应该强调和关注。但在企业实际经营过程中,值得我们注意的一点是:一个获利的商业模式往往很不容易寻找到,即使找到也很难形成,在某种意义上更不是一成不变的。这主要出于以下两个方面原因:一是一个成功获利的商业模式需要在实践中不断尝试、不断完善,有时候还需要不断失败才能变得比较完美和适宜;二是即使是一个十分完美成熟的商业模式,也会随着市场环境和竞争形势的改变而有所变化,有时会显得对本企业发展需要已不再适宜,因此就需要对这个商业模式进行调整和新的设计,尤其在云计算时代更是如此。云经济时代,云经纪的商业模式从涉及的业务范围划分,可以分为简单经纪人与全面经纪人两种商业模式。

第一节　简单经纪人

简单经纪人,顾名思义主要是在用户和企业之间起到中介沟通的作用。简单经纪人会先研究不同厂商能为客户提供的各种服务信息,然后再收集客户的业务流程、配置需求、预算和数据管理需求等信息,最后,简单经纪人会为客户推荐最合适的云服务供应商。对于简单经纪人,其具有"合成"特征,意味着云经纪人要整合多位云供应商的服务。这样一来,免去了亲自审核供应商的环节,CIO的工作就轻松了很多。

第二节　全面经纪人

全面经纪人,即为用户和企业提供全方位服务。这一类经纪人在简单经纪人的基础上,加入了知识产权责任,因此,云经纪人能提供属于自己的专有服务。全面经纪人是用户的代理人,其可以代表客户与云服务供应商谈判。在这种情况下,云经纪人为了尽量提升客户效益,他可能会使用多家云服务供应商的不同服务,尽管会有些复杂。云经纪人会为客户提供一个简单的应用程序接口(API)和用户接口(UI),使得用户与多个云服务供应商之间无缝地工作,就好像使用单一云服务一样。

全面经纪人会比较不同云服务提供商的产品,以及哪一类云服务提供商的产品与用户的需求最吻合,从而实现用户利益的最大化。例如,对于云提供商来说,如果其采用的服务模式可以提供完整的生态系统,包括软件、服务平台和基础设施,而不是只提供构成整体的各个单独的部分,则可能获得较高的利润。另一种选择是,把不同服务模式的要素组合起来,或者提供单独的服务模式。单独的云模式包括:平台即服务(PaaS),平台与用户要求的服务一同提供;软件即服务(SaaS),可以获得提供商的各种应用;基础设施即服务(IaaS),云提供商向客户提供硬件、软件和网络部件等设备。当全面云经纪人比较了不同云服务提供商提供的产品时,可以进行投资回报等预算,在保证用户最大利益的前提下,实现自身、用户和云服务提供商的共赢。

全面云经纪人还需要帮助企业有效实践云计算,提升企业竞争力。在帮助企业借助云计算实现两化融合时,要有一条信息化建设的方法路线。这可分为四个步骤实现:

1. 做好信息化规划,提升信息化管理战略

围绕企业战略的需要,应培育企业的管控能力和整合相应的资源优势。首先必须深刻理解企业业务规划,从业务战略到信息化战略映射、实施,以加强信息化战略管理能力。其次,在开展业务战略时要从信息化方面,尤其是云计算的策略方面去思考,制定企业的业务战略。

2. 建设 IT 管理体系,提升企业信息化领导力和执行力

通过开展企业的 IT 治理,逐步形成一个完整的 IT 管控体系。大多数企业是一个传统意义上的组织架构,没有 IT 管控,各部门、子公司信息孤立;而云计算的演进是从一体化数据中心管理开始的,没有一个 IT 管控体系,数据中心的整合、集中、标准化是不可能实现的。只有开展 IT 治理,形成管控体系,才能确保企业 IT 规划项目的落实。

3. 建立信息化标准体系,打好业务协同、数据集成共享的基础

信息化的建设过程或者云的演进就是一个不断标准化的过程,而企业主要考虑从信息集成、一体化业务运营、管理的角度出发来建设一些切实可行的标准化框架体系。企业通过持续的标准化体系建设,逐步演进到云,消灭"信息孤岛"。

4. 做好关键信息化项目建设,实现企业管控、集成创新

通过从建设一体化数据中心开始,做好综合管理、商业智能以及主数据管理系统建设等企业的关键信息化项目来带动其他信息化项目建设。标准、整合、集中、协同、敏捷、绩效,随着信息化与业务的逐步融合,逐步演进到云平台,可以形成一个企业级流化集成。

基于上述战略,云经纪人需要进一步讨论企业如何演进到云,如何部署企业云。企业内部部署云时不可能一步到位,应该是一个渐进的过程,可分为以下三个阶段:

第一,通过整合集中和标准化,简化对现有 IT 基础设施的管理,降低成本管理难度,这是未来设施环境降低复杂性和成本,以及实现虚拟化的第一步。在这一阶段,企业同时规划建立容灾中心,以应对雪灾、大地震等自然灾害,达到数据零丢失的目标。

第二,以企业内部应用为核心,完成标准化环境建设后,可通过虚拟化建立以应用为核心的数据中心,做到整个数据中心的转化,从而支持企业全方位应用服务。

第三,建立一个有弹性、动态的 IT 基础架构,在企业需要的时候,IT 资源可以有弹性地增加或减少。比如,云架构可以根据业务需求,随时调整服务器和存储,而不影响或者中断业务。这样一个演进过程表现出 IT 运营模式的逐步改变,而云计算则最终根本改变了传统 IT 的服务架构,它剥离了 IT 系统中与企业核心业务无关的因素(如 IT 基础设施),将 IT 与核心业务完全融合,使企业 IT 服务能力与自身业务变化相适应。[26]

第十一章
云经纪业务流程

学习要点

1. 掌握云经纪业务流程的内容；
2. 能结合实践有所运用。

云经纪的业务流程主要包括销售前的责任、制订需求方案说明书、展示解决方案、计算投资回报和总体投入、帮助供应商选择、谈判客户合同以及销售后的责任七大步骤。以下进行具体介绍。

第一节　销售前的责任

云经纪人销售前的主要工作是：为市场推广、营销人员和用户提供公司产品的技术材料；举办宣传展览会，为用户演示产品及应用案例；通过产品宣传，让用户深入了解公司服务。

第二节　制订需求方案说明书

需求分析是通过详细调查、明确用户的各种需求后，在此基础上确定云服务提供商需要提供什么样的服务。简单来说，需求分析的任务就是解决"做什么"的问题，要全面理解用户的各项要求，并准确地表达所接受的用户需求。一般来说，云服务需求方案说明书主要包括现状分析以及可能存在的问题与拟解决问题的分析。接下来以吉林省图书馆云服务平台建设方案需求分析为例逐一介绍。

在图书馆联盟领域，云计算提供了新的发展思路。以吉林省图书馆云服务平台构建为例，其充分利用云服务平台先进的技术理念，利用其技术优势，深层次改革了图书馆原有的机制、服务方式和运行模式等；通过云服务平台的构建和使用，顺利实现和整合了吉林省 40 余家科研机构、公共图书馆和中小型图书馆的馆藏资源及电子资源等；云服务平台的投入和使用，顺利实现了图书馆联盟的多种功能形式的转变。

首先，顺利完成了省内图书馆资源的共建共享。采用 SFX、MooseFS 等技术，吉林省图书馆采用联盟式服务整合了省内数千余万册图书等资源，使人均拥有图书馆藏书量得到提升；同时，将不同图书馆的电子资源整合在一起[27]，解决了一些图书馆电子资源匮乏的情况，实现了图书馆电子资源的互联。在吉林省图书馆内实现云平台的搭建后，顺利完成了各种电子资源的充分集成和资源的共享利用，以及用户的一站式搜索。

其次，通过建设联盟式的云图书馆，使一些技术力量不足、资金短缺的小型图书馆顺利实现数字化服务，在更高的层次上实现对用户的服务，避免了低成本投入和资源浪费，提升了服务水平和质量。

再次，通过搭建联盟式的图书馆服务平台，实现资源的优化利用和重组；采用数据挖掘、知识归类、资源再利用和调度等一系列服务方式和手段[28]，充分实现知识的创新、优化、增值，最终提升了图书馆的服务价值和在社会中的地位，提高了图书馆的服务水平。

一、吉林省图书馆云平台系统架构

通过云平台的服务建设功能，可以将吉林省内各个高校图书馆和中小型规模的公共图书馆的云平台服务建设分为资源层、云服务层和用户层三个层次。吉林省图书馆联盟的云平台服务建设不仅涉及数据资源，还涉及网络存储基础设施、有计算能力的服务器、管理平台以及开展各种服务的应用软件等。[29]

1. 资源层

在云平台建设的过程中，资源层是基础，它包含了图书馆联盟中的所有馆藏资源、数字化信息资产以及通过订购等方式获得的具备一定有效使用年限的电子资源和数据库。云计算所具备的海量存储能力确保了数据的可靠性和存储系统的安全性。云服务器将云计算模式下的海量数据和资源存储在后台的资源池中，云服务平台通过集中式检索确保读者所需要的各种资源。截至 2011 年底，吉林省图书馆联盟利用云服务平台已经整合了约 2.5 亿条信息，其中包含了各个国家的外文期刊和部分电子书籍、报纸等。图书馆云服务平台联盟架构见图 11—1。

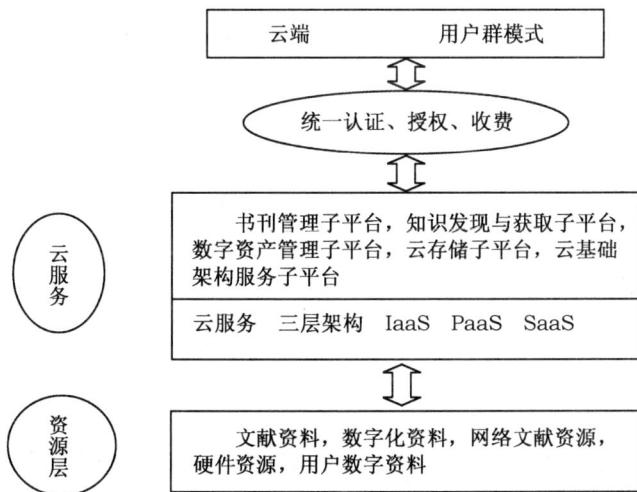

图 11—1 图书馆云服务平台联盟架构

2. 云服务层

云服务是整个信息计算的中心，所有来自外部的资源都要通过云存储中心中的处理器来完成对资源和数字信息的有效处理。吉林省图书馆联盟的云服务平台包括书刊管理子平台、知识发现与获取子平台、数字资产管理子平台、云存储子平台、云基础架构服务子平台5部分。通过云服务层，可以对存储在资源层中的各类型的信息进行统计整理，得到规整的存储模式，进行信息的统一认证，实现信息发布和资源访问等。对于远程的信息资源，云计算也提供了三种不同的检索方式：Primo Central 的元数据检索方式，Metalib 的联邦检索方式，搜索引擎检索方式。

3. 用户层

用户层既包括来自图书馆联盟的内部成员，也包括联盟外的经过授权的一些外部用户等。用户层中的用户通过 PC 机、移动电话等各种终端设备，对云存储中的资源和数据进行检索、利用和访问。云服务平台还可以针对用户的不同需求，制定多种检索界面，限定不同的检索范围，或是自定义检索范围后将其嵌入其他页面中。

二、吉林省图书馆信息咨询服务的局限性

1. 咨询要素方面存在的问题

（1）信息资源需及时更新。

信息资源是开展信息咨询服务的前提条件。吉林省图书馆相对于普通图书馆而言，虽然在文献资源和电子资源方面更具竞争优势，但是在资源的数量和质量上差距比较大。另一方面，随着人类社会的发展、知识更新程度的加深，图书馆文献信息知识的时效性也会大大降低，网络信息源又是动态的，需要能够迅速有效地根据用户需求满足读者对相关信息的需要。

（2）咨询人员素质有待提高。

咨询人员是信息咨询的关键影响力量，是信息成功与否的命脉。信息咨询人员必须具备一定的信息技术知识、相关的信息资源管理专业的理论知识、一定的外语水平、某一学科或具体领域的相关知识。现阶段条件下，网络环境中的信息咨询在图书馆的服务工作中仍处于初始阶段，还需要对人才队伍和人员素质等方面进行加强和完善。

（3）咨询方式需多样化。

信息咨询方式是用户获取信息的有效途径，通过该途径，用户才能及时有效地得到相关的信息，而不仅仅是咨询机构等的权衡比较。从另一个角度，在网络模式下，图书馆存在较大的信息量以及服务方式与内容的多样性泛化。图书馆提供的咨询服务仍旧以反复、繁琐、单个面向读者对象解答为主，以电话沟通、FAQ、邮件等咨询方式为辅的形式，缺乏主动式的信息服务，其结果是导致信息咨询的服务水平在一定程度上下降。

2. 信息咨询用户方面存在的问题

现在大多数图书馆的服务群体泛化严重，随着科技的发展和科学技术层次的提升，用户对信息要求的层次和范围也在不断发生着变化，从单纯的馆藏信息到数字化信息，从文献型信息向非文献型发展。而图书馆受限于人力优势的不足、时效性不强、资金和场地欠缺等方面的因素，使得全行业对信息的需求必然不能完全满足，服务对象的广泛性必然导致服务水平和质量的相应不足。互联网领域的发展应该促进图书馆服务对象更加广泛、服务内容更

有深度,使读者和用户足不出户就可以远端查询或者帮助读者申请不同馆舍之间的图书互借等,并及时有效地了解读者对用户服务的满意度。

3. 信息咨询支持系统方面存在的问题

信息咨询支持系统主要由信息咨询技术系统支持和国家政府有关部门的政策支持两个方面构成。图书馆作为一个公共服务部门,在相关政策和资金方面主要依靠国家和政府有关部门机构的后台支持。但是在实际的运行和操作过程中,政府资金不足和政策的扶持与调控力度有限,导致图书馆的相应建设仍然存在一定的滞后性。另一方面,网络信息咨询服务系统的发展日趋国际化,在世界各国经济局势的促进下,网络空间的信息咨询产业将会得到更大的发展[30][31]。目前,在网络环境下,参考咨询服务的缺陷日益突出,比如投入的费用与支出不对等、馆员缺乏责任心、馆员的流动性比较大、缺乏对现状的控制以及增加了对客户不现实的预期等,需要一个能够全面、系统地解决这些问题的技术出现。云计算技术应运而生了。

三、云计算在吉林省图书馆信息咨询服务应用中的可行性分析

1. 云计算的三大服务层次和基础设施模式

云计算技术是 IT 产业界的一次大规模的技术革命。早在 2006 年,亚马逊就推出了"弹性计算云服务"(Elastic Compute Cloud EC2),自此之后,云计算逐渐成为一个谈论的焦点。云计算的核心思想是把分散于不同空间和位置的各种应用资源和信息数据聚合到一个集群中,群中的所有成员都能轻松进行资源的共享。

云计算最早是由 Google 的 Gmail 服务提出的,随后,由于云计算的高利用率、很强的数字计算能力等特点,亚马逊、IBM、惠普、微软和甲骨文等国际知名的 IT 公司,也通过互联网为用户提供包括存储空间和软件在内的服务。未来的世界将是云计算的空间。云计算的基本服务模式包括 S-P-I 三大服务模式。云计算的最底层为基础设施即服务层(IaaS 层),该层主要将一些网络基础设施,如数据存储、计算和网络等资源虚拟化,并根据系统的实际负载情况自行配置网络资源,减缓系统负载的压力。其中,最著名的商业示例是 Amazon Web 服务(AWS),其 EC2 和 S3 服务分别提供基本计算和存储服务[32];云计算对在线读者使用的能力没有太大的要求,读者只需要拥有一台连入网络的 PC,即可轻松获取各种资源和数据。中间层为平台服务层(PaaS 层),该层整合了基础层中的资源(如网络开发环境、各种数据资源),在该过程中用户不需要担心数据的流失和病毒侵袭等不安全因素的存在。云计算的最高层为软件服务层(SaaS 层),制造商根据用户的需求制定相应的软件服务系统,并存放于云终端;用户自行选择相应的服务软件或者向制作商订购。用户根据自己的服务时长、服务范围等缴纳相关的费用,从而节约运营成本。

2. 云计算在我国的图书馆信息咨询应用中的优势分析

因为云计算存储数据量大、范围广以及强大的计算功能,因此改变了原有的传统计算方式。在云计算环境下,图书馆领域对读者的信息服务等产生了翻天覆地的变化,已经由初始的以硬件服务为主转型为以软件技术、服务为核心,深层次上颠覆了图书馆以简单的信息存储获取和服务等为主的传统理念。图书馆与云服务模式之间的关系如图 11-2 所示。

(1)技术层面:实现了更大程度的信息整合与信息共享,以提高图书馆的服务能力。

在"云计算"的信息服务模式下,可以实现数据一致存放于统一的云端,通过用户的选择

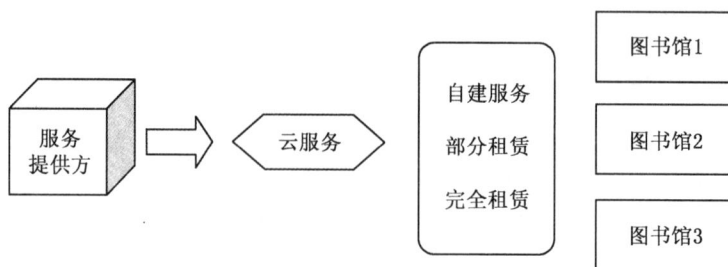

图 11-2　图书馆与云服务模式之间的关系

有方向性地快速提取相应信息。各地的大中型图书馆共同将信息数据存储在一个服务器资源中,构建了一个图书馆自有的"数据云"。在这朵"云"下,实现了图书馆信息和数据等的整合和利用。读者不需要购买服务器或者是软件资源等,而是只需要通过 PC 机连接至网络,云计算可以通过网络共享给用户提供所需要的信息资源和虚拟的计算机应用环境等。上百万台计算机联合在一起,提供了强大的计算能力,而且用户不需要购买配置很高的个人主机,常用软件也无须不断升级,而只需要以"付费"的方式从云计算服务商那里选择自己所需要的服务。将数据挖掘、信息采集等技术应用到云计算服务中后,可以增大信息交互的范围,增强信息推进控制的能力,快速高效地实现大量数据和业务的分析、处理、挖掘等,并且能抽取有效信息。对于高校图书馆来说,云计算保障了高速计算和海量存储,从而提升了高校图书馆服务的效率和速度。

（2）服务层面:革新图书馆的服务理念和服务技术。

在云计算的环境下,图书馆传统的服务理念将得到彻底改变,传统的业务流程经过逐一拆解、重新整合,逐步呈现出一系列多层次、技术化的新发展方向。图书馆由原来的信息提供者逐步向服务提供者和信息利用者的双重身份转变。一方面,图书馆作为信息资源的提供方,将一部分数据和信息等以外包的形式转交给云服务提供商,并通过"虚拟化和网络技术,以用户的需求为中心"的服务方式,逐步使图书馆的业务呈现出多层次、全面化的发展思路;另一方面,作为信息使用者,对于"云"中的信息资源,图书馆的工作人员、有信息需求的馆员以及读者,都能通过手机、电脑等连入网络的设备,在任何时间、任何地点方便地获得"云"上的相关信息服务。[33]从对图书馆技术层次的影响来看,传统的方式是,几乎所有的应用程序和客户端都是在数据库和用户端实现的,而云计算在很大程度上依托于互联网。Google 曾提出未来的云计算将在互联网中占有很大的比例,多数软件都可以用云计算的模式进行解决。尽管这种观点是否可行还未知,但可以肯定的是,云计算作为一种新的信息服务方式,必然会受到读者和图书馆的青睐,引起图书馆服务模式的改变。[34]为确保图书馆工作能够稳定有序地进行,图书馆工作人员需要经常对设备等进行更新和维护;而在云计算环境下,对用户计算机的配置要求较低,服务器的日常维护主要由云计算的终端提供商来进行,这样降低了相应的维护费用,也有利于人员更好地完成其他的事情。

3. 云计算环境中的图书馆构建需要注意的问题

云模型是各种云技术的核心,是定性、定量转换的基本模型。通过统计学和模糊数学相匹配的原则,云计算重新使语音值和相应数据之间进行新的模糊匹配和随机匹配,使得这两个方面的结合更加融洽。云计算实质上是关于数据之间相互运行范式转变的问题。从云计算应用的总体形势来看,云计算的应用还处于商业应用的初级阶段,存在着诸多包括网络、性能、安全、损耗、使用标准等方面的问题,这些都困扰着"云"服务提供商和使用者。在高德纳发布的一份名为《云计算安全风险评估》的报告中就指出,云计算存在6种风险:特权用户的接入、可审查性、数据位置、数据隔离、数据恢复以及调查支持。[35]从现行情况来看,主要有以下几个方面需要引起图书馆的关注:

(1)标准问题。

由于图书馆的建设受到各种因素的影响,如IT基础设施的不完备、图书馆自身经济能力的限制,不可能经常更新IT基础设施,也不可能完全丢弃已有的设备,而只是在现行的模式和基础上,使现有的部署模式设备等与云计算的模式进行有效的融合,以更新现有的设备、资料和数据等。由于不同的云服务商家在技术上的标准各不相同,从而造成不同公司的系统不能匹配使用;图书馆的基础设施的差别会造成兼容性差、接入网速快慢存在差异,因此极大地限制了不同图书馆之间数据的交流和信息的共享。2009年4月,标准化组织"分布式管理任务组"组建"开发云计算标准孵化器"[36],受到微软、英特尔、IBM等许多知名大企业的大力支持,可见云计算公司同样希望实现标准的统一和技术的融合。[37]

(2)数据安全问题。

数据安全是图书馆强大的资源保证,来自外界的一些不可预知的因素,比如网络黑客的入侵等,都会造成图书馆数据资源的流失。图书馆收藏的资源主要包括数字化形式的资源和一些拥有自主产权的资源。图书馆可以把有版权的资源存放到云中,在实际的运行过程中,可能会出现一些意外的原因导致服务器中断,因此图书馆需要建立一套自行同步备份设备,能在出现意外情况时及时进行数据恢复和备份,确保图书馆仍能正常工作。而对于另外一些图书馆,它们有自己的核心数据,因此把全部数据资源都存放在云中是不可能实现的,需要对数据进行整理,在本地建立一个相应的备份数据包以便存放自建的和重要的数据,以保证数据的安全性,同时也能解决目前图书馆将所有数据都备份存放于本地所造成的数据损坏和内存不足等问题。

(3)知识产权和数据保密性问题。

在云服务中,数据和资源都在一朵"云"中,因此必然存在对数据的保密和个人隐私保护等方面的问题。这就需要制定配套的合适的数字安全规则和协议,以及相应的资源使用范围,以维护作者的权益,确保数据和个人隐私的安全。

(4)成本问题。

通过在图书馆中运行云计算,可以将图书馆中一些重要的硬件设备和后台程序等交给云服务来提供,从而减少在设备升级、维护等方面的费用;另一方面也节约了相应的人力、物力、资源和能耗等。但是,当把所有的资源和后台程序均运行在云端时,过度的依赖可能会造成云计算产品集中控制在某一供应商手中,造成服务和市场的垄断,因此,需要完善的市场保障机制。此外,图书馆可能需要依据软硬件的不同和服务器等的差异来选择不同的服务商,服务商之间的转移也会造成成本的提高。因此,在这个过程中,数据库开发商、软件开发商以及图书馆之间需要相互合作,开发出满足用户需要的、以规范化的协议和需求为标准的接口软件,从而保障图书馆的权益。

(5)意识转变。

传统图书馆的工作模式将逐渐被现代的思维所转变,需要对馆员进行意识引导,使其适应读者的需求和新的云模式。

第三节 展示解决方案

同样以吉林省图书馆云平台系统设计为例,作为一个开放的图书馆系统,其云平台包含了各种类型的图书馆信息资源和用户所需要的服务,通过云服务平台与图书馆的各种纵向沟通和协调,进一步完善了读者的需求。在云平台应用与图书馆的建设中,可以有效地融合图书馆的优势资源和满足用户的需求,联盟图书馆的功能模块和平台建设也在随着需求不断增长。以吉林省图书馆为例,其云服务平台主要包括以下几个子平台形式:

1. 数字资产管理子平台

数字资产管理子平台主要是面向类型众多、结构层次存在差距以及有着多样化等特点的数字资源。在吉林省图书馆联盟建设中,其数字平台建设主要由 TRS 设计实现。TRS 主要提供音像视频、文本数字等模式的多媒体图像文件。通过图书馆联盟数字平台的建设,为吉林省的经济建设和文化发展提供了强有力的技术支持和后台力量。

2. 知识发现与获取子平台

以吉林省图书馆云服务平台的构建为例,在其子平台的建设中,将各种数据和资源等集成到一起,优化处理,最终得到经过整理后集成的数据资源。利用 Metalib 和 SFX 准确实现系统的定位和文章的链接,从而帮助向用户提供基于网络资源的全文检索技术,完成检索的一站式搜索、资源链接和文献等的传递获取服务,使检索方式使用简单、响应速度快、结果重复率低。

3. 书刊管理子平台

相对于云计算服务平台,书刊管理子平台是基础架构设施,主要针对异构书目的管理系统进行集成和整合。吉林省图书馆云服务平台的书刊管理子平台主要是运用 Alpha 500 系统来完成和实现,该系统的后台数据用 Oracle 来管理,完全支持 Unicode 字符集、XML 管理报告以及连接到其他顶层应用系统的 API。通过 Alpha 500 可以为联盟图书馆的云服务建设提供基础的书刊借阅、采访、编目等管理服务。

4. 云存储平台

云存储平台由云存储基础架构和云存储平台两部分组成。云存储基础架构主要应用 Xen 应用程序实现云计算基础架构的资源池,通过云存储空间为各个图书馆提供资源和信息服务的硬件支持。通过云计算存储平台的使用,可以维护信息数据的稳定性和可靠性、提高数据存储能力和信息更新的效率、实现不同设备和信息之间的数据共享等,为读者提供一个更为简单和廉价的信息与数据的共建共享模式。将云计算存储模式应用于图书馆的建设之中,迎合了多数用户的需求,从而使云计算的海量存储能力得到进一步体现。

第四节 计算投资回报和总体投入

投资回报率(ROI)是指通过投资而应返还的价值,即企业从一项投资活动中得到的经济回报,它涵盖了企业的获利目标。

第五节　帮助供应商选择

此环节主要是为用户使用产品提供便捷的服务,并且在遇到问题时能得到反应最快的解决渠道,主要包括:为市场营销人员和用户提供公司产品技术咨询;通过了解用户需求,设计完整可行的解决方案及时提供给用户,服务主要涉及硬件系统配置、系统软件和应用软件解决方案等。

第六节　谈判客户合同

云服务合同规定了供应商提供服务的等级,以及实际服务未达到服务等级时对客户的赔偿处理机制。云服务合同常常包含服务条款、服务水平协议、隐私政策、可接受使用政策、版权声明等内容。一般认为,云经纪人的服务包括以下三类(或称三个层次)服务:(1)基础设施即服务(IaaS),即通过互联网为用户提供完善的计算机基础设施服务。(2)平台即服务(PaaS),是指将软件研发平台作为一种服务,以 SaaS 的模式提供给用户。因此,PaaS 也是SaaS 模式的一种应用。但是,PaaS 的出现可以加快 SaaS 的发展,尤其是加快 SaaS 应用的开发速度。(3)软件即服务(SaaS),是一种通过互联网提供软件的模式,用户无须购买软件,而是向提供商租用基于 Web 的软件来管理企业经营活动。根据云计算提供的服务层次的不同,也可以将服务合同分为基础设施即服务合同、平台即服务合同、软件即服务合同三种类型。不同类型的服务合同提供不同的服务,合同条款内容不同,合同条款存在的问题自然也不尽相同。

在与客户签订合同时,也必须要有一定的谈判技巧,下面就列举一些云经纪人必须掌握的谈判技巧。

一、明确谈判的基准点

不少云经纪人认为价格是谈判中的主导问题。这虽然是很重要的一环,但绝对不是唯一的一环。很明显,许多其他因素对买方也很重要,例如,产品或服务的质量、按时送货和灵活的付款条件等。定位一旦变成客户单纯想要最低价,而云经纪人极力想要最高价,客户和云经纪人都想从对方的口袋里掏出钱来,放进自己的腰包里,那么结果只能是一输一赢,而且多半会是云经纪人输,因为他要做出让步。所以,谈判的主要原则是不要限于一个问题。如果云经纪人其他什么问题都不谈,就开始与对方大谈特谈价格问题,终究是要跳进自己挖的坑。如果能在谈判桌上多留几个问题,那么总能找到交换条件,达成公平交易。

二、在谈判中努力创造一种和谐愉悦的交流气氛

凡是谈判,双方都想通过沟通交流,实现自己一方的某种意图,因此有很强的目的性。如果有一种对立统一的关系,多半会比较严肃。因此,往往就需要一个宽松祥和、轻松愉快

的谈判气氛,因为人在轻松和谐的气氛中,能耐心地听取不同意见,给对方以更多的说话机会。可以从中心议题之外开始,逐渐引入正题。轻松和谐的谈判气氛能够拉近双方的距离,切入正题之后就容易找到共同语言,化解双方的分歧或矛盾。

三、做好谈判前的准备工作

其实,云经纪人的销售工作就是从商品和服务中找出特殊部分,在不损害公司利益的前提下,增加客户所能得到的价值。例如,对于有特殊要求的客户,可以把话题由价格引到云服务产品发展过程中的增值服务的问题上来,这样一来,公司的收入和利润就获得了显著增加。对于无差别的产品,可以关注它的服务,从而增添变量因素。例如,普通商品的销售可以考虑一下付款方式的选择、数量折扣、搭配销售等变量因素,所掌握的变量因素越多,谈判成功的概率就越大。

第七节 销售后的责任

云经纪人销售后的责任,主要是快速方便地解决用户在使用公司提供的产品时出现的各种问题:一要保证用户的使用系统的连续性和稳定性;二要保证公司的服务高效地传递给用户,让用户感受到公司最贴心的产品价值;三要最大限度地保护用户权益,为用户及时提供最新的产品升级和增值服务。

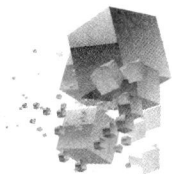

第十二章
云经纪的专业服务

学习要点

1. 掌握云经纪的专业服务内容；
2. 能结合实践有所运用。

除了作为中介，云经纪人还能为客户提供其他服务，比如重复数据删除、数据加密、将数据迁移到云以及数据生命周期管理（DLM）等。

第一节　重复数据删除

随着各行各业信息化的要求越来越高，需要存储的数据量越来越庞大，然而，已经存储的数据中有相当一部分是重复的，这样既浪费了存储空间，又增加了存储的工作量。为了缓解存储系统的空间增长问题，重复数据删除技术已成为云经纪人必须掌握的专项技术。

目前，重复数据删除策略主要分为三种：文件级的重复数据删除，数据块级的重复数据删除，字节级的重复数据删除。它们根据检测删除重复数据的单位不同而不同。基于云存储的重复数据删除架构由两部分组成，由于使用的是 In-line 方式进行重复数据删除，则第一部分是安装重复数据删除应用程序的客户端；另一部分是 Hadoop Distribute File System 分布式文件系统和 HBase 数据库系统。客户端可分别与 HDFS、HBase 相互通信。

在基于云存储的重复数据删除架构中存储文件主要分为四步：（1）在重复数据删除客户端上用户选择要上传的文件，客户端上的重复数据删除应用程序先将文件分割成数据块，运用 MD5 算法来计算每个数据块的哈希值，随后传给 HBase 进行记录。（2）计算 Hbase 某个数据块的哈希值，若该值不存在则将其记录，转向下一步；否则，HDFS 检查此数据块被索引值是否为 0。若不为 0，则 count 值加 1，HDFS 告知客户端此数据块已经存在；若为 0，则转向下一步。count 值随被索引的次数变动而变动。（3）HDFS 存储该数据块并将其与链接文件关联起来，同时存储它的哈希值和逻辑地址。（4）重复第（2）、（3）步的操作，直至上传文件的所有数据块都存储完毕。文件删除一个源数据块可以被多个链接文件索引，删除链接文件对数据块毫无影响。当删除指向它的最后一个链接文件后，即 count 值为 0，源数据块的存在就没有了意义，所以在此时该源文件也会被删除。系统中的不同用户有权利访问相同的文件，但是不允许某个用户删除另一个用户分享的源文件。

第二节 数据加密

随着通信技术和云计算技术的高速发展，人们在互联网上的数据共享和访问日益频繁，数据的安全性面临着更为严峻的挑战，安全问题已成为阻碍云计算发展的关键因素，这也是云计算得以普及要克服的问题。概括地说，云计算是将大量的、可规模化的 IT 资源作为一种服务，通过互联网提供给多个外部用户。在云计算这种新的服务模式下，数据提供者和数据访问者不再是简单的一对一关系，数据提供者将数据存放在第三方云计算服务提供商提供的数据存储中心，数据访问者通过云计算服务提供商提供的多种接口来访问数据提供者发布的重要数据。然而，如《云安全联盟白皮书》所指出的那样，存储在云服务端的数据很可能被非可信的云计算服务提供商或非法用户窃取。因此，针对当前云计算中数据资源所面临的威胁，如何利用有效的安全加密机制来加强数据的安全性，防止数据泄露和加强隐私保护是云安全的一个关键问题。

一、数据加密的基本原理

在数据加密的基本概念和一般原理中，数据加密的基本过程，就是对原来为明文的文件或数据按某种算法进行处理，使其成为不可读的一段代码，通常称为"密文"。其只能在输入相应的密钥之后才能显示出本来内容，通过这样的途径来达到保护数据不被非法窃取、阅读的目的。该过程的逆过程为解密，即将该编码信息转化为其原来数据的过程。[38]一个安全的加密技术应该满足五个基本要求：一是必须提供高强度的安全性；二是具有高强度的复杂性，使得破译的开销超过可能获得的利益，同时又便于理解、掌握和推广应用；三是安全性应不依赖于算法的保密，其加密的安全性仅以加密密钥的保密为基础；四是必须适用于不同的用户和不同的场合，加、解密变换必须对所有密钥均有效；五是理想的加密算法应该是对系统性能几乎没有负面影响。

二、加密算法分类

从密钥的特点来分类，加密算法可以分为对称密码算法和非对称密码算法。对称密码算法又称为传统密码算法，其特点是在加密与解密过程中使用相同的密钥。而与之相对应的是非对称密码算法，顾名思义，非对称密码算法的加密密钥不同于解密密钥，加密密钥（公钥）公之于众，而解密密钥（私钥）却只有解密人自己知道。非对称密码算法又称为公钥密码算法。

（一）对称密码体制

对称密码体制是指加密与解密密钥相同或等价，而且通信双方必须都要获得这把密钥，并保持其机密性。当给对方发信息时，用自己的加密密钥进行加密；而在接收方收到数据后，用对方所给的密钥进行解密。因为加、解密密钥相同，需要通信的双方必须选择和保存他们共同的密钥，各方必须相信对方不会将密钥泄漏出去，这样就可以实现数据的机密性和完整性。由于安全强度高、加密速度快，对称加密技术是最常用的加密技术，典型的对称密码算法有 DEA、IDEA、AES 等。DEA（Data Encryption Algorithm）数据加密标准，是一个对称的分组密码算法。加密前先将明文分成固定长度的组,用同一密钥对每一组加密,输出也是固定长度的密文,加密过程使用 64 位密钥来对 64 位数据块进行加密,并对 64 位数据块进行 16 轮编码。64 位一组的明文从算法的一端输入,而 64 位密文从另一端输出。DEA 加密数据速度快、效率高,被广泛用于大量数据的加密。IDEA(International Data Encryption Algorithm)是国际数据加密算法,它使用 128 位密钥,每次加密一个 64 位的数据块。IDEA 算法的安全性相对 DEA 算法有很大的提高,其密钥是 128 位,而且它比 DEA 在软件实现上快得多。AES(Advanced Encryption Standard)即高级数据加密标准,是一个迭代的对称密钥加密标准,基于排列和置换运算,现在已经成为新一代的数据加密标准。AES 加密的分组长度都是可变的,其密钥可以是 128 位、192 位和 256 位密钥,一般较常用的密钥长度是 128 位,并且可以根据自己的需要选择分组的长度和加密的轮数来保证数据的安全。AES 与 DEA 相比有很好的保密强度,安全级别较高,且能经受住时间检验和攻击。AES 密钥的长度及速度都超过 DEA,且资源的消耗较低。但是两者同样为对称密钥,必须通过安全的途径传送,管理困难。

(二)非对称密码体制

该体制要求密钥成对使用,加密和解密分别用两个密钥来实现。每个用户都有一对选定的密钥,一个可以公开,即公共密钥,用于加密;另一个由用户单独拥有,即私人密钥,用于解密,非法用户根据公开的加密密钥在计算上并不能算出解密密钥。该技术是针对对称密码体制的缺陷被提出来的。[39]如果一个人选择公布他的公钥,其他任何人都可以用这一公钥来加密传送给那个人消息;私钥是秘密保存的,只有私钥的所有者才能利用私钥对密文进行解密。非对称密码系统可提供以下功能:(1)机密性(Confidentiality),保证非授权人员不能非法获取信息,可通过数据加密来实现;(2)确认(Authentication),保证对方属于所声称的实体,通过数字签名来实现;(3)数据完整性(Data Integrity),保证信息内容不被篡改,入侵者不可能用假消息代替合法消息,可通过数字签名来实现。典型的公钥密码算法有 RSA 和 ECC:RSA 是当前最著名的、应用最广泛的公钥算法,安全性基于大整数素因子分解问题的困难性。它是一种分组加密算法,该算法原理简单,易于使用。[40]ECC(Elliptic Curve Cryptosystem)即椭圆曲线密码体制,是建立在求椭圆曲线离散对数困难基础上的。它的安全性依赖于椭圆曲线离散对数问题的安全性,是目前最流行的一种公开密钥密码体制。ECC 与 RSA 方法相比安全性更高,只需要 160 位的密钥就可以达到 1 024 位 RSA 算法提供的安全等级,有更好的加密强度,计算量小且处理速度快。

(三)云计算环境下数据资源的加密技术分析

在云计算环境下,针对用户数据资源所面临的安全威胁,目前所采用的最基本、最核心的技术是数据加密技术,其利用密码学里的相关技术对信息进行替换或者移位,实现信息隐藏,从而保护信息的安全。然而,随着近年来云计算技术的高速发展,用户在互联网上的数据共享日益频繁,传统的加密体制和方法已经不能适应新的网络环境下层出不穷的应用需求。云计算中数据资源安全加密体制遇到了一些新的挑战,同时也引起了研究界的广泛关注。

1. 对称密码体制

数据拥有者首先与数据访问者协商一对加、解密密钥,然后利用加密密钥对数据进行加密。数据访问者则从数据拥有者或密钥管理中心 KCC 处获取相应解密密钥(对称密码体制中,解密密钥=加密密钥)。该方案存在的两个主要问题是:第一,每一个数据访问者均需要与数据拥有者协商一对密钥,当访问用户很多时,需要协商的密钥数量将会很庞大;第二,在不安全的网络环境中,密钥将通过什么安全通道进行协商或分发?

2. 非对称密码体制

基于对称密码体制下密钥的协商和分发难题,非对称密钥体制用公钥加密,而用私钥来解密,从而实现了加密密钥和解密密钥的分离。但该体制存在两个典型问题:第一,如何确认公钥的正确性?目前确认加密用公钥的正确性一般是通过设立一个可信的第三方(即证书中心,CA)来对公钥进行认证。在云计算环境下,用户数量可能会非常庞大,这就对 CA 的安全性和管理负荷带来了一定的挑战。第二,当数据拥有者希望共享自己的数据时,需要获得每一个访问用户的公钥来对数据进行加密,而访问用户则凭借自己的私钥对密文进行解密。这种方式给数据拥有者的共享带来了很大的操作负担,每增加一个授权访问用户,就需要去 CA 获得该访问用户的公钥,对共享数据加密后再进行发布。

3. 基于身份的加密体制[41]

针对非对称密码体制下,公钥正确性证明需要提供一个 CA 中心的问题,在基于身份的加密体制下,采用用户的身份信息作为其公钥,可以避免额外设立 CA 中心的负担。也就是说,公钥真实性问题和证书管理问题在基于身份加密的系统中就不再需要。但基于身份的加密体制仍存在的问题是,如果数据拥有者希望所共享的数据可以为多个授权用户访问,则同样需要分别采用每个访问用户的身份信息作为公钥来对数据进行加密。

4. 基于属性的加密体制

基于用户的身份信息唯一,但其属性可能会有共性的特点,萨海(Sahai)和沃特斯(Waters)在 2005 年欧洲密码年会上发表了《模糊基于身份加密方案》一文[42],首次提出了基于属性加密的概念。与基于身份的加密体制中采用用户的唯一身份信息作为公钥不同,基于属性的加密体制采用用户的属性集合作为公钥来对数据进行加密,如果一个访问用户能够解密一个密文,只有当该用户的属性集合和密文的属性集合的共有属性的数量达到"门限"要求时才能实现。在该加密体制中,引入了包含"与"、"或"、"非"以及门限能力的访问树结构,使得密文可以被多个用户共享。

三、云计算环境下数据加密的发展趋势

对目前主流的加密方案进行分析后可以发现,对称密码体制在加、解密速度上占有一定的优势,但在云计算环境下,其密钥管理和分发的障碍更为突出。非对称密码体制在一定程度上解决了对称密码体制在密钥管理和分发上的难题,但在公钥管理和分发上需要设立一个公钥认证中心。在云计算环境下该认证中心很容易成为黑客重点攻击的目标,且一旦被攻破,则用户数据安全性不再得到保证。基于身份的加密体制可以不再需要认证中心,但其仍然存在的问题是用户希望共享数据时,需要获取所有访问用户的身份信息来对数据进行加密,其代价比较大。而基于属性的加密体制从原理上较适合云计算环境下的针对多用户的数据共享问题,在很多应用场景下,不再需要认证中心来管理和分发密钥,而且针对多访问用户,可以用他们的共有属性集来设计加密方案,实现对用户解密密文的细粒度控制。然而到目前为止,基于属性的加密体制在某些扩展应用场景中还存在一些问题,比如,针对所有属性情况下的访问树设计是否可行?能否在不设立认证中心的前提下,处理新增用户访

问的要求？如何处理在云计算环境下，基于属性加密体制的用户单点登录问题？

第三节　数据生命周期管理

随着通信技术、移动互联网、社交网络、物联网、云计算等的快速发展，现代社会已经进入大数据时代。面对来源广泛、数据巨大、形式多样、内容丰富的大数据，为了更加有效地应对市场激烈竞争，企业开始意识到数据价值，并且通过建立大数据平台、数据中心、数据仓库等系统，从不同角度去挖掘数据的价值。当然，随着企业业务发展以及各种平台、系统的建立，意味着需要管理的数据量越来越庞大、资源维护成本越来越高、效率越来越低。面对企业对数据的不同时效、不同访问频率、不同重要性等要求，如何判定数据是否有维护的必要性，如何降低数据维护成本、提高数据服务水平，是进行数据生命周期管理需要主要解决的问题。

一、确定数据生命周期管理目标

数据生命周期管理通过制定合理的管理制度、组织架构以及对应的技术规范，协调各流程制度、技术规范的有效运行，从而提升数据服务水平与数据使用效率，实现降低成本、提高效率的目标。数据存储和备份规范是保障和基础，数据管理和维护是执行方法，通过高效的数据管理和维护效率，从而不断提升数据服务水平。

数据生命周期管理涉及生命周期相关的管理制度以及数据存储备份策略的制定，以下主要从技术层面讲述如何制定数据生命周期的数据存储策略。

二、确定数据存储策略框架

数据生命周期管理框架由数据归类、数据特性分析与数据存储策略三部分组成。数据存储框架首先对数据进行归类，在数据归类的基础上结合业务与系统实际情况，分析数据特性，最后根据现状调研、数据归类与数据特性，制定数据生命周期存储策略，从而保障数据存储策略能够更加符合业务、系统的实际需求，有效地发挥数据生命周期管理的价值。

三、数据归类

从数据生命周期管理视角，结合业界的相关标准规范，对企业 IT 系统的数据进行归类。目前，根据系统的业务特点，比较流行的数据归类包括生产交易型数据、服务支撑型数据和系统数据三部分。

1. 生产交易型数据

生产交易型数据就是企业各 IT 支撑系统所产生、使用的数据，该类数据主要分布于业务支撑系统、客户关系管理系统、ERP 系统、电子渠道系统等。目前生成的主流数据可归类为客服域、资源域、企业管理域、营销域、产品域等。该部分数据的归类方式主要参考 TMF（电信管理论坛）的 SID（共享信息模型）分类标准，在具体制定过程中，企业可以根据具体的业务以及系统特点进行实际的分类。

2. 服务支撑型数据

服务支撑型数据是指从各个生产系统收集的数据,以及经沉淀、加工、挖掘后形成的信息数据。该类数据主要分布在提供数据服务、数据支撑的 IT 平台中,如数据仓库、数据中心、数据集市等。该类数据按照数据仓库数据分层的原则可分为原型数据、明细数据、汇总数据、应用数据。

3. 系统数据

系统数据是面向 IT 开发过程所产生的数据,该类数据不直接被业务所需要,但是又占用相应的存储空间。在数据归类过程中很容易遗漏此类数据。然而,众多系统的实际情况表明,对该类数据如果不能有效管理将会严重影响系统的运行效率。系统数据主要包括程序软件、日志数据、过程数据和临时数据等。

四、明确数据特性

根据数据归类,不同类别的数据有不同的数据特性。从数据生命周期视角,数据特性主要包括数据重要性、访问频率、访问性能要求、数据量等。具体在进行数据特性分类过程中,企业可以根据实际情况进行特性归类。重要性:在业务使用过程中,按照数据的重要程度进行归类,将数据分成不同的重要级别。访问频率:在系统运行过程中,依据数据的访问频率,对数据进行归类,通过不同的访问频率定义不同的存储策略。访问性能要求:根据业务部门需求,对于不同数据需要提供不同的访问性能支持,通过不同访问性能需要定义不同存储策略。数据量:在系统运行过程中,数据以月/日为单位,按照数据量的大小,提供不同的存储策略。

五、数据存储策略

数据存储策略就是将不同的数据存在特定的存储设备上。目前,主要的存储设备主要分为在线存储、近线存储、归档存储。(1)在线存储。在线存储又称工作级的存储,存储设备和所存储的数据保持随时响应状态,可以实时读写,并满足计算平台对数据访问的速度要求。一般在线存储设备通常可分为内置磁盘和高端磁盘阵列等,价格相对昂贵,性能最好。(2)近线存储。近线存储定位于在线存储和离线存储之间,对性能要求相对来说并不高,但又能提供相对较好的读取性能。近线存储策略一般采用中低端磁盘阵列设备,并辅以高压缩软件,满足快速读写等访问动作。(3)归档存储。数据归档是将不再经常使用的数据移入一个单独的存储设备来进行长期保存的过程,对涉及的数据进行离线存储以备非常规查询等。归档设备一般采用磁带库、光盘库以及大容量低端磁盘阵列,价格相对低廉。

另外,存储策略的制定除了满足业务需要之外,还需要考虑存储成本、制定合理的存储策略。例如,生成交易型数据中的客服数据,其特点主要是数据重要性高、访问频率高、数据量较小,可以采用在线存储;服务支撑型数据中的原型数据,其特点主要是数据重要性不高、访问频率不高、数据量大,可以采用近线存储。

第四节　资源的调度

云计算是把资源以一种服务的方式提供给用户,如软件、平台和基础设施。用户按需购买、按需支付,摆脱了一次性购买大量基础设施资源和后期管理的巨大成本。例如,Amazon EC2 弹性云计算服务提供了上千种不同配置和价格的虚拟机类型。

目前在 IaaS 上构建的服务类型主要集中在 Web 服务领域,如 Salesforce.com 的 CRM 管理软件以及一些电子商务网站。然而,这些应用还远远满足不了用户的需求,其他类型的应用,如 BoTs 应用,并没有在云计算中得到很好的应用部署。这类应用中的子任务之间相互独立,没有依赖关系。很多领域中的问题,如参数扫描、图片处理、文本搜索、基因配对等,都可以建模成 BoTs 应用(内托和布亚,2009)。与消息传递模型应用相比(如上一章中基于 MPI 的高性能计算程序),BoTs 应用由于不存在大量短消息通信,软件扩展更适合用在云环境中。

为了使得服务提供方能够简单地操作和管理云计算虚拟资源,云计算服务管理平台需要能够自动根据服务请求来预测和分配合理规模的资源。当服务请求需要在截止时间之前完成时,如果能够使用尽量少的计算资源,那么将能有效降低服务提供方的服务成本。所以,服务管理平台首先需要准确估计任务的执行时间,然后选择合适的虚拟资源。由于目前一些开源 IaaS 提供方为了满足大多数用户对资源的要求,提供了几种不同类型的虚拟机,每种类型的虚拟机配置不同,价格也不同,因此,如果申请的资源规模过大,就会造成浪费资源,服务提供方的成本增高;反之,达不到服务质量要求,使得服务提供方无法满足终端用户的服务请求。

一、云供应商及云资源结构

云服务供应商及数据中心资源模型如图 12—1 所示,该图体现了资源之间的相对层次关系。该模型主要从云服务供应商的角度考虑了资源的定义。资源实体包括云服务供应商、云数据中心、虚拟服务器、物理服务器、中间件、服务(应用)、网络(交换机、服务器等)、内存、CPU、硬盘、网络(NIC,IP 等)。云服务供应商是指提供云计算服务的供应商,如 Amazon、IBM 等;数据中心是计算设备资源的集中地,同时负责计算设备的能源提供和空调维

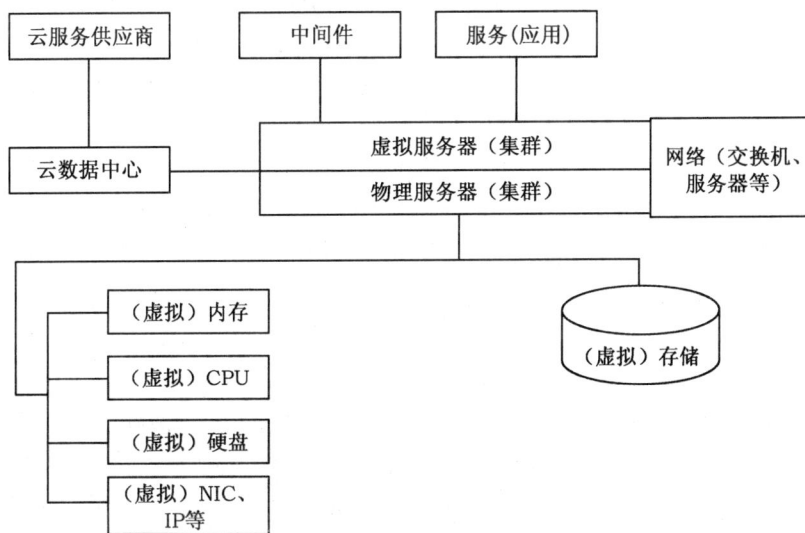

图 12—1　云服务供应商及数据中心资源模型

护。一个云服务供应商可能拥有分布在不同地区的多个云数据中心。微软云计算 Windows Azure 有 6 个数据中心,分别位于北美(2 个)、欧洲(2 个)、亚洲(2 个),其中距离中国最近的是位于中国香港的数据中心。数据中心的物理设备包括分布在不同机架上的物理服务器、网络交换机/路由器、散热设备等。物理服务器主要由 CPU、内存、硬盘、网络(NIC、IP 等)组成。物理服务器集群是由多个物理服务器和必要的网络及存储设施构成的服务器组,而虚拟服务器是通过虚拟化软件在物理服务器上生成的虚拟计算平台,可以由多个虚拟 CPU、硬盘、内存等构成。共享存储为数据中心的计算资源提供大容量的存储,可以通过所有设备和应用给用户使用。中间件可以作为一种软件服务,构建在单个或多个物理(虚拟)服务器上提供给用户使用。服务(应用)作为一种服务的方式,是构建在单个或多个物理(虚拟)服务器,甚至多个数据中心上,提供给用户使用的软件服务和集成应用系统。

二、云计算联盟资源调度方法

(一)调度策略约束条件

云计算联盟中,调度指标与单个云环境下的资源调度指标相似,主要包括供应商成本、用户费用、用户 QoS、资源负载均衡和资源能耗等。

供应商成本也就是云计算平台的成本,包括软硬件成本、传输成本及维护成本。软硬件成本主要包括硬件的购买成本以及在云平台构建过程中所使用到的虚拟化软件、云平台管理软件的费用。

用户 QoS 指标包括完成时间、可用性、费用等。对用户来说,某些任务会有完成时间的要求,云供应商需要在用户完成时间之前完成任务;可用性是指供应商提供给用户资源的可用性,如 Amazon 保证提供给用户资源的可用性在 99.95% 以上。

在云计算联盟这个分布式的计算系统中,各个节点所提供的计算资源数量可能不同,用户的服务请求又是动态变化的,同时也会有一些节点出现故障和一些新节点的加入,有可能导致这个分布式系统中某些节点上的任务数量较多而处于负载过高的状态,而同时另外一些节点上有可能任务数量较少形成负载较低。负载均衡是指将负载较高的节点上的部分计算任务迁移到其他负载较低的节点上,使得系统内各个节点上的任务负载较为均衡。通过这个过程,可以提高系统的任务吞吐量和响应速度,从而提高用户的满意度和增加资源的利用率。

用户任务指标主要包括用户预期完成时间、实际完成时间、任务执行费用;而用户输入参数包括任务长度、任务输入输出长度、任务地理位置、任务内容;云供应商提交的资源参数包括 CPU 数量、内存、存储、带宽、QoS。其中,完成时间受 PE 数、MIPS 及用户 QoS 的影响;费用与 PE 数量、内存、存储带宽有关;带宽则直接由资源带宽决定;供应商成本包括执行成本和传输成本,传输成本主要受任务输入输出文件大小、任务与供应商数据中心地理位置的影响。

对于云供应商来说,在任一时刻资源均有一定的负载运行着,而随着旧任务的执行完成及新任务的部署,资源的负载率是动态变化的。为了保证供应商能够提供给用户可靠性较高的资源,每个数据中心均有负载率的阈值 Loadmax。数据中心的负载率不能超过阈值,本书中资源的负载主要考虑了内存与存储,数据中心在运行过程中,其内存与存储的负载率的值均不能超过 Loadmax,本文在考虑供应商利益最大化时,考虑到了资源的负载情况。

（二）用户利益最大化资源调度方法

遗传算法（Genetic Algorithm，GA）是由荷兰教授约翰·霍兰德受到生物模拟技术的启发，根据应用进化论的原则提供鲁棒性搜索技术的一种启发式算法。遗传算法是一种高效的、可并行搜索的寻优方法，该算法在求解过程中，可以自动获取并不断积累搜索空间的知识，同时可以通过适应度函数控制整个搜索过程的进行，最终求得最优解。

在遗传算法求解过程中，是用个体（染色体）来表示一个空间的可行解，并由适应度函数来评价种群空间中个体的优异质量。适应度值决定了当前生成的个体与种群中其他个体相比所得的优良程度，适应度值越高，代表个体越优良。典型的遗传算法主要包括三个步骤：（1）初始化种群。通常用随机算法产生若干个用染色体表示的个体，形成初始种群。（2）以一定的概率应用遗传操作（选择、交叉、变异）来产生下一代种群。（3）利用适应度函数对种群中的每个个体的适应度值进行评价。最后，重复步骤（2）和（3），直到算法满足停止条件，得出最优解。

（三）供应商利益最大化资源调度方法

蚁群算法（Ant Colony Optimization，ACO）是在 20 世纪 90 年代，意大利学者基于蚂蚁觅食这种自然现象而提出的随机搜索算法。

蚂蚁在觅食过程中，互相之间通过信息素（Pheromone）来进行信息传递。信息素是蚂蚁分泌的一种具有气味的化学物质，蚂蚁通过信息素指导自己的运动方向。蚂蚁会在走过的路径上留下信息素，随着时间的流逝，信息素会逐渐挥发。路径越短、单位时间内走过的蚂蚁越多，那么蚂蚁留下的信息素浓度也就越高，这样就会吸引更多的蚂蚁走该路径，后来的蚂蚁走这条路径的可能性也就越高。随着时间的流逝，蚂蚁会渐渐集中到信息素浓度最高的一条路径上，而这条路径就是从蚁巢到食物源的最短路径。

假设整个蚁群中蚂蚁的数量为 m，所有城市之间的信息素用矩阵 pheromone 表示，最短路径为 best length，最佳路径为 best tour。每只蚂蚁都有自己的内存，内存中用一个禁忌表（Tabu）来存储该蚂蚁已经访问过的节点，表示其在以后的搜索中将不能访问这些节点；用一个允许访问的节点表（Allowed）来存储它还可以访问的节点；用一个矩阵（Delta）来存储它在一个循环（或者迭代）中给所经过的路径释放的信息素。典型的蚁群算法包括如下步骤：（1）初始化；（2）为每只蚂蚁选择下一个节点；（3）更新信息素矩阵。

（四）BoTs 任务调度相关研究以及在云服务模型中的运用

在有效地资源分配和任务调度之前，需要对任务的执行时间进行预测。目前分布式资源管理中对任务描述的讨论较少，或者使用指令数来描述，或者使用工作负载来描述，因此大多数文献中的时间预测方法主要集中在典型的几种方式。常见的有通过任务指令条数表示的任务长度和机器执行速度的比值来估计任务执行时间。这种方法简单，容易建立任务调度模型，但是特别对于当任务使用第三方软件库时，很难使用这种方法。有的方法考虑使用任务总工作负载，通过任务需要的时间周期和组合资源的执行速率来求得任务的预计执行时间。这种方法可以为任务申请一组资源，但是估算任务工作负载是一件困难的事情，并且有些应用对资源配置有特殊需求，不适合使用这种方法。此外，还有一种方法是把最近提交的两个任务的平均时间作为新提交任务的预计执行时间，这种方法是依据用户最近提交的任务属性相似的特点。但是对于有些 BoTs 应用来说，虽然任务属性相似，但是由于提交任务中的数据或者参数设置存在差异，可能导致任务执行时间相差较大。

充分使用 IaaS 提供方的大规模虚拟化资源,可以使那些需要多个资源并行执行的批量任务在较短时间内完成。为了能够提供这样的应用服务,可以在已经建立起来的云计算 IaaS 服务基础上,设计和实现满足用户多种服务需求的云计算服务管理平台,服务提供方可以使用该管理平台为学校和其他企业环境提供较常用的软件服务。终端用户只需通过 Web 接口提交批量任务并定义服务质量参数即可。云计算服务管理平台针对终端用户的请求特征和 IaaS 能够提供的资源属性,为服务提供方自动分配和维护虚拟资源,满足服务质量要求。具体流程见图 12-2。

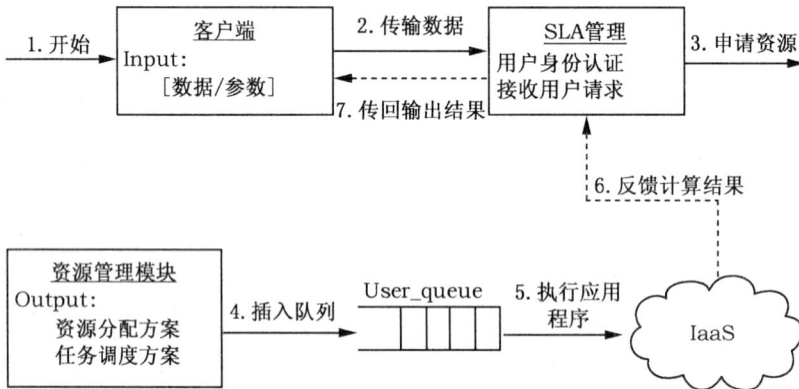

图 12-2 云计算环境下批量任务执行服务流程

云计算服务管理平台对终端用户的整个服务过程如图 12-2 所示:(1)首先,终端用户从 Web 前端中的服务列表里选择所需要的服务,根据该服务描述定义,终端用户可以提交待处理的数据和文件;(2)通过身份认证后,平台管理中的 SLA 部件判断是否同意终端用户的服务请求,如果同意,则接受输入任务集合;(3)根据终端用户需求和任务集合,资源管理模块会分配若干资源组合来执行任务;(4)与 Web 应用中的 Http 请求被立即调度不同,BoTs 服务请求将会被调度模块插入到相应队列中等待执行;(5)当批量任务执行完毕后,服务管理平台会反馈程序结果给终端用户。

1. 任务执行时间预测

对于一种 BoTs 服务来说,终端用户提交的服务请求将经过若干固定的子服务处理过程。由于任务输入数据不同,所以执行时间也有所不同。根据这些任务具有相同的服务过程,可以通过历史数据来估算新任务的执行时间。

首先分析服务的历史日志信息,获得影响任务执行时间的关键子服务,然后估计任务在各个子服务阶段中的执行时间,最后求和每个服务阶段的预计时间便能得到任务总的预计执行时间。针对任务在每个服务阶段中的时间预测,可以采用软件测试中"白盒"和"黑盒"两种思路。"白盒"方式因为已知服务的详细执行过程,所以准确性通常比仅通过结果分析的"黑盒"方式要高。因此,对能够通过分析服务过程获得时间复杂度的子服务阶段,可以采用回归方法预测任务在该阶段的预计执行时间。如果对于服务阶段较难分析或无法获得详细服务过程,可用 BP 神经网络方法预测任务执行时间。

2. 基于回归方法模型

在嵌入式系统中,为了估计软件在处理器上的运行时间和能量消耗,科研人员根据程序处理数据的特征属性建立起宏观模型,然后即可对新输入数据预测函数或者子程序的运行时间和能源消耗。首先需要对软件源码进行分析,然后选择合理的宏观模型,最后通过测试等分析方法求得宏观模型参数。这种技术的思想即为回归方法,也适用于云计算中相同云服务的任务处理。回归方法由于逻辑清晰,所以预测的准确度和扩展性都较高。

3. 基于 BP 神经网络模型

当对子服务进行分析时,如果存在以下情况,则采用 BP 神经网络模型是个很好的处理方法:(1)不能使用一个公式或者流程图来对一个问题进行描述;(2)问题处理复杂,无法对其进行准确分析;(3)可以准确定义影响其执行时间的输入输出;(4)由于任务执行时间较长,预测结果不需要十分精确。实际上,BP 算法对用户透明了服务的具体处理过程,输入数据经过若干次的迭代使得输出误差梯度下降,最后达到用户对输出结果的准确度要求。BP 神经网络方法适用性强,使用简单。BP 神经网络模型预测任务执行时间模型如图 12－3 所示。

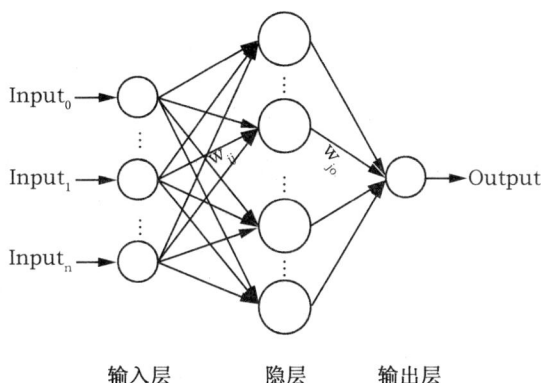

图 12－3　BP 神经网络模型预测任务执行时间模型

BP 神经网络是指误差反向传播神经网络,它是多层前馈网络结构的一种,有很好的非线性映射能力[绍文和鲁梅尔哈特(Chauvin and Rumelhart,1995)]。BP 神经网络的每一层中含有多个神经单元,每个神经单元接受来自前一层中所有神经单元的输出作为自己的输入,并把输出发送到下一层的神经元中。除了第一层是输入层和最后一层为输出层外,其他中间层都称为隐层。其中,输入层每个单元到隐层每个单元,以及隐层每个单元到输出层每个单元,都有一个连接权重 MV。神经单元用激励函数对输入信号进行处理,为了使 BP 神经网络能以任意精度逼近连续函数,其充要条件是激励函数是可导非多项式,目前常用的是 S 型函数。

4. 截止时间限制下的资源分配方案

云计算管理平台如何提供合理的计算资源组合以满足任务对完成时间的需求? 即需在截止时间之前,为服务提供方申请使用尽量少的计算资源来完成全部提交的任务,减少服务成本。

多核计算机可以同时运行多个任务进程,如果能够最大化使用多核计算性能,那么可以有效减少资源开销。需要避免一台机器被分配过多任务,导致多个任务进程轮转使用一个计算核,增加任务执行时间,影响预期执行时间精度。在同时服务 BoTs 中多个子任务时,可以设定一个计算核最多服务一个任务进程。

IaaS 提供方为了满足不同资源需求，会粗粒度地提供多种虚拟机类型，如 Amazon EC2 提供了 3 种虚拟机类型。每种类型的虚拟机拥有不同 CPU 核数和 Memory 容量。如果虚拟机 CPU 核数的内存大小为 M，假设一批 BoTs 请求中共有 AT 个子任务等待服务，每个任务运行时所需的内存大小为 (f)。由于任务在运行时，其对内存的使用率随时间发生变化，为了保证其在内存需求最高点上不超过内存容量，可以使用其最大值作为任务内存需求值。可以建立如下公式：

$$\sum_{j}^{np} m_j \leqslant M_i - \sigma, \quad np \leqslant V_i$$

第五节　云计算市场用户需求预测

在云计算环境下，适当地发现用户的需求是实现云资源合理利用的重要前提，也是云环境下电子商务成功实施的重要保障。需求预测的质量直接关系到供应商对于云服务的提供、及时调整以及最终的用户购买。接下来以灰色前馈 BP 神经网络建模为例进行介绍。

灰色前馈 BP 神经网络于 1986 年由以鲁梅尔哈特和麦克瑟兰（McCelland）为首的科学家小组建模提出，是一种按照逆传播算法来进行训练的多层前馈网络。[43] 该网络能学习和存储大量的输入—输出模式的映射关系，在目前应用最为广泛。BP 神经网络采用最速下降法，通过反向传播来逐次调整权值和阈值，最终达到网络的误差平方和最小的训练目标。传统的 BP 神经网络属于全局逼近法，预测的样本对于训练样本不存在很高的依赖性，非常适合用于处理信息、辨识模型。不过由于 BP 神经网络本身存在一定的局限性，如一旦出现极值，容易产生误差震荡，造成收敛效果不佳；同时，该算法收敛速度很慢，难以达到适时反映需求。针对这些问题，本文对于标准 BP 算法做出了必要的改进，以加快该模型的收敛速度而使得结果达到最优化。灰色 BP 神经网络模型如图 12—4 所示。

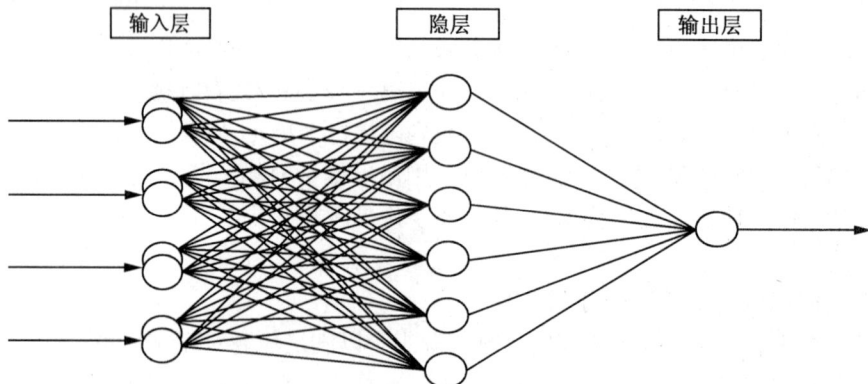

图 12—4　灰色 BP 神经网络模型

该模型的特点是输入端为灰色状态的神经元，其他层次为传统神经元形式。灰色 BP 神经网络模型在一定程度上可以提高灰色神经网络的泛化能力，因为该模型包含了待输入样本的一切可能信息，从而能够避免重要信息的丢失。

第六节　用户身份管理的能力

在信息系统中，用户身份管理是指对使用资源与服务的用户的身份信息进行标定、验证和维护，以便控制其对特定资源或信息访问的一系列可实施的技术。[44]用户身份管理围绕用户身份，支持一系列相关服务，包括用户身份生成、用户信息管理、单点登录、一次性身份删除、身份代理委托等，其价值体现在提高系统易用性和降低安全风险两方面。在网络计算环境中，用户身份的物理构成是用户拥有账号属性信息的集合，这些信息来源于用户自我声明或身份提供者（Identity Provider）颁发。服务提供者（Service Provider）通过用户身份识别用户，对其提供符合策略要求的资源或服务。

通常认为，网络计算环境下完善的用户身份管理系统应能够工作在分布式异构网络环境中，使用相应的协议、规范和技术将分散的身份信息进行逻辑上集中的管理，实现单点登录（Single Sign-On，SSO），并能够根据实际需要扩展或互联。另外，还应该提供透明易用的用户体验，在提升系统安全性的同时保护用户隐私，并对访问行为进行有效的跟踪和审计。

用户身份管理需要解决的关键问题包括：

（1）体系结构，即针对业务模式选择系统的组织形式，如独立用户身份管理、联盟用户身份管理以及集中用户身份管理。

（2）信任模型，即为实现跨域访问和身份联盟定义统一的、可验证的协议，为用户和服务提供者建立互信关联。

（3）身份认证，即交互的一方或双方通过身份提供者或其他可信机制，验证对方拥有声称的、可信赖的身份。

（4）隐私保护，即通过各种协议、标准和技术支持，保护用户隐私，在减轻用户和服务提供者维护身份负担的同时，实现安全的单点登录或联盟认证。

在此基础上，可以按四个方面对用户身份管理技术进行介绍。

一、本地操作系统与局域网环境下的用户身份管理技术介绍

1. PAM

PAM（Pluggable Authentication Modules）为可插拔认证模块，是包括 Linux 在内的多数类 UNIX 操作系统内核实现的身份认证接入机制。[45]PAM 框架将应用程序与具体的认证机制分离，使得系统改变认证机制时，不再需要修改采用认证机制的应用程序，而只要由管理员配置应用程序的认证服务模块即可，极大地提高了认证机制的通用性与灵活性。PAM 允许定制的用户身份管理功能包括认证管理、账号管理、密码管理和会话管理。支持 PAM 的应用程序可以通过 PAM API 方便地调用特定 PAM 认证功能，而不必了解其他底层细节。系统管理员通过 PAM 配置文件来制定不同应用程序的不同认证策略；应用程序开发者通过在服务程序中使用 PAM API 来实现对认证方法的调用；而 PAM 服务模块的开发者则利用 PAM SPI 来编写模块，将不同的认证机制加入到系统中。

2. NSS

NSS(Name Service Switch)为名字服务切换,是多数类 UNIX 操作系统均提供的名字访问切换机制。它允许选择不同的方式作为操作系统管理用户、组、主机名等信息的数据源,以替代或补充默认的、基于本地文本文件的管理方式。[46]在 Linux 下,NSS 机制由 GNU C Library 提供。以用户管理为例,当应用程序需要获取特定名字或特定 UID 的用户信息时,由 GNU C Library 根据 NSS 配置文件的定义,依次调用指定的 NSS 模块,反馈指定数据源中的用户信息。与 PAM 不同的是,在 Linux 下,NSS 的作用是为所有 GNU C Library 获取相关信息的程序,但不能为特定应用程序指定独立的名字访问切换策略。NSS 除了可以用于向操作系统引入新的用户系统,也可以用于用户映射,即根据输入信息和映射规则,反馈已有用户系统中的特定用户。

3. NIS/LDAP

NIS(Network Information System)网络信息服务,是一套用于 UNIX 和类 UNIX 操作系统的集中命名和管理系统。[47]它由服务器、客户端程序库和一系列管理工具组成,基于 RPC 的客户端/服务器模式,允许在一个 NIS 域中的一组机器间共享全局配置文件,进而可以对局域网内所有机器的用户身份等基础信息进行统一管理维护。

LDAP(Light-weight Directory Access Protocol)为轻量级目录访问协议,是一种实现层次/树形结构信息访问的网络协议,被认为是 NIS 的取代技术。它以一定规则排列存储对象的属性集合,以此作为管理网络资源、用户信息等的核心层次。LDAP 可以通过多个物理服务器构成副本机制,提高系统可用性,并形成一个单一映像的目录服务。

在用于用户身份管理时,NIS 和 LDAP 都通过 PAM 与 NSS 机制集成到客户端操作系统。运行时,由 PAM 连接到 NIS 或 LDAP 服务器完成身份认证,并通过 NSS 向本地操作系统反馈全局用户的密码结构。

经常与 LDAP 配合使用的还有 Kerberos。[48]Kerberos 是一种网络身份验证协议,它使用密钥加密为客户端/服务器软件提供强大的身份验证功能。它允许某一实体在非安全网络环境下,向另一个实体以一种安全的方式证明自己的身份,可以保护网络实体免受窃听和密码重放攻击。在运行时,Kerberos 需要中心服务器的持续响应。

二、网格计算环境下的用户身份管理技术

1. VegaGOS/Agora

在 VegaGOS 中,社区是网格资源、用户、策略等信息在非运行时进行持续存储的系统信息点。信息使用者能够获取访问资源所需信息;信息提供者能够利用规则、策略和信息类型等提供信息。Agora 架构定义为四元组 S、O、P、C,即主体、客体、策略和上下文。该架构包含资源、用户、社区、应用和网程 5 个基本概念,其中,用户是使用资源的主体。GOS 中有主机用户、GOS 用户和应用用户 3 种用户:主机用户是本地操作系统管理的用户,仅在本地操作系统中有效;GOS 用户是由 GOS 管理的、在全系统多个网格节点均有效的用户,以 GOS 用户身份访问各个节点时,需要 GOS 用户到主机用户的映射;应用用户是在 GOS 上运行的应用程序管理的用户,应用用户仅在特定的应用中有效,并可以在需要时映射到 GOS 用户。在 Agora 架构定义的四元组中,用户和资源本质上都是全网格的概念,都需要跨域管理,并且和具体的社区无关,不直接受社区管辖。社区必须要考虑独立于社区的全局网格用户管理,并考虑用户的命名、组织、存储,以支持用户认证和单点登录等。Agora 架构定义了用户看到的网格空间,并保证了用户信息的隔离与保护。

Agora 架构通过名字管理(Naming)机制,将包含用户信息的元数据保存为名字稳定的全局实体(GNode)。每个网格节点部署一份 Naming,多个 Naming 之间通过数据同步与交换,保证形成全网格的统一视图。对用户管理而言,这一机制实现了全局用户空间。用户可在互联的节点间使用相同的用户身份登录。用户使用代理证书说明其身份,互联的节点最终信任全局认证中心(Certificate Authority,以下简称 CA)的签名。

2. VOMS

VOMS(Virtual Organization Membership Service)为虚拟组织身份服务,是为欧洲数据网格(EDG)中的 DataGrid 和 DataTAG 项目开发的一套 VO 用户信息管理系统。VOMS 本身只关注与授权相关的通用信息,即主要是与用户相关的信息,因此是以用户管理为中心的访问控制方式。VOMS 用于向资源提供者提供用户的属性信息,资源提供者维护一个访问控制列表(ACL),并根据用户的属性信息决定资源对用户的访问控制,本地策略可能覆盖社区中的策略。使用 VOMS 系统时,用 voms-proxy-init 创建用户代理证书,其中的用户信息取自 VOMS 服务器,以 Fully Qualified Attribute Names(FQAN)的形式存储在代理证书的非关键区域,形成 X.509 属性证书(Attribute Certificate),用于身份认证。用户通过属性证书,可以实现单点登录;资源提供者也可根据此属性证书进行访问控制。VOMS 中,对用户按任务不同划分成不同的组,组可以再分成小组,从而形成层次结构,虚拟组织就是该层次的根。VOMRS 是 VOMS 扩展 VOX 的主要组件,用于 VO 用户注册和 VO 成员管理。

VOMS 使用集中的服务器维护用户、组、角色和能力信息。由于 DataGrid 中的节点相对稳定并可信,因此这种集中式方案可行。但在云计算环境下,诸多用户与资源提供者位于不同的信任域,动态性与多租户的特点使得这种集中式的方案不能胜任。

3. XtreemOS/VO

XtreemOS 是欧盟的网格系统软件项目,旨在设计和实现一个开源的网格操作系统来支持网格应用,使其能够运行在从集群到手机设备等广泛的平台上。它为网格资源提供抽象接口,就像传统的操作系统抽象成单个计算机一样,最终使网格达到安全性、易用性和高性能目标。

XtreemOS 基于 Linux 操作系统,并且对其进行了扩展。它由两部分组成,分别为 XtreemOS-F(XtreemOS 基础服务)和 XtreemOS-G(XtreemOS 高层服务)。XtreemOS 的 VO 管理(QYS+08)抛弃了传统的以网格中间件方式构造虚拟组织,而是从操作系统层次入手。它使用了 Linux 2.6 内核引入的密钥保留服务(Linux Key Retention Service),目的是在 Linux 内核中缓存身份认证数据。远程文件系统和其他内核服务可以使用这个服务来管理密码、身份验证标记,解决跨域用户映射和其他安全问题。XtreemOS 通过添加新的 PAM 与 NSS 模块,为 Linux 集成了网格身份认证特性,以便支持应用直接使用网格身份。其后端实现是通过账号映射服务(Account Mapping Service,AMS),将网格用户映射到内存中动态创建的、与本地用户系统不冲突的 passwd 结构。

AMS 在防止名字冲突的同时,可以强制实施本地资源策略。XtreemOS 系统中没有集中的用户信息管理实体,每个用户的所有信息保存在身份分发机构(Credential Distribution Authority,CDA)签发的证书中。服务提供者对证书身份进行认证,并实施本地的授权和访问控制策略。

XtreemOS 的集成式设计思路简化了系统部署和网格构建过程,但与操作系统内核的紧密耦合限制了它在某些场合,特别是基于虚拟化技术的云计算环境中的应用。基于证书的架构将授权和访问控制权下放到资源端,避免了单一热点问题。但在云计算模式下,这种方式不便于记账和审计。

三、Web 商用环境下的用户身份管理技术

1. Identity 2.0

Identity 2.0 泛指一系列以用户为中心的互联网用户身份管理技术,例如 OpenID、Information Cards、XRI i-name 和 Windows Live ID。它们均要求设置与服务提供者独立的身份提供与认证节点,并在此基础上构建全局用户空间。多数 Identity 2.0 的实现允许任何组织或个人建立身份提供节点,由此建立类似于 DNS 的分布式用户信息系统。部分 Identity 2.0 的实现可独立于身份提供节点运行,由用户使用工具自行生成规范格式的身份声明。Identity 2.0 技术通常基于已有的名字机制(如 URL、E-mail)来保证全局名字空间,并使用统一的协议实现跨域单点登录。可以使用额外的协议,如 Yadis,实现不同 Identity 2.0 系统实例间的资源发现与互操作。

OpenID 是诸多 Identity 2.0 技术中拥有相对较多的身份提供者和服务提供者支持的 OpenID Authentication 1.0 支持轻量级的、基于 HTTP 的 URL 形式认证协议;OpenID Authentication 2.0 支持 URL 和 XRI 作为用户身份,使用 Yadis XRDS 文档进行身份服务发现,以增加系统安全性。OpenID Data Transport Protocol 提供一个抽象层以便高层服务可靠地交换数据。

由 Microsoft、Google、Oracle 等公司提出的 Information Cards 技术,使用类似于证书的 Card 文件标识用户身份。除支持身份提供者颁发 Card 文件之外,也允许最终用户使用工具制作声明自己身份的 Card 文件。这要求客户端操作系统和浏览器部署相应组件,以保证 Card 文件的安全并控制私密信息向服务提供者的传送。

Identity 2.0 的优势体现在对互联网最终用户的易用性方面。但对特定用户来说,身份服务的可用性取决于其注册时的身份提供节点,可靠性不如一些全局同步或带有全局缓存的分布式元数据系统。

2. 聚合认证

聚合认证(Convergent Authentication)的思路与 Identity 2.0 不同,它并不提供统一的用户身份管理机制给不同的服务提供者用于身份认证;相反,它指的是同一个服务提供者接入多个异构的身份提供者的用户系统,允许持有不同身份来源的用户透明地完成身份认证,并且无差别地完成后续的授权、访问控制和服务获取。使用聚合认证技术的实例如谷歌音乐搜索,允许使用多家不同网站的账号登录。

聚合认证与 Identity 2.0 整合的案例已经出现。如 Clickpass,它本身允许接入 Yahoo!、Facebook、OpenID 等认证方式,并对集成 Clickpass 的第三方网站或服务提供隐式的认证集成,使得持有 Yahoo!、Facebook、OpenID 账号的用户可以透明地完成第三方网站的身份认证。

目前聚合认证主要出于商业目的或政策限制,实现多通过集成其他身份管理系统的编

程接口,暂时没有广为采用的技术框架。

3. Globus

Globus 网格系统软件是芝加哥大学 Argonne 国家实验室开发的,它提供了一系列的软件基础工具包,为用户提供方便的、可部署的网格实验和运行平台支撑软件,使得网格应用程序能够在单一系统映像的虚拟超级计算环境里利用分布和异构的计算资源。Globus 提出的网格体系结构是一种"沙漏"模型,"沙漏"的颈部定义了一组核心抽象和协议的集合,位于顶部的各种高级操作可以映射到这个集合中,同时,这个集合可以映射到底部的各种不同的实现技术。Globus 系统采用模块化的计算工具包 GMT(Globus Manage Toolkit)设计思路,这个工具包包含一套实现基本服务的组件,其中一些特别有名并广泛使用的组件包括:

(1)资源分配和进程管理(GRAM),为多种类型的作业调度程序提供了安全提交作业的功能;

(2)网格安全基础设施(GSI),主要基于 X.509 技术实现身份认证以及提供数据的机密性、完整性和抗否认性支持;

(3)信息服务(MDS),提供对结构化数据和资源状态信息的分布式访问;

(4)次级存储器访问(GASS),支持通过串行和并行接口对非结构化数据的远程访问;

(5)网格文件传输协议及组件(Grid FTP),支持文件在网格环境中以网格用户身份,在统一的 GSI 安全规范下并行、可靠、三方传输。

由于 Globus 提供了灵活的网格系统平台,因而在世界上很多科研机构的网格平台上得到广泛应用,如 NPACI(National Partnership for Advanced Computational Infrastructure)网格平台、NCSA(National Center for Supercomputing Applications)的 GiB(Grid in Box)网格平台等。Globus 作为网格系统软件平台的典型代表,它的广泛应用证明了网格技术能够解决大规模分布式计算的一些基本问题。利用 Globus 提供的各种网格组件,可以安全方便地将各个互联网计算中心的大型机群系统资源互联共享,帮助用户在网格环境中利用高性能计算和海量存储资源。

4. gLite

gLite 是由 European Commission 资助开发的,是欧洲标志性网格基础设施研究项目 EGEE 的框架平台。它涉及了 27 个国家的 70 个参与者,提供超过 20 000 个 CPU;有 200 个节点,能提供超过 10 petabytes 的网络存储。gLite 为构建使用互联网的分布式计算和存储资源的应用提供了一个通用支撑框架。希望能够达到 3 个目标:

(1)构建一个一致、有效和安全的网格系统,能够挂载计算资源;

(2)持续地改进和维护这个中间件,以便能够提供用户可靠的服务;

(3)能够吸引工业界和学术界新的用户参与进来,保证支持他们的需要。

gLite 主要功能模块包括以下 5 点:

(1)用户接口:包括 CLI 和 Portal,支持在任何装有个人证书的机器上使用自己的账号登录网格。通过 UI,用户能够使用资源和访问信息服务。

(2)安全机制:安全规范基于 GSI 标准,同时,gLite 采用两种访问控制规则。grid-map-file 是用于配置网格用户与本地用户的对应关系。

(3)信息服务:符合 GLUE(Grid Laboratory Uniform Environment)Schema 规范,该规范定义了在网格资源监控及发现中通用的数据模型。在 gLite 中主要有两种信息系统:

MDS,利用 OpenLDAP 实现了 GLUE Schema;R-GMA(Relational Grid Monitoring Architecture),用来记账、监控和公布用户层信息。

(4)数据管理:采用的文件传输协议是 GSIFTP(a GSI-secure FTP),同时,本地和远程文件的 IO 访问利用 RFIO(Remote File Input/Output)或者 GSIDCAP(GSI-enabled Version of the DCache Access Protocol),绝大部分存储采用 SRM(Storage Resource Manager)系统来管理,它在 gLite 中有三种实现版本:①Disk Pool Manager (DPM):只用于较小的基于磁盘的存储单元;②CASTOR:设计用来管理大规模的有前后端磁盘和后端磁带存储的 MSS(Mass Storage Systems)系统;③Cache:目标既在于 MSS 系统,也包括大规模磁盘阵列存储系统。

(5)作业管理模块:支持以标准作业描述语言 JDL 来统一向多种机群作业管理系统提交作业,包括 OpenPBS/PBSPro、LSF、Maui/Torque、BQS 和 Condor 等。

gLite 在欧洲高能物理领域的实际应用中取得了巨大成功,从它的实际部署规模、资源总量以及每天的排队作业数目上即可看出这一点。gLite 的成功说明了用户对于网格计算的需求,或者说,对于将多个互联网计算中心的大型机群系统资源互联共享的需求是存在的。

四、云计算平台下用户身份管理需求分析

在网络计算的各个子领域,有不少学者提出了一系列分类研究方法,依据拥有者数量和应用数量对网络计算系统进行分类,提出了网络计算系统的执行、控制、层次三维分类方法。由于该方法既能够区分云计算系统与传统的网络计算模式,又可以体现两种维度的云计算分类,因此本节基于这种分类法,研究网络计算环境下的用户身份管理系统需求。

1. 网络计算系统分类法

(1)执行。

执行是指按照系统组件的运行位置,将网络计算系统划为单点(Single-site)系统与多点(Multiple-site)系统。这里的"点"主要指数据中心。单点系统虽然可以从广域网接收用户请求,但它的硬件、软件、数据、用户信息 4 类资源均在一个数据中心内,并在一个数据中心内处理和响应用户请求。多点系统的执行涉及多个数据中心,一个特定的用户请求有可能在多个数据中心处理。对于开发人员,多点系统需要处理分布式特性带来的难点;但对于外部用户,多点系统一般提供单一系统映像(Single System Image,SSI)。

(2)控制。

这个维度主要是指应用的开发工作(包括部署、配置、维护等)由谁来控制,开发者是否有完成所有工作的自主权。从技术角度说,控制通过名字、管理域和共享范围三种形式体现。网络计算系统可分为集中式(Centralized)系统与分散式(Decentralized)系统。集中式系统的控制权集中在管理网络计算系统的组织,开发受到统一约束;分散式系统的控制权分散于各个开发者,每个开发者自主决定名字、管理域和共享范围。

(3)层次。

层次是指开发者在网络计算系统上开发应用时,需要了解的开发平台层次。由下向上可分为硬件层(计算、存储和通信能力)、平台层(应用部署、配置、维护的支撑平台)和应用层(业务服务,可基于 mashup 等方式二次开发)。

从图 12—5 中可以看到,层次维度正好符合按服务类型对云计算系统的分类,而控制维度可以将云计算系统与传统网络计算模式区分,执行维度可以体现按所属关系对云计算系统的分类。云计算系统区别于企业内部网或网格的特征在于开发过程中控制权的分散,这出于云计算的多租户模式。一个组织的私有云一般使用私有、独立的数据中心,而网络服务提供商的公有云一般分布在广域网的多个数据中心。即使是行政上统一管理的私有云,在技术层面,不同应用的开发者仍能够从虚拟化抽象出的计算、存储和通信能力中得到相对隔离的名字空间、管理域和共享范围。

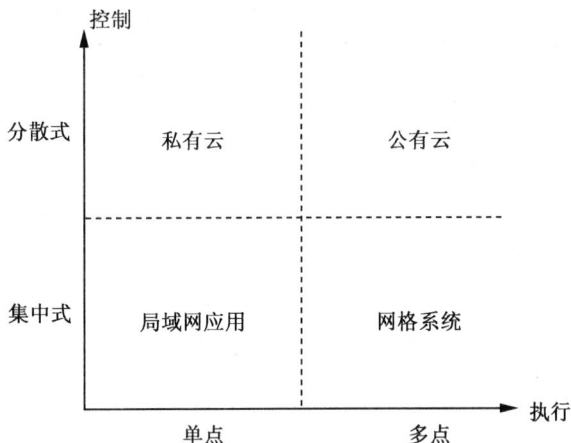

图 12—5 按执行与控制对云计算系统的分类

2. 用户身份管理系统的分类

这里基于上述分类法对用户身份管理系统进行研究。互联网与 Web 商用环境下的用户身份管理系统面向最终用户,可认为是应用层系统。如图 12—6 所示,传统的网站(被认为具有单一开发者)只在其自治管理域内维护自用的用户系统,属于单点集中系统。Windows Live ID 的开发控制权属于微软,但允许其他站点集成调用,在微软的集中服务器端(单一系统映像)完成认证,属于多点集中系统。聚合认证使用分散在广域网内的认证点服

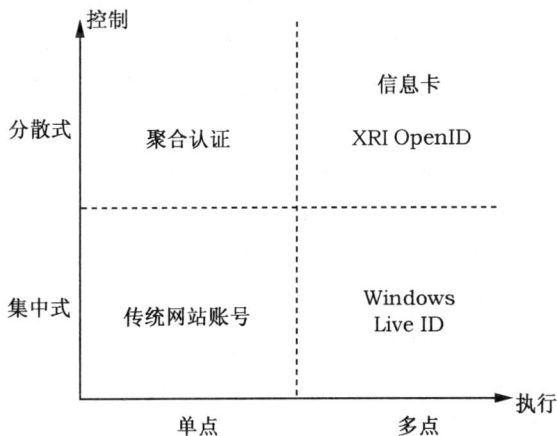

图 12—6 按执行与控制对用户身份管理系统的分类

务于单一资源提供节点,属于单点分散系统。OpenID 等多数 Identity 2.0 的实现,允许不同组织或个人在同一协议下建立独立的身份提供与认证节点,并服务于任何支持相同协议的站点,属于多点分散系统。

相比之下,网格与局域网环境下的用户身份管理系统的用户为上层应用系统或其开发、维护、管理人员,可认为是平台层系统。如图 12-7 所示,局域环境下的 NIS 和 LDAP 为集中的管理域提供统一的信息视图,而 Kerberos 也需要持续连接的单点认证服务器,它们均属于单点集中系统。在网格领域,VOMS 使用集中的认证服务器为欧洲数据网格的数十个网格节点提供认证与授权信息管理,属于多点集中系统。XtreemOS VO 的认证机制没有集中的用户信息管理和运行控制实体,服务提供者按照自主策略实施访问控制,但它不支持网格间互联,因此属于单点分散系统。

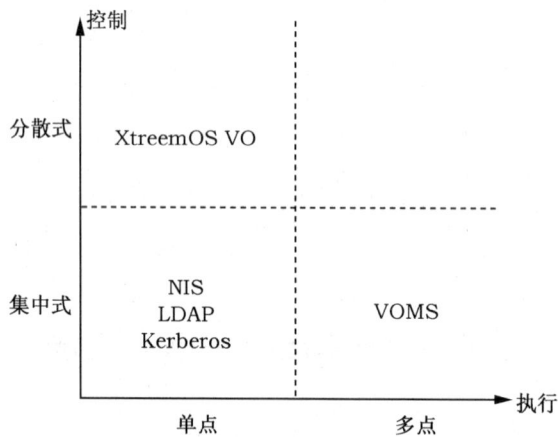

图 12-7　按执行与控制对平台层用户身份管理系统的分类

3. 云计算环境下用户身份管理需求

云是一种分散式系统,是基于应用开发者具有相对自主的控制权,应用具有相对隔离的名字空间、管理域和共享范围。但云所在的数据中心是一个管理上统一的实体,所有应用事实上处于基础设施受控共享的状态。特别是在租用模式的公有云中,云提供商具有整个数据中心的管理权。这并非是一对矛盾,而是云计算系统的一项有用的特性。出于节约成本和易用性的考虑,云提供商可以利用这一特性提供一系列公共服务平台云就是其中的一个特例,它将公共服务作为最主要的用户价值进行提供。在受控共享与公共服务存在的情况下,如果云租户在自身管理域内部署了各自独立的虚拟化基础设施、基础软件与应用服务,共享基础设施与公共服务就有可能带来易用性与安全性两方面的问题。此外,云计算环境的伸缩及同构云的互联也对现有的用户身份管理系统提出新的需求。

(1)用户体验与按需可用。

云租户需要在不同上下文中维护代表同一实体的不同用户信息,包括虚拟机本地操作系统中的用户信息、特定应用服务中的用户信息、云基础设施提供者提供的管理平台的用户信息等。对系统而言,这种情况存在冗余存储、有可能造成用户数据不一致的问题。多份不同的用户信息会增加用户管理或记忆身份凭证的负担,从而影响用户体验。理想情况下的元信息应统一管理,并对不同的上下文和访问主体实施不同的访问控制策略。

在云计算的重要应用场景——弹性计算中,软硬件资源的快速部署与动态分区是一项重要需求,即所谓按需可用性。尤其对于批量创建的虚拟机群,在基于虚拟化技术封装的软硬件资源实现即需即用的同时,必须保证包括用户系统在内的应用服务也能够按需可用。对于动态创建的虚拟机或应用实例而言,只需在制作映像时进行一次性配置,无须每次运行时额外配置,即可使用用户系统等公共服务。在动态实例销毁时,系统也不应余留无用信息。

(2)安全隔离与记账审计。

在虚拟化环境中,基于相同虚拟机映像构建的不同虚拟机实例通常具有相同的默认配置,其中可能包含相同的本地操作系统用户信息,这影响了实例之间的安全隔离。恶意用户可以使用同样的认证信息猜试他人尚未修改密码、证书等信息的虚拟机实例,从而非法访问其中的本地操作系统及应用。一些临时性措施(如动态创建密码并反馈给用户)则可能增加系统内的安全薄弱环节,并且不利于虚拟机群上的批量操作,影响系统易用性。云计算环境下的用户身份管理系统有必要保障用户数据和应用的安全隔离,同时不影响其易用性。

此外,如果仅仅使用虚拟机操作系统的本地用户系统,不便于对用户访问行为进行记账和审计,在出现安全问题时不易追查。因此,需要一种权衡用户隐私与安全的方案,既能防止包括云提供商在内的外部实体访问用户的私有数据,又能允许记账和审计,在出现安全问题时有据可查。

(3)规模扩展与云互联。

另一项重要的观察是云生态系统的发展。对于特定的云实例而言,其部署规模常常会随用户、应用和请求的增加而不断增长,这给包括用户系统在内的所有公共服务带来了挑战。一些集中式设计的传统用户身份管理系统难以满足规模扩展的需求,有可能成为系统"瓶颈"。

在多个同构云实例之间互联的场景中,一方面,需要解决名字空间可能出现的冲突,保证互联的云中包括用户信息在内的所有实体可以得到唯一的标识;另一方面,需要有一定的协议保证广域范围的互信互联。相关研究在网格计算领域已有成熟解决方案,可以借鉴。

4. 云计算环境下用户身份管理的目标

为解决上述问题,我们需要一套面向全局的统一用户管理架构。在这种架构下,用户可以使用相同的身份访问全局范围内已授权的不同应用服务,以解决易用性问题,同时使得云互联成为可能。该架构应允许接入指定的授权与审计机制,强制实施特定主体对特定客体的访问控制,以保证安全性。但统一架构并不意味着集中的单一热点的存在,结合在系统分类中的观察,云计算环境下的公共服务有必要分散实现,允许系统动态扩展、平衡负载、消除热点。

(1)简单性。

系统设计应当选用标准和通用的技术路线,使用最小但完备的基本概念体系。系统接口需要易于平台层直接用户及应用层开发人员理解和使用;需要考虑异构平台与不同开发语言引发的实现复杂度差异,有必要将开发与集成过程中的复杂度最小化。用户系统本身应当具有最小开销,避免过多地影响现存的其他机制与系统整体性能,不改变用户使用应用服务的常规习惯,要尽可能减少用户使用系统的管理与记忆负担,进而保护易用性。

(2)机密性。

在共享基础设施的场景下,安全隔离和性能隔离是必须考虑的问题,这是云计算运营模式得到用户信赖的基本前提。这里主要关注虚拟机实例的机密性。为避免虚拟机映像中预置的本地操作系统用户信息带来的隐患,用户身份管理系统应当从入口保证虚拟机实例的安全隔离。需要使用可审计的认证机制取代本地操作系统的认证机制,使得私有虚拟化基础设施按照其所属的租户确保机密性。同时应允许灵活选择后端的授权、记账和审计机制。

(3)可扩展性。

一方面,云计算环境的用户身份管理系统需要考虑弹性计算模式下用户、应用和请求规模的增长,应该提供一定的扩展机制。在请求规模增长时,线性且慢于请求规模增长速度的用户系统规模扩展是可授受的,但前提是不违反系统设计架构,也没有特例情况。主要业务如节点应对等,不应存在单一热点,以免影响性能和可靠性。另一方面,针对同构云广域互联的需求,用户认证使用的网络协议应能够弹性适应从局域网到广域网的环境。

5. 云计算平台下用户身份管理系统设计

(1)基本概念。

①全局用户(Global User)。全局用户是指云计算环境下直接使用虚拟化基础设施或应用服务的主体,对应到组织或个人即是云租户。全局用户经过认证和授权之后,可以看到特定虚拟机群、虚拟网络与虚拟电器的部署视图,有权访问云中所有对其授权的资源。

②本地用户(Local User)。本地用户是指虚拟机本地操作系统中的用户实体。在本系统中,本地用户并不直接映射到特定组织或个人,而是代表虚拟机实例中特定的隔离环境。为实现资源的本地授权,允许全局用户在特定的环境(如虚拟机群)下映射到不同的本地用户。在本系统设计中,不考虑使用云租户开发应用的最终用户,最终用户的管理是应用本身的责任。但应用开发者可以自行编程将最终用户映射到指定的全局用户,以实现特定的访问控制需求。

③资源(Resource)。资源是指云基础设施对全局用户提供的可用实体,包括虚拟机群、虚拟网络、虚拟电器以及应用服务。在本系统设计中,虚拟机实例是以虚拟机群为单位分配的,每个虚拟机群是一个独立管理域。虚拟网络为虚拟机群的局域网环境提供一组 IP 地址与虚拟网关。虚拟电器是指预安装有操作系统、包括用户管理在内的必要组件以及特定应用的虚拟机映像。

(2)设计原则。

①统一机制。统一机制的原则是由简单性与机密性的目标导出的。统一机制相当于用户身份管理系统的标准协议,它需要同时支持 VIP 与 ASP 两种使用模式,并允许不同种类的遗留应用对其进行集成。统一机制主要包括以下 3 个特征:

第一,统一名字空间。从本地视图看,使用统一用户身份管理系统的不同应用服务具有相同的用户空间,它们通过连接不同的访问控制策略来确定各自的合法用户;从全局视图看,同一云内或不同云间的不同实体,创建和管理的每个用户应具有唯一的名字,保证在应用交互和云互联的场景下正常工作。

第二,统一认证机制。简单且统一的认证机制易于在 VIP 模式下传统本地或 C/S 结构的实用程序(如 Linux Login、SSH、FTP)借助 PAM 等机制集成新的认证方式,并易于在 ASP 模式下使用不同语言与框架开发的应用服务快速接入这种认证方式。同时,利于云租户对所有应用的用户系统进行一致的管理与维护。

第三,统一策略决策(PDP)与策略实施(PEP)接口。本系统并不直接负责访问控制策略的决策与实施,而是允许使用统一的 PDP 与 PEP 接口接入不同的授权与访问控制架构,以明确系统边界,并提供一定的灵活性。

另外,由于公共服务需要被异构的平台和语言调用,因此用户身份管理系统在实现时还需要考虑使用在接口层可移植的技术框架,这可以认为是实现时所需的统一机制。

②非集中化。非集中化的原则主要服务于可扩展性目标,它限定了用户身份管理系统的逻辑架构与物理部署视图。这一原则包括两层含义:

第一,针对云环境的用户系统应是一个同时可服务于单点或多点的分散系统。出于安全隔离与可管理性考虑,认证与授权应由不同实体负责。用户管理系统主要负责认证,而授权及具体的访问控制由特定的服务提供者负责。在构建一个可扩展的系统时,诸如用户注册之类的一次性操作的集中执行是可以接受的,但运行时的各项操作则有必要分散到适当的实体非集中执行。这同时提供了分布式系统部署的灵活性。

第二,系统技术实现时需要走非集中路线。用户管理系统在逻辑上允许有集中的概念,但在技术实现和物理部署时,即使在单一站点内部,其组件也应该是非集中部署的。逻辑上集中的组件应使用全局同步的副本机制,以保证其可扩展性、负载均衡与可靠性。分散在各个节点的用户信息需要使用专门的机制,以保证全局一致。这一点是可扩展性的基础,同时也避免了单点失效问题。

(3)目标环境。

系统设计时的目标环境是实验性云基础设施,该环境简化地实现了云数据中心的主要使用模式,同时融入了传统高性能计算中心的部分需求。这组基础设施在物理机群上使用 Xen 构建虚拟化平台,宿主机与虚拟机均运行 Linux 操作系统。对于 VIP 模式,云基础设施将虚拟机实例作为资源直接提供,因此也称为"IaaS 云"。对于 ASP 模式,云基础设施作为不同种类的本地、Web 或机群应用的宿主环境,这些应用可以是 SaaS 类型的最终应用,也可以是 PaaS 类型的应用支撑平台。

虚拟基础设施层的主要组件是虚拟机群管理系统,它以虚拟机群为单位,统一组织管理虚拟机实例。每个虚拟机实例的操作系统上运行着与云基础设施相关的少量组件,负责用户映射、资源配置等本地策略的实施。公共服务层运行着分布式的公共服务组件,包括用户服务(User Service)、存储服务(Storage Service)、监控服务(Monitor Service)以及名字服务(Naming Service)等,其中,用户服务是系统用户身份管理架构的组件之一。这些公共服务对应用层提供定义良好的 API,允许应用开发人员有选择地调用。

一方面,应用层包括以虚拟机形式存在的、直接使用虚拟化基础设施的应用;另一方面,也包括以本地或 Web 应用程序形式存在的、利用公共服务 API 开发的应用。对于已经部署的两种从 VegaGOS 环境中迁移而来的典型应用——高性能计算(Web HPC)与大规模数据处理(Hadoop),它们均属于后一类应用。

(4)架构设计。

针对之前所述的目标环境,系统的设计遵循了统一机制与非集中化的设计原则。系统的统一机制包括:

①全局和本地两级认证,这是统一认证机制的实现。全局认证是在用户服务端完成的、适用于所有类型云应用的强制认证流程;本地认证是分别针对 VIP 与 ASP 模式、在资源端

执行的可选认证流程。这种分级认证为用户服务的设计抽象出了最简单的公共需求,保证了用户服务的低开销和编程接口简单性,同时为具体应用的访问控制提供了一定的自由度。

②逻辑上集中、一致的用户信息存储视图与访问入口,这是三条统一原则的综合体现。系统的实现和部署需要组件的分散,但在逻辑上应有全局统一视图。静态方面需要的是信息存储的全局一致性,动态方面要求对应用提供的认证入口以及接入授权、访问控制机制的接口不受制于物理环境(但环境可在用户映射等场合作为输入参数)。

③针对不同种类应用的标准化技术解决方案。在技术选型时,考虑以 Linux 为主的宿主环境、从局域网到广域网不同的网络环境以及多语言、多平台异构的互操作实体,可以使用 PAM/NSS 机制实现虚拟机本地操作系统以及 VIP 模式下的本地和 C/S 结构实用程序的认证集成,同时使用 Web Service 作为 ASP 模式下认证集成、云内组件间通信以及云间互联操作的通信机制。

可见,"统一"反映的是逻辑上的集中与一致。但在管理域自治与物理部署方面,系统是一个分散系统。它要在以下 3 个方面符合非集中化原则:

①功能模块方面,将认证与授权、访问控制相分离。在逻辑上集中的位置设置所有公共应用的用户服务,负责管理所有用户身份的认证;在资源端设置具有统一接口的本地资源控制器(Resource Controller,RController),为特定的资源提供授权与访问控制。这使得身份提供者与服务提供者在用户身份管理方面处于 C/S 模式。记账等服务通过用户服务的记录信息与之松耦合,不增加用户身份管理的复杂度。

②在单个云(数据中心)内部,用户系统非集中地部署。逻辑上集中的用户服务使用全局一致、同步的元信息存储机制,可在不同的物理实体上分散地存储信息并提供服务。这里使用了在 VegaGOS Agora 研究中提出的名字机制(即云基础设施公共服务层中的名字服务)。名字机制解决了数据在逻辑上集中、物理上分散的受控共享问题。

③多个同构云(数据中心)的用户系统可对等互联。用户服务和名字服务均使用 Web Service 机制与客户端或对等的互联实体进行通信,并允许广域网络通信。云内与云间的用户系统访问机制没有本质区别,只是元数据同步策略和访问控制策略设置不同。

实验性云基础设施将虚拟机实例组织为虚拟机群。为了提供安全隔离并确保可管理性,其设置了登录节点,即用来登录虚拟机群的物理节点。登录节点是管理虚拟机群的入口,它们具有外部(公网或企业局域网)物理网络 IP 地址,而虚拟机群中的虚拟机实例在默认情况下只具有内部虚拟网络 IP 地址。用户服务、名字服务等全局公共服务运行在登录节点上。虚拟机实例是应用服务提供者或消费者程序的运行环境。PAM/NSS 模块以及 RController 都是系统的客户端组件,PAM/NSS 模块部署在每个虚拟机的操作系统上,作为本地认证点。对于 VIP 模式的应用,这些模块直接执行本地认证;对于 ASP 模式的应用,运行在资源端的 RController 对资源进行统一接口的封装。针对不同资源的 RController,可以调用各自的策略与实施模块,以便完成特定的授权与访问控制。虚拟机群与用户服务之间可以是多对多关系。云内与云间的用户服务借助底层的名字服务互联,实现全局元数据同步。

(5)身份认证接口。

系统针对两种应用模式,提供 PAM/NSS 与 RController 两类客户端接口,支持两类典型认证流程。这与统一机制的原则并不冲突,因为 RController 对于非 PAM 感知(non

PAM-aware)的应用服务来说是必要的中介组件。VIP 模式的应用对外提供的资源是 IaaS 云中的虚拟机实例,用户系统通过用户服务与 PAM/NSS 的交互完成操作系统以及本地和 C/S 结构实用程序的认证。PAM/NSS 模块初始化认证过程与用户映射,为虚拟机实例提供按需可用的用户服务。对于 ASP 模式的应用服务,用户服务发布身份凭证对象,RController 实施授权与访问控制。系统使用两类维护运行时信息的身份凭证对象:SessionContext 与 OperateContext。SessionContext 关联到一次有状态的登录会话,而 OperateContext 关联到一次服务调用过程。

服务端方面,用户服务通过 Web Service 提供系统的 API,其中包括认证、管理、映射 3 点:认证类 API 发布或撤销用户身份凭证对象;管理类 API 包括对用户信息的增、删、改、查接口,并实现了一定的安全机制;映射类 API 维护特定环境中全局用户和本地用户的映射关系。部分 API 同时提供基于字符串等简单类型参数的、用于 PAM/NSS 的封装,这是基于 Web Service 接口复杂度研究的结论。

(6)身份认证流程。

PAM 感知(PAM-aware)的本地或 C/S 结构应用程序接收到带有全局用户身份的服务请求时,会调用系统的 PAM 模块的认证接口完成用户身份认证。如果成功,则通过 GNU C Library 隐式地调用系统的 NSS 模块完成全局用户和本地用户的映射。本地用户对资源的操作接受本地操作系统的授权和访问控制。PAM 和 NSS 均从用户服务获取相关用户身份信息。

资源消费者登录应用服务程序之后,形成一次有状态的会话,并得到相应的 SessionContext。在打开所需的服务资源时,RController 完成对当前会话的本地认证。如果成功,则从用户服务获取一个 OperateContext,并将其反馈给资源消费者。资源消费者以此作为身份凭证调用后续服务。RController 对每次服务调用实施相应的本地授权与访问控制。如果成功,则真正调用其封装的资源提供者的相应服务,并将结果反馈给资源消费者。

(7)统一名字空间。

名字服务的元信息存储以 GUID 作为对象的全局唯一标识,进而确保元数据存储中统一的名字空间。在系统架构中,主要强调全局用户的统一名字空间。由于 GUID 没有重载与用户相关的信息,且不便于用户直接使用,因此有必要在用户服务中使用与存储无关的、更加友好的身份标识。全局用户具有多项属性,其中有两项可作为用户的身份标识:

①E-mail。主要用于用户登录名和显示名,它是一种弱保证的身份标识,其唯一性由域名系统及 E-mail 协议本身的特点决定,需要一定的约束(如只允许使用本站点的域)或验证机制(如邮件验证码)来保证其正确性与唯一性。如果不加约束,互联的不同云实例中具有相同 E-mail 的用户是否具有相同身份将有歧义。

②标识名(Distinguished Name,DN)。与其他一些身份认证架构类似,系统使用包含用户信息属性的 DN 作为用户身份强保证的标识。DN 由身份提供者直接发布,包含了站点(云实例)的身份信息,因此在云互联的场景下可避免名字冲突。云实例可配置各自的策略,以决定如何对来自其他站点的用户进行认证和授权。

(8)操作系统集成。

操作系统是 VIP 应用模式中虚拟机实例提供的最直接的资源,操作系统用户身份认证是 VIP 模式下其他应用身份认证的前提。前文已经提到,系统架构中使用 PAM 与 NSS 机制将用户身份认证和映射集成到了 Linux 系统中。访问虚拟机实例的全局用户使用其全局身份登录操作系统 Shell 和其他 PAM 感知的服务。登录过程需要向 PAM 与 NSS 模块传递代表用户身份的显式参数(用户名/密码/代理证书),以及代表运行时环境的隐式参数(通常是云实例及虚拟机群的身份标识)。本地操作系统的传统身份认证机制应当在 PAM 配置文件中被屏蔽,以解决安全隔离问题,使得认证操作可审计。

PAM 和 NSS 模块作为用户服务的客户端,需要有一定的机制发现用户服务。系统将提供静态指定与动态获取两种方式。静态指定是指通过配置文件指定用户服务的地址。这并不意味着单一热点,因为同一云实例中有多个全局同步的用户服务,可以使用域名系统或Web 代理服务器分发请求,实现负载均衡。动态获取是系统的一个实现技巧:将虚拟机群的虚拟网关运行在机群登录节点上,虚拟机实例无论通过 DHCP 动态获取网络配置,还是使用特定的脚本在虚拟机启动时生成网络配置,其网关 IP 都是用户服务所在的服务器 IP。系统 PAM 的会话接口允许接入本地操作系统特定的功能与策略,在会话打开之后和关闭之前执行。PAM 默认实现了全局存储系统的挂载,在会话过程中使用存储服务提供的个人全局存储空间代替本地操作系统的主目录,以实现跨虚拟机实例的全局文件空间。PAM还允许用户提供指定名字的脚本,在会话起止时执行,以实现自定义的策略。

对于 Windows 等其他操作系统,系统暂不能提供 VIP 模式下的认证与映射服务,只能使用本地操作系统机制。但在这些系统上开发运行的 ASP 模式的应用服务只要能够调用Web Service 形式的系统 API,就与 Linux 下的使用方法无异。

(9)用户信息同步与同构云间互联。

一般使用 Naming 机制实现多个用户服务之间的数据同步,并实现同构云间互联时用户身份信息的可信互访。Naming 本质上是一个非集中的、名字稳定的全局实体(GNode)管理系统,提供低延迟、高召回率的基于全局唯一标识(GUID)的实体定位和多维区间查询形式的实体搜索。Naming 支持从任何节点出发,从互联的节点内检索到所需的数据,并支持复杂的查询和逻辑运算。Naming 底层使用 MySQL 或 HBase(Fou09b)存储数据。它作为一个可复用的组件,提供全局的虚拟名字,解决物理地址不稳定、应用和资源紧耦合的问题。

系统的用户身份信息和用户映射信息均以 GNode 方式保存,同一云内的多个名字服务默认采用数据全复制策略。用户注册时使用的登录节点的名字服务所保存的用户信息被认为是其主副本,通过 GNode 的主副本与版本标识字段将数据更新操作交由主副本决策。通过基于事件队列的数据同步机制,保证所有副本的最终一致性。

不同管理域的同构云间互联时,名字服务可配置自定义的策略。对于长期互联、相对可信的云,可同步用户的部分元信息而保留私密数据。对于临时互联、无信任关系的云,不对数据进行同步,而可以通过 DN 提供的站点信息找到用户的注册站点,在策略允许的情况下向对方查询用户信息。

(10)用户身份管理系统的评价及测试原则。

①简单性。在实践中,简单性具体表现在虚拟化基础设施与应用服务的准备和部署方面,系统的服务端及其依赖的组件均运行于登录节点。目前已有产品级安装包,可基于简单的配置文件快速完成安装。在 VIP 模式下,虚拟电器的开发者只需要一次性将系统的PAM/NSS 部署到映像模板中,并对所有 PAM 感知的应用配置新的认证方式,而这项工作

也已提供脚本以便自动完成。在 ASP 模式下,服务的开发者需要为每种服务资源专门实现 RController 作为本地认证点。RController 使用 Web Service 这种较为通用的接口,多数平台和语言都能够提供方便的开发组件。对于不同服务资源,RController 与认证相关的开放接口大同小异,区别较大的只是不同服务资源的处理实现。因此,如果只考虑用户认证,可认为 RController 开发相对简单。在运行时,云租户和最终用户所知道的概念较少,不需要做额外的配置,可使用一致的用户身份在云实例内访问已授权的不同服务。因此,用户服务解决了用户体验与按需可用问题。

②机密性。系统的机密性由两级认证机制保证。可审计的全局认证机制是部署了系统的云基础设施的唯一认证入口,为防止虚拟机映像模板提供的相同的操作系统对用户信息文件造成"后门",默认的操作系统认证机制在 PAM 配置文件中被禁用。用户只拥有自己的全局身份凭证,无从得知他人的私密信息。全局认证具有可用于记账和审计的日志,便于追查。对于特定的资源,本地认证可以防止身份合法但未经本服务提供者授权的全局用户的访问。在 VIP 模式的本地认证之后会从存储服务挂载当前用户的全局存储空间,用户无从访问他人的存储空间,做到了私密数据隔离;在 ASP 模式的本地认证之后还允许通过 RController 实现自定义的、细粒度的策略,增强用户对系统安全的可控性。因此,用户服务解决了安全隔离与记账审计问题。

③可扩展性。系统 PAM/NSS 客户端的并发性能受限于本地内存与 TCP 连接数,但这些限制在正常使用强度下一般不会达到。实验发现的主要"瓶颈"在于服务端的用户服务。并发性测试结果表明,对于登录节点,用户服务在有 48 个并发服务请求时的响应时间大约是有 1~16 个并发请求时的 1.5 倍。由于在真实使用环境下,用户身份认证并不是一项高密度、高并发的操作,所以可以允许通过增加登录节点来应对请求的增加。这是符合系统架构设计的,其中名字服务可以确保多个用户服务数据的一致性。使用 Web Service 技术路线的重要理由是其从局域网到广域网的可伸缩性,统一的名字空间防止了云内和云间的名字冲突,这使得同构云互联成为可能。因此,用户服务解决了规模扩展与云互联问题。

第四篇

云经纪师技能

第十三章 销 售

学习要点
1. 了解云计算业务营销现状；
2. 掌握云计算市场应用能力。

第一节　云计算业务营销分析

云计算服务仍处于初期阶段,诸如技术标准、数据安全、应用可靠性、用户的认知、商业模式的完善等问题,仍在对云计算的发展产生困扰。但是对于消费级个人用户来说,上述问题则不太突出。首先,消费用户的主要市场在于网络游戏,其次是一些网上的工具类 SaaS应用;此外,对于云存储来说,消费用户的接受程度较高,比如,消费者的一些普通个人文件和客户信息等非机密文件对安全要求比较低,因此,目前社会上已有大量的个人用户正在使用云存储服务。中国云计算服务细分市场结构和中国云计算服务各细分市场增长比较,如图 13—1、图 13—2 所示。

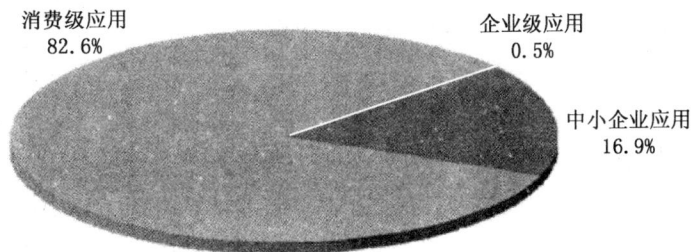

消费级应用
82.6%

企业级应用
0.5%

中小企业应用
16.9%

资料来源:CCW Research。

图 13—1　中国云计算服务细分市场结构

中小企业的云计算应用将有望首先发生转机,而后,随着云计算市场的进一步成熟,企业级应用的增长速度将后来居上;而消费级应用,仍将在庞大的市场基数上保持较为快速的增长。

值得注意的是,云计算服务的企业级应用市场还非常小。一方面,大型企业对云计算服务的接受程度还处于初级阶段;另一方面,能够面向大中型企业级用户的云计算服务,如云中心等云计算服务模式的自身发展也还处于起步阶段。

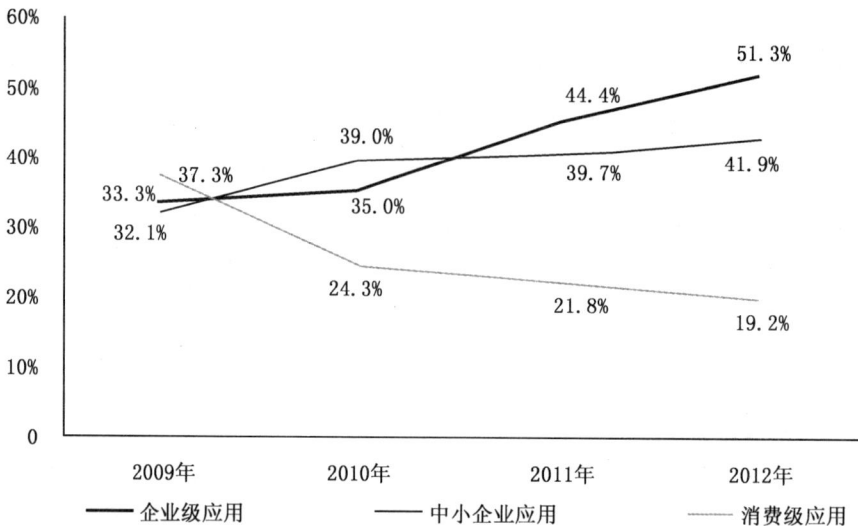

资料来源：CCW Research。

图 13-2　中国云计算服务各细分市场增长比较

　　云计算首先要从市场的两端，即高端企业级用户和终端个人用户两个着力点进行突破。用户对数据安全不信任问题已经成为云计算面临的最大问题，特别是对于企业来说，把自己的核心业务和关键资源放到云端，会让人本能地对云计算数据中心的安全性能产生不放心和质疑。但是，对于高端企业级用户和终端个人用户来说，对云计算的接受可能会更容易一些。高端企业级用户可以构建企业内部的私有云计算平台，云计算不仅将企业内部网络基础设施进行了改善，而且企业的核心业务与关键数据仍运行在企业内部的计算平台上。因此，对高端企业来说，云计算基本上是一种解决下一代高端数据中心管理问题的方案。中小企业带给云计算的发展潜力是巨大的，应该说，云计算在我国有着巨大的市场发展潜力。云服务能为企业提供一个使用它的更经济的方法，特别是在经济衰退期，这对中小企业是非常重要的。中国拥有世界上最大数量的中小企业，这些企业发展迅速，这些都处在成长阶段的中小企业虽然没有能力建立自己的数据中心，但为了发展业务，它们应该选择一个低成本、高回报的商业模式，而云计算这种服务模式与他们需求的满足正好吻合。众多的硬件生产企业以及软件开发商都看好中国的中小企业云计算市场，力求把本企业的产品和服务借助云的形式或平台，推广应用到中小企业。同时，网络运营商也开始了在该改革浪潮中进行跨越式发展的大征途。IT 硬件厂商和系统集成企业对于正在兴起的中国云计算市场表现出了特别的关注。

　　尽管云计算已经成为业界最受关注的概念，但是云计算作为一种新型的服务和商业模式，真正推广普及仍需要较长时间。原因有三个方面：第一，云计算借助的是虚拟化技术、商业模式创新和应用，这种从底层应用群体拓展市场的方式需要一个相当长的普及过程；第二，云计算的一些产品和服务虽然已经推向市场，但产品的成熟度以及用户的接受程度仍需要进一步观察；第三，虽然一部分企业在以服务的模式使用和购买计算能力方面存在诸多需求，但产业链上各环节的参与者需要借助典型的成功商业运营模式来建立信心、确定投入和回报。那么，现在国内的行业用户和个人用户在云计算的应用方面又有着怎样的认知和需求呢？接下来分别讨论企业用户和个人用户对云计算的关注点有哪些。

一、企业用户对云计算的关注点

在云计算兴起之初，大多数企业用户对云计算并不看好，但是，云计算作为一项应用和一种技术趋势，企业对于云计算既满怀发展的信心，但同时又有一些不信任和疑虑。企业用户对云计算的期待和顾虑如图 13－3 所示。

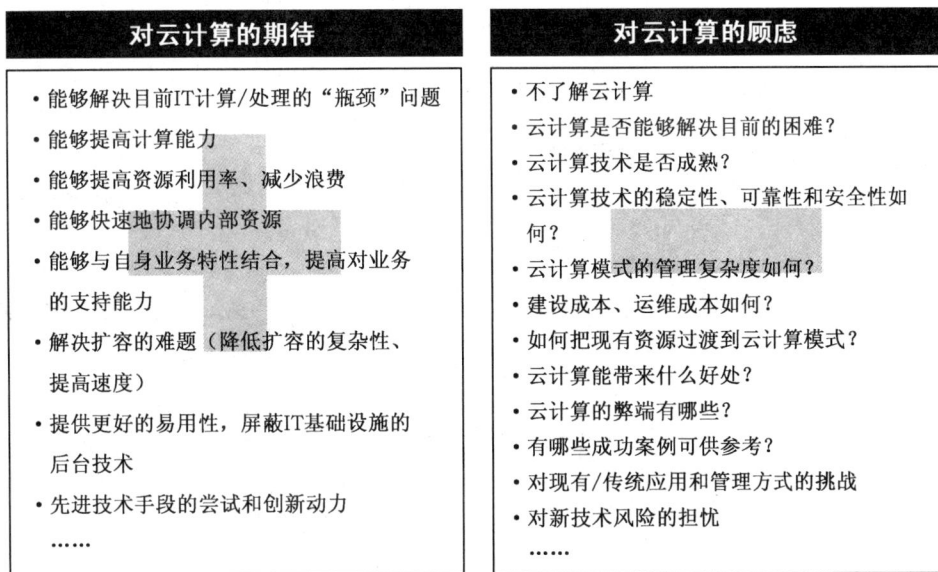

对云计算的期待	对云计算的顾虑
• 能够解决目前IT计算/处理的"瓶颈"问题 • 能够提高计算能力 • 能够提高资源利用率、减少浪费 • 能够快速地协调内部资源 • 能够与自身业务特性结合，提高对业务的支持能力 • 解决扩容的难题（降低扩容的复杂性、提高速度） • 提供更好的易用性，屏蔽IT基础设施的后台技术 • 先进技术手段的尝试和创新动力 ……	• 不了解云计算 • 云计算是否能够解决目前的困难？ • 云计算技术是否成熟？ • 云计算技术的稳定性、可靠性和安全性如何？ • 云计算模式的管理复杂度如何？ • 建设成本、运维成本如何？ • 如何把现有资源过渡到云计算模式？ • 云计算能带来什么好处？ • 云计算的弊端有哪些？ • 有哪些成功案例可供参考？ • 对现有/传统应用和管理方式的挑战 • 对新技术风险的担忧 ……

图 13－3 企业用户对云计算的期待和顾虑

根据用户对云计算的期待和顾虑，说明了云计算被用户关注和重视程度的提高；而且根据趋势，应该会越来越重要。图 13－4 显示了对云计算的关注点被用户的重视程度。

IT 企业对于如何更加高效地利用先进技术获取和使用 IT 资源将会更加重视，而云计算作为一种新型的 IT 技术，它不仅能节省企业 IT 成本，还会大大提高资源使用率，更重要的是，能增强 IT 的动态弹性和灵活性。这种高效的新技术和服务模式必然会受到企业和各界的广泛关注。

二、个人用户对云计算的关注点

在 2009 年前，绝大多数的个人用户没注意或不太关注云计算技术或模式，但现在有相当多的用户已经和云计算接触并进行应用。很多用户正在向云计算环境慢慢靠拢。事实上，经常用到的电子邮箱其实就是一个云计算服务的典型应用案例，如果没有云计算技术，就不可能使用电子邮箱接收信息，更谈不上访问电子邮箱本身。经过调研发现，个人用户对云计算主要担心个人信息失窃，造成个人信息安全保密性没有保障；同时担心信息服务商的信用没有保障，从而导致信息的泄密丢失；甚至是由于服务商的倒闭带来更大的问题。个人用户对云计算的关注点如图 13－5 所示。

随着云计算和社会化网络 SNS 的高速发展，当企业在传统媒体上建立品牌形象时，新

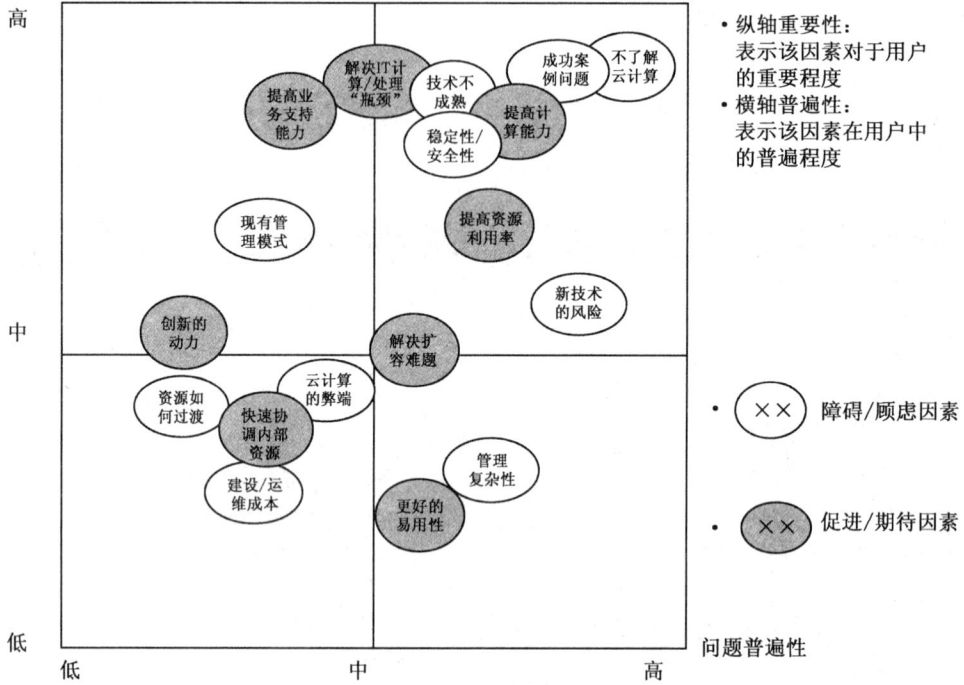

图 13—4　企业用户对云计算的关注点的重视程度

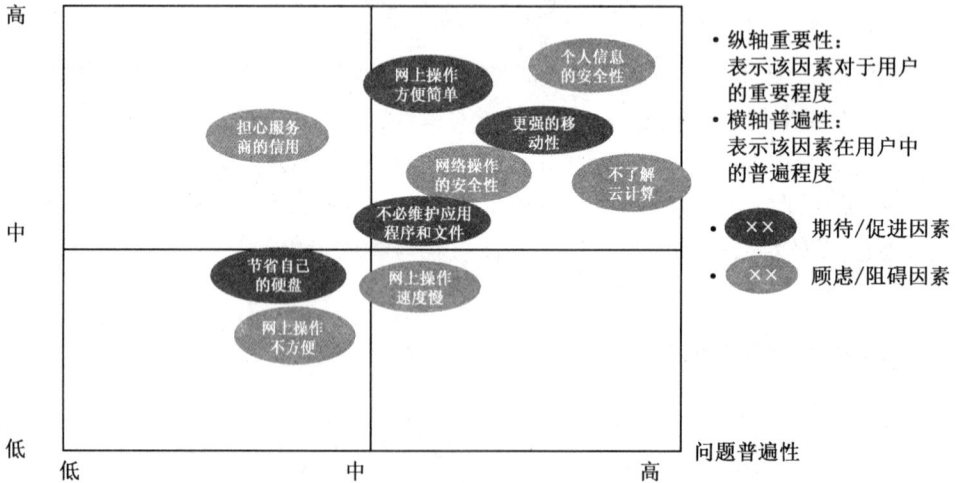

图 13—5　个人用户对云计算的关注点

兴企业已通过 B2C、O2O、SNS 等多种传播渠道对交易进行整合，并获得了快速发展。海量碎片化数据的产生，对于数字营销既是挑战也是机遇，常规技术已经难以应对 PetaByte 级的大规模数据运算，大多数企业并不具备充分的时间、数据和资源去做全面营销。所以，在这种环境下,企业需要一个云计算、软件服务与传统营销相结合的云营销信息提供商,辅助企业实施相关的营销活动。基于云计算、软件服务和传统营销的理念,云营销依靠云、搜索引擎以及社会化媒体作为主要媒介,将网络上各种渠道的营销资源和基于云终端的消费者偏好数据与营销数据进行集中化管理,以便各方对这些资源进行创造、修正、利用和分享。它的实质是跨领域、跨渠道、跨终端的营销信息融合与综合利用。云营销网络平台是一种利用"云计算"平台的支撑能力与服务辐射能力,为客户提供一系列"云营销"产品解决方案的网络营销平台。云计算具备超大规模处理能力、虚拟化、可靠安全、成本较低、按需定制、容易扩展等特点,将计算、服务和应用进行集成化管理。它将传统上部署于网络营销执行企业的计算机软硬件资源和网络资源集中到"云端",通过不断提高"云"的覆盖能力以及"云"之间的逻辑计算能力,使得营销执行更加便捷、高效、低成本,营销效果更加全面、可靠、高效,享受"营销云"带来的巨大经济利益。

第二节　云计算市场应用分析

一、云计算应用的市场细分

云计算由传统的信息技术和互联网的应用模式演进而来;同时,云计算的产生又影响了信息技术市场,使得信息技术市场得到进一步拓展和细化。对于云计算应用市场,本节从应用的客户群体、云计算的业务层次、云计算应用的网络类型等多个维度进行研究。

（一）按客户群体划分

与大多数信息技术产品以及普通商品一样,云计算同样是面向不同的客户群体。为了能准确地反映云计算的应用所面向的不同客户群体的特性,并且不至于使客户群体市场过于细分而脱离本节的研究范围,本节将云计算应用所面向的客户划分为两大群体,即个人用户和企业用户。

（二）按业务层次划分

以互联网为核心的分布式计算技术和软件即服务的业务模式是云计算产生的重要基础和前提,而后成为云计算的关键技术和组成部分。基于互联网的服务和软件即服务的市场是云计算市场中已经存在的两个重要细分市场。然而,随着云计算体系结构的进一步明晰,云计算的市场也随之集聚为几个层次鲜明的市场结构。处于基础设施和应用平台层面的业务被封装为服务提供给用户,与之对应的"云设施"细分市场也正被分化出来。

根据云计算的业务层次,云计算应用市场可以划分为如图13—6所示的5个细分市场:

1. 硬件即服务市场

硬件即服务（Hardware as a Service）市场可以划分为两个子细分市场,即物理设施即服务（Physical Infrastructure as a Service）市场和虚拟设施即服务（Virtual Infrastructure as a Service）市场。

对于企业而言,建设企业信息化可以提高企业的信息化管理水平,提高企业管理、控制、监控能力以及生产效率。然而,为了建设企业的信息系统,往往需要巨大的投资以购建企业信息系统的硬件平台设施,这对于大企业而言是一种很大的成本负担,而对于那些中小企业

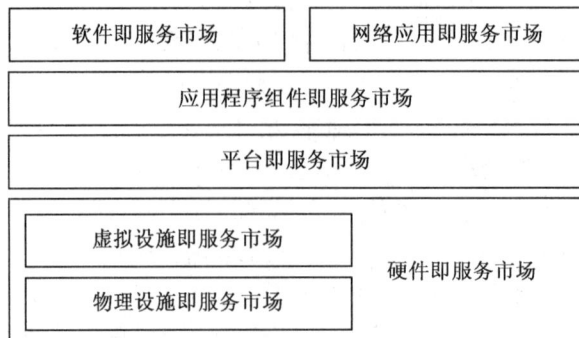

图 13—6　以业务层次划分的云计算市场

更是望尘莫及。这直接成为硬件即服务市场产生的重要驱动力。服务提供商将硬件作为服务销售给所需的用户,并给予用户对这些设施的访问权和控制权。用户无须购买服务、存储设置和网络硬件,就可以配置和控制租赁的远程服务器、远程存储设备和网络设备,并在这些设备上建设企业需要的任何系统平台和应用程序平台。虚拟化技术使得硬件层进一步抽象、虚拟化,服务提供商不再需要将物理服务器租赁给用户,而只需要将虚拟机出售,因而更加提高了设备的利用率。例如,亚马逊的 EC2 服务和 RacksPace 的虚拟专用服务器就是这一市场的典型服务提供商。

2. 平台即服务市场

平台即服务(Platform as a Service)市场和应用程序组件即服务市场构成云计算的两个重要新兴市场。就像开发传统应用程序一样,开发者同样希望直接借助于中间件对软件环境进行控制,开发出基于云计算的、适合用户特定需求的应用程序。例如,开发传统的企业信息系统应用程序时,开发者可以基于 Oracle 或微软 SQL Server 数据库系统开发企业信息系统;同时,在云计算的体系平台上,开发者同样有类似的需求,即基于云计算平台的中间件,开发面向用户特定需求的应用程序和信息系统。因此,云计算服务商提供了类似于传统应用程序开发环境的云计算软件平台,比如,用户可以通过亚马逊的 SimpleDB 数据服务、微软的 SQL Server 数据服务等云计算数据库服务,结合如 NetSuite 的商业操作系统或 Salesforce.com 的 SaaS 应用程序开发平台,来开发云计算应用程序。用户不需要关心平台相应的基础设施细节,也无须关注使用哪种操作系统,只需要根据软件平台的约定,进行开发和部署云计算应用程序。

3. 应用程序组件即服务市场

应用程序组件即服务(App Components as a Service)是软件开发结构化、模块化在云计算时代的体现。长期以来,提高开发效率并像制造业一样实现大规模定制化生产是软件产业的主要目标,模块化方法在软件产业中的运用有助于这一目标的实现。云计算的应用程序组件服务使软件开发的模块化变得更为有效、抽象层次更高、功能更加强大。应用程序组件为开发提供了高层次的服务模块,使代码和功能得到更为有效的利用,大大提高了应用程序的开发效率。开发者不需要了解组件底层实现的细节,不再需要为每个功能的实现方法耗费精力,只需要关心组件的功能和接口约定,将组件服务集成到自己的系统中即可实现相应的功能。

4. 软件即服务市场

软件即服务（Software as a Service）的概念在 1999 年之前其实就已出现。直到布内特托（Beunettetal）在 1999 年发表的论文中讨论了基于服务的软件模式，这一概念才在业界得到了普遍的认可。

建设和维护信息系统需要专业的技能和相当高的经费，对于企业而言是很大的负担。在软件即服务的模式下，服务提供商将软件服务提供给用户，用户通过互联网访问这些应用程序，不需要在自己的应用程序服务器上安装和运行这些程序。从而降低了企业购买和维护信息系统的成本。

近些年，软件即服务市场得到了快速的发展。根据计世资讯（CCW Research）的《2008年中国软件运营服务（SaaS）市场研究报告》的数据显示，2007 年中国软件即服务市场整体规模达到 157.5 亿元。

5. 网络应用即服务市场

在互联网开发自由的产业环境下，各种丰富的应用层出不穷。从以门户网站、新闻、网络游戏为代表的所谓的 M 尾 b1.0 到 W 尾 b2.0，互联网的应用开始更加关注协作和社会性，如博客、维基百科、社会化网络等。基于互联网的服务市场也逐渐发展成为云计算的一个重要市场。虽然，其中也有一些面向企业用户的服务，但庞大的互联网个人用户群成为这一市场的重要支撑。目前，这一服务市场主要是基于广告的盈利模式，视频共享、社交网络、在线办公等是这一市场的重要应用。

（三）按网络类型划分

互联网在个人计算机作为终端的时代得到飞速发展，创造着世界的经济神话。在近几年，移动通信和互联网成为当今世界发展最快、市场潜力最大、前景最诱人的两大网络。移动互联网则融合了两者的发展趋势，迸发出巨大的商业潜力。因此，相对于移动互联网，应将以个人计算机为终端设备的固网互联网界定为传统互联网的概念。

1. 传统互联网领域

传统互联网催生云计算的产生，并为云计算的发展提供了肥沃的土壤。传统互联网为云计算提供了产生和发展的空间，在传统互联网上，无论是面向个人用户的搜索、邮件、视频、社交网络等个人应用，还是面向企业用户的管理信息系统、存储、计算等企业应用，都在云计算的模式下得到了快速发展。

2. 移动互联网领域

移动互联网是传统互联网与移动通信网络融合的产物，随着宽带无线移动通信技术的进一步发展和应用技术的不断创新，移动互联网得到了迅猛的发展。在日本和韩国，移动互联网凭借出色的业务吸引力和资费吸引力，已经成为人们生活中不可或缺的一部分。在我国，虽然移动互联网的发展时间不长，但发展迅速，已经具备相当大的规模。根据 CNNIC《第 23 次中国互联网络发展状况统计报告》的数据显示，2008 年末中国互联网规模达到2.98 亿人，而移动互联网成为其中的竞争焦点。截至 2008 年，中国用手机上网的网民数量增长了 1.176 万人，较 2007 年增长 1 倍多。从全球发展趋势看，2007 年移动数据业务收入超过 1 200 亿美元，2008 年这一数据进一步增长，移动通信和互联网相结合而创造的巨大力量正在显现。

与传统互联网相比，移动互联网有着其独特的优点：（1）移动应用具有随身性、可鉴权、可身份识别等独特优势,移动互联网将向着可运营、可管理的方向发展,开辟出新的发展空间,产生新的商业模式。(2)可运营、可管理的用户群是移动通信业以及移动互联网发展的基础资源。移动网络不同于传统媒介的"单向广播"形式,它是双向的、互动的。它可以使最终用户和选择反作用于服务提供者,进而使得服务提供更具针对性,同时也更有效率,更能激发出新的市场空间。

然而,与传统的互联网相比,移动互联网在表现出其显著优点的同时,也存在着先天的局限:(1)移动终端处理能力弱。传统互联网的终端一般是个人电脑工作站,而移动互联网的终端一般是手机等移动设备。无论是在商业运算还是在多媒体处理方面,移动终端都与个人电脑存在着很大差距,因此,所能处理的应用也相对功能简单。(2)网络带宽相对较小。目前,中国移动建成的 GPRS 网络支持的理论最高速率为 171.2kbPs,尽管随着 3G、WiFi 等宽带移动接入技术的普及,带宽的"瓶颈"会不断被突破,但同时,更多应用的产生也将会对带宽提出更高的要求。

因此,发展移动互联网绝不是简单的互联网移动化,即将互联网业务照搬到移动互联网上;也不是简单的移动业务互联网化,即简单地以互联网的模式运营移动业务。移动互联网有着清晰的商业模式和用户消费习惯,而传统互联网上应用和服务更具创新性。发展移动互联网要融合传统互联网上优秀的模式,并结合移动互联网的特点,寻找适合的业务模式和商业模式。

云计算是适合移动互联网应用的一种模式:(1)云计算将应用的"计算"从终端转移到服务器端,从而弱化了对移动终端设备的处理需求。这样,移动终端主要承担与用户交互的功能,复杂的运算交由云端(服务器端)处理,终端不需要强大的运算能力即可响应用户操作,并将结果展现给用户,从而实现丰富的应用。(2)云计算降低了对网络的要求。比如,用户需要查看某个文件时,不需要将整个文件传送给用户,而只需根据需求发送用户需要查看部分的内容。(3)由于终端不感知应用的具体实现,扩展应用变得更加容易。应用在强大的服务器端实现和部署,并以统一的方式(如通过浏览器)在终端实现与用户的交互,因此,为用户扩展更多的应用形式变得更为容易。

3. 云计算应用的驱动力

(1)技术创新。

技术创新是引发技术进步的一种重要模式。由于科学和技术的重大突破,科学技术明显走到了生产的前面,形成了主动创造需求的情形。在此种模式中,技术创新是技术进步的发动机,是推动技术进步的动因。因此,对于技术进步成果的需求,不是由用户的自觉意识提出来的,而是由新的科学技术成果创造出来的。科学推动技术,技术创造需求,从而对企业发展产生影响。以技术推进为模式的技术进步,不仅改变了生产技术、销售方法、工业培训和管理技巧,而且也会引起技术体系的根本变革,导致产业结构的重组。

就像 19 世纪电报和 20 世纪印刷机的发明改变了信息传递的方式、带动了电信业和印刷业的产生和发展一样,计算机和互联网同样改变了世界,带动了一个个与之相关的产业的出现和进步。云计算是计算技术发展并积累的产物。20 世纪 80 年代末的网格计算在巨型计算机和互联网技术的基础上,通过调整互联网利用网络中闲置的处理能力,为云计算的产生提供了计算模型的基础;而虚拟化技术整合并应用了面向高级虚拟主机、应用和资源以及虚拟化存储方面的技术,成为推动云计算产生的重要技术;软件即服务这种通过互联网以服务形式交付和使用软件的业务模式,为云计算开创了服务模式的先河,而云计算也为 SaaS 的发展提供了条件。

(2)成本压力和"长尾"效应。

企业推行信息化对于提高管理控制水平、提高生产效率有着非常大的作用,然而,购置企业信息化的硬件设备、建立并维护信息系统软件环境需要巨大的前期投入和后期维护费用,这无论对大型企业还是中小型企业而言都是很大的负担。根据 Forrester 市场研究公司的调查,36%的企业认为降低企业软件投入成本是他们应首要解决的问题,高于选择升级系统安全性和提高应用程序集成性(28%)。

众多中小企业对于信息化存在着实际的需求,然而他们投资建设企业的信息化系统对于他们而言往往是不可企及的,巨大的前期投入和后期维护费用成为中小企业信息化的障碍。单个中小企业虽然对信息技术产品的需求并不如大型企业那么大,然而,他们却构成了显著的"长尾"效应。

"长尾"(the Long Tail)这一概念是由《连线》杂志主编克里斯·安德森在 2004 年 10 月的《长尾》一文中最早提出的,用来描述如亚马逊和 Netflix 之类网站的商业和经济模式。它实际上是统计学中幂律和帕累托(Pareto)分布特征的一种口语化表述。

长期以来,企业界都奉"80/20"法则为铁律,认为 80%的业绩来自 20%的产品。企业看重的是曲线左端的少数畅销商品,而曲线右端的多数商品则被认为不具销售力。但是,网络的崛起已打破这项铁律。不仅如此,"长尾"市场的规模还大得惊人。把冷门商品的市场规模加总,甚至可与畅销商品相抗衡。背后的数学原理很简单:将一个非常庞大的数字("长尾"中的利基商品量)乘以一个相当小的数字(单项"长尾"商品的销售量),能得到非常大的数字。

第十四章
技　术

学习要点

1. 掌握云经纪师对云计算产业链、供应链分析等技术；
2. 对技术结合实践有所运用。

第一节　云计算产业链分析

云计算产业已经从传统的信息技术产业和互联网产业中应运而生，正以新的形式展现在人们面前。这种新的模式使得企业或用户再也不用投资于价格不菲的计算机设备；不用等待一年或两年的项目实施周期；不必担心项目开发的进度和能否上线，并且上线后是否能稳定运行；不用担心维护系统而带来的麻烦；更不必担心所承担的业务的需求变化，以及由此所造成的设备不足或者空置。传统 IT 产业链比较简单直观，如图 14—1 所示。传统的产业链主要为企业服务，并为他们的客户服务。产业链从硬件、软件、应用软件到基础芯片，这里所指的软件包括操作系统、数据库和中间件，主要由专门的软件公司经营。随着技术的发展，再加上计算机技术日趋复杂，许多企业没有实力做应用软件开发及系统集成，这就催生了第三方应用软件开发和系统集成的出现。

图 14—1 是云计算产业链的示意图。从图中可以看到，一些新兴产业（如网络）由于需要大规模的计算资源和存储资源，自然而然融入了云计算产业链中。云计算产业链相较于传统 IT 产业链，最大的不同就是云计算产业链信息流的作用变得越来越大，价值也更大。有很多的云计算被比喻成水库或电站，但是云计算能力与水库相比有很多不同，人们在使用水、电时，没有特别关注水或电的来源；而在消费云服务方面，信息流数据仍然有价值，还需要适当的存储、访问和安全措施。这些信息从大量的数据挖掘中产生，数据的爆炸式增长催生了一个全新的数据产业。数据产业是传统互联网产业和其他新兴产业在融合中出现的一个新的产业集群。

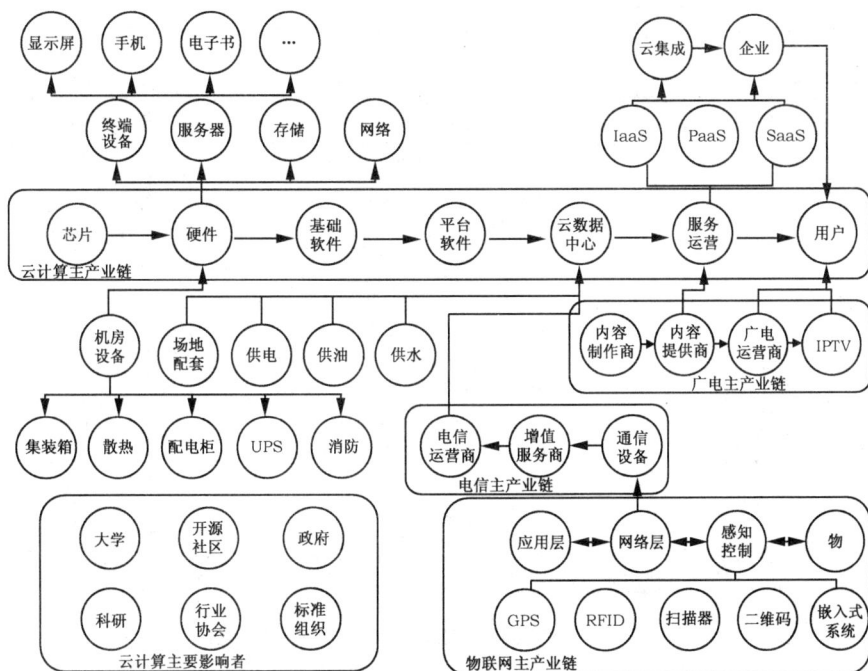

图 14—1　云计算产业链

第二节　云计算供应链机制分析

为了有效地支持云计算,云计算体系架构必须保证系统的自治性和敏捷、迅速地对需求信号做出反应。由于云计算分为 IaaS、PaaS 和 SaaS 三种类型,不同的厂家如 Google、IBM、微软、亚马逊又提供了不同的解决方案,因此目前还没有统一的技术体系架构。IBM 在 2011 年 2 月提出了 IBM 云计算参考体系架构 CCRA(Cloud Computing Reference Architecture)2.0。CCRA 的总体架构如图 14—2 所示。

IBM 云计算参考体系架构定义了三个主要角色:云服务消费者(Cloud Service Consumer)、云服务提供商(Cloud Service Provider)和云服务创建者(Cloud Service Creator)。每一个角色可以由单个人执行,也可以由一组人或一个组织团体去执行。

(1)云服务消费者:可以是一个组织、一个人或一个系统,他们消费着特定的云服务实例(即请求、使用和管理)。云服务消费者在使用云服务提供商提供的全部或者部分云服务时,将会被收取一定的费用。

(2)云服务提供商:提供云服务给云服务消费者。主要包括基础设施层(Infrastructure)、云计算管理层(Cloud Management Platform)和云计算服务层(Cloud Services)。

(3)云服务创建者(Cloud Service Creator):创建一个能够被云服务提供商运行并提供给云服务消费者的云服务。云服务创建者使用服务开发工具(Service Creation Tools)来开发新的云服务。其中,云平台的开发和测试工具包含服务定义工具、服务发布工具、服务报表与分析三部分。

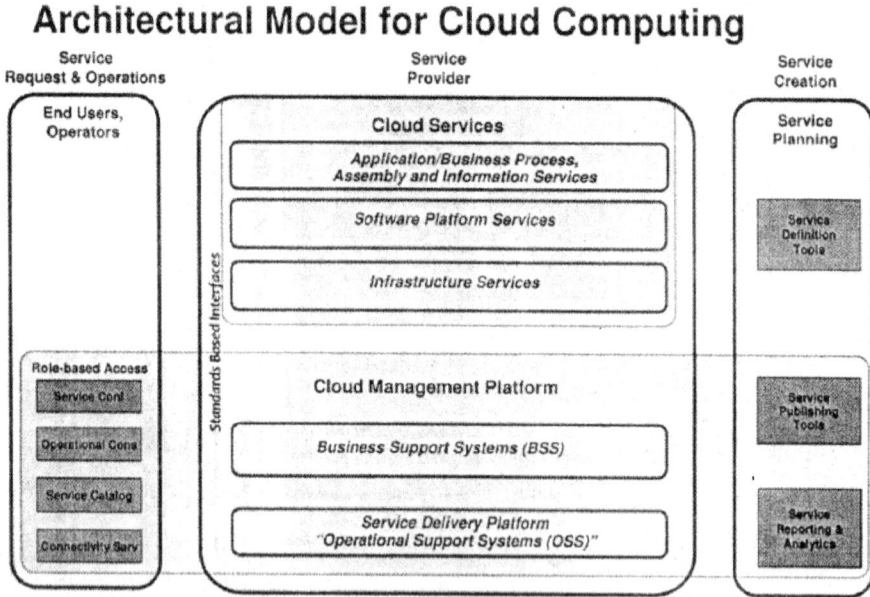

图14-2 IBM的云计算参考体系架构(CCRA)

一、基于云计算的供应链集成体系架构

云计算是一种能够把处理器资源和存储在个人 PC、移动电话以及其他终端设备上的信息集中起来、协同工作的超级计算模式。本章提出一种面向云计算服务的供应链集成体系架构,将云计算服务平台看作"虚拟经纪人",负责节点企业的权限管理,将各个节点企业看作网格节点,这样就形成一个以云计算服务平台为中心的网状架构,即供应商的供应商、分销商的分销商间的位置是平行的,如图14-3所示。

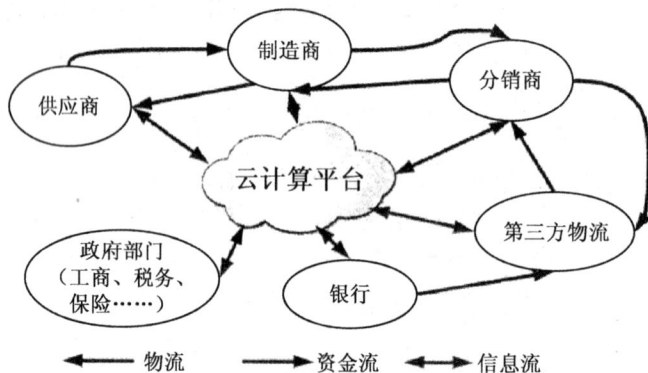

图14-3 基于云计算的供应链体系研究

通过云计算平台,供应链节点企业可以实现信息流、物流、资金流的快速传递,每一家节点企业能够根据自身需求享受相应的服务,从而使得供应链上的企业更好地协同一体化运作,保证了供应链企业整体利益的最大化。

二、基于云计算的供应链管理架构

供应链企业云计算平台应当包括以软件即服务(SaaS)、平台即服务(PaaS)和基础设施即服务(IaaS)的方式将 IT 服务动态交付到供应链上的各个企业和合作伙伴,从而企业能够降低在 IT 成本上的投入,廉价地完成企业的信息化建设,节省企业开支;同时,也给供应链的构建提供高水平的信息基础设施保证。例如,云经纪人可以参考 IBM、微软、亚马逊等公司的云计算平台体系结构,设计出基于云计算的供应链管理系统参考架构(Cloud Computing-Based Supply Chain Reference Architecture,C-SCRA),如图 14-4 所示,该架构主要由基础架构层、平台层、服务层、访问层和管理层五部分构成。

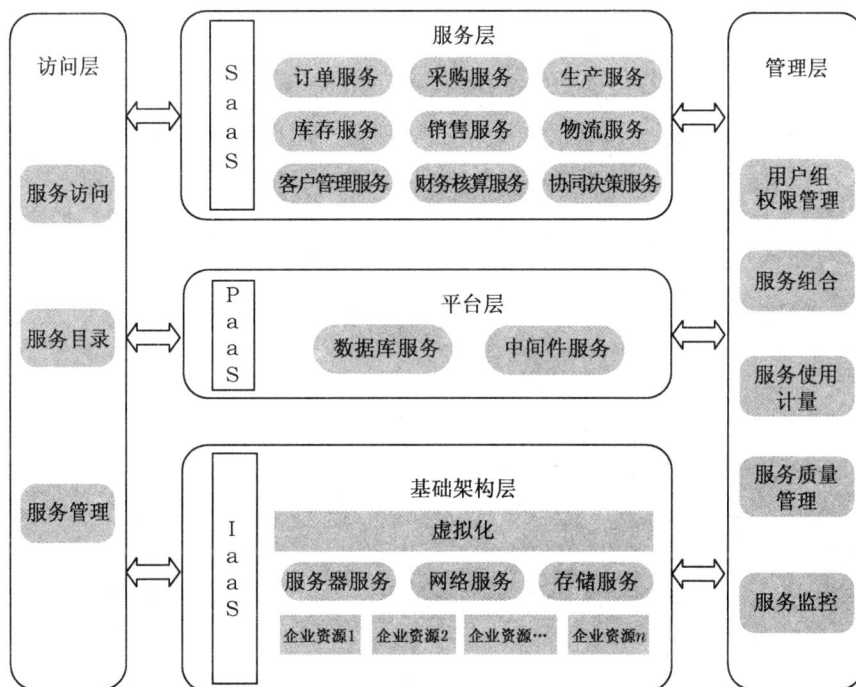

图 14-4　C-SCRA 架构模型

1. 基础架构层(IaaS)

C-SCRA 的基础架构层存储供应链上各节点企业所拥有的资源,通过信息技术实现这些资源的集成。这些资源主要体现各企业在协作过程中的资源状况。

2. 平台层(PaaS)

平台层搭建在基础设施层上用来提供云计算能力的云计算框架。平台层为企业提供对资源服务层的封装,包括数据库服务和中间件服务。数据库服务为用户提供数据库处理能力,中间件服务为用户提供消息中间件或事务处理中间件服务。

3. 服务层(SaaS)

基于供应链的云服务架构中,最核心的部分为云服务提供者的 SaaS 模式。供应链管理主要有以下几种软件服务:

(1)订单服务:提供订单的有效管理和协同工作,帮助企业有效地管理和监控订单处理流程,从而帮助企业更好地发掘潜在的客户以及现有客户中的潜在商业机会。

(2)采购服务:采购服务提供从采购的申请、订单的创建、收货、退货到最后付款的一系列业务管理功能,同时,支持多种采购业务处理,如供应、价格、批号等,从而帮助企业实现对采购业务全过程的物流、资金流和信息流的有效管理和控制。

(3)生产服务:提供生产计划、物料需求计划和生产作业管理功能,帮助企业提高生产管理的效率,有效管理生产过程的信息。

(4)库存服务:库存是指仓库中实际存储的货物,包括生产库存和流通库存。库存服务主要是为企业建立一个规范的库存作业操作流程,提供货物的入/出库业务、调配业务以及库存调整等一系列业务管理功能,提高仓库的运作效率。

(5)销售服务:销售服务提供从订单、发货(出库)、退货、发票到收款等一系列业务管理功能,同时,支持多种销售业务,如促销、信用赊销、价格、折扣的处理,从而帮助企业实现对销售业务全过程的物流、资金流和信息流的有效管理和控制。

(6)物流服务:进行计划、组织、指挥、协调、控制和监督,使各项物流环节实现最佳的协调与配合,以降低物流成本、提高物流效率和经济效益。

(7)客户管理服务:实现对客户的整合营销,通过与客户的交流沟通,不断改进和提高产品及服务质量以满足顾客需求。

(8)财务核算服务:提供多种存货核算方式,进行连续、系统、完整的记录、计算、反应和监督。可以实时地提供企业库存业务的财务成本信息,从而使企业能够对库存的余额和存货的成本有明细记录。

(9)协同决策服务:满足供应链节点企业有效获取、发布、共享和管理知识资源,辅助实现供应链知识创新、协同运作、问题解决和协作决策。

4. 访问层

方便供应链企业使用服务商提供的云计算服务所需的各种配套服务,其中,每一层次的云计算服务都将提供与之对应的访问接口,用户可以选择需要的云服务进行使用。

5. 管理层

提供所有层次云计算服务的管理功能。其中,用户组权限管理提供对服务的授权控制、用户认证等功能;服务组合提供对已有云计算服务进行组合的功能;服务使用计量对用户的使用情况进行统计,并依次计算服务费用;服务质量管理对服务性能、可靠性、可扩展性进行管理;服务监控提供对服务状态的记录。

第三节　云计算环境密钥管理系统

一、相关理论与技术

(一)密钥管理概述

密码方法是人类用来保护信息安全最常用的方法,在早期的密码体制中并没有密钥的概念,因此,密码算法和密钥没有明显的区别。随着信息加密需求量的迅速增加,且需要不断更换新的密码算法和设备,人力、物力、财力、时间耗费太大,于是人们开始采取固定一部分参数或加密算法,然后更换另一部分参数或加密算法的方法。这种可经常变化的部分被称作密钥。引入密钥这一概念有两个优点:(1)可以使用不同的密钥保护不同的秘密,这就意味着当一个密钥被攻破时,受威胁的仅仅是这个被攻破密钥所保护的安全信息,其他的秘密仍然是安全的。由此可知,密钥在这样的密码系统中处于非常重要的地位。(2)在一个密码系统中,可以认为算法是公开的,只要保护好密钥即可,不用担心算法的安全性。密钥管理就是在密钥通信各方之间建立和维护密钥关系的一整套技术和程序。密钥管理是密码学研究的一个重要分支,同时也是密码学最重要和最困难的部分,其负责密钥从产生至最终销毁的整个过程。这个过程包括密钥的生成、存储、分配、使用、备份/恢复、更新、撤销和销毁等。密钥管理是提供云计算环境机密性、数据源认证、实体认证、数据完整性和数字签名等安全密码技术的基础。由于现代密码学要求所有密码体制使用的密码算法必须经过公开评估,密码设备、密码算法并不能保证整个密码系统的安全性,密钥安全才是关键。一旦密钥遭受泄露、窃取、破坏,机密信息就会失去保密性。

密钥管理是一项综合性系统工程,其要求密钥技术与密钥管理同等重要。它的实施与技术性因素、人的因素密切相关,其中,人的因素主要包括与密钥管理等相关的行政管理制度和密钥管理人员自身的素质。所以,只有当技术和管理共同发生作用时,才能确保密钥管理的有效性。

(二)密钥的概念

密码技术就是在一个可变参数的控制下,对数据进行可逆的数学变换。密码变换前的原始数据称为明文,变换后的数据称为密文,变换的过程称为加密,变换时使用的可变参数称为加密密钥,变换时使用的可逆数学变换称为加密算法。[49] 加密变换通常用 $c = E_{ke}(m)$ 表示,其中,m 是明文,c 是密文,ke 是加密密钥。解密变换时使用的可变参数是解密密钥,变换时使用的可逆数学变换为解密算法。解密变换通常用 $m = D_{kd}(c)$ 表示,其中,kd 是解密密钥。密码通信系统的基本结构如图14-5所示。

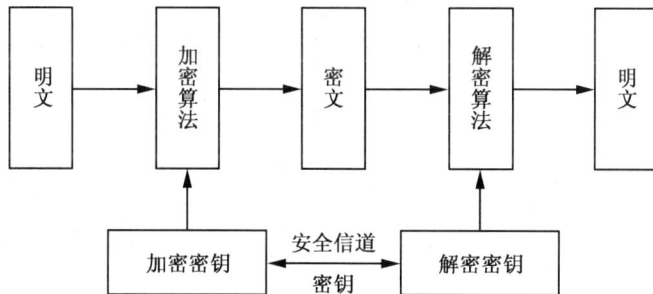

图14-5 密码通信系统的基本结构

密钥在使用密码技术对明文信息进行变换时,起着十分关键的作用。为抵御破译者的攻击,保证密码编制对明文信息进行变换的效果,达到应用密码技术的目标,密钥必须具有以下几种基本性质[50]:

(1)随机性。

密钥必须是从一个(数据)集合(称为密钥空间)中随机选取的。所谓随机选取,就是要求选出的密钥在某指定集合中是均匀分布的,或者说在该密钥空间中哪一个数据作为密钥的事件是等概率、独立的随机事件。这一性质保证了破译者通过猜测得到密钥的成功率达到最小，通过一个已知密钥猜测一个新密钥的成功概率也达到最小，从而保证在各种条件下破译者难以通过猜测获得密钥的信息。

（2）难穷尽性。

密钥必须有足够大的变化量。一个密码编制对明文信息进行变换所使用的密钥变换量应该足够大，即密钥空间应该足够大，使得一定时期内利用最先进的计算手段也无法在较短时间（有关信息的有效期）内完成对密钥空间的穷尽搜索。这一性质保证了破译者不能通过穷尽搜索密钥空间的方法得到密钥。尤其在云计算环境中，充分的计算资源为攻击者提供了更高的计算能力。

（3）易更换性。

密钥必须是易更换的。为了减少和控制破译者获得密码因素（同一密钥下对应的明文和密文）的信息量，密钥必须经常更换。密钥如果不能容易地更换，则不能保证密钥定期地以及在必要时及时地更换，会危及密码应用目标的实现。

密钥的种类繁多，在不同的应用环境和不同的密码方案中有着不同的设计和使用方式，同一个密钥可以有多种不同的作用，同一系统的安全和保密也涉及多个密钥。密钥的分层管理是密钥管理的基本手段，对密钥实施分层保护是保证密码系统安全的必然要求。常用的密钥分层结构为三层：主密钥（根密钥）、密钥加密密钥（保护密钥）和数据加密密钥（会话密钥）。[51] 密钥分层结构有以下优点：

第一，当少量的处于最高层的密钥被注入系统后，下面各层密钥在其上层密钥的保护下，可以按照系统的协议不断变化，从而使密钥形成一个动态的系统，增加攻击的难度。例如，密码机的主密钥是保持不变的，而密钥加密密钥在主密钥的保护下定期更换。这样，即使当前的密钥加密密钥泄露，也不影响以前和以后时期密钥加密密钥所保护的秘密数据的安全。而对少量最高层密钥的保护往往是采取物理上分散保护的方法，从而大大简化了密钥管理的难度。

第二，密钥分层管理要求层级越低的密钥更换得越频繁，例如，会话密钥通过用户共享的密钥加密密钥加密传送，一次会话一变。这样减少了各层密钥所加密保护的数据量，不为攻击者提供密码攻击的条件，即已知明文攻击和选择明文攻击。

第三，通过密码算法实现上层密钥对下层密钥的加密保护，使得下层密钥的丢失不影响上层密钥的安全，这样可将损失降到最低限度。例如，在一个系统中使用密钥加密密钥分配会话密钥，密钥加密密钥通常在较长的一段时期内保持不变（如半年或一年），而会话密钥是一次一变。

（三）密钥管理的内容

密钥管理的内容包括密钥的产生、分配和维护三部分，是一个有机联系的过程。[52] 密钥管理全周期流程如图 14—6 所示。

（1）密钥是在具体密码系统的限制条件下，采用适当的随机数生成器产生的。如果随机数生成器性能欠佳，产生的随机数具有一定的周期，就会减少攻击者搜索密钥空间所需要付出的代价，造成密钥被攻破的危险。

（2）密钥的分配就是研究如何安全有效地把密钥分发给使用者，在这个过程中需要解决安全问题和效率问题。如果不能确保安全，则使用密码的各方所得到的密钥就不能使用。

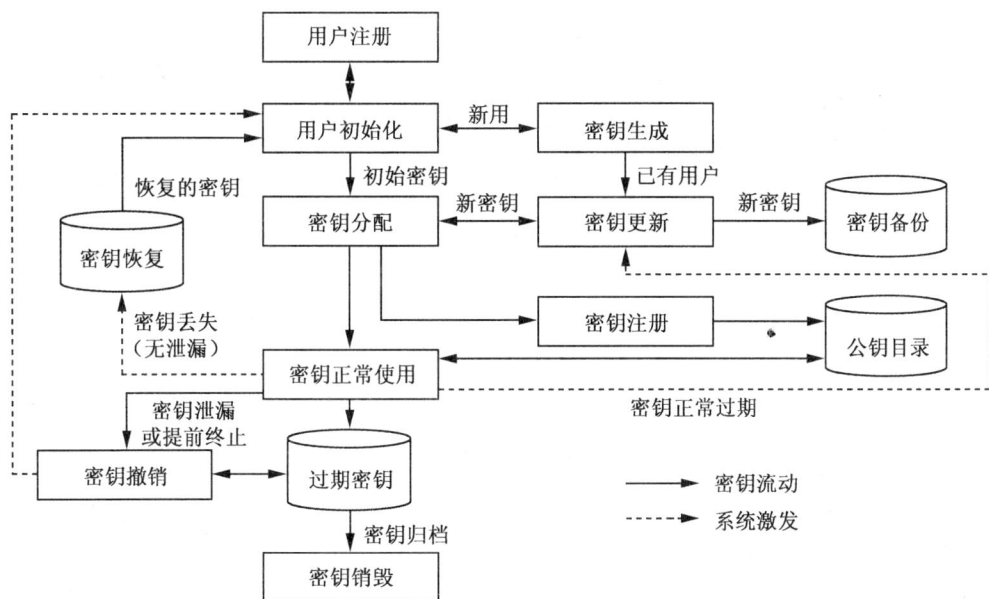

图 14—6 密钥管理全周期流程

如果不能将密钥及时送达,就不能对用户信息系统使用的密码进行及时保障。密钥的分配是整个密钥管理中最关键的部分。

(3)密钥的维护就是在密钥生产出来后,处于多种状态下时,为保证其安全性、可靠性,使其不被泄露、篡改、损坏所进行的管理行为。其主要包括 7 个方面的内容:密钥存储、备份、更换、恢复、销毁、归档和安全审计。

①密钥存储。

如果密钥不是在使用中临时产生并一次性使用的,则它们必然要经历存储的过程。密钥存储设备应该对密钥的安全性提供保证,对私人密钥提供机密性、真实性和完整性保护措施;对公开密钥提供真实性和完整性保护措施。保护措施通常采用物理的(安全的设备与环境)或物理与加密相结合的措施。此外,一定的行政措施是必不可少的,该行政措施应能保证对密钥的接触和操作是在必要的授权下进行的。

②密钥备份。

为了在密钥损坏时恢复正在使用的密钥,需要将正在使用的密钥进行备份。备份的密钥必须存放在安全的存储设备中,并且具有不低于正在使用的密钥的安全控制水平。密钥备份可以在对偶控制下进行,以提高安全水平。

③密钥更换。

密码设备使用的密钥在以下 3 种情况下需要进行更换:密钥的生存期结束;已知或怀疑密钥泄露;通信成员中有人提出更换密钥。

更换密钥应不影响云计算服务的正常使用,密钥注入必须在安全环境下进行并避免泄漏;现用密钥和新密钥同时存在时,应处于同等安全保护水平上;更换下来的密钥一般情况下应避免再次使用;除对用于归档的密钥及时采取有效的保管措施以外,应及时进行销毁处理。

④密钥恢复。

密钥因为人为操作错误或设备发生故障可能发生丢失和损坏,因此,任何一种密码设备应当具有密钥恢复的措施。密钥恢复时,需要将备份密钥注入密码设备。密钥恢复措施需要考虑恢复密钥时的效率问题,保证能在故障发生后及时恢复密钥。

⑤密钥销毁。

在两种情形下,需要销毁密钥:一种情形是密钥的生存期结束,为防止因密钥泄露造成之前加密的信息被破译,需要及时销毁已不使用的密钥;另一种情形是在密钥保护的机密信息的安全受到威胁或密码面临被他人获取的危险情况下,为保护该信息或密码的安全,需要立即销毁密钥。

⑥密钥归档。

当一个密钥不再用于加密操作时,它所包含的信息可能依然存在,并可能在必要时对其进行脱密操作,因而这部分密钥不能销毁。如用于数字签名的密钥,为了将来验证对消息的签名,就必须将其归档。

⑦密钥安全审计。

密钥管理中的安全审计是指在密钥的生存期内,对密钥进行的各种操作及对相关事件进行记录,以便及时发现问题,在事故发生后跟踪事故线索,追究事故责任。

(四)密钥管理技术

1. 对称密钥管理技术

对称密钥管理技术[53]是基于共同拥有的秘密来实现的,又称为传统密码技术。加密所使用的密钥与解密密钥相同,采用对称密钥技术时,要求通信双方在建立安全通信之前协商一对密钥。目前,对称密钥系统大多采用密钥分发中心来进行对称密钥的协商和传输。由于对称密钥技术的算法简单、加解密速度快、系统成本低,适合用来对大量数据进行加解密运算。但是,对称密钥技术存在密钥管理方面的问题。由于在建立安全通信之前必须进行密钥协商和交换,这在某些情况下难以实现,因此存在密钥泄露的危险。而且,由于每两个通信实体都必须拥有一对对称密钥,会造成实体密钥数据量巨大的问题,增加了密钥存储的困难程度。

2. 非对称密钥管理技术

非对称密钥管理技术[54]又称为公钥密码技术,是由达菲(Diffie)和赫尔曼(Hellman)在1976年共同提出的。与对称密钥技术不同,非对称密钥技术在进行加解密运算时使用两个不同的密钥,并且加密和解密是可分离的。加密密钥是公开的,解密密钥则是保密的,且由公开的加密密钥难以推算出保密的解密密钥。目前常用的公钥密码包括RSA公钥密码体制[55]、基于离散对数问题的公钥密码体制[56]和椭圆曲线公钥密码体制[57]。

目前技术成熟、应用广泛的公钥管理体制包括PKI[58]和IBC[59]:

PKI(Public Key Infrastructure,公钥基础设施)是一种用非对称密码算法技术实现并提供安全服务的、具有通用性的安全基础设施,利用遵循标准的公钥加密技术为电子商务、电子政务的开展,提供一整套的基础平台。PKI能够为所有网络环境下的应用,透明地提供采用加密和数字签名等密码安全服务所必需的密钥和证书管理。PKI利用一个可信的权威机构CA来为用户公钥颁发证书,而CA则利用自己的私钥对用户身份及与对应公钥相结合的证书进行数字签名,以证明其证书的有效性。

基于身份的密码技术IBC的最重要的因素就是基于身份的密钥管理,它直接影响密码算法的性能和安全。基于身份方案的主要问题是私钥生成器(Private Key Generator,

PKG)知道所有用户的私钥。在传统网络中,这并不难解决,但是在云计算环境中,主要问题是 PKG 必须是分布式的,它需要每个节点与 PKG 之间有一个安全通道来交换私钥。而且,基于身份的方案缺乏匿名和隐私保护,公钥是直接从节点身份得到的。

（五）XML 密钥管理规范

XKMS[60] 提供了基于 XML 的简单数据传输协议,利用 Web 服务的形式实现了原 PKI 客户端和服务器的通信。XKMS 包含两部分:XML 密钥信息服务规范（XML Key Information Service Specification,X-KISS）和 XML 密钥注册服务规范（XML Key Registration Service Specification,X-KRSS）。[61] 通过在应用程序和 PKI 提供者之间加入信任服务,可以将原客户端的复杂操作转移到信任服务上,使得客户端工作更加便捷、低消耗;并且,能够实现客户端的快捷部署和升级,降低管理维护成本。基于 XML 的特性,可以使数据传输与 PKI 提供者、应用平台以及传输协议无关。

在向采用特定技术标准的 PKI 提供者进行密钥或证书申请时,用户的应用程序通过调用 XKMS 客户端提供的 APIs,生成 XML 形式的请求并发送给信任服务;接到请求后,信任服务通过消息解析模块对请求消息进行解析,将 XML 形式的请求内容还原成原 PKI 技术标准下的密钥或证书请求消息,并与相应的底层 PKI 提供者交互;底层 PKI 提供者对请求消息处理完成后,将响应传回给信任服务,信任服务将结果转换成 XML 形式的应答消息,反馈给 XKMS 客户端;客户端将 XML 形式的消息解析为应用程序可识别的形式,并反馈给应用程序。

（六）服务评估与选择技术

密钥管理系统面向大量密码用户同时提供密码服务,密钥管理系统设计时一般采用密钥服务代理的体系结构;而在众多密钥服务代理中,为用户选择合适的服务代理进行密钥服务是系统设计的关键问题,服务的评估与选择是实现系统优化的关键技术。传统的多属性服务选择一般基于服务质量、用户偏好和服务信任度三种方法,它们各有利弊。现有的对服务质量建模呈现出以下几种特点:

（1）针对不同应用需求,服务质量属性诠释的角度和内容不同。研究[62]中一般将服务质量属性定义为四维,包括执行时间、执行代价、可用性和可靠性;而其他研究[63][64]从另外的方面阐释了服务质量属性,其认为服务质量属性不仅包括四维属性,还应将精确性、吞吐量、声誉和费用等考虑进去。

（2）主要考虑服务质量属性的客观性和真实性,缺乏对各服务质量属性可信度的衡量。目前通常采用用户收集法和探针法来获取服务质量信息[65]。有研究认为[66],应使用探针法收集服务信息,并且采用自动化方法来计算服务质量信息,从而确保服务质量的真实性;有研究[67][68][69]通过采用客户收集法来收集服务质量信息;还有研究[70]通过 Web 服务质量管理体系结构对服务质量信息进行自动检测和更新。由于本书采用云计算服务商与密钥管理服务商分离的策略,因此,密钥管理服务具有自治和分布式等特点,在实际应用中存在很大局限性。很多服务提供商直接将服务质量信息扩展到服务描述中,这样容易存在主观性和不公正、不真实的因素。通常采用声誉度或信任度来衡量整个服务的可信度。

各个服务质量属性的权重由用户偏好来决定。采用服务质量权重属性值来进行服务选择和评估的算法有以下特点:一是利用决策理论中的多属性决策的方法[71][72][73],二是利用启发式的遗传算法来求解[74][75]。当前,上述两种方法的计算均是在假设用户服务质量偏好向量既定的情况下进行的，可是现在没有一种可靠的方法来获取这些偏好值。在一般情况下，用户数量庞大，并且大部分用户只能给出模糊的质量偏好。因此，用户偏好向量不易可靠获取，例如：(1)在单一用户的情况下，可能仅仅对执行时间属性非常重视，而对其他属性漠不关心，这时就应当采取一定的方法来使得用户的偏好向量能如实地体现出他的偏好。(2)对于某个用户群体提出对 Web 服务的需求时，需要满足大部分人的偏好，因此，该群体的偏好向量必须依靠偏好值获取模型，才能计算得出。因此，获取用户偏好向量的方法是基于用户偏好的服务选择亟须解决的一个问题。传统的用户偏好向量获取方法包括监控法和主动法：监控法通过记录系统与用户之间的交互信息实现，如果用户模型中的某个对象出现在当前用户兴趣中，那么该对象的权值就相应增加；主动法是通过用户主动提供注册信息来实现，以及通过提交重点词的搜索方法来表达自己的信息需求。以上方法虽然提供了偏好用户的表示方法，但是针对用户偏好的获取方法却没有提出更为安全的计算方法。

在具有自治性、开放性、不确定性等特征的互联网环境下，主要采用具有信任度的服务选择方法。网络环境中的服务资源极有可能是虚假的、不可靠的，甚至是恶意的，从而可能对用户带来潜在的安全威胁，进而会影响用户的服务体验。于是，服务选择时应考虑信任度这一个重要因素。[76][77]可以从两方面对 Web 服务进行信任度评估：一方面，通过监测范围的 QoS 属性的波动来衡量服务的信任度[78]；另一方面，基于用户反馈信息的收集、统计，获取 Web 服务的声誉，进而表示信任度。[79]基于监测的信任度评估，通过统计分析，自动调用 Web 服务所产生的调用日志来计算服务的信任度。因为计算的因素均是可测量的服务属性，所以结果相对较为客观，但是，由于当前技术手段的不足及资源的缺失造成只有少数与网络相关的属性可被检测，例如，网络带宽、响应时间、失效恢复时间等，基于用户反馈的信任度评估方法不仅无须实际调用相关服务，而且可以通过对相关领域的复杂质量属性进行评估就可得出评估结果。

二、云计算密钥管理系统设计

(一)云计算环境密钥管理模式

云计算目前主要存在三种不同的部署模式：公有云、私有云和混合云。[80]由于这三种模式的概念、构建方式、服务模式都有所不同，所以对密钥的需求也不同。因此，需要采用不同的密钥管理模式。

1. 公有云

公有云是现在最主流也是最受欢迎的云计算模式。它是一种对公众开放的云服务，能支持数目庞大的服务请求，而且因为规模的优势，其成本偏低。公有云由云服务提供商运行，为最终用户提供各种各样的 IT 资源。云服务提供商负责从应用程序、软件运行环境到物理基础设施等 IT 资源的安全、管理、部署和维护。用户不清楚与其共享资源的还有其他哪些用户、这个平台是如何实现的，甚至无法控制实际的物理设施，所以，云服务提供商必须保证其所提供的资源具备安全性和可靠性等非功能性需求。由于在公有云模式下，用户通过公共网络接入云服务提供商，只需将自己的数据上传到云端；云端对数据的加解密、签名等密码运算对用户来说是"透明"的。出于用户隐私和数据保护的角度，用户的密钥一般仍由可信任的第三方的密钥管理服务商提供，例如，原来用户的数字证书可能由行业 CA 或地区 CA 颁发和提供服务，在云计算环境下，用户仍旧需要由可信的第三方来实现管理，这里需要云中的密钥服务代理来帮助在云用户和原来的密钥管理服务商之间建立密钥管理服务的桥梁。公有云密钥管理模式如图14—7所示。

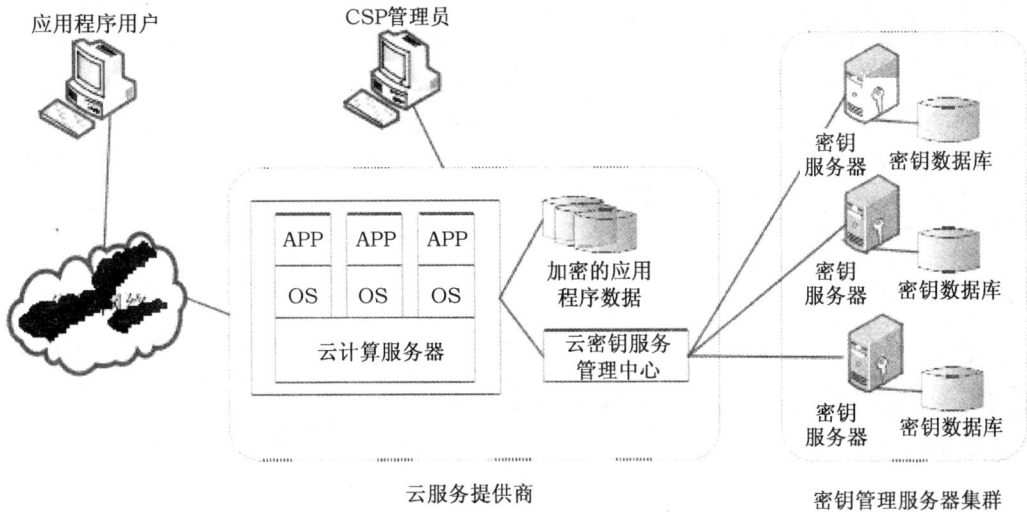

图 14—7　公有云密钥管理模式

2. 私有云

私有云是为企业、机构单独使用服务而构建的,一般部署在企业数据中心、服务器的防火墙内部或者安全的主机托管场所。企业独立拥有基础设施所有权和使用权,可以完全控制部署在该基础设施中的硬件平台、软件平台以及其他的应用程序和数据。因此,企业管理员需要对私有云内部的数据、安全性和服务质量进行有效控制,密钥管理可以由云内部的密钥服务器提供管理,根据用户需要也可以采用公有云的密钥管理方式来实现管理。私有云密钥管理模式如图14—8所示。

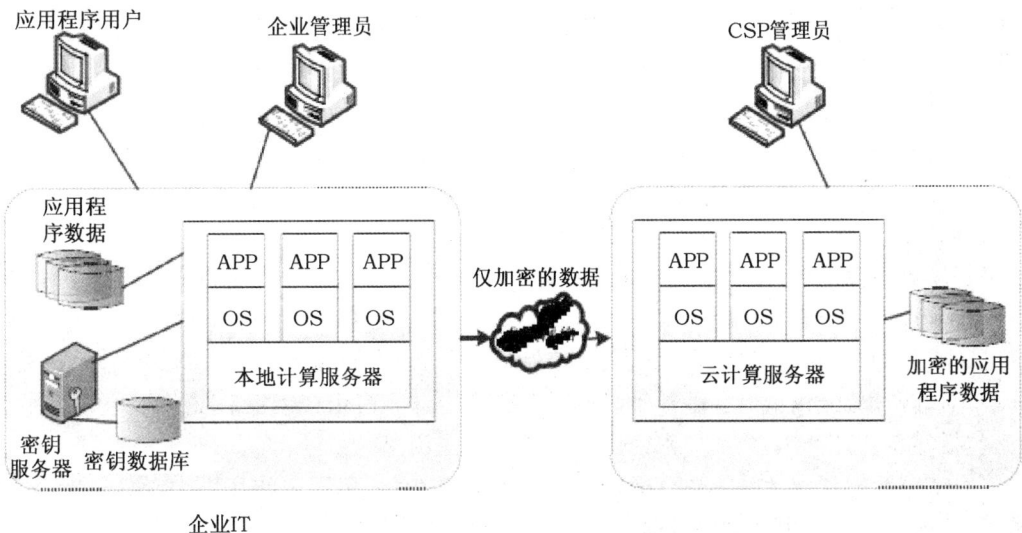

图 14—8　私有云密钥管理模式

3. 混合云

混合云是公有云和私有云两种部署模式的结合。出于安全和资源控制的考虑,用户将一部分安全性高、机密性强的资源放置在自己控制范围之内的私有云中;将一些安全要求不高、机密性较弱的信息放置在公有云中;或者是用户通过公有云将自己的一部分服务向其他用户提供,而一部分服务自己享有。因此在该模式下,密钥由用户和云密钥管理服务共同产生,其中,私有云中应用程序、数据加解密所使用的密钥由用户自己产生并自己持有和保存;公有云中应用程序、数据加解密所使用的密钥由云密钥管理服务商产生并存储在密钥数据库中。混合云密钥管理模式如图 14-9 所示。

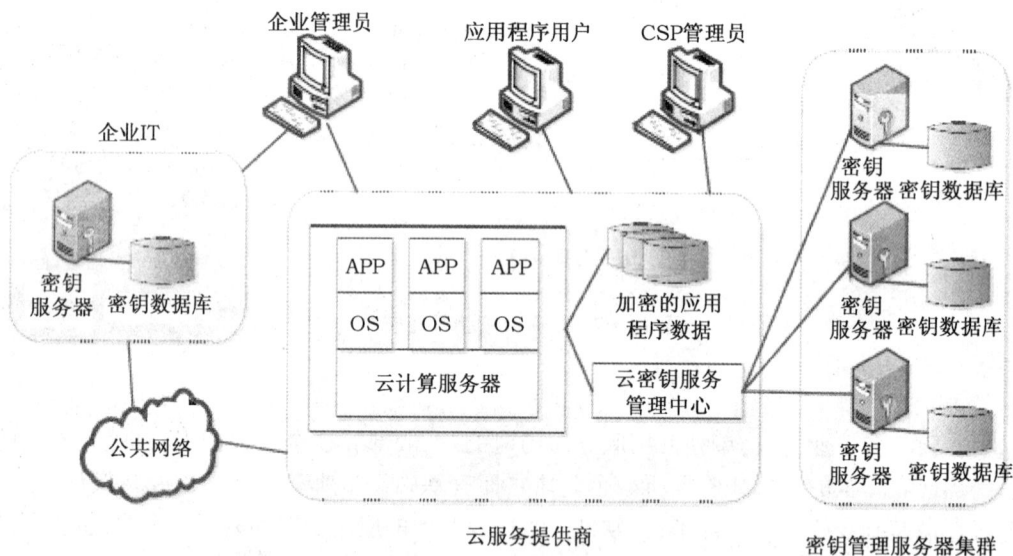

图 14-9 混合云密钥管理模式

由以上分析可知,私有云与传统局域网内部环境相似,实现其内部的密钥管理基本可以采用现有密钥管理技术来实现。在云计算环境下,需要研究和解决的密钥管理问题,主要是面向公有云环境下海量用户和大规模应用条件下的密钥管理方式,接下来主要针对公有云密钥管理模式进行研究和设计。

（二）云计算密钥管理系统架构

云计算环境下密钥管理的特点和设计思路与传统的网络环境下密钥管理相比,具有以下几方面区别:

（1）用户等级多样,对密钥的安全要求等级也不尽相同。安全要求包括密钥的长度、安全强度、管理力度等方面。

（2）密钥种类繁多。由于云中应用千差万别,应用密码的需求也是多种多样,因此,需要实现对对称密码、公钥密码等多种密码体制的密钥管理。密钥种类包括对称密钥和公钥,公钥又包括签名认证密钥、会话加密密钥和存储加密密钥。

（3）密钥数据量庞大。云计算运行在一个不断复杂化、多用户的环境中,每一个用户在云中可能需要多个密钥来实现数据加密存储、加密传输等多种功能。

（4）密码应用场景复杂。相对于现有密码应用场景,云环境中的密码应用场景比较复杂,需要采用密码技术实现对云环境中用户虚拟机的标识和认证,实现对用户虚拟机的加密,包括虚拟机镜像存储、虚拟机迁移过程和虚拟机之间通信的加密。

根据云安全联盟(CSA)的密钥管理建议,云计算服务提供商要向用户提供一套完整的密钥管理机制和策略来定义密钥管理生命周期的流程,使用户明确密钥是怎样生成、使用、存储、备份、恢复、循环和删除的。同时,为了防止云计算内部不合格的管理人员利用职权进行破坏(利用所掌握的用户密钥窃取用户信息),以及为了满足政府部门和法律上的强制审查,需要将密钥管理从掌握着用户数据和信息的云服务提供商那里分离出来。密钥由云服务提供商以外的专业的密钥管理服务提供商来管理,用户数据仍存储在云服务器上,形成用户敏感数据和用户密钥在管理、使用上的分离链。这样也可以让云服务提供商更专注于处理用户的业务需求,而无须关心密钥的产生、存储等,将云服务提供商从内部泄露的问题中解救出来。这样在法律上需要提供数据时,可以保护云服务提供商和云用户免受冲突。

(三)云计算密钥管理系统架构与工作原理

相关文献[81]提出的云计算密钥管理框架由云计算密钥客户端和云计算密钥管理服务器组成,可以基于统一管理框架和机制提供全面、有效的云计算密钥管理服务;同时,本书借鉴 XKMS 信任服务的思想[82],提出云计算密钥管理系统架构。该架构由密钥管理客户端、云密钥服务管理中心和第三方密钥管理服务器三部分组成,其中,云密钥管理中心又包括云密钥服务代理评估与选择子系统以及云密钥服务代理两部分,云计算环境外部是第三方提供的密钥管理服务器。云计算密钥管理系统架构如图 14-10 所示。

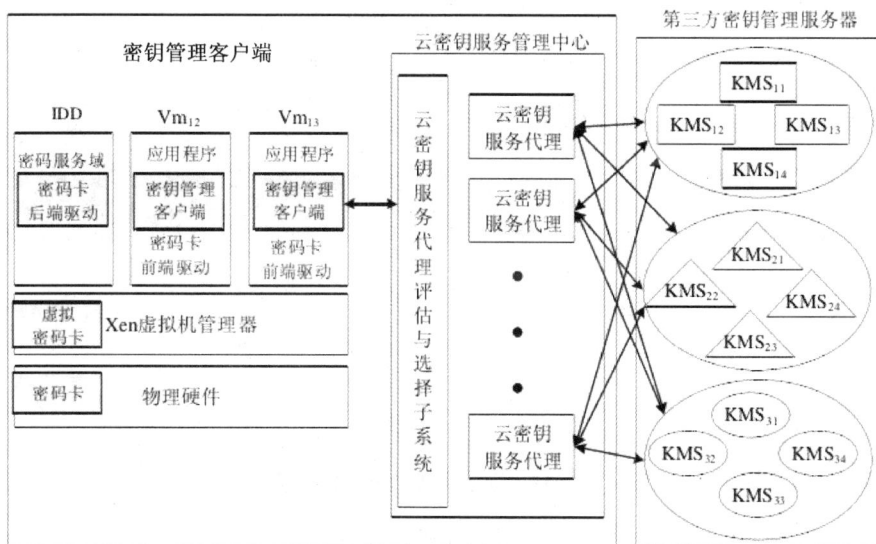

图 14-10 云计算密钥管理系统架构

用户应用程序需要使用密码运算时,由用户虚拟机中的密钥管理客户端发出密钥服务请求,构造密钥管理服务请求 Soap 消息,并发送到云密钥服务代理评估与选择子系统;云密钥服务评估与选择子系统根据用户密钥请求种类和请求对象,评估当前云密钥服务代理的服务能力,根据服务代理选择策略在云密钥服务代理集合中为用户请求消息选择一个密钥服务代理并转发请求;云密钥服务代理负责对密钥管理客户端产生的密钥管理请求 Soap 消息进行解析,利用与密钥管理服务器相对应的原协议与密钥管理服务器进行交互,密钥管理服务器处理完用户请求后,将处理结果反馈到云密钥服务代理,云密钥服务代理再次将响应消息构造为 Soap 消息发送到密钥管理客户端。

当密钥管理客户端得到用户需要的密钥时,通过密码服务域将密钥加载到密码卡中实现密码运算。密码卡驱动分为前端驱动和后端驱动,其中,前端驱动装载在用户虚拟机中,后端驱动装载在密码服务域中。后端驱动通过 Xen 虚拟机管理器访问密码卡硬件。

在用户密钥服务请求与密钥服务响应的传输过程中,需要依赖密码卡配置的证书,采用数字信封加密消息中的关键字段来提供消息的安全性。密码卡生成随机对称密钥,对用户密钥请求的关键字段进行加密,并用密钥管理服务器的公钥加密该对称密钥;密钥管理服务器收到加密后的请求信息后,用自身私钥解密得到对称密钥,再用该对称密钥解密已加密的请求关键字段。密钥管理服务器对响应消息进行同样的操作。

下面以虚拟机用户的证书查询请求为例来说明架构的基本工作原理,如图 14-11 所示:

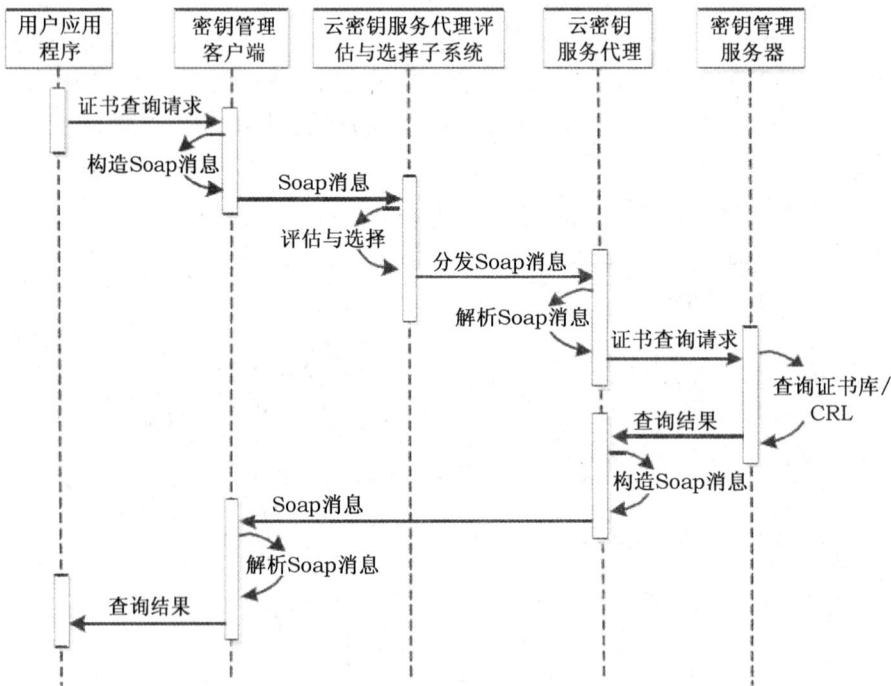

图 14-11 证书查询请求处理流程

步骤 1:用户应用程序发出证书查询请求;

步骤 2:密钥管理客户端分析用户程序请求,构造 Soap 消息,并发送到云密钥服务代理评估与选择子系统;

步骤 3:云密钥服务代理评估与选择子系统按照一定规则选择云密钥服务代理,并将用户请求的 Soap 消息分发到云密钥服务代理;

步骤 4:云密钥服务代理对 Soap 消息进行解析,得到用户证书查询请求,并与用户所请求的密钥管理服务器进行交互;

步骤5：密钥管理服务器对相应的证书库或 CRL 进行证书查询，得到查询结果；

步骤6：密钥管理服务器将查询结果反馈给云密钥服务代理；

步骤7：云密钥服务代理将查询结果构造为 Soap 消息格式，发送给密钥管理客户端；

步骤8：密钥管理客户端解析 Soap 消息，将查询结果反馈给用户应用程序。

（四）密钥管理客户端

密钥管理客户端部署于云用户虚拟机 VM 中，负责将用户应用程序的密钥服务请求构造成 Soap 消息格式发送给云密钥服务管理模块，接收并解析云密钥服务代理的应答消息，向应用程序提供请求消息的处理结果。[83]客户端解决了不同用户的应用程序和底层密钥管理服务器的互操作问题，将传统应用程序的消息处理复杂度降到最低。密钥管理客户端包括应用程序交互接口、消息构造/解析模块、XML 加密模块、XML 签名模块、可信证明模块以及云密钥服务管理模块交互接口，如图 14—12 所示。

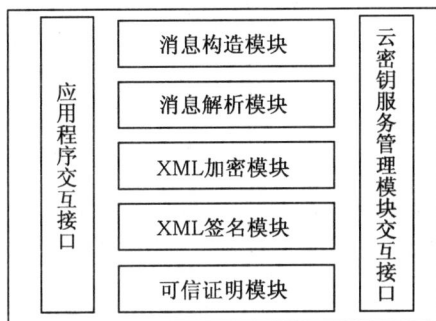

图 14—12 密钥管理客户端

（1）消息构造模块：将用户应用程序发出的与特定密钥管理服务相对应的密钥请求转化为统一的 Soap 请求消息。

（2）消息解析模块：将密钥服务代理反馈的 Soap 消息解析为用户应用程序能够识别的信息。

（3）XML 加密模块：对 Soap 消息进行加密，确保消息的机密性。

（4）XML 签名模块：对 Soap 消息进行签名，确保消息的完整性和不可否认性。

（5）可信证明模块：进行平台和应用程序可信性证明。

客户端得到用户密钥后，要将密钥注入密码卡进行密码运算。由于一台服务器上部署了多个用户的虚拟机，为了满足多用户的密码服务需求，需要对密码卡进行虚拟化处理。在众多虚拟化技术中，Xen 以其优越的性能和开源性受到研究者和企业的广泛认同。本书在密码服务域中采用 Xen 虚拟化技术对密码卡进行虚拟化，并以此作为提供加解密、签名、验证等密码运算服务的实体。

根据 Xen 的分离设备驱动模型，密码卡驱动包括前端和后端密码卡驱动，负责完成对密码卡的访问。其中，位于 DomU 中的前端驱动将密码服务请求发送到位于 Dom0 中的后端驱动，后端驱动接收密码服务请求，对其进行安全检查，然后将通过检查的密码服务请求交由原生密码卡驱动处理。原生密码卡驱动是操作系统中所使用的未经修改的密码卡驱动。在 Xen 系统中，只有经过授权的 Domain 才有权使用原生密码卡驱动访问底层的密码卡。通过支持原生密码卡驱动,Xen 能够最大限度地利用原有操作系统中的密码卡驱动,减少了 Xen 的开发难度,提高了效率。通过安全硬件接口,这些原生密码卡驱动能够被限定在特定的 I/O 空间中,为 Domain 提供密码卡访问服务。

    Xen 实现了机制和策略的分离,其只负责提供最基本的控制操作,而具体的管理和策略决策则由 Xen 授权的特权 Dom0 来完成。在 Xen 的半虚拟化中,Xen 本身不含有设备的驱动,而是将设备的控制权交由 Dom0 来管理。Dom0 可以访问所有的硬件设备,DomU 通过将读写请求转发给 Dom0 来进行密码卡的输入、输出操作。在运行包含大量虚拟机或需要高效密码卡 I/O 的虚拟机时,因为所有的虚拟设备的后端驱动都在 Dom0 中,同时还要负责创建、销毁其他 DomU,Dom0 将会成为系统的"瓶颈"。密码服务域结构如图 14—13 所示。

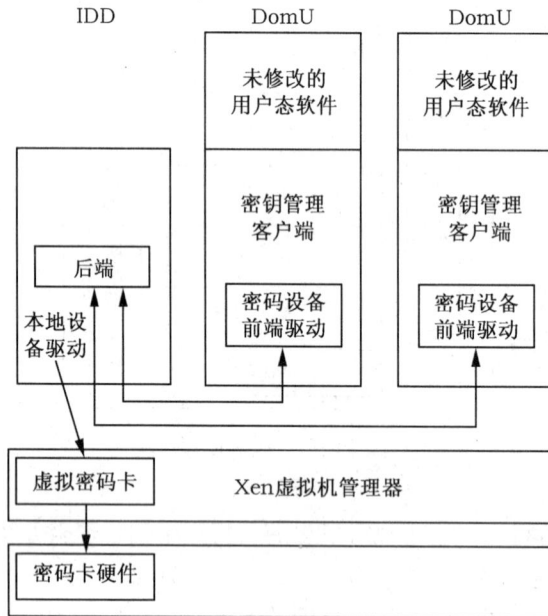

图 14—13　密码服务域结构

    在密码设备虚拟化过程中,最大的问题在于密码设备与普通 I/O 设备有所不同。众所周知,密码在实际应用中代表着实体的身份,一个特定的密码设备实际上提供了一个实体的身份数据。因此,在对密码设备进行虚拟化过程中,要完成对密钥的分配和管理配置。在同一密码设备向多虚拟机实例提供密码服务时,虚拟机实例可能属于不同的单位和实体,这些实体可能使用不同的密码安全级别和安全资源。因此,在为不同实体服务时,要为其分配不同的密钥,确保同其实体身份相对应。

    在云计算环境下,由于用户虚拟机处于用户的掌控之外,而且没有明确的物理边界,相对于目前普遍使用的个人电脑来说,系统安全性较弱,更容易受到攻击。如果用户在虚拟机或密码卡遭到攻击的情况下仍然使用密钥,那么密钥的安全性会大大降低。因此,在使用密钥之前,应确保用户虚拟机和密码服务域同时可信是很有必要的。基于 TPM 的可信证明,在用户虚拟机使用密码服务域之前,应增加客户端和密码服务域之间的可信证明,确保密码运算中用户密钥的安全性和可靠性。

(五)云密钥服务管理中心

云密钥服务管理中心处于云的逻辑管理边界,是云计算与第三方密钥管理服务器的管理中心,负责将云计算中的密钥管理请求进行整合、调度,并转发至密钥管理服务器。云密钥服务管理中心根据功能分为两部分:一是密钥服务代理评估与选择子系统,负责密钥管理服务商的服务注册、服务监测、服务评估和服务选择等工作,涉及服务注册模块、服务监测模块和服务评估模块;二是云密钥服务代理,代理用户将密钥请求转发到密钥管理服务器并接收密钥管理服务器的响应,包括消息构造/解析模块、可信证明模块。云密钥服务管理中心结构如图 14—14 所示。

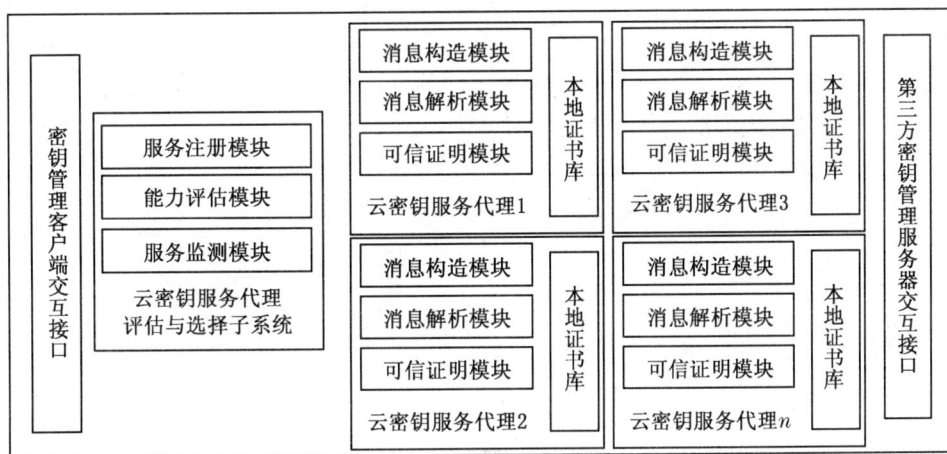

图 14—14 云密钥服务管理中心结构

1. 云密钥服务代理评估与选择子系统

云密钥服务代理评估与选择子系统主要负责对云密钥服务代理进行能力评估和选择。云密钥服务代理能力评估框架包括密钥管理客户端、密钥服务注册模块、服务能力评估模块、服务能力数据库、服务能力监测模块、云密钥服务代理和密钥管理服务器,如图 14—15 所示。

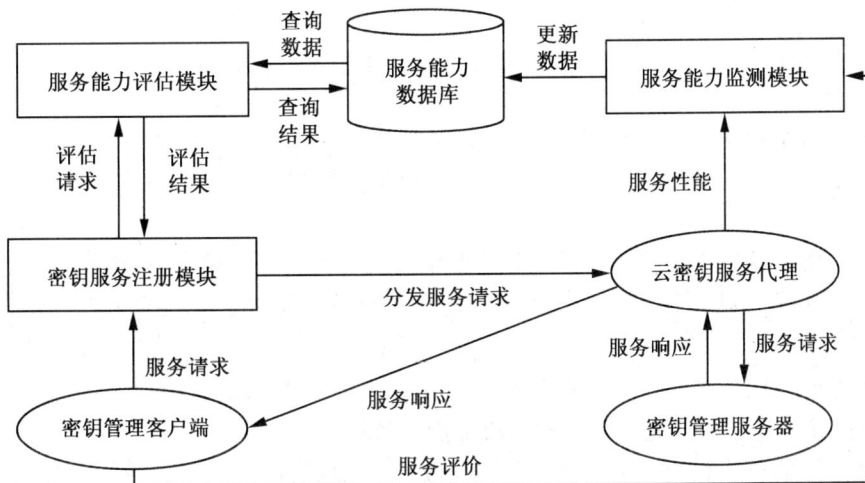

图 14—15 云密钥服务代理能力评估框架

在该框架中,服务监测模块负责监控服务代理的各个性能,以及获取用户对服务代理的评价结果,将获得的信息建立为数据表的格式存储到数据库。数据表的格式为:

$$\{u_i, a_j, t, (C_m, Value_m)\}(m=1,2,\cdots,N)$$

其中,u_i 代表发起密钥管理服务请求的密钥管理客户端,a_j 代表云密钥服务代理,t 代表提供服务的时刻,C_m 是 a_j 在服务过程中的各个属性,$Value_m$ 为各属性对应的值。由于各服务能力属性有不同的取值范围和单位,需要对服务能力数据进行规范化处理,将所有服务能力属性的值域调整成统一区间。由于服务能力属性的评估与实际值之间存在正相关性,所以采用最小—最大规范化方法对各属性值进行归一化处理:

$$V_m = Value_m / (Value_{mmax} - Value_{mmin})$$

其中,$Value_{mmax}$ 为能力属性历史记录的最大值,$Value_{mmin}$ 为能力属性历史记录的最小值。同时,为了防止数据库冗余,设置一个时间阈值 dT,超过这个阈值的数据表会被删除。

云计算密钥服务代理能力评估与选择步骤如图 14—16 所示。

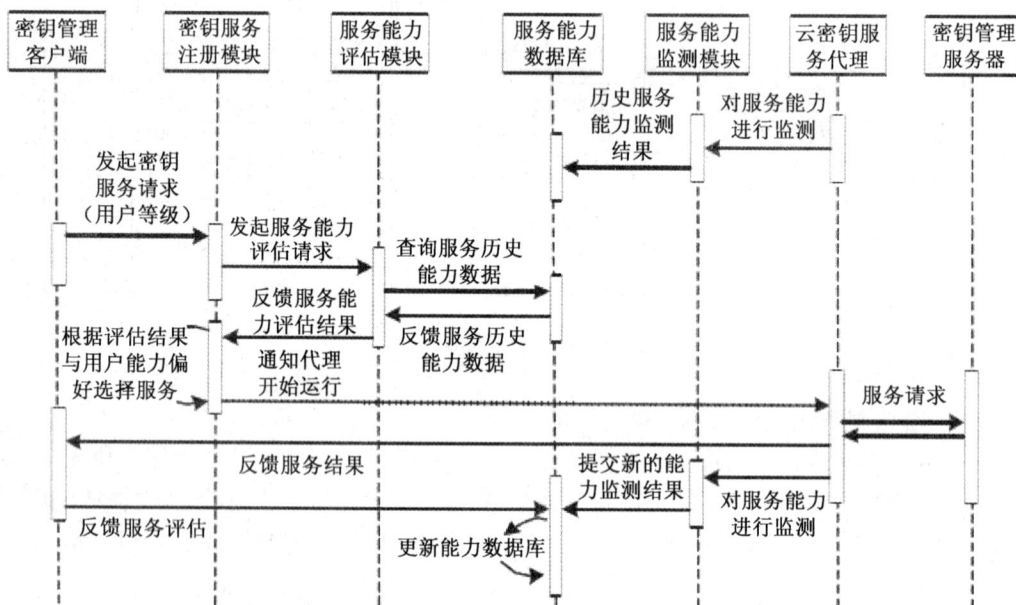

图 14—16　云计算密钥服务代理能力评估与选择步骤

步骤 1:对于初次加入的密钥服务代理,需对其服务能力进行初始化评估,通过向该服务代理发起密钥请求,得到其响应的结果,以此作为初始评估服务能力数据,并存储到服务能力数据库。

步骤 2:密钥管理客户端向密钥服务注册模块发起密钥服务请求,该请求中包含用户服务等级,密钥服务注册模块首先判断该密钥请求的密钥管理功能,确定其具有对应的密钥管理服务。

步骤 3:密钥服务注册模块向服务能力评估模块发起服务能力评估请求,评估模块查询密钥服务代理集群在服务能力数据库的历史能力数据记录。

步骤 4:评估模块利用评估模型对服务历史能力数据进行建模,计算后得出评估结果,将评估结果反馈给注册模块。

步骤5：注册模块根据评估结果进行服务代理选择，将用户请求交给该密钥服务代理。

步骤6：服务代理向密钥管理服务器发送请求，密钥管理服务器进行响应并将结果反馈给服务代理。

步骤7：密钥服务代理向密钥管理客户端反馈运行结果，服务能力监测模块对服务代理的可监测指标进行监测并记录在能力数据库中，密钥管理客户端向服务能力数据库反馈对服务响应的评价。

步骤8：更新能力数据库。

2. 云密钥服务代理

云密钥服务代理作为密钥管理客户端与密钥管理服务器的中间节点，既能与密钥管理客户端以 Soap 消息进行通信，也能与密钥管理服务器以传统密钥消息进行通信，它允许密钥管理客户端以异步通信的方式与密钥管理服务器交互。

下面以证书验证过程说明云密钥服务代理功能。鉴于 PKI 信任域间存在的差异性，需要对证书设计基于信任域的管理策略进行分析。在云计算密钥管理服务中，存在两个层次的信任域：第一层是基于 CA 的信任域，记为 CTD(CA Trust Domain)；第二层是基于云密钥服务代理本地证书库的信任域，记为 ATD(Agent Trust Domain)。这两层信任域属于并列关系，不相互包含也不相互排斥。因此，根据信任域异同产生了四种信任关系。根据这四种信任关系，设计基于信任域的证书验证如下：

(1)同一 CTD 且同一 ATD。

在这种信任关系中，用户 A 和用户 B 的证书均由同一 CA 颁发，同时，利用同一云密钥服务代理进行证书注册，且他们的证书状态在云密钥服务代理中的证书库或 CRL 中均有保存。在双方进行证书验证时，密钥管理客户端发送证书验证请求到云密钥服务代理，云密钥服务代理通过查询本地证书库和 CRL 来对证书进行验证，不需要将验证请求转发到 CA 处。这样，将原本集中于 CA 的任务分散到各个云密钥服务代理进行处理，加快了证书处理速度，减少了带宽和计算资源。过程如图 14—17 所示。

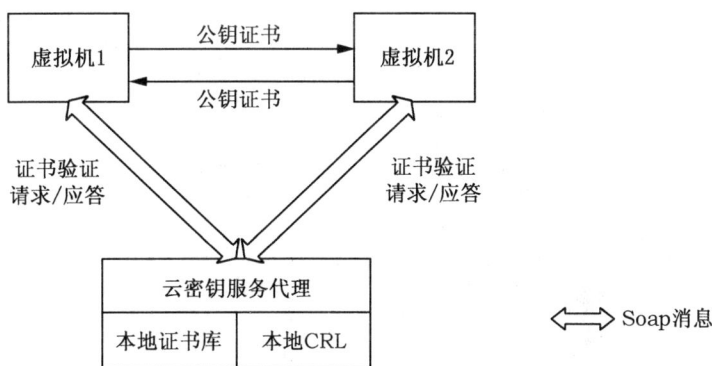

图 14—17　同一 CTD 且同一 ATD

(2)同一 CTD 但不同 ATD。

在这种信任关系中，处于不同云密钥服务代理之下的用户 A 和用户 B 的证书均由某一CA 颁发，但是他们的证书状态保存在不同的云密钥服务代理的证书库或 CRL 中。在双方进行证书验证时,密钥管理客户端发送证书验证请求到各自证书所属的云密钥服务代理,云密钥服务代理通过查询本地证书库和 CRL 来对证书进行验证;未发现所要查询的证书的,会将验证请求转发到 CA 处,查询证书库或 CRL,得到查询结果,并将查询结果反馈给云密钥服务代理,最后云密钥服务代理告知密钥管理客户端查询结果。过程如图 14—18 所示。

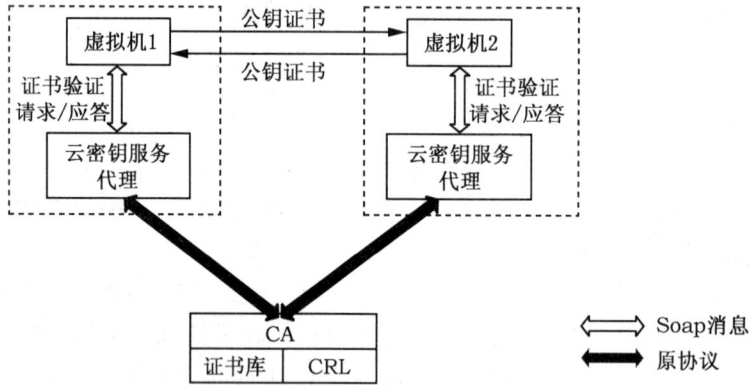

图 14—18　同一 CTD 但不同 ATD

（3）不同 CTD 且不同 ATD。

在这种信任关系中,用户 A 和用户 B 利用不同云密钥服务代理,且他们的证书由不同的 CA 颁发。证书可能存在编码格式和数据格式的差异性,且他们的证书状态保存在云密钥服务代理的证书库或 CRL 中。在双方进行证书验证时,密钥管理客户端发送证书验证请求到云密钥服务代理,云密钥服务代理通过查询本地证书库和 CRL 来对证书进行验证,发现所要查询的证书不属于同一 CTD 的,则无法构造证书间的信任链;然后将验证请求转发到 CA 处,CA 通过解析证书,得到颁发该证书的 CA,利用桥 CA 建立证书路径,确定信任关系,并将查询结果反馈给云密钥服务代理,最后云密钥服务代理告知密钥管理客户端证书查询结果（如图 14—19 所示）。

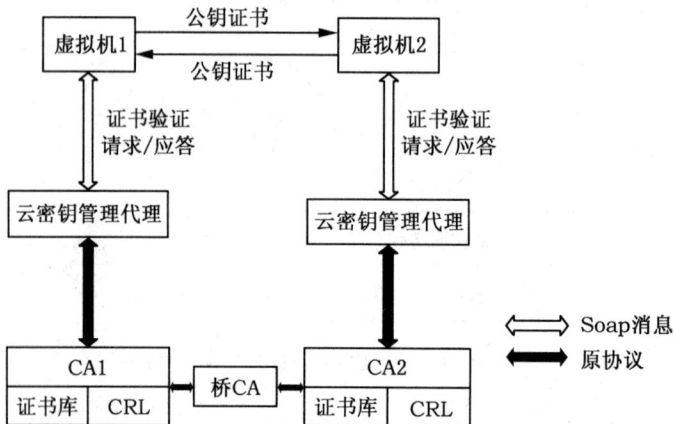

图 14—19　不同 CTD 且不同 ATD

3. 密钥管理系统服务接口

云计算密钥管理系统的服务主要包括密钥查询、验证、注册、撤销和恢复等功能。本部分分别对客户端和云密钥服务代理之间的主要通信消息以及云密钥服务代理提供的服务接口进行描述。云密钥服务代理收到客户端请求消息以后，首先对请求消息进行解析，判断属于哪种类型的密钥管理请求，然后调用相应的函数进行处理。下面主要介绍实现云密钥服务代理功能的几种：查询服务（Locate）、验证服务（Validate）、注册服务（Register）、撤销服务（Revoke）和恢复服务（Recover）。

（1）查询服务。

查询服务能使用户获得指定的密钥或证书，但不给出有关密钥绑定信息的有效性声明，不报告密钥/证书的状态以及可信度。云密钥服务代理使用本地数据或通过原协议的消息，从密钥管理服务器获取密钥信息。查询服务由查询请求（Locate Request）与查询应答（Locate Result）两个消息组成。查询服务流程如图 14—20 所示。

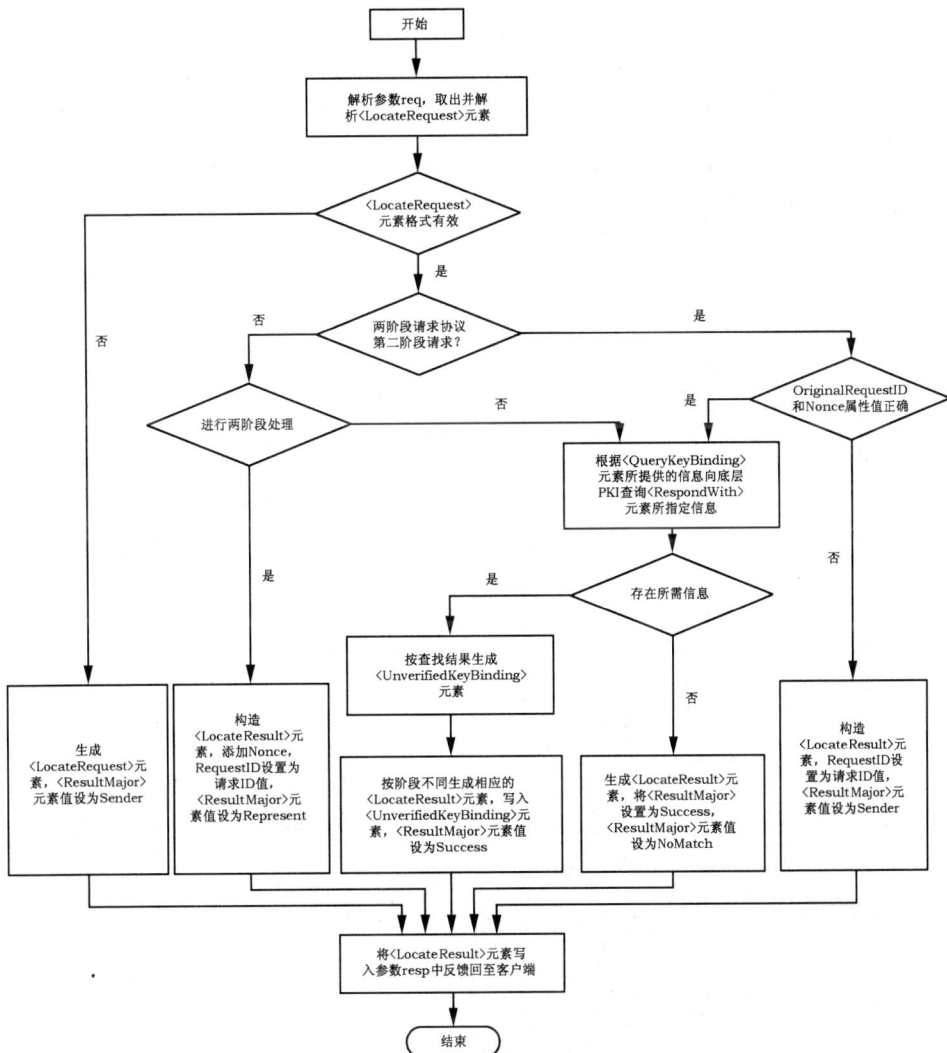

图 14—20 查询服务流程

（2）验证服务。

验证服务除了完成查询服务的功能外，还提供详细说明公钥及其相关信息（如密钥名称或一组扩充属性）的状态声明。云密钥服务代理根据客户端对公钥/证书的描述，在本地或通过相应的密钥管理服务器进行公钥/证书验证，以确认该公钥/证书的有效性。除此之外，云密钥服务代理还可以在验证服务应答中补充其他的公钥/证书信息。验证服务由验证请求（Validate Request）与验证应答（Validate Result）两个消息组成。验证服务流程如图14-21所示。

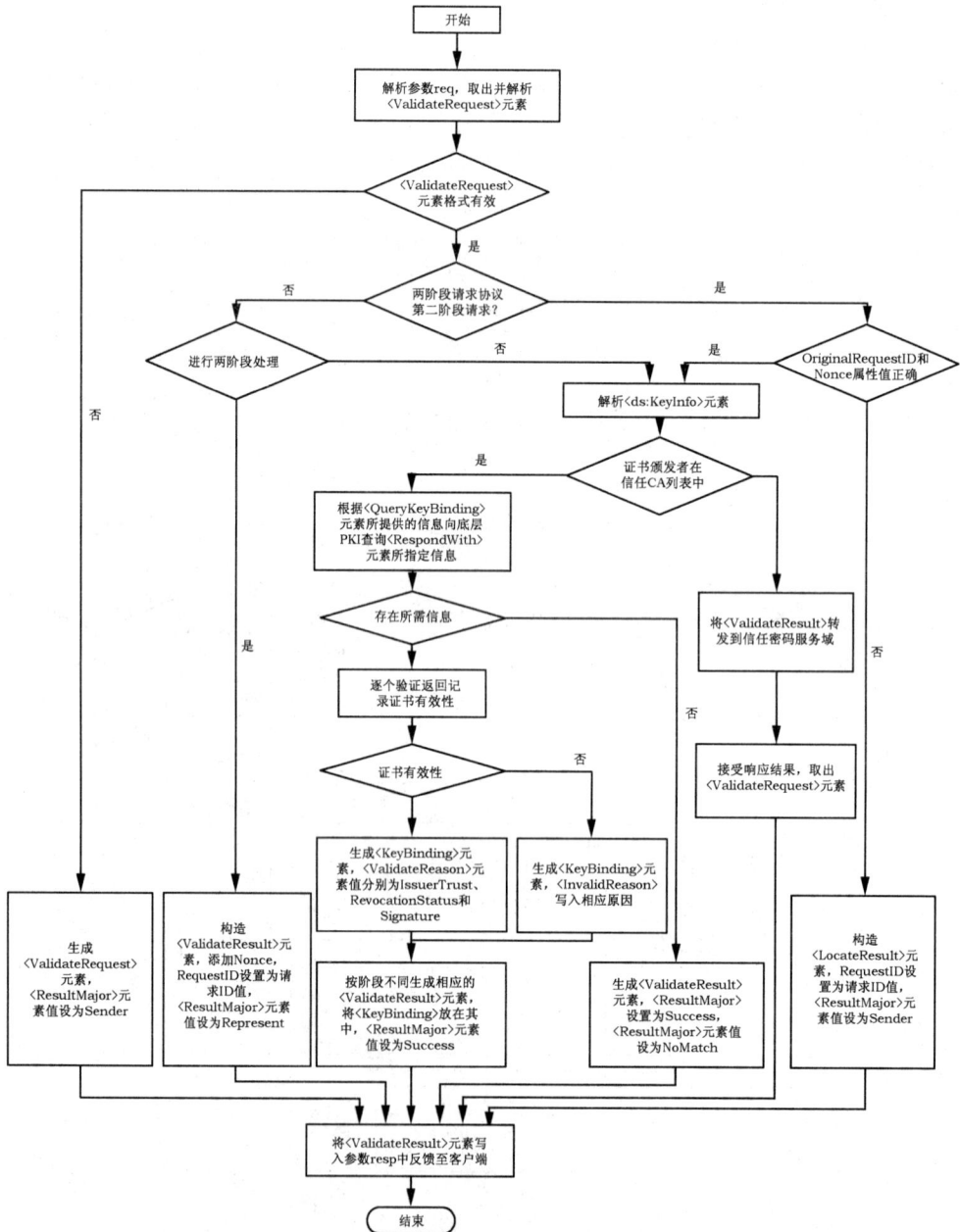

图 14-21　验证服务流程

（3）注册服务。

密钥生成有两种方式：一是用户自己生成密钥，密钥需要通过密钥管理服务器进行注册；二是密钥管理服务器生成密钥。用户通过云密钥服务代理向密钥管理服务器发送公/私钥，密钥管理服务器对公/私钥和用户名称等相关信息进行绑定，完成对密钥注册的过程。下面主要研究用户生成密钥的注册。

在发出密钥注册请求之前，密钥管理客户端应首先设定预共享口令，然后以在线方式进行密钥注册申请。密钥注册请求（Register Request）消息中含有密钥的声明描述，包括用户名称、密钥值、密钥名称、密钥用途、密钥有效期、身份证明以及消息鉴别码等信息。消息鉴别码用来证明用户具有撤销密钥的权限。注册请求到达后，云密钥服务代理首先验证身份证明并保存消息鉴别码，将注册请求转发给密钥管理服务器。通过 CA 完成用户密钥注册并颁发证书，将最终的密钥及绑定信息写入（Register Result）消息与数字证书一起传送回云密钥服务代理，同时，将证书发布在 LDAP 目录服务器上供其他用户查询。云密钥服务代理将处理结果反馈给密钥管理客户端。注册服务流程见图 14—22。

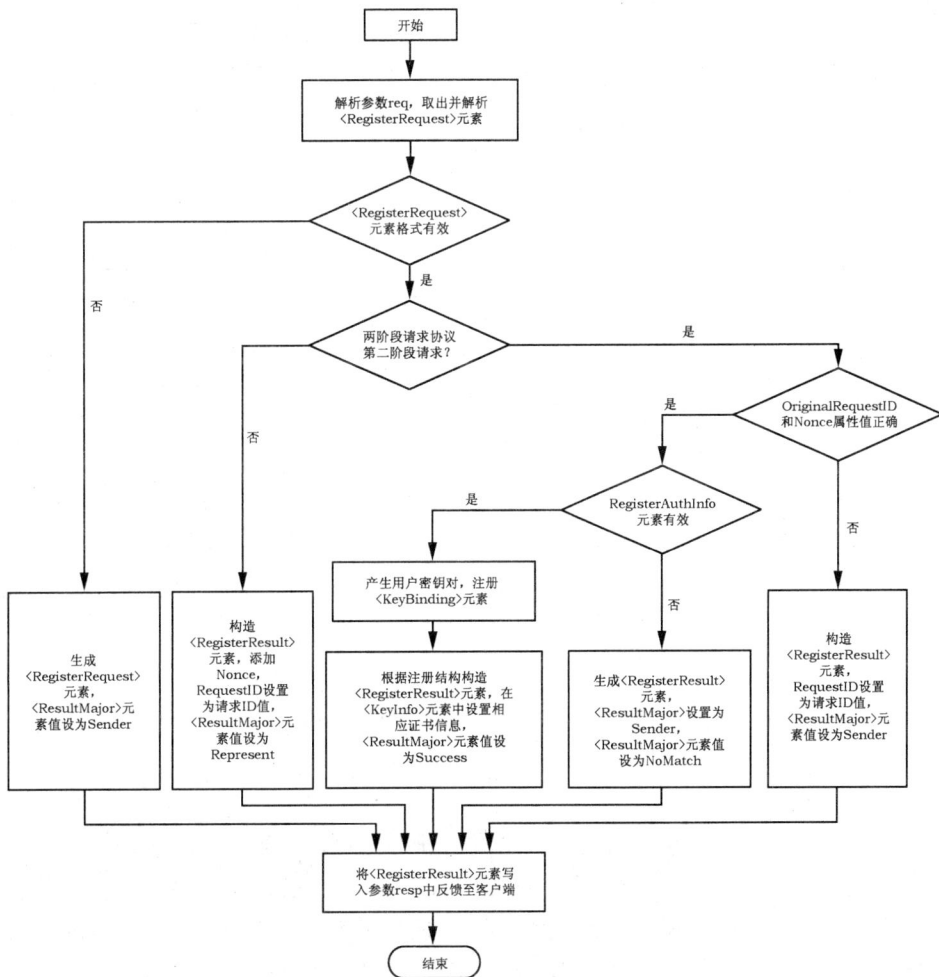

图 14—22　注册服务流程

（4）撤销服务。

当用户密钥泄漏或者密钥持有者关系改变时，应对该密钥及相应证书进行撤销。密钥撤销请求消息中包含原有的密钥绑定信息、认证信息和消息鉴别码。密钥管理客户端发送密钥撤销请求到云密钥服务代理，云密钥服务代理将撤销请求转发到相应的密钥管理服务器，密钥管理服务器完成验证后，将密钥注册状态设为空并撤销其证书、更新 CRL。将撤销结果反馈到云密钥服务代理，云密钥服务代理反馈用户密钥撤销结果并相应地修改本地证书库和 CRL，最后反馈处理结果到密钥管理客户端。撤销服务流程见图 14－23。

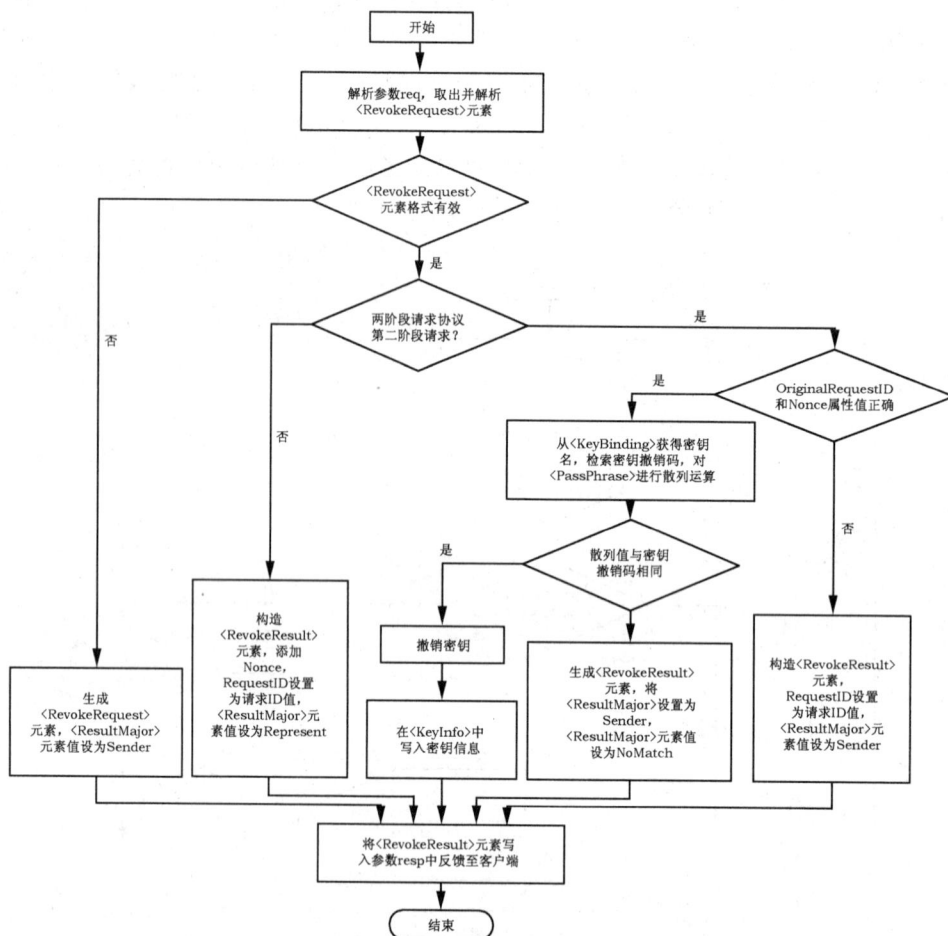

图 14－23　撤销服务流程

（5）恢复服务。

密钥恢复服务允许用户通过安全方式来重新获得私钥。在密钥管理客户端发出密钥恢复请求之前，需要事先以离线认证的方式从密钥管理服务器获得恢复授权代码；云密钥服务代理将包括待恢复密钥信息和恢复授权代码的消息鉴别码的请求转发到密钥管理服务器，密钥管理服务器验证用户信息后恢复用户密钥，将恢复的密钥反馈给云密钥服务代理，云密钥服务代理将处理结果发送到密钥管理客户端。恢复服务流程见图 14－24。

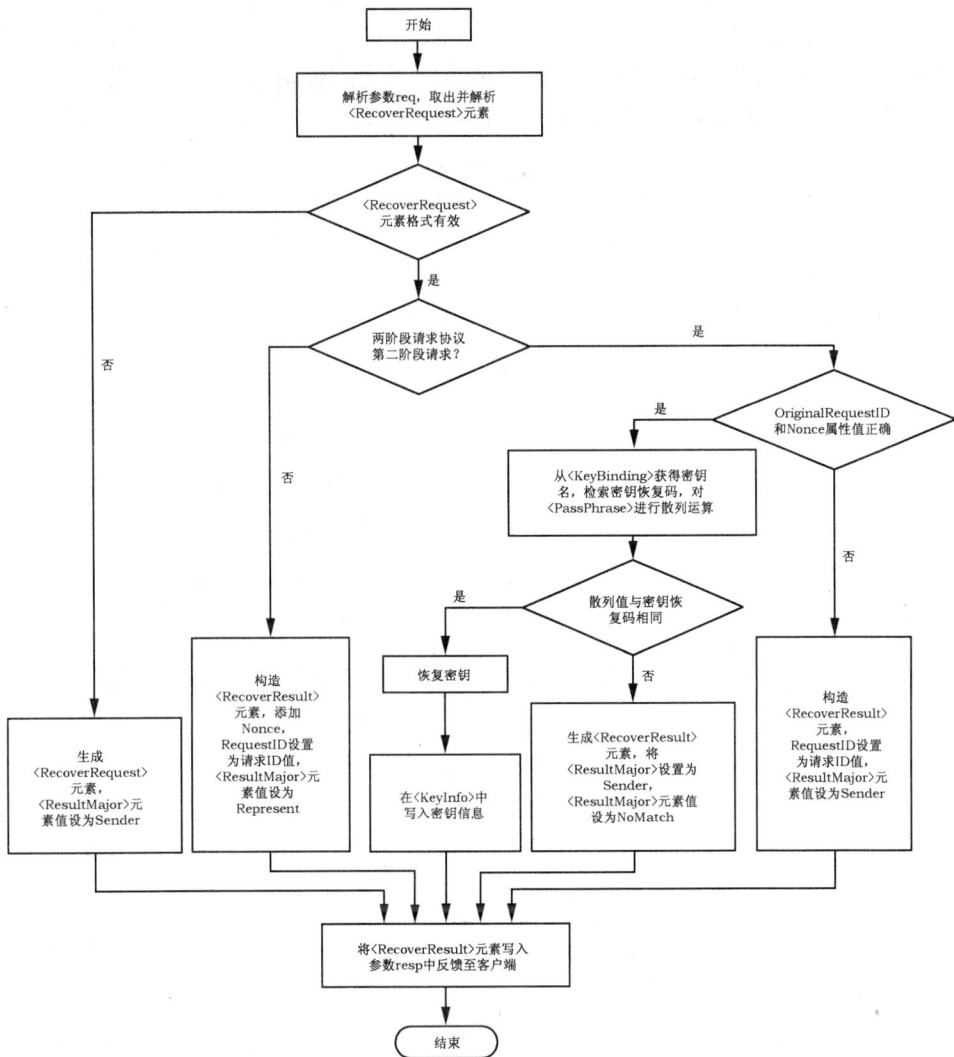

图 14-24 恢复服务流程

4. 密钥管理协议

由于在云计算环境中,用户密钥需求种类众多,导致密钥管理客户端需要与多个密钥管理服务器进行通信;传统的密钥管理系统中,不同的密钥管理服务器与用户之间使用不同的密钥管理协议,造成了用户使用加密、认证、非对称密钥和其他加密技术的操作和设施费用增加,并且提高了管理难度。针对这一问题,本书提出云计算密钥管理协议(Cloud Key Management Protocol,CKMP)来允许多种类型的密钥管理服务器通过一个单一的协议与各种密钥管理客户端通信。CKMP 包括三种元素:安全对象、面向对象的操作和对象的属性。CKMP 明确了密钥管理消息的组成格式以及消息中包含的元素,支持任何密钥管理客户端;通过在密钥管理客户端与云密钥服务代理之间使用统一的管理协议,能够解决密钥管理服务器与密钥管理客户端之间的互操作问题,适用于云计算环境中用户密钥请求数量大、频率高、密码设备虚拟化的情况。下面详细介绍 CKMP 的组成元素。

(1)对象。

对象元素中包含了密钥客户端与密钥管理服务器之间传输的所有安全对象,如对称密钥、非对称密钥、公钥证书和签名私钥等。具体内容如表 14—1 所示。

表 14—1　　　　　　　　　　　　　　CKMP 对象

对　象	描　述
Certificate	数字证书,比如 X.509 证书、PGP 证书
Policy Template	相关策略属性列表
Private Key	非对称密钥的秘密部分
Public Key	非对称密钥的公开部分
Secret Data	共享秘密
Symmetric Key	对称加密密钥或消息验证码密钥
Template	元素列表

(2)操作。

密钥协议中,除了需要说明对象,还需要说明希望对该对象执行的操作。操作种类根据对象的种类变换,与执行操作的主体有关。具体内容如表 14—2 所示。

表 14—2　　　　　　　　　　　　　　操作分类

操　作	描　述
Activate	请求密钥管理服务器激活一个密钥对象
Add Attribute	请求密钥管理服务器增加一个属性并设置属性值
Archive	请求密钥管理服务器存储密钥对象
Check	请求密钥管理服务器检验对象的使用
Create	请求创建新密钥
Create Key Pair	请求创建并注明一个公/私钥对
Delete Attribute	请求删除对象的一个属性
Derive Key	通过已知的密钥或口令得到一个对称密钥
Destroy	通知密钥管理服务器销毁密钥
Get	申请密钥
Get Attribute	请求对象属性
Get Attribute List	请求对象属性列表
Locate	请求密钥管理服务器查找对象
Modify Attribute	请求密钥管理服务器修改属性值
Recover	请求访问已归档对象

续表

操 作	描 述
Register	请求密钥管理服务器注册对象
Re-key	请求更新对称密钥
Revoke	请求撤销对象

由于云计算密钥管理系统中包括密钥证书的管理,因此设计的协议应支持证书管理中的元素,证书操作如表14—3所示。

表14—3 CKMP证书操作

操 作	描 述
Certify	申请公钥证书
Re-certify	申请更新证书
Validate	申请验证证书链并反馈验证结果

在云计算环境下,如果密钥管理客户端采用同步方式与云密钥服务代理通信,必然会导致用户等待时间过长,影响用户其他操作。因此,在CKMP设计中加入了异步请求/应答模式。异步请求发出后,密钥服务代理反馈一个待定状态给请求者。请求者可以使用"查询"操作来查询未解决的异步操作,也可以使用"取消"操作来终止待定操作,如表14—4所示。

表14—4 CKMP异步操作

操 作	描 述
Cancel	终止未解决的异步操作
Poll	查询未解决的异步操作状态

以上操作均是密钥管理客户端对密钥管理服务器发起的操作请求,但是在有些特定情况下,比如,密钥管理服务器联系某个特殊的密钥客户端时,会发送一个请求消息来激活该密钥管理客户端的请求/应答消息队列。因此,CKMP中设置了两个由密钥管理服务器发起的操作,如表14—5所示。

表14—5 CKMP密钥管理服务器操作

操 作	描 述
Notify	通知客户端
Put	将密钥对象推送至客户端

(3)属性。

为了支持安全对象拥有的大量属性,CKMP为安全对象设计了全生命周期内的所有属性。表14—6说明了CKMP中定义的安全对象的属性。

表 14—6   CKMP 属性

属　性	属性描述
Activation Time	可以使用对象的时间
Application Specific Identification	管理对象预期的使用
Archive Date	密钥管理对象归档时间
Certificate Issuer	证书的身份证明，包括发行者的权威名称和证书序列号
Certificate Subject	证书的主体，包括主体的权威名称
Certificate Type	证书的类型，比如 X.509 或 PGP
Compromise Occurrence Date	对象损坏的时间
Compromise Date	对象进入危害状态的时间
Contact Information	与对象状态改变或对对象的其他操作有关的实体名称
Cryptographic Algorithm	对象使用的加密算法，比如 RSA、DSA、DES、3DES 或者 AES
Cryptographic Length	加密密钥的比特长度
Cryptographic Parameters	执行加密操作时使用的特定的加密参数，如散列算法
Cryptographic Usage Mask	定义了哪些加密函数可能会使用密钥

在以上这些属性中，用户密钥的全局唯一性对于云计算环境来说是非常关键的。因为在云计算中，用户的虚拟机所处的物理环境是不固定的，用户所使用的 IP 或 URL 也是不固定的。当用户从一个网段迁移到另一个网段后，会处于不同的密钥管理域。如果用户密钥名称不是全局唯一的，将会发生密钥名称冲突，无法为用户提供准确的密钥服务。协议中特定的属性之一是名字属性，它是可选择属性，而且一个对象可以拥有多个属性值。协议不定义名称空间，只提供了一些名称表述的格式，如基于 URI 的名称。CKMP 中每一个元素都要由 tag(标签，说明信息用途)、type(类型，说明通信的数据类型)、length(长度，说明数据长度)、value(数值，信息的数据主体)的形式进行描述，具体如图 14—25 所示。

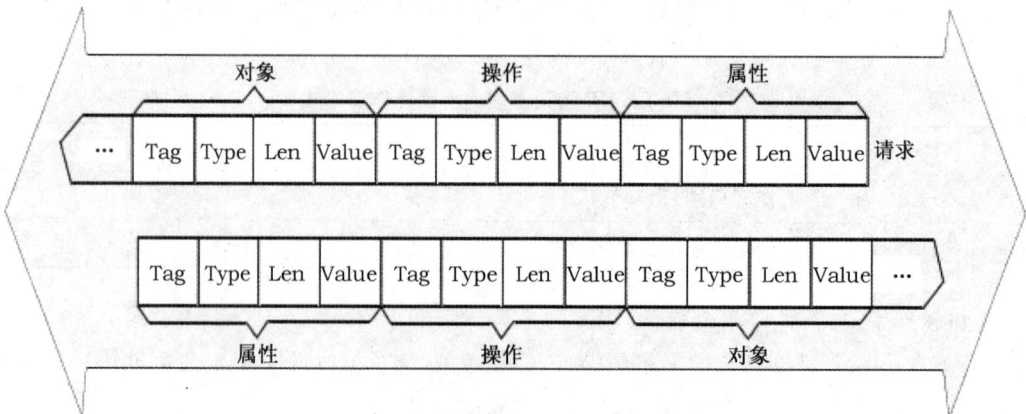

图 14—25　CKMP 协议格式

5. 基于隶属度匹配的云密钥服务代理能力评估与选择

(1)问题分析。

在本书提出的云计算密钥管理系统中,用户密钥管理请求在到达云密钥服务代理评估与选择子系统后,需要为用户选择合适的云密钥服务代理来代替用户完成与密钥管理服务器的交互行为,这样可以减少用户的通信时间和通信量,使用户更加便捷地获取密钥管理服务。但是,由于用户多、密钥请求量大、密钥请求频繁的特点,而且云密钥服务代理能力有限,可能会出现用户密钥请求等待时间长、代理负载过量导致的代理失效甚至崩溃的问题,严重影响用户及时得到密钥服务响应。因此,为用户密钥请求选择合适的服务代理,成为用户能否获得满意密钥管理服务的关键。云密钥服务代理选择模式如图 14－26 所示。

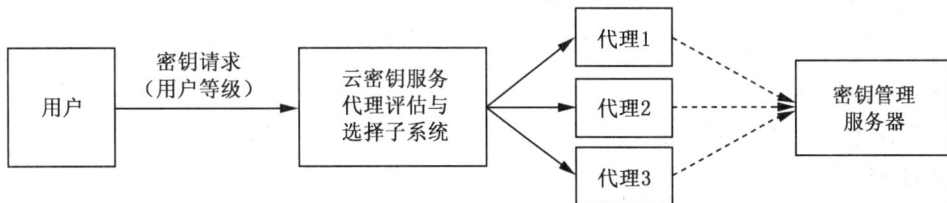

图 14－26 云密钥服务代理选择模式

当一个密钥服务请求到达云密钥服务管理中心时,云密钥服务代理评估与选择子系统首先需要根据一定的策略进行决策,之后再选择一个云密钥服务代理来代替用户与后端的密钥管理服务器交互。在该模式中,参与分发决策的信息包括用户密钥服务请求中包含的用户等级与密钥服务代理的历史能力数据。其中,用户等级由用户在云中注册时决定,密钥服务代理的历史能力数据由云密钥服务代理评估与选择子系统对密钥管理客户端与密钥服务代理的历史交互情况监测得到。

云密钥服务代理评估与选择问题本质上是服务选择与任务分发的问题,典型的服务选择方法有以下几种[84][85][86][87][88]:

①轮转法:认为服务代理具有相同的地位,采用轮转的方式提供代理服务。当请求到达时,分发节点将轮流地选择代理节点。该算法具有简单、快速的特点,适用于代理节点同构的情况。

②加权轮转法:与轮转法相比,加权轮转法就是将服务代理能力进行加权,由权值决定服务代理接收请求的概率。权值越大,接收的概率越大,权值的选择对于请求分发的结果具有较大的影响。

③随机选择法:采用一定的随机函数,利用产生的随机数在服务代理中进行随机选择。随机选择具有一定的盲目性,容易出现负载聚集,从而影响性能。

④最小连接法:以服务代理节点上的连接数来估计负载,为请求选择连接数最小的服务代理。连接数从一定程度上反映了当前的负载状况,但是对于服务能力各异的服务代理而言,连接数的承受能力是不同的。因此,最小连接数的服务实例未必就是最优的选择对象。

⑤最小负载法:该方法中,分发节点具有周期性,或能实时地收集服务代理的负载状况,可以为到达的请求选择负载最小的节点。分发效果依赖于收集到的负载信息的正确性,实时信息往往比周期性记录的信息更为准确。但同时,对于云密钥服务管理中心而言,这也带

来了更大的开销。

在以上几种方法中,前三种不用采集服务代理的负载信息,属于静态选择方法,具有一定的自觉性。在服务代理负载变化快、运行情况不稳定的情况下,应用时性能较差。后两种算法侧重于如何快速准确地采集负载信息、建立更好的负载模型,以更好地反映服务代理的运行状态。但是,这些方法存在共同的问题,它们所分发的请求对服务代理的资源消耗、时间占用是相同的,且仅以服务代理所承担的请求个数作为其负载。

在云计算密钥管理系统中,由于用户的密钥服务请求种类多样,包括密钥注册、证书验证、密钥更新等,密钥管理服务器对每种密钥请求处理所需要的时间、计算量差异很大,密钥管理服务器可以同时开启多个服务实例,同时处理尽可能多的服务请求;用户密钥服务请求不需要在密钥管理服务器上等待即可得到处理,并且每个密钥管理服务器处理同一类密钥服务请求的时间相同。但是,为用户密钥服务请求选择服务代理时,不仅要考虑服务代理上的等待队列长度,即当前负载量,还要考虑处理完这些等待队列上的请求所要用的时间。

在现有的基于反馈服务能力的预测研究的基础上,需要采用历史信息反馈的方式,将服务本身的性能以及密钥管理客户端对于服务请求处理结果的评价作为评估因素。利用密钥管理客户端与密钥服务代理的历史交互记录信息,对服务代理的能力进行评估,增加评估的准确性,从而选择合适的服务代理。

(2)云密钥服务代理能力的基本概念及指标体系。

密钥管理作为云用户的基础安全类服务,要满足各方面的性能要求。为了保证云密钥服务代理能满足用户需求,保证用户密钥的绝对安全性、可用性和可控性,在提供密钥管理服务时,需要对密钥服务代理的服务质量、可靠性等进行全方位的评估。[89] 所谓的利用服务能力对密钥服务代理进行评估可定义为:在云密钥服务管理中心,将用户密钥服务请求分发到密钥服务代理,该代理能够快速、准确地与密钥管理服务器交互并将请求结果反馈给用户的能力。该定义综合了服务代理的各种服务性能,是一个动态的、面向用户对象的概念。

在云计算环境下,如何提出一个科学、合理、可行的密钥服务代理能力评估指标体系作为评价密钥服务代理能力的准则,是一个比较复杂的问题。根据 Web 服务质量评估指标体系的优、缺点以及云计算环境下密钥管理服务的特征,参考密钥服务代理能力的定义,综合各服务质量属性内涵,本书建立云密钥服务代理能力属性评估指标体系如图 14—27 所示。

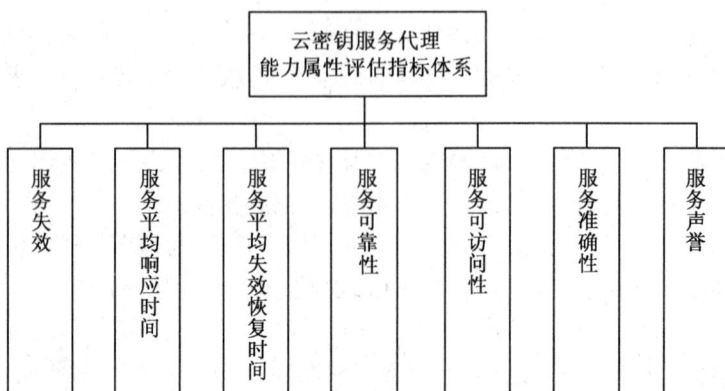

图 14—27 云密钥服务代理能力属性评估指标体系

第四节 云计算的中小企业信息化建设模式研究

一、企业信息化建设模式现状

(一)企业信息化模式

欧阳峰(2006)认为:"企业信息化模式,就是指企业开展信息化的方式,它是企业在信息化要素的多种组合中所选择的某些信息化要素组合。"[90]也就是说,企业信息化模式是对企业信息化具体应用方式的一种探讨和研究。信息化模式的分类方法有很多种,比较有代表性的有企业信息化应用模式、企业信息化建设模式、企业信息化发展模式、企业信息化投资模式、企业信息化实现模式等。

关于信息化模式的界定由于分类方法不同,观点也不同。赵令家(2000)从信息化建设过程中采用的主要技术路线和管理路线出发,认为信息化模式应该包括信息化目标、信息化采用的主要技术路线、信息化范围、信息化实施次序及信息化重点等内容。而张玉峰、徐敏刚、陈观发(2000)基于对 ERP、SCM 管理角度的认识,认为信息化模式就是 ERP、SCM 等企业信息化的管理思想方法及具体应用。谢康(2000)研究了企业信息化的生成、投资模式,即企业信息化建设的动因。他归纳了 5 种企业信息化投资模式:企业—产业互动模式、挑战—反应模式(或竞争反应模式、挑战—应战模式、复杂适应系统模式)、雁行模式、地域互动模式和其他模式[91];也有学者将其归纳为内部驱动模式与外部推动模式。有学者研究企业信息化模式是从企业信息化的发展和演进模式进行的,即研究企业信息化的延伸或扩展路径,以及企业信息化的发展阶段。如果企业信息化的过程是先有内部信息系统,然后向外发展电子商务,这就是由内向外的企业信息化发展模式;反之,就是由外向内的企业信息化发展模式。在信息化扩展方向上主要分为 3 种:(1)横向模式,信息化在操作层面和职能层面上横向扩展,为企业操作层面和职能层面提供更多的服务;(2)纵向模式,企业信息化在纵向的操作层面、运营层面和决策层面自下而上发展,以解决更多的非结构化问题;(3)复合模式,这是上述两种模式的结合。国外学者对企业信息化发展阶段模型进行了研究,比较有代表性的是诺兰阶段模型,其总结了企业信息化发展的不同阶段应采取的不同发展策略。

(二)企业信息化建设模式

企业信息化建设模式,是指企业采取什么样的开发方式进行企业信息化建设。关于企业信息化建设模式,大体有两种观点:一种是从开发方式的角度界定信息化建设模式,这也是本书研究的重点。还有一种是从供应链角度将企业信息化建设模式分为两类:一类是以内部流程为基础向外延伸的模式,注重理顺企业内部治理关系,是由内而外的"推式"建设模式;另一类是以客户与供应商为中心向企业内部延伸,以市场为导向的"拉式"信息化建设模式。从开发方式角度,仲伟克等(2002)根据行业实践经验对企业信息化模式进行了分类,认为信息建设模式主要分为以下 4 种:自行开发的 MIS 模式,管理咨询+自行开发模式,整体引进模式,独立咨询+引进 ERP 模式。聂规划等(2004)则认为,企业信息化建设模式应分为自主开发模式、外包开发模式、合作开发模式和整体引进模式。龚炳铮(2001)则从企业内部和企业外部两个角度，将企业信息化发展模式分为两大类：企业信息化开发方式（包括外包式、内外合作式和自主式3种），企业网站及电子商务平台建设方式（包括自主式、委托或租用式、加入式）。

随着互联网的发展，企业信息化建设也出现了新的发展模式。主要有ASP、SaaS和云计算的信息化建设模式，这三者从广义上都可以归纳为信息化外包开发模式的范畴，主要面向中小企业的信息化建设模式，但就其具体运作方式而言，又有各自不同的特征。

ASP通常是指应用服务提供商，是一种信息化租赁模式。中小企业可以通过向应用服务提供商租赁管理软件进行业务运作和管理。IDC认为，ASP是指从一个集中管理的组织中提供应用的部署、供应、管理以及对应用出租访问的契约式服务；服务的主要形式是外包。其中，关于ASP在中小企业应用方面的研究，比较有代表性的：王舰、逄咏梅（2004）从财务外包的角度研究认为，ASP财务外包模式比较适合中小企业；孙延明（2002）从制造业信息化的角度认为，ASP是制造业信息化很有前途的一种建设模式；钱艳俊（2003）分析了ASP模式在中小企业ERP实施中的应用前景，但由于网络带宽限制和应变能力较差，一对一的运作模式最终会导致其走向没落。

SaaS是另一种通过互联网提供软件服务的信息化建设模式，其最早是由Salesforce.com在2003年推出。用户不用购买软件，而是通过向SaaS服务提供商租赁软件来管理企业经营活动。陈鹏、薛恒新（2008）认为，SaaS是一种软件业的产业革命，从软件的所有权、IT投入、规模经济和市场覆盖情况等，对SaaS的商业模式进行了分析。赵冠烨（2008）将SaaS和电子商务相结合进行分析，认为"SaaS＋电子商务"是中小企业信息化改革的捷径。刘古权、冯玉强、韩雪（2009）从供应链的角度分析了SaaS的应用可以有效提升企业竞争优势、降低成本，并提出未来第三方供应链应该是基于SaaS模式提供的。但是，单独的SaaS运作并不能保证企业信息化应用扩展方面的需求，因此，SaaS的良好运作还需要云计算的推动。

关于中小企业信息化建设模式方面，靖继鹏等[92]（2003）从实施重点的分类角度认为，不同时代采用的信息化建设模式的重点不同：在传统的计算机时代，企业信息化的重点是企业内部局域网的信息化建设模式；而在互联网时代，则是互联网与企业内部网的协调统一模式。朱泽民（2007）在《中小企业信息化建设模式的分析与比较》一文中认为，相对于大企业的信息化建设以信息化应用需求为导向的特点，绝大多数中小企业是在有限的经费预算下迅速进行信息化建设的，在分析了传统模式（自主开发、外包开发、整体引进）和新模式（ASP、SaaS、免费软件）的特点之后，得出结论：对于不同类型的企业信息化建设模式，应该根据企业自身的特点选择不同的信息化建设模式。田新（2006）在《中小企业管理信息化模式及管理体系研究》一文中，运用诺兰阶段模型分析认为中小企业在不同的发展阶段都有不同的信息化需求，不可能在成长过程中跳过任何一个阶段。周晓蕴（2008）从企业信息化建设中外源化模式的成本角度，在对比分析了企业信息化建设中常用的软件外源化（商品化通用软件）、系统外源化（信息系统外包）、业务外源化（特定业务处理外包）之后认为，软件外源化模式的交易成本和代理成本是最低的，业务外源化模式的交易成本和代理成本较高，中小企业在选择时应根据自身的特点，对成本和收益进行权衡后选择适合自己的建设模式。

二、中小企业信息化发展现状及建设模式

(一)中小企业信息化现状

中小企业在国民经济发展中占有非常重要的地位,逐渐成为了经济发展的重要力量。截至 2008 年底,我国中小企业和非公有制企业的数量已经超过 4 800 多万家,占全国企业总数的 99.7%。其中,经工商部门注册的中小企业数量达到 450 多万家,个体经营户达到 4 000 多万家。[93]自改革开放以来,中小企业不仅对经济增长的贡献越来越大,而且已经成为技术创新与机制创新的主体和扩大就业的主渠道,在繁荣城乡市场、增加财政收入、优化经济结构、增强经济活力、促进社会稳定等方面发挥着日益重要的作用。

信息化的发展已经成为提升中小企业竞争力的重要手段,但在激烈的市场竞争中,大多数中小企业在发展规模、管理水平、业务拓展能力等方面都与大型企业存在着较大的差距。尽管中小企业可以采用新的信息技术进行赶超,但当前其信息化发展水平仍然较低,总体处于信息化应用的初级阶段,而且应用层次差别较大。

1. 中小企业信息化整体水平不高

长期以来,国家、IT 厂商都在为中小企业信息化水平的提高而努力,但大多数中小企业信息化意识薄弱,没有从战略的高度认识到企业信息化对提升企业竞争力的重要作用;同时,中小企业融资困难、资金短缺,更愿意将有限的资金用于拓展业务,而很少或不会将资金投资于投资收益见效慢的 IT 设施。中小企业内部缺乏专业的 IT 人员,员工素质普遍较低,也缺乏一定的对信息化项目实施的培训。多种因素使得很多企业领导将信息化简单地理解为就是购买几台计算机,而很少从战略的高度去总体规划,导致在信息化投资行为上表现出不作为。

权威统计显示,占全国企业总数 99.7%的 4 800 多万家中小企业中,中小企业的信息化建设采用率还不足 10%,有将近 65%的中小企业还没有计算机;而拥有计算机的中小企业中,还有 60%没有建立自己的网站,更不用说利用互联网进行在线交易了。建立网站的企业中,能够利用互联网进行交易的中小企业也仅占企业总数的 12%。可见,我国中小企业的整体水平并不高,总体信息化利用率较低。

2. 信息化水平处于初级阶段,但发展较快

我国中小企业信息化的发展处于初级阶段,包括信息化需求的初级和应用的初级。首先从信息化中硬件产品的采购需求来看,2009 年中小企业主机类产品采购占总体硬件产品采购的比重高达 78%,是信息化需求的主体;硬件产品的附加产品和服务较少。其次,信息化水平越低的单位对 PC 产品的需求程度越高,信息化水平越高的单位对存储类、信息安全类、网络类产品的需求程度越高。这也从一个侧面反映了我国中小企业的信息化建设的初级阶段现状。

在信息化应用方面,中小企业信息化建设的主要项目为财务软件、办公自动化软件、局域网建设和网站建设等,总体还是处于初级阶段水平。但是在全球经济一体化的进程中,越来越多的中小企业认识到信息化建设的重要性。2008～2009 年,信息化网络建设的深度与广度不断加强,包括网络安全、网络会议系统建设、网络升级改造等;也有越来越多的 ERP 项目上线,特别是互联网的发展;更多的企业参与到类似于阿里巴巴平台的电子商务大军中,信息化建设发展较快。

3. 信息化应用层次差别较大

目前,我国中小企业所处行业跨度较大,企业的发展阶段不同,其信息化的应用层次也不同,主要分为三个层次:第一层是信息化单机应用,主要是为提高工作效率而采购多台 PC,将它们用于生产和经营管理中的文字处理、报表制作和网络资料查询等;第二层是简单的局域网应用,部分中小企业通过构建企业内部的小型网络,实现简单的协同办公和信息共享;第三层是较为高级的层次,即系统化应用和电子商务、企业内部 ERP 的应用,以及利用互联网开展网络营销、客户关系管理,实现电子商务。然而,调查数据显示,拥有计算机的中小企业中约 85% 处于第一个层次的单机应用;在第二个层次中,没有实现局域网内部共享协同的企业达到 42.4%。这说明我国中小企业的信息化层次差别较大,大部分仍处于计算机单机应用阶段,利用互联网开展电子商务信息化层次的较少。

(二)中小企业信息化发展的主要障碍

1. 企业信息化的认知程度不够

企业信息化的认知水平在很大程度上取决于企业的决策层和管理层,特别是中小企业,由于其业务规模不大、人员不多、管理随心所欲,领导在其中的作用非常明显。管理者对信息化的认识不充分、不全面、不重视,成为企业信息化开展的一个障碍。

一部分领导认为,信息化就是购买几台计算机,组建一个内部网络,简单地将传统的手工业务流程搬到系统中,以此提高工作效率。还有领导认为,信息化工作就是为了满足评选指标,是形象工程和政绩工程,而不是从工作的实际需求出发。这些都是典型的"为了信息化而信息化"。应该通过与 IT 厂商或第三方信息化咨询机构的充分交流和沟通,让企业领导认识到信息化将给企业带来的竞争优势,包括洞悉市场变化和扩大销售能力、帮助企业保留优质客户和发掘更多潜在客户、帮助中小企业提高产品质量和降低生产成本、提高管理者的管控能力和决策水平等。

2. 信息系统开发过程中的问题

在进行系统开发计划时,如果企业用户和 IT 厂商沟通不足,没有弄清楚系统建设的目标和系统的总体结构,盲目开发会导致系统使用过程中可扩展能力和灵活性差,造成不断增加和修改现有系统的功能,浪费大量的时间和金钱。在系统设计阶段,如果 IT 厂商开发者没有对业务流程进行详细的调查分析,也没有系统的设计流程,而是按照自己的思想去设计,脱离实际,不仅会造成后续实施的困难,而且客户出现不满意时,重新返工的成本也较高。

3. 信息孤岛现象存在,系统之间集成性差

不同的信息系统会服务于不同的岗位和部门,而各个部门之间联系不紧密,不同功能的系统之间相互割裂,信息不共享、不交换的存在,会使得大量基础数据重复录入。这种信息孤岛现象的存在,造成了产品中通用部分重复设计、数据重复录入;同时,这些数据的同步更新性差,破坏了信息的统一性、准确性;更为严重的是,信息的不共享使得企业的物流、信息流、资金流相互脱节,造成了财务核算的困难。

信息孤岛现象的存在在很大程度上与中小企业信息化建设的目标不明确、信息系统盲目上线、缺乏总体规划有关,这造成了由于引进技术系统平台的散乱而难以统一整合的局面。另外,个别企业的决策层热衷于投资少、风险低、能够快速显示政绩、实施周期短但风险高的项目,这种心态和认识也是造成企业信息孤岛的原因之一。

4. 企业信息化与管理和业务实践相脱节

很多中小企业花费了大量的 IT 投资费用之后,只是将信息系统用于简单的数据录入、查询、汇总和报表输出工作,这样做只是利用计算机来提高信息加工和获取的效率,并未从根本上改善企业管理流程,也没有帮助企业利用信息系统建立竞争优势,更谈不上为企业创造效益。

信息化建设不仅仅是先进的硬件和软件的应用,还包括企业管理和业务的调整和适应。在企业信息化推广的初期,可能重点是用技术驱动管理和业务,但随着管理难度的增加和业务范围的拓展,就要求必须是由管理和业务驱动信息化。在信息化建设的过程中,企业高层应该从整体上对企业的使命、远景和目标进行定位,对战略层、业务层和操作层的各个部门的业务需求进行充分有效的了解和调研,然后,以目前上线的信息技术作为工具,来改善管理和业务流程,促进信息技术与管理实践相结合。

5. 信息化建设中内部利益的协调问题

在信息化过程中,企业在某些环节以计算机取代了人,但对于员工的新工作缺乏具体说明,或牵扯到利益的重新分配,造成部分员工对信息化产生抵触情绪,阻碍信息化的实施。还有人认为,工作被计算机取代了,担心自己的工作会改变或失业。因此,一旦系统出现问题,不主动去解决,甚至借题发挥,使系统逐渐被荒废。此外,企业在推进信息化过程中的制度不完善也加重了这一问题。

(三)中小企业信息化建设需求

企业信息化建设模式,是指企业采取什么样的开发方式进行企业信息化建设。对于中小企业而言,有其自身发展的固有特点。中小企业在信息化过程中的发展思路、建设模式和大型企业不同,其信息化建设模式呈现多样性、个性化的特点,不能一概而论;必须坚持从中小企业的实际出发,寻找适合自身发展的信息化建设模式。中小企业信息化建设需求主要存在于投入产出比、个性化、适应性、实施成效、操作和维护等方面。

1. 具有较高的投入产出比

中小企业规模小、资金匮乏,如何生存是中小企业首先要面临的问题。这就要求信息化建设要以有限的资金做更多的事,能够达到最大实效。企业希望信息化能真正解决一些急迫问题,能够实实在在获得明显的回报,就会对信息化的投入产出比要求很高。所以,中小企业在选择某种 IT 产品时,对 IT 产品及服务的价格非常敏感,首先要求有较高的性价比,产品再好但价格太高也宁愿放弃,因此,价格是中小企业在信息化建设中的主要考虑因素。其次,它们会更多考虑成本收益分析,即通过信息化企业能够得到什么、是不是合算,信息化解决方案的功能是否齐全、是否能够解决企业某些具体的实际管理问题。中小企业不愿意承担由信息化带来的沉没成本,通常它们只是想通过信息化降低成本、增强竞争能力,而不是降低利润来获得业务流程的优化,不求大而全。

2. 个性化应用需求较强

中小企业信息化的发展因不同行业、不同地区、不同发展阶段等因素而有所差异,特别是不同行业、不同规模的中小企业在信息化建设的不同阶段有着不同的需求。具体到每个企业而言,其在管理模式和管理流程等方面也存在着很强的个性化需求。这就要求中小企业的信息化投资以及相应的解决方案和实施都要具有实用性和灵活性。信息化的个性化需求比较明显,IT 厂商针对大型企业的标准化实施并不适合中小企业。

3. 具有较强的灵活性和动态适应性

首先,面对激烈的市场竞争和瞬息万变的市场需求,要求中小企业必须以市场需求为导向,信息系统的建设相应地也要能够灵活应对市场需求的变化,满足变化的市场需求。其次,中小企业的经营发展具有不稳定性,其经营方针、政策、业务范围等时常会发生变化,因此,对信息系统的功能需求也在不断变化,要求信息化建设具有动态调整性。最后,处于转型期和发展中的中小企业,从管理层到业务层的规模都会发生变化,企业规模的扩大要求信息系统也能够随之转型升级,具有较大的灵活性。

4. 信息系统开发迅速、见效快

一般而言,信息化建设的开发和实施都需要投入大量的人力、物力、财力,对于资金匮乏的中小企业来说,很难消耗得起,而且越是复杂的信息系统需要协调的因素越多,开发周期长、见效慢。中小企业的信息化建设一般注重短期利益,希望信息系统能够尽快实施,并在短期内取得明显的效果,以满足企业对市场敏锐的反应、快速的经营决策的需求,从而降低企业经营的风险。[94]

5. 信息系统的操作简单、维护工作量少

由于中小企业业务人员的素质有待提高,员工的计算机水平参差不齐,对于短期上线的信息系统,由于没有对员工进行很好的培训,这就要求使用和操作简单。首先,中小企业对信息系统的要求是"简单、易用、快捷、安全",面对中小企业的信息系统,最好是能实现"傻瓜"式的操作,特别是公司高层使用的软件越简单越好,否则接受起来会比较困难;其次,许多中小企业缺乏专业的 IT 支持人员,IT 厂商的后续维护费用会比较高,这就要求企业建设的信息化系统维护工作量尽量少。

(四)中小企业信息化建设模式分析

中小企业信息化建设灵活性、多样性的需求特点,使得信息化建设模式也具有多样性和可选择性。经过长期的发展和经验积累,逐渐形成了传统的信息化建设模式和网络时代的信息化建设模式,其中,定制开发、外包建设以及整体外购是基本的信息化建设模式。而在互联网快速发展的今天,又以此为基础发展了新的信息化建设模式,从 ASP 到 SaaS,再到云计算,都是信息化建设模式的新发展。下面将重点阐述 ASP 到 SaaS 的发展演变。

1. 传统信息化建设模式

(1)定制开发模式。

定制开发模式,即针对企业管理规范和业务需求,以专项定制开发为主。除特别因素外,如财务管理系统等,一般不选择购买成熟的商品化软件系统。定制开发模式的主要形式有自主开发和合作开发。

采取自主开发的中小企业为了开发满足自己企业需求的信息系统,通常会集中大量的人力、物力、财力进行研发,或者委托软件公司进行软件定制。由于是自主开发模式,企业对信息化建设的总体过程可以进行有效的控制;同时,自主开发的系统能够与企业自身的管理和业务进行紧密结合,系统实施容易,较大程度上满足了企业个性化的需求。同时,自主开发还能锻炼自己的 IT 人员,培养信息化队伍。但是考虑到中小企业的业务量较小,涉及企业信息化的部门较少,流程简单以及自主开发需要大量的软硬件投入成本和人力资源成本,对于个性化需求的满足带来的是高成本;企业需要从信息化投入产出比进行综合考虑,选择最优方案。而且,自主开发的内部 IT 人员并不能很好地解决企业自身在经营方式、组织结

构和管理流程方面的问题。

合作开发是定制开发模式的另一种形式,它是指企业通过与IT供应商和计算机软硬件厂商合作进行信息化建设的方式。这种合作开发的方式主要是以软件公司专业的信息技术人员开发为主,合理安排和控制项目进度,这样可以有效地解决企业信息开发队伍开发经验少、技术低下的问题;同时,合作过程中企业信息部门可以向专业公司学习经验和方法,逐步培养自己的信息化队伍,为后续的开发和维护培养人才。软件公司负责关键技术问题,企业自身负责将管理思想和业务流程与信息系统进行有效整合,使开发的软件更适合企业的发展需要。

(2)信息化外包模式。

根据赛迪顾问的定义,信息化外包是指企业战略性选择外部专业技术和服务资源,以替代自己的部门和人员来承担企业IT系统或与系统相关的业务流程的运营、维护和支持性IT服务。由此可以看出,信息化外包服务是企业对于信息化建设的成套解决方案,包括软硬件,系统实施和将后续服务委托给专业的、技术实力雄厚的第三方软件公司和科研机构进行信息化建设。

这种模式对企业来说优势很明显,具体包括:节省了IT基础设施投入和IT人力成本;能充分利用专业IT机构成熟的项目运作经验和对相关行业背景的了解,发挥IT开发商的技术优势和项目优势;企业可以集中力量于自己的核心业务,提升自身竞争能力;提高信息技术的投资回报率。但缺陷是与优势并存的:IT开发商对信息技术非常专业,但其对企业内部的管理流程和业务需求了解不够,不能很好地将信息技术与业务进行结合;企业业务人员对信息技术了解存在难度,很难提出有建设性的问题和建议,这些都会导致系统完成后出现问题。同时,企业也存在内部信息泄露、信息沟通和反馈不及时等风险。

(3)整体引进模式。

这种模式主要是指由专业的商品化软件供应商向企业提供商品化的通用软件,然后派出自己专业的项目实施团队,负责项目的实施。

购买商品化软件的信息化建设模式存在较大的优势:首先,这些商品化的软件是由经验丰富的管理专家和技术专家共同开发的,其往往是综合了大量中小企业不同的发展需求和特点,提取其中的通用性进行设计的,融合了先进的管理思想,特别是针对某一行业开发的信息系统更具有针对性;其次,通用商品化软件经过大量成熟的客户群体的检验,使得其质量具有很大的可信度;再次,系统的升级和维护方面能够得到比较专业的支持,后续服务有保障;最后,比较知名的国内外软件供应商都能提供不同层次、不同行业的商品化软件供中小企业选择。但问题也比较明显:商品化软件是一种标准化、通用性的产品,更多体现的是一个行业中产品使用的共性,这些标准的产品模块并不能满足不同行业、不同特点的各中小企业的发展需求,二次开发成本较高,个性化需求难以得到满足;而且,随着企业规模的发展壮大,管理软件需要升级换代,对于中小企业来说,初期购买的简单的信息系统并不能体现整体规划的特点,可扩展性较差。[95]

2. 网络时代的建设模式

(1)ASP(应用服务提供商)。

ASP通常是指应用服务提供商,它主要是指配置、租赁和管理应用解决方案,为商业、个人提供服务的专业化服务公司。ASP是一种信息化租赁模式,中小企业可以通过向应用服务提供商租赁管理软件进行业务运作和管理。在这种租赁业务模式下，任何用户只要通过网络就可以向 ASP 租用所需要的软件，而不必在本地的机器上安装该软件，从而节省一大笔用于 IT 产品技术购买和系统运行维护的费用；以低成本获得高效执行的 IT 应用服务的同时，免去了系统更新升级的工作。其主要运作模式如图 14-28 所示。

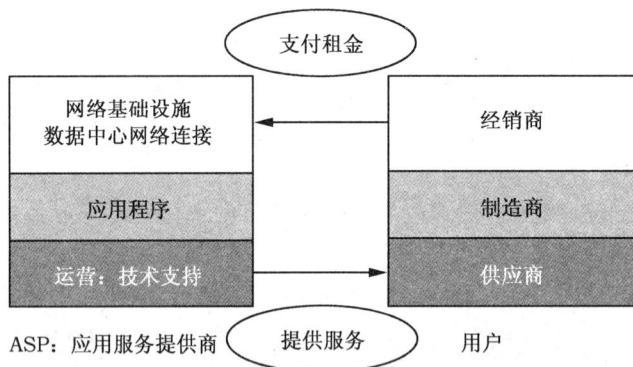

图 14-28　ASP 运作模式

从图 14-28 中可以看出，用户（包括经销商、制造商、供应商）通过互联网（客户端方面表现为浏览器）就可以方便地访问运行在应用服务提供商服务器上的应用程序。这些应用程序是由 ASP 开发的或是从专业软件开发商处购买的，用户根据使用情况支付租金，而不需要一次性购买该软件；由 ASP 负责提供运营和技术支持。

（2）SaaS（软件即服务）。

SaaS 是通过互联网提供应用程序的软件租赁模式，用户不需要购买软件，而是通过租赁软件的方式，先对软件进行在线体验，然后根据自己的业务需要，自己定制所需要的功能模块。收费模式是按照用户的需要和使用功能进行收费，用户使用软件不需要考虑软件的安装、升级和维护问题，这些工作都是由 SaaS 提供商来完成。[96] 在 SaaS 架构下，用户主要通过浏览器使用在线软件管理公司的销售数据、财务数据、采购数据等，在减少人力、物力、财力投入的情况下，可以集中精力完成本公司的核心业务，提高效率。

目前，包括传统软件企业在内的众多企业，已纷纷进入 SaaS 在线管理软件领域。SAP、微软、Oracle、用友、金蝶、金算盘等纷纷发布自己的战略，推出自己的 SaaS 服务；中国电信、阿里软件、八百客等一批新生力量也开始涉足 SaaS。这些 SaaS 提供商正引领着软件行业新的发展趋势。SaaS 运作模式如图 14-29 所示。

从图 14-29 中可以看出，SaaS 运作模式通过 SaaS 软件提供商开发出应用程序，然后通过世界范围内的 SaaS 服务提供商将信息系统部署到内部服务器上，最后通过 temet 提供给最终客户使用。客户包括大型企业、中小企业、个人等，而客户只需要根据租赁使用情况，向 SaaS 支付一定的租金即可。

从发展演变来看，SaaS 是由 ASP 发展而来的，但传统的 ASP 只是针对每个客户定制不同的应用，是"一对一"的单租户定制模式。而 SaaS 则提供通用的软件公共平台，为多用户服务的"一对多"多租户模式，用户可以根据自己的需要进行定制。

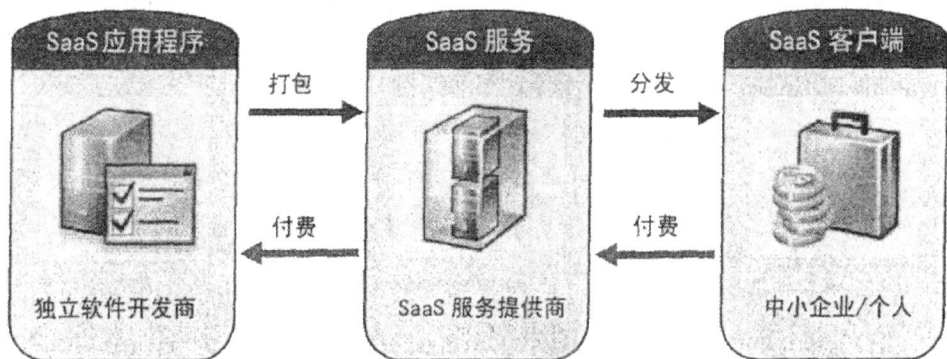

图 14—29　SaaS 运作模式

3. 信息化建设模式选择要素

（1）信息化需求。

企业信息化建设要以需求为导向，特别是中小企业信息化建设模式的选择更是注重实效。所以，中小企业在选择信息化建设模式时，首先要明确的是信息化建设的需求，从企业的战略层、管理层、业务层都要有清晰的认识，这样在选择具体建设模式时就会比较明确。

（2）信息化现状。

信息化的不同建设模式各有不同的特点，有各自的优势和劣势。企业在考察这些优、劣势时，需要根据企业信息化现状进行衡量，如企业现有信息化基础设施情况、人员素质情况等，还要考虑信息化发展的阶段，包括空白期、发展期、成熟期。

（3）自身条件。

中小企业对信息化建设的成本、个性化、灵活性、适应性等要素比较敏感，在选择信息化建设模式时，可充分考虑自身的实际情况，如是资金匮乏还是人才短缺，以及对 IT 投入成本的可接受程度等。

（4）企业规模与组织结构。

企业规模及组织结构不同，系统的统一性、软件功能、实施难度都会有所不同。一般来说，企业规模越大、组织结构越复杂，则对信息系统的功能要求就越高，实施难度也越大。尽管是针对中小企业，但企业内部规模大小的差距也是比较大的。

（5）企业发展阶段。

企业在发展中会经历新建期、稳定发展期、衰退期几个阶段。在不同的阶段，其发展战略、业务范围和规模都会有所不同。所以，在不同阶段，信息化建设模式的选择也会有所不同：初建期可采用网络模式或小型商品化软件；稳定发展期可选择成熟的商品化软件或考虑定制开发；而衰退期则宜维持或削减 IT 投资，可采用租赁的网络模式。

企业在选择信息化建设模式时，可以将以下几个指标作为选择的依据，即部署成本、开发周期、灵活性、升级和维护、风险、个性化水平、安全性、质量水平、企业规模等。中小企业进行信息化建设时，可以根据自身的特点和需求有针对性地进行选择。

（五）中小企业应用云计算进行信息化建设的模式构建

中小企业应用云计算模式进行信息化建设的基本框架，可以在信息化建设流程的基础上进行改进,主要包括以下几个模块:信息化需求分析(包括自身现状的分析和云计算特征匹配分析);云计算信息化选择策略(包括供应商和产品的选择策略);云计算应用模式分析(三层架构的应用方式);云计算的实施和运行操作(平台设计和运维)。这几个模块的规划和设计都应该是基于诺兰阶段模型分阶段进行的。同时,关于传统信息化模式向云计算过渡的支持项目也非常重要,会关系到信息化的日常运营成本和效益,主要包括安全性、网络稳定性、计费方式以及内部管理等。云计算信息化基本框架如图 14—30 所示。

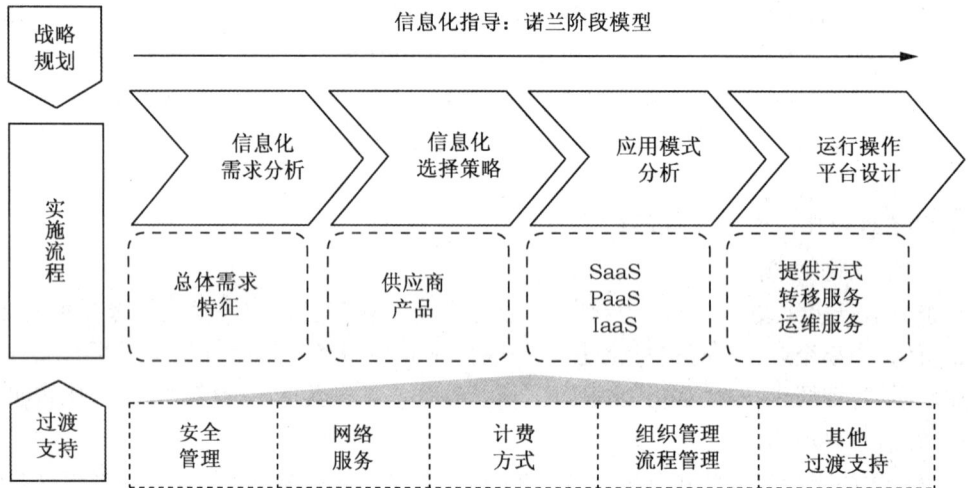

图 14—30 云计算信息化基本框架

企业要成功实施信息化,首先必须制订信息化规划,而信息化规划的第一步就是要进行需求分析。即使对于组织结构相对简单、信息化需求较少的中小企业而言,也要进行总体需求分析,这涉及企业未来长远发展以及能否顺利实施云计算信息化的问题。对于云计算的信息化需求分析,中小企业可以采用第三方咨询与云计算服务提供商参与相结合的方式,在IT 应用现状、组织结构和业务流程等方面,进行总体的信息化需求分析。

云计算信息化建设的需求分析是一个具有层次性和结构性的系统化分析过程,是一个自上而下的需求结构,包括战略层、运作层和技术层三个层面的需求分析。

(1)企业战略层需求分析。

企业信息化建设的主要目的之一就是增强企业竞争力,通过信息化建设为竞争力的提升提供高效的支持环境。所以,企业信息化建设已经成为公司治理和企业运营管理的重要内容,企业信息化需求也是企业战略规划中总体需求的一部分。所以,云计算的信息化建设,特别是从传统信息化模式迁移到云计算模式,需要一个长期的信息化战略规划,这对成长中的中小企业尤为重要。

(2)企业运作层需求分析。

在战略层需求分析的基础上,需要对企业整体业务流程和管理流程进行需求分析。云计算的信息化建设模式的交付、实现、运作方式与传统的信息化模式有很大的不同。云计算模式的应用能够在便捷性、共享性等方面极大地改变业务运作方式,所以有必要对企业运作层面进行需求分析。

（3）企业技术层需求分析。

企业信息技术是企业发展的重要支撑环境，对于已经实施信息化的企业而言，面临着现有信息系统的各个模块功能的转换和迁移；而对于尚未开展信息化的小型企业，则需要根据发展现状和业务需求来分析应使用何种技术。这些都需要进行企业技术层面的需求分析，特别是对后续的系统维护、升级、整合等方面都要做系统的规划。

（六）云计算信息化的选择策略

云计算已经在世界范围内得到了迅速发展，这主要得力于广大云计算服务提供商的宣传和推广，并在很多国家的大型企业和中小企业中进行了云计算信息化的实施。由于云计算的发展正在逐步成熟和完善，发展中难免存在不标准和不规范的云计算服务，这也正是很多企业望而却步的主要原因之一。市场上提供云计算服务的企业层出不穷，包括国际知名的 IBM、微软、Google、亚马逊、Salesforce.com 等，还包括很多刚开始从事云计算的中小企业。在我国也出现了很多云计算服务提供商，如阿里巴巴、世纪互联、红帽、恩科等；还有一些一直推广 SaaS 模式的传统软件厂商，包括用友伟库、金蝶友商网、金算盘全程电子商务等也在建设云计算。那么，中小企业面对如此众多的云计算厂商，应该如何做出合适的选择呢？一个服务质量好的提供商带给企业的是长远的利益，云计算服务提供商的选择对中小企业来说尤为重要。

1. 云计算服务提供商的分类

云计算服务是一根链条，从技术提供商到软件服务提供商都需要企业根据自身需要进行选择。

（1）云计算基础技术提供商。这类服务提供商提供云计算基础的核心技术支持，将计算机的输入输出设备、存储和计算能力进行集成来提供服务，包括 IBM、Google、微软、亚马逊等。

（2）云计算平台服务提供商。用户可以在提供商提供的开发平台上开发软件，并通过网络分发，主要包括 Salesforce、Facebook、中国的八百客等。

（3）云计算 SaaS 服务提供商。这类服务提供商通过浏览器软件向最终用户提供软件服务，以及通过多租户模式提供租赁服务，包括微软的"软件＋服务"——提供在线服务的软件产品，同时也提供相应版本的传统安装授权模式，用户可以根据自己的需求进行选择。Google 提供基础型在线办公软件应用，如 Gmail、Google Does、Google Pie as a Web 等应用服务。用户通过浏览器可以访问这些办公软件，同时也有利于办公事务的开展。

2. 云计算服务提供商选择的要素

（1）计费方式。

云计算的计费原则是按需付费，即企业只是按照使用部分支付费用。公司的业务发展是动态变化的，使用量也应该是动态计量的，尤其是对受季节变化影响的销售行业的企业比较明显。所以，选择供应商时要考虑他们的计费方式，如是按年、月、天，还是按小时计费，这都将影响云计算使用的总体拥有成本（TCO）。应特别关注所谓的"软件维护费"和"用户许可证"，这将改变云计算的按需付费模式。

（2）供应商网络。

云计算是基于网络提供服务的，对网络的性能要求较高，一个合格的云计算提供商应该至少有一个负载平衡和集群设计。供应商的网络配置以及负责人都是需要明确的。

(3)安全性。

安全性对企业来说至关重要,对服务提供商的考察不能仅限于安全套接层(SSL)技术的使用,还要进行多方面的评估,包括:不间断的全天服务;对云内部数据访问的权限设置;基于行业标准的加密技术;对同一服务器上与其他客户之间数据的逻辑隔离和物理隔离,以确保安全和隐私;容灾备份措施。

(4)厂商的经验。

评估提供商在 SaaS 或云计算方面的实施经验非常重要,包括云提供商之前从事的业务与现有云计算业务的关联性、在传统软件行业的知名度等。一般来说,服务商在应用程序托管方面运作 3~5 年以上,才能较好地解决在使用过程中出现的问题,并且需要考察厂商在公共基础平台服务、外包服务方面的相关经验。

(5)系统集成功能。

需要评估现有云计算服务提供商的数据导入和系统集成功能,在云计算实施中,会将现有的企业内部数据顺利、完整地导入云端系统,这也需要现有系统与云计算系统有较好的兼容接口,如通过基于 Excel 等文件方式,或使用基于 Web 的方式,实现内部部署软件与云计算系统之间无缝交换数据。

(6)可扩展性。

云计算服务提供商能够根据企业业务量的增加或企业规模的扩大,进行低成本的动态调配资源,以满足企业的需求。这需要对供应商进行调查,分析他们当前最大的扩容能力,以及服务商针对未来系统扩容有什么计划;必要时可以与实施云计算的企业进行有效沟通,做到知己知彼。

3. 中小企业云计算信息化建设模式分析

云计算的三层服务架构基础,即设施层、平台层和应用层,对应 IaaS、PaaS 和 SaaS,本书将其统称为"IT 即服务"。企业信息化建设使用 IT 作为服务,也包括三种基本模式,即 IaaS、PaaS 和 SaaS。

(1)基于软件即服务的信息化建设模式。

软件即服务,是将软件作为一种服务向用户提供应用程序,这种服务在不同企业类型中的使用也不尽相同。大企业拥有自己的数据中心,通常自己开发应用或组建企业内部的云计算平台,相应的 SaaS 也是相对安全的一种内部服务。在核心数据的安全性能得到保证的情况下,SaaS 模式的应用可以是核心应用,也可以是非核心应用。

对于中小企业而言,出于资金限制,往往会租用公有云计算平台,通过互联网获取应用服务,所涉及的应用主要包括电子商务、客户关系管理、OA 等。云计算提供了一种新的以按需租用 IT 资源为核心的业务模式,适合中小企业对 IT 资源的需求。云计算可以帮助中小企业降低 IT 投资的风险,按需定购,提高软件的更新速度,有效降低运行成本。[98]

同时,云计算 SaaS 也为供应链中的企业间协作提供了很好的解决方案。基于在线应用的方式,可以通过互联网共享云计算平台中发布的实时数据。企业利用这些数据,可以更好地支持企业内部系统的运行,使企业更好地融入整个供应链流程。通过共享的实时信息,围绕核心企业,在供应、生产、销售等环节能够做到协同一致,随需应变。

(2)基于平台即服务的信息化建设模式。

在分析企业信息化建设模式的过程中,可以看到中小企业信息化建设采用商品化软件外购的方式存在一定的局限性,即这些商品化软件通用性比较强,能满足企业部分共性的需求,如日常办公软件、标准化财务软件;但这些通用的功能并不能很好地满足个性化需求较高的中小企业,特别是与企业内部的业务和管理流程相结合的个性化需求难以得到满足。

在目前云计算发展还不够规范、规模经济效应还没有效形成的情况下,单纯依赖于SaaS的信息化建设,在可扩展性方面并不能更好地满足中小企业个性化方面的需求。然而,在云计算环境下,利用PaaS平台采用业务化定制的模式,则是目前我国中小企业信息化发展的一种很好的可扩展模式。

中小企业信息化自包的模式受到资金和专业IT人员的限制,而单纯依赖于SaaS模式的信息化会造成业务的定制化能力不强,因此,在云计算环境下,中小企业信息化建设的总体指导理念,应该是将系统开发的权利从技术人员转交给企业用户和业务专家,由精通本企业业务流程和管理流程的业务专家进行系统建模,而在PaaS平台上进行定制化开发将是一种长期的发展趋势。

①PaaS平台下的业务化定制模式。

PaaS(平台即服务)主要面向系统开发人员,通过提供开发平台,让更多的人参与到SaaS软件的开发中去;反过来,又不断拓展了SaaS的市场和功能。通过PaaS平台,可以轻松实现按订单生产(Built to Order,BTO)和在线交付流程。使用PaaS开发平台之后,用户不再需要进行任何编程即可开发CRM、OA、HR、SCM、进销存管理等企业管理软件,而且不需要使用其他软件开发工具即可实现在线运行。[99]

在该平台模式下,主要的参与人员有两类:一类是用户和业务专家,主要负责业务流程和管理流程的设计,这部分工作应该占到总设计工作的80%;另一类是技术专家,由于中小企业IT人才短缺,可以聘请专业的IT咨询公司人员解决关键技术问题,如负责整个平台整体质量的维护、通用构件的创建等工作,大约占总工作量的20%。这大大节省了成本,也体现了以用户和业务为中心的导向。

②PaaS业务化定制模式的参与者。

对于云计算特定环境下业务模型的构建主要分为三类参与者,且与云计算价值链中企业价值的创造因素密切相关。第一类是应用平台运营商,即云计算的PaaS开发平台提供商,他们面向应用开发者和SaaS运营商。第二类是IaaS供应商,即基础设施服务提供商,其位于云计算架构的底层,为云计算开发平台提供按需扩展的基础硬件计算、存储、网络等服务。第三类是应用开发和运营商(SaaS提供商),这是针对中小企业的业务化定制模式,这里的应用开发者是企业的业务人员,他们融合了最佳的管理实践,紧密结合了企业内部的业务流程和管理流程。而在PaaS中开发、测试和运行软件的同时,也可以将其部署到SaaS运营商的平台中,为SaaS的提供打下良好的基础。在这个平台上,中小企业也可以成为一个SaaS供应商,主要实现途径就是通过企业所在行业的成熟经验,开发适合自己企业的软件,而当将这种应用出租给相关行业的其他中小企业时,其就成为了SaaS供应商。

③PaaS业务化定制的过程。

业务化定制,是指由业务知识能力较强的专家,根据云计算的环境重新设计业务流程和管理流程,包括组织结构建模、整个页面的规划、设置规则的确定等,这种定制模式对他们的技术要求较低。

技术定制,是指由系统的管理员或者经过学习的业务专家来确定未来系统的权限配置、数据备份、较复杂的流程和规则的设置工作。这些配置通过 PaaS 的可视化操作界面的组件创建和参数设置即可完成,需要将业务知识和技术知识相结合。

传统编程开发,是指对于大部分中小企业而言,业务流程个性化需求较大,但功能相对简单,通过上面两个步骤基本就可以完成。但如果想满足复杂的商业需求,就需要在 PaaS 提供的开发平台上进行编程开发,以满足更加复杂的业务需要。主要包括扩展空间的开发、通过脚本实现复杂的流程设计等。

(七)基于基础设施即服务的信息化建设模式

基础设施即服务(IaaS),是指云计算平台把云计算架构底层的硬件资源(PC 服务器、存储服务器、网络存储器等)以及相关的计算资源(服务器的 CPU 和内存),通过租赁的形式为用户提供服务。云计算提供的这种服务模式是让企业通过租用 IT 资源来满足企业发展的需求,并以此代替传统模式下专用服务器和网络设备的一次性购买。在基础设施服务层利用服务器虚拟技术,可以把一系列硬件资源虚拟成可量化的 IT 资源,按需租赁。在这种模式下,企业主要采用以下两种方式获取服务:

1. 按需租赁 IaaS

企业在运营过程中对 IT 资源的需求并不均衡,在运营的高峰阶段需求量激增,如大量文档的临时转换和大量数据的挖掘;而在运营周期的其他时段,则处于闲置状态。对于拥有高成本数据中心的企业而言,IT 资源的利用率很低。统计显示,低于 80% 的计算能力和 65% 的存储空间的利用率都是低效的。采用云计算模式则可以利用云计算平台满足这种临时性需求,用完之后返还平台,大大降低了 IT 投资成本,可以集中资金于核心业务的发展。

2. 基础设施外包服务

除满足临时性按需租用基础设施外,中小企业信息化建设可以采用租用云计算平台的形式以替代自建数据中心,在租用的云计算平台上部署企业应用,可以降低企业的 IT 投入和维护成本。

(八)云计算信息化平台设计

1. 服务提供方式设计

云计算的服务方式,是指将 IT 作为服务方式提供给用户。它的主要服务方式包括基础设施即服务(IaaS)、平台即服务(PaaS)和软件即服务(SaaS)三种。

这三种层级的服务提供方式,在不同程度上满足了企业的 IT 需求。IaaS 通过提供 IT 基础设施,满足了企业基础硬件资源方面的需求;PaaS 为企业应用的开发提供支撑平台和开发环境,促进了应用开发的效率;SaaS 则以实际可用的最终应用程序提供给最终用户使用,通过租赁的方式实现软件的快速交付,从而获得较高的投资回报率。

通过 IT 即服务的交付模式,用户可以通过互联网按需获取硬件资源、平台资源、软件资源,这种服务提供方式需要一定的协议对服务进行约束。服务级别协议(Service Level Agreement,SLA)是云服务提供商和用户之间签署的一份正式合同,要求对各种服务(计算、存储、网络和安全服务等)承诺服务质量并能履行其违约责任。云计算实施的成功与否,很大程度上取决于提供商的服务质量与服务的可靠程度。例如,微软的 SLA 协议包括:起始点的可用性应达到 99.9%,如果低于这个百分比,则客户每月可得到 25% 的补偿;如果可用性低于 99%,则客户每月得到 50% 的补偿;此外,如果本月出现了重大的故障或病毒侵扰,用户可得到 100% 的补偿。用户使用云计算服务的基本流程如图 14-31 所示。

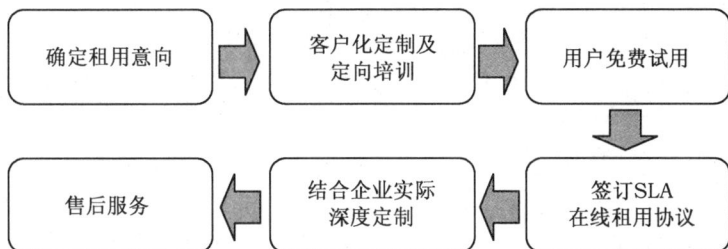

图 14—31 云计算服务的基本流程

（1）确定租用意向。

这是企业用户与云计算服务提供商相互了解和沟通的过程。用户通过供应商所能提供的解决方案、演示成功的应用案例，来了解云计算服务应用的实际效果，然后结合自己企业的 IT 现状进行分析，确定使用意向。

（2）客户化定制及定向培训。

这是供应商根据企业 IT 环境，在标准化基础上进行的个性化定制。主要分为 IaaS、PaaS 和 SaaS 模式的个性化定制。最后由供应商对用户进行如何启动及使用的定向培训。

（3）用户免费试用。

这主要是用户免费使用云计算服务的过程，免费试用规定了受限的用户数和部分功能。这对中小企业而言尤为重要，他们通过免费试用就可以了解自己的信息化需求和应用效果，同时也大大降低了中小企业的 IT 投资风险。

（4）签订 SLA 在线租用协议。

SLA 协议主要规定了服务内容、计费方式及费用、存储、网络和安全服务等方面的内容。

（5）结合企业实际深度定制。

这是云计算服务商根据用户实际情况和试用情况，以及后续的功能拓展等需求，在原标准服务和定制服务的基础上，进行横向扩展和深度定制，以满足更加个性化的需求。

（6）售后服务。

这是云计算服务提供商后续的主要工作，因为云计算的主要特点之一就是用户不需要关心系统的维护、升级等工作，而交由供应商实施，保证系统运行的稳定性。

2. 转移服务方案

云计算的顺利上线使用需要将现有的业务数据或已有的企业内部系统无缝迁移到云计算平台上，而这个过程首先需要对企业现有的业务系统进行区分，主要包括核心业务系统和辅助支持系统。而通过对企业的 IT 环境进行分析，可以明晰企业的核心业务系统和辅助支持系统的构成。企业的核心业务系统与生产运营有着重要关系，并且包含大部分企业的核心数据，这些核心系统的稳定性和可靠性对企业尤为重要。相对于核心系统而言，辅助支持系统的要求就低得多，可以考虑把这些系统交给第三方来维护。[100]

（1）对于核心业务系统，由于其涉及系统的专有性和关键任务，包含核心业务数据，外包给云计算提供商有一定的风险。因此，这些系统的设计、开发、运营都是由企业 IT 部门独立完成，通常大企业所采用的转移方案是不转移。

（2）对于非专有但涉及关键任务的次核心系统，可以将系统的开发外包，但设计和运营维护由本企业 IT 部门完成,即将 IT 的开发平台转移到云计算平台。

(3)对于辅助支持的非核心系统,通常具有标准的功能和统一的接口,可以外包给能提供合适的 SLA 协议的云计算提供商。这主要是指以 SaaS 形式提供的包括电子邮件、OA 系统、日历、内容管理系统等在内的软件服务。

以上转移决策是通用的决策方案,对于中小企业而言,如果没有能力自建系统或自建系统成本太高,可以选择信用度较高的云计算服务商进行外包。

相对于大型企业的自建系统,中小企业采用公有云时需要将现有系统或数据进行转移,这主要分为两类:一类是比较成熟的中型企业,已经构建了 IT 系统,如 CRM 等,只需要将企业原有的系统转移到云计算平台中;第二类是刚刚起步的小型企业,其将直接通过 SaaS 或 PaaS 方式获得企业应用。

3. 运维设计

企业应根据自身不同的发展阶段,选择适合自身发展的服务。云计算服务针对中小企业在起步发展、成熟和稳定阶段的不同 IT 需求,提出了相应的解决方案。

(1)初始阶段——共享云。一般来说,处于起步发展阶段的中小企业资金实力比较薄弱,缺乏专业人员,对 IT 应用较少,个性化需求较低。他们对 IT 应用的需求是通用性大于专业性。针对这一特点,可以采用 SaaS 模式,从云中获取服务。SaaS 模式的采用可以较大幅度地降低中小企业的信息化建设和维护成本,享受方便快捷的软件升级和拓展服务,以满足企业的需求。

(2)成熟阶段——独占云。中小企业在成熟阶段的主要表现为:生产流程和业务流程比较稳定。IT 服务成为提高企业生产效率、提升竞争力的重要手段。此时,企业需要的是云服务中的独占计算资源,即企业独享运行在云平台上的应用程序,对独享程序的相关流程具有自主定制权和管理权。在这种模式下,企业以远程方式利用云平台构建了一个虚拟的数据中心,通过少量资金投入获取大企业级服务质量的 IT 服务;为之服务的是专业技术人员,省却了 IT 投资中的人工成本。

(3)稳步发展阶段——随需应变云。在稳步发展阶段,企业的生产经营表现出一定的周期性,对 IT 资源的需求也是随业务峰值的增长而增长;IT 资源在其他时间段则更多处于闲置状态,利用率很低。而云服务中的弹性动态资源分配功能,则很好地解决了有效利用率不足的问题。峰值出现时,自动根据需求进行分配;峰值过后,自动移除多余的 IT 资源。IT 资源得以有效利用的同时,节省了企业的 IT 资源,这就是云计算随需应变的动态资源分配功能。

(九)云计算信息化建设模式注意事项

尽管云计算的出现对于中小企业来说收益非常大,但企业要真正实施云计算模式的信息化还需要注意一些事项。首先是用户担心的安全问题和网络稳定性问题,在云计算的计费模式下,总体拥有的成本是提高了还是降低了,这需要测量;其次,在实施过程中,内部各方利益之间的冲突可能会阻碍云计算的顺利实施;最后在真正开始过渡的阶段,要考虑如何将原有系统的数据与云计算系统进行无缝集成。

1. 安全问题

用户对云计算安全性的担忧依然是企业采用云计算的最大障碍,Forrester 在 2009 年 2 月一项对 644 名企业 CTO 层面的云计算趋势调查显示,目前,在云计算普及的最大障碍因素中,有 64% 的企业高管选择安全性,安全问题成为目前企业最关注的问题。云计算提供商必须克服的最大障碍如图 14—32 所示。

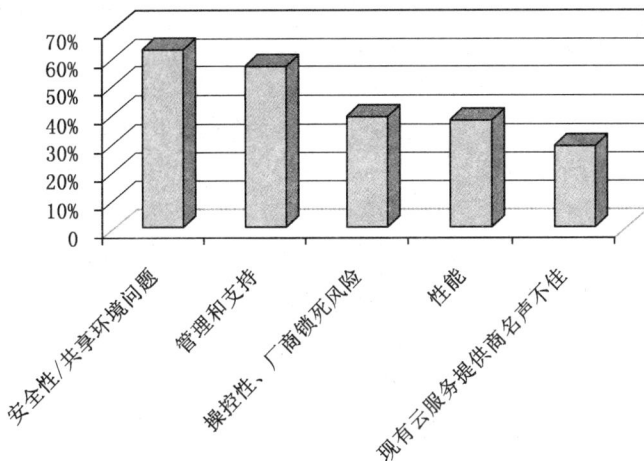

图 14—32 云计算提供商必须克服的最大障碍

对 547 名企业 IT 技术人员的调查"云服务的哪些方面是你最关注的"的结果是:有 57%的用户选择云技术的安全缺陷,有 53%的用户选择未经授权的接入或泄漏公司信息,有 47%的用户认为是未经授权的接入或泄露客户信息。可见对安全性的关注度是非常高的。具体调查结果如图 14—33 所示。

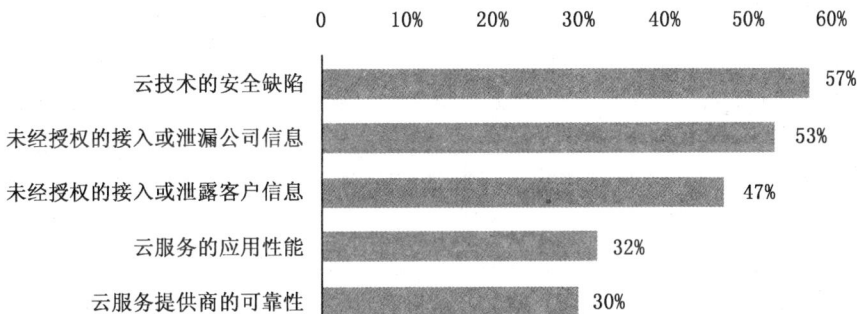

图 14—33 云服务的哪些方面是你最关注的

尽管在云计算服务提供商的评估中进行了一定的安全性评估,但在云计算信息化运营的过程中,仍需要组织 IT 人员对云平台的安全性进行审计,与供应商进行及时沟通,对潜在漏洞进行扫描分析,并适当地采取一定的安全防范措施。

(1)审查数据安全性。防止特权用户的接入风险,要求供应商提供管理员的详细信息,对系统管理员进行充分了解;云计算环境下,所有的用户数据都处于共享环境中,企业应确保云计算提供商是否将其数据与其他企业数据充分隔离并采取加密措施,了解供应商的数据恢复能力以及恢复数据需要的时间。

(2)安全数据的筛选。企业中有些数据是企业的核心机密?在向云平台迁移数据之前,首先要区分哪些是核心数据,哪些是非核心数据。可以先将日常办公类非核心数据转移到云平台中,待测试稳定后再逐步迁移其他数据。

（3）容灾备份计划。尽管大部分云提供商都提供自己的多机备份方案，但为了防止云计算提供商系统出现崩溃的风险，可以建立自己的备份计划，将数据实时地从云计算提供商的托管平台备份到自己的数据中心或其他托管中心。

2. 网络问题

云计算只有当用户具有持续的高速互联网连接时才有效率，基于云计算的信息系统是通过在线形式提供服务的，如果出现网络连接断线、网速过慢或者连接不稳定的情况，用户通过互联网进行在线管理工作就会出现问题。在线与离线的问题也是阻碍云计算采用的一大障碍。目前，较常用的解决方案是采用在线交付、离线应用的模式。用户可以在离线状态下继续使用管理系统，业务数据存储在本地虚拟服务器中，当上线时就可以将数据传输到在线服务器上，实现数据的重新同步。

综上分析，在使用云计算时要向供应商咨询相关的离线应用方案，并反复进行测试，确保其使用的稳定性和可靠性，实现在线服务的无缝衔接，提供不间断的服务。

3. 费用问题

与传统信息化建设的一次性支付不同，云计算的计费模式是按需租用、按需付费。在信息化建设的整个生命周期，供应商收取同样的费用。在这种租用模式下，企业需要建立自己的计费体系，对每月的租金与自己管理所需的费用进行比较，观察费用在何时达到收支平衡；同时，谨防后续的一些无关紧要的 IT 服务，防止云计算的 IT 预算超支，以免陷入云服务提供商的计费陷阱。

另外，在按需付费的同时，企业还需要考虑云计算所带来的隐性支出成本，从总体拥有成本的角度进行全面的计费衡量。在传统信息化模式下，随着硬件成本的下降，一些陈旧的、不常访问的数据迁移到价格低廉的存储设备中，能够降低使用费用；但在云计算环境下，数据在云端的存储是按照整个生命周期一直收费的，从长期来看，这部分存储的 ROI 很低，企业可以考虑将这部分历史数据迁移到本地备用的存储设备中，以节省成本，或者企业可以先了解云存储服务商是否提供较低级别的存储配置方案，将这部分数据按时迁移到价格低廉的云存储中。

4. 内部管理问题

传统信息化建设模式中需要"一把手工程"，即企业领导首先要重视信息化建设，从企业战略的角度对信息化进行定位。在云计算模式下，依然需要企业高层领导能够对云计算有清醒的认识，这样，云计算模式的实施才能在企业内部顺利进行；否则，企业内部各个利益集团从自身利益出发就会产生冲突，阻碍信息化的顺利开展。业务人员和 IT 人员在采用云计算的信息化建设模式的过程中往往存在着冲突：IT 人员因害怕失去工作，会阻碍云计算信息化的顺利开展；而业务人员从提升工作效率的角度，则更希望实施云计算。所以，企业高层管理人员应该在企业内部找出掌握核心资源的关键部门和人员进行专门的培训，统一思想和认识。

传统管理体系对信息资源的分割占据，人为地阻碍了信息的流通和共享。云计算是基于 Web 的应用、互联网的发展要求实现的管理模式的转变，由金字塔式的等级管理向扁平化转变，并以客户或服务对象为导向。现在越来越多的政府和企业信息系统，正逐步以大系统、大业务取代单个功能的系统，打破内部部门分工障碍以及企业间或行业间的信息孤岛现象，正向着信息的标准化、信息交换与共享、业务流程整合的方向迈进。

第十五章
法 律

学习要点
1. 掌握云经纪服务的相关法律;
2. 能结合实践有所运用。

云计算作为一项新兴的产业,在法律方面有许多不足尚待完善,而云经纪人作为此行业催生出的中间代理人,其首先要了解云计算在法律上的不足,进而结合自己的业务对自身的法律素养进行提高。

第一节 网络信息安全法律制度

所谓信息安全,是指信息的保存、发布、传递、获取和接收等环节都处在不受侵犯的安全状态下,权利主体能够不受干扰地充分利用信息资源以获得利益。在"云计算"环境下,网络信息传递和数据交换的规模呈几何增长,由此带来的网络信息安全性问题尤为重要。网络信息的传播实际上也就是信息从信息源发出,经过网络载体向权利主体流动的过程。尽管"云计算"技术能够将信息传递的衰减控制到最小范围,最大限度地还原信息的真实情况,却仍然无法避免因网络信息传递安全性较低而造成的弊端:由于"云计算"自身的技术限制,使得网络信息的传播容易被外界中断和干扰,导致信息内容有可能出现失真、缺失或损毁。美国高德纳咨询公司于 2008 年发布了一份关于云计算安全风险的分析报告,列举了 6 项"云安全"风险,包括特权管理、数据位置、数据隔离、数据恢复、审计与法律调查以及服务延续性。据 2011 年互联网数据中心(DCCI)关于"用户认为云计算模式的挑战和问题是什么"的调查,安全性以 74.6% 位居榜首,可见,安全问题已经成为"云计算"时代最需要破解的难题。[101] 从我国信息化建设的实践来看,"云计算"对网络信息安全的挑战主要表现为黑客肆虐、侵犯网络用户隐私、病毒泛滥、破坏网络信息资源以及云计算自身存在技术缺陷等。

网络信息安全法律制度一般包括网络信息安全立法和网络信息技术标准两方面内容,前者主要通过法律来规范网络信息的制作、传播、获取和利用,以防范和制裁破坏网络信息资源流转秩序的违法行为;后者主要通过规定行业性、强制性的技术标准来消除网络安全隐患可能造成的负面影响。信息安全法律制度是否科学、完备,是否反映了网络信息技术发展的客观要求,直接决定了网络信息传播渠道是否安全可靠、值得信赖,决定了权利主体能否及时获取真实、准确而不受"污染"的信息以及各级国家机关能否通过网络途径及时、有效地公开信息,从而保障公众的民主参与,遏制谣言传播,获取公众的信任和配合。

正是在这种价值需求下,各国立法时开始逐渐重视"云计算"时代的网络信息安全法律制度,针对"云计算"时代的网络信息安全展开了积极的学理研究和立法实践。例如,在信息安全技术标准领域,美国先后制定了《国家信息标准》(ANSI)、《联邦信息处理安全标准》(FIPS)、《国防部信息安全指令》(DOD)[102];欧盟制定了《信息技术安全性评价准则》(IT-SEC),加拿大制定了《可信计算机产品评价标准》(CTCPEC)。在网络信息安全立法领域,美国制定了《儿童在线隐私法》(1998)、《计算机反欺诈与滥用法》(2000)、《联邦信息安全管理法案》(2002)和《电子通信隐私法案》(2009),欧盟制定了《关于保护个人信息处理所涉及的个人以及保护该信息自由流动的 95/46/EC 指令》(1995),德国制定了《多媒体法》(1997),英国制定了《数据保护法》(1998),日本制定了《个人信息保护关联法案》(2003),韩国制定了《关于促进利用信息通信网及保护信息的法律》(2001)等。以美国的《联邦信息安全管理法案》(2002)为例,该法案的立法目的在于:(1)为确保联邦信息资源安全控制措施的有效性提供一个全面的框架;(2)认识到当前联邦计算机系统处于高度联网的状态,应当在整个政府部门的范围内提供有效的安全管理并监控有关的信息安全风险;(3)为保护联邦信息资源和信息系统的安全开发与维护,提供最低限度的安全控制措施;(4)为弥补联邦机构信息安全计划的疏漏提供有效机制;(5)接受商业开发的信息安全产品,提供先进、动态和高效的信息安全解决方案;(6)允许每个机构从商业开发的信息安全产品中,选择特定的硬件和软件作为信息安全解决方案。[103]此外,美国《健康保险可携性及责任性法案》(HIPAA)和《金融服务现代化法案》等联邦法律的隐私规则,明确禁止"云计算"服务提供商将个人保健数据或财务数据泄露给与自己没关联的第三方,除非事先落实了具体的合同安排;美国国内税务局(IRS)的一项规章则禁止报税员使用"云计算"服务提供商来存放税务报表,以避免造成纳税人隐私泄露。[104]

应国际标准化组织会议要求,我国于 1997 年成立了信息安全标准化技术委员会,由国家安全部、公安部、国务院信息办、国家保密局等 22 个部门组成,负责我国信息技术安全标准制定工作。目前,该委员会已发布了数字加密、数字签名等多项网络信息安全技术标准。此外,我国高度重视"云计算"时代的网络信息安全立法工作,先后制定了多部相关法律、法规、规章及规范性文件,如《电子签名法》(2004)、《互联网视听节目服务管理规定》(2007)、《信息网络传播权保护条例》(2006)、《互联网电子邮件服务管理办法》(2005)、《互联网安全保护技术措施规定》(2005)、《互联网电子邮件服务管理办法》(2005)、《电子认证服务管理办法》(2005)、《电信服务规范》(2005)、《全国人民代表大会常务委员会关于维护互联网安全的决定》(2000)、《互联网信息服务管理办法》(2000)等,内容涉及网络系统安全、网络信息内容安全、信息产品、保密及密码管理、计算机病毒与危害性程序防治等多个领域。然而,尽管我国网络信息安全立法体系已经初具规模,但随着"云计算"、"云存储"、"云安全"等新兴信息技术的发展,现行立法的弊端也逐渐暴露出来,主要表现为:首先,我国现行立法中尚未对网络信息安全的概念作出明确界定,缺少一部统一的《信息安全法》从宏观上调整信息安全法律关系,且立法缺乏系统性和权威性。目前已有的法律、法规和规章数量虽多,但是体系庞杂,偏重于解决具体的技术问题,往往是"头痛医头,脚痛医脚",缺少统一的指导思想与立法规划。其次,现行绝大多数相关立法的法律位阶低,多以各部门制定部门规章和规范性文件为主,不同部门立法的协调性和相通性不够;现行立法规定的信息安全监管手段单一,基本以行政许可为主,缺乏有效的事后监管机制和长效监管机制,造成信息安全监管的效率低下。再次,从立法内容看,现行立法内容重复较多,对信息技术发展趋势估计不足,使得许多领域存在法律漏洞。在"云计算"时代,网络信息安全技术标准能够为信息安全提供技术保障,为网络信息安全提供更为全面和广泛的法律保障;能够通过规范,调整涉及信息安全的所有法律关系,形成良好的信息传播环境,有效制裁扰乱网络信息传播秩序的违法行为,最大限度地消除网络信息技术对社会造成的负面影响,切实保障社会公众接收、获取和利用网络信息的权利。

第二节 加强商业秘密保护意识

所谓商业秘密,是指不为公众所知悉,具有价值性和实用性,并经权利人采取保密措施的技术信息和经营信息,如产品配方、生产工艺、操作技巧、市场营销计划、客户名单、高级员工薪酬等。虽然商业秘密的法律保护没有期限限制,但其一旦被公开,将永远失去秘密性,因此秘密性是商业秘密最核心的特征。无论是在本地计算还是云计算中,在法律没有就云计算的商业秘密保护有特别规定的情况下,法律对商业秘密的保护力度是一致的;或者说,商业秘密的本质是一致的,法律对商业秘密的保护,都需要有关信息具备秘密性、价值性、实用性和保密性4个特征,只不过对商业秘密特征的认定、对权利人保密措施的要求以及侵权人侵犯商业秘密的方式,可能与传统环境有所不同而已。对于云经纪人而言,其作为中介的沟通桥梁作用,决定了其能够接触商业秘密的概率是很大的,因此,可以从以下4个方面予以加强。

第一,加强商业秘密保护意识。对公司云经纪人员实行专项培训,让他们掌握商业秘密的构成要件,知道公司商业秘密的种类和范围,了解云计算环境下商业秘密被窃取、破坏、传播的常见技术手段,了解黑客窃取用户数据的技术原理和方式方法,了解常用的有效保密措施。相应地,对商业秘密采取保护措施。例如,制作公司商业秘密的清单,区分秘密等级,针对不同秘密等级采取不同的保密措施。对于非常重要、极其核心的商业秘密,不能上传至"云"(或网盘、空间)中,不能通过QQ或电子邮件传送,甚至不能在联网的计算机上使用、编辑或存储;对于担心被人窃取或利用的商业秘密,也尽可能不要上传至网上或者"云"中,尽量不要在联网的计算机上编辑和存储;对于上传或存储于"云"中的商业秘密,应及时做好备份和数据加密等措施,并且与云服务商及其员工签订保密协议;禁止员工在QQ、微博及其他各类社会网站上谈论或提及公司的商业秘密;等等。此外,为了了解商业秘密是否已被窃取,可经常通过技术手段在网上搜索,做好"反侦查"工作。

第二,尽可能采取高端、严密的加密、保密技术手段。尽管法律对保密措施的要求非常低,只要求"合理"即可,但是,低端的保密措施无疑难以防止别有用心的人通过技术手段窃取商业秘密;而一旦商业秘密被人窃取,就意味着商业秘密被非法利用、披露或公开的风险加大。因此,权利人有必要尽可能采取高端严密的保密措施。

第三,加强合同保护。由于在云计算服务过程中,云服务商对用户商业秘密的控制能力加大,甚至完全掌握着用户商业秘密的安全,例如,云服务商可能故意删除存储于其服务器上的数据,可能更改、破坏这些数据,可能发现数据正在被黑客或者第三人收集或者有被收集的风险而不及时通知用户,所以用户有必要与云服务商签订内容详尽严密的云服务合同,约定用户商业秘密的种类和范围,约定保密措施的种类及严密程度,约定云服务商的通知义务,约定合同履行的监督保证,约定违反合同的法律责任。比如,约定惩罚性损害赔偿等,明确云服务商接触用户商业秘密的权限和人员,明确云服务商可否将有关服务工作转包给第三方,明确云服务商在合同终止后对用户商业秘密数据的返还或者删除义务,明确云服务商应及时有效地追究侵权员工的法律责任,等等。由于侵犯商业秘密大多由能够接触这些商业秘密的公司员工实施,因此,除了与云服务商签订合同之外,还有必要与这类员工签订保密合同,明确这类员工违反合同窃取、披露、使用或者允许他人使用权利人商业秘密的违约责任及侵权责任。

第四,谨慎选择云服务商。"徒法不足以自行",一纸再好的合同,如果对方不守信用,致使自己惹上官司,也不是好事。因此,在签订合同之前,有必要进行必要的调查工作,尽可能选择商业信誉良好、经济实力雄厚、技术水平较高和保密措施较严的云服务商。

第三节　知识产权保护

作为计算机网络技术产业的新兴技术,云计算发展势不可挡,全球正步入云计算标准制定的热潮,云计算专利、版权保护软件日益增多,信息化产业强国把云计算纳入战略性产业,从政策、法律多方面带动这一新兴产业的发展。面对这一新兴产业,我国进入了网络技术发展前所未有的最佳时期,技术发展需要有知识产权作为后盾,促进创新,维护知识产权人的利益。可以通过制定云计算知识产权战略,研发、编译云计算技术、云计算软件,占领全球市场,带动这一新兴产业迅猛发展,从而使云服务提供者、开发者的权利得到全面的维护。

我国已认识到云计算发展的巨大潜力,发布了《关于做好云计算服务创新发展试点示范工作的通知》,并在多个城市开展试点工作。上海、北京等城市率先制订云计算产业发展方案,建立了云计算试点基地,完成了云计算产业链的布局;与此同时,广东、无锡等城市也跃跃欲试。而在大力开展云计算新兴产业的同时,知识产权工作也要一并加强。2010年9月8日,国务院常务会议通过了《关于加快培育和发展战略性新兴产业的决定》,明确指出要加强战略性新兴产业的知识产权的创造、运用、保护和管理。一方面,企业不仅要促进创新,更要加强本企业专利技术的保护;另一方面,要及时了解他人公开的专利技术,以免重复、低水平创新,造成资源浪费,同时也要避免在实施时构成对他人专利权的侵犯,这样才能在竞争中获得主动权。

截至2010年底,在云计算专利国外申请人中领先的一些跨国IT企业里,IBM公司高居榜首;国内申请人中,我国两家著名的通信产品企业华为和中兴通信,以及一些知名大学也是成绩显著。国外公司的云计算技术专利多数集中在核心领域,如虚拟化技术专利等方面,而在云计算专利最为集中的存储技术专利方面,以IBM公司和一些专业厂商居多。国内云计算专利发展是不平衡的,总体上不如国外。以北京、上海、广州为例,北京以445件的数量遥遥领先,广州以358件稍显落后,上海以134件排第三,在质量上与国外相比也稍显逊色。

云计算技术专利类型包括:

1. 业务模式专利

目前,云计算的业务模式划分为基础设施即服务(又称基云,IaaS)、平台即服务(又称平云,PaaS)和软件即服务(又称软云,SaaS)。通过对中国专利数据库检索发现,在专利文献中直接涉及软件即服务专利公开的只有3件,并没有发现有关基础设施即服务的专利公开,涉及平台即服务的专利仅有1件公开。

2. 关键技术专利

云计算的关键技术专利大多集中于虚拟化、大容量存储和多租户等领域。虚拟化技术是云计算最基本、最关键的技术,有了它的技术支持,用户在任何能接入互联网的地方,使用任何能够联网的终端便可获取所需的服务。国外公司在存储虚拟化专利方面的优势非常明显,有158件专利公开;涉及应用虚拟化的专利有113件,共有78件公开,其中,IBM公司申请的11件处于全球领先水平。在大容量存储技术中,占云计算专利总数量的九成多、最为集中的是分布式资源管理、负载均衡、网络存储和海量分布式存储等,公开的专利有1 941件。从技术专利申请人来看,国内外分布比较均匀。已成为软件行业口号的多租户(多承租人)架构(Multi-tenancy)仅公开14件发明专利,其中只有易享信息技术公司的1件已授权。多租户技术的专利申请人除山东大学的1件外,其余为IBM 7件、微软2件和易享信息技术公司4件。

3. 管理和应用专利

对云计算衍生出来的管理和应用叫法很多,除云计算外,还有云平台、云服务、云模式、云安全、云数据、云信息、云管理、云存储、云同步等多种叫法。涉及技术公开的150件发明专利中有11件已经授权,另有实用新型专利33件;南京邮电大学7件、中兴通讯股份有限公司7件和微软公司6件,位列前三。

第四节　其他民事法律问题

一、云计算

如果用户在使用Google的Gmail、微软公司的Azure来创建和运行网页应用程序和服务,或者使用Snapfish在线共享和存储照片,说明已经漂浮在"云端"。什么是云计算？由于对云计算的认识不断发展变化,至今没有统一的定义。美国国家标准技术研究所将云计算定义为:"无处不在的网络接入、快速弹性架构、可测量的服务、按需的自助服务。"美国高德纳公司将云计算定义为:"通过网络技术,以服务的方式向不同类型的用户提供具有可伸缩性和弹性的IT计算能力。"云计算将计算、信息服务和应用作为一种公共设施提供给公众,使人们能够像使用水、电、煤气和电话那样使用网络信息资源。由此可以总结出云计算的特征:(1)按需服务:消费者(用户)可以单方面根据需要确定计算能力,如服务时间和网络存储,而不需要和每一个提供者进行人际交互。(2)无处不在的网络接入:在网络中,随时都有可用的计算能力,可以通过标准机制促进不同的客户端平台发展。(3)虚拟化资源池:提供者的资源被整合来服务于各种使用多租户模式的用户,根据用户的指令来分配或再分配动态的物理或者虚拟资源。在某种意义上数据是独立的,因为用户对提供资源的位置通常不能控制或者不知晓,但是在更高层系的抽象中可能可以精确定位。(4)快速弹性架构:计算能力能被迅速地分配,在某些情况下,能自动地迅速扩大规模或缩小规模。对于用户,可用计算能力的供给经常是无限的,可在任何时间购买任何数量。(5)可测量的服务:云系统利用计算能力自动地控制和优化资源。资源(如存储、加工和活跃用户的账户)的使用可以被检测、控制和报告,对利用资源的提供者和用户透明。

云计算突破了传统 IT 架构,使应用与计算松耦合,资源可自动调配以提高利用率,会对 IT 的应用和部署模式、商业模式产生极大的影响。在配置服务器时,都基本上按照最大负荷时的峰值配置服务器资源,但平时并不需要这么强的处理能力。云计算解决了企业、用户需购买硬件等基础设施以及安装软件,而导致的资源利用不充分,公司服务器闲置造成浪费,以及随需求变化而升级软件、硬件从而带来的人员维护的麻烦。云计算终端用户只需要有能接入互联网终端的设备,通过向"云端"发送请求,"云端"会按照用户的需求动态扩展和配置计算资源,用户本地计算机几乎不需要做任何工作,"云端"就能将结果反馈给用户。用户按实际使用量付费,租用云服务提供商的服务,而不需要管理它们,这极大地降低了企业有关网络配置的运营成本。而"云端"是由云计算服务提供者所建立的数据中心,即虚拟化的资源池,它包括硬件资源和软件资源,由数以万计的服务器组成强大的远程数据中心。例如,微软分布在全球的数据中心有 6 个,这些数据中心给云计算用户提供了强大的计算能力,就像每家每户都在用电,但是每家每户都不需要配备发电机。归纳起来,当前云提供者可以分为:

1. 软件即服务(Software as a Service,SaaS)

SaaS 服务提供商把其开发的软件应用程序作为服务部署在服务器上,通过互联网提供给用户;用户不需要安装,可根据需求向服务商随时订购所需的应用软件服务,服务提供商则收取用户使用服务的费用。其优势是维护和管理软件、提供软件运行的硬件设施的工作由服务商来做,用户只需拥有能够接入互联网的终端,便可随时随地使用所购买的软件服务。

2. 平台即服务(Platform as a Service,PaaS)

PaaS 服务商把开发环境、服务平台、硬件资源等打包整合为一种服务提供给用户。用户通过服务商提供的平台服务定制自己的开发应用程序,并可通过互联网授权给其他用户使用。在这种服务模式中,用户只需要利用 PaaS 平台,就能够创建、测试和部署应用和服务,不需要购买软件和硬件。例如,Google 的 App Engine,它使得用户在同一个可扩展的系统中建造网络应用。

3. 基础设施即服务(Infrastructure as a Service,IaaS)

IaaS 服务商为用户提供一个由基础架构整合而成的虚拟计算资源池,以提供用户所需的存储资源和虚拟化服务器等。这是一种托管型硬件方式,企业或个人用户可以使用云计算技术来远程访问计算资源。无论是最终用户、SaaS 提供商还是 PaaS 提供商,无须对支持这一计算能力的基础 IT 软/硬件付出相应的原始投资成本,却都可以从基础设施服务中获得所需的计算能力,提高 IT 资源的利用率。

从配置方式上,云计算还可分为公有云、私有云、社区云和混合云。公有云通常遍布整个互联网,能够为不限数量、拥有相同基础架构的客户提供服务。私有云针对单个机构特别定制,例如一些金融机构或政府机构。社区云是一种专为严格界定的一系列互不相连的机构而设立的云。混合云表现为以上多种云配置的组合,为一些商业计划提供支持、以某种方式整合在一起的数个云。

在瘦客户端模式的推动下,云计算的发展趋势势必致力于进一步简化客户端。终端用户只需接入互联网,为服务付费,即能使用云计算服务。不同于传统的 IT 模式,在云计算环境下,用户向云服务提供者提出需求,云服务提供者为用户的需求部署虚拟资源,通过互联网利用用云服务提供者的计算资源获取计算结果。由此可以得出,云服务提供者对系统运行的可控性大于传统 IT 模式下服务提供者的可控性。随着云计算技术的进一步发展和普及,用户会更依赖于云服务提供者提供的服务,云服务提供者对系统的可控性势必增加。

二、云计算中的民事法律问题

云计算区别于提供单一服务的其他网络服务提供者,这使云服务提供者与用户间的权利和义务发生了变化。云计算是分布式处理、并行处理和网格计算的发展,或者说是这些计算机科学概念的商业实现。其基本原理是,通过使计算分布在大量的分布式计算机上,而非分布在本地计算机或远程服务器中,以便根据需求访问计算机和存储系统。

云服务提供者为保证其所提供的服务能正常运行,规范用户使用服务的行为,有权利对用户使用服务的方式进行说明。在用户使用服务不当、不符合合同规定时,能够以合理的方式制止用户的不当行为或侵害行为;并对用户的使用行为进行合理的监测,发现异常时有拒绝提供服务的权利。

云服务提供者应全面履行其服务义务,所提供的服务应符合用户的要求;合理监控用户的请求,尽善良管理人的注意义务;对用户使用服务所产生或存储的信息保密,不得擅自使用、公开用户的信息,未经许可不得与第三方共享用户数据;对用户的数据进行专业的隔离加密,确保用户信息存储和传递过程中的保密性和完整性。在用户删除其信息或者停止使用服务后,云服务提供商应保证系统内的文件、目录和数据库记录等资源所在的存储空间被释放,或在重新分配给其他用户前得到完全清除[105],防止数据残留后被重建,从而泄漏用户信息。云服务提供者应及时维护其系统,对系统中的漏洞、缺陷及时修复。由于“云计算”为在线用户提供计算能力时,用户大量的数据信息将被存储在“云端”,《合同法》中规定的附随保密义务对云服务提供者仍适用。

用户有权要求云服务提供者为其提供服务,有使用其服务资源的权利;有要求云服务提供者安全存储、保密其信息(包括其隐私)的权利。用户应合法合理地使用服务,不得上传、存储违法信息,或对云服务提供者的系统上传攻击性的文件,破坏云服务提供者的程序。用户恶意上传、存储违法信息或利用云服务侵害其他人权益的应承担侵权责任,攻击云服务提供者系统,侵犯云服务提供者权益的,应承担侵权责任和违约责任。

云服务提供者提供未按合同规定应提供的服务,或提供的服务不符合合同规定的,应承担违约责任。未尽保密义务,披露、泄漏用户信息的,应承担违约责任;同时,侵犯用户名誉权、肖像权的,也应承担侵权责任。由第三方的行为导致用户受到侵害,云服务提供者因其未尽善良管理人的注意义务的,可根据其过失大小承担侵权责任,违反合同义务的也应承担违约责任。

(一)云计算环境下的合同责任

云服务提供者与用户处于平等的法律地位,他们之间存在一种服务与被服务的关系,通过平等自愿签订的协议,规定了双方之间的权利和义务关系。云服务合同是由云服务提供者单方提供的格式合同,由于互联网的虚拟性和网络行为的非谋面性,每个云服务提供者所提供的格式合同仅从其利益出发,规避其责任,限制用户的权利。如何在合同自由的体制下,规制不合理的合同条款,维护合同正义,使经济上的强者不能借合同自由之名压榨弱者,是现代法律所应承担的任务。[106]规制云服务提供者提供的服务合同也是现代法律的任务。[107]

云计算是以用户需求为主导、按需付费的服务。云服务提供者提供的服务有免费的,也有付费的。用户在订购云服务提供者的服务时,云服务提供者要求用户申请"会员资格"、进行注册,同时会为用户提供一份格式电子合同。用户同意受合同条款的约束,具有"会员资格"后,才可享受云服务提供者所提供的服务;若不同意,就不能访问或者使用云服务提供者提供的服务。

首先,电子合同不同于传统的买卖合同,用户在合同生效后获得的是请求云服务提供者使用其服务的权利。这种服务是无形的,仅能够将"云端"资源为其所用。《合同法》第一百三十条规定:"买卖合同是出卖人转移标的物所有权于买受人,买受人支付价款的合同。"要转移的物一般是实体的物,符合《物权法》规定的物,而不是一种无形服务。传统的买卖合同生效后,买受人取得了标的物的所有权。用户只获得了请求云服务提供者允许其使用"云端"资源的权利,并未获得"云端"资源的所有权,"云端"的基础架构由云服务提供者提供并由其所有。在云服务提供者与用户间的电子合同中不产生所有权转移,仅是使用户获得请求云服务提供者为其提供所需服务的权利。

其次,与传统的租赁合同也有不同之处。用户对云服务提供者提供的服务只需按需付费、约定使用期限,并定时支付租金。在传统租赁合同中,承租人对租赁物占有、使用和取得部分收益;而在云环境下,用户所使用的"云端"资源是云计算系统动态分配的,并不占有"云端"无形的计算资源,只是取得可以使用"云端"资源的权利。租赁合同为有偿合同,需支付租金,而云服务提供者为用户提供的服务可以是免费的。在付费情况下,一般是用户按次付费、按月付费或者按年付费。用户不需要使用服务时,应在合理期限内通知云服务提供者,或者停止为"云端"的账户交费,则云服务提供者与用户间的合同终止并停止为用户提供服务,不存在定期租赁合同转变为不定期租赁合同的情况。

最后,云服务提供者提供的电子合同能否被视为承揽合同?在承揽合同中,承揽人将工作成果交付给定作人,经定作人验收合格后,合同即为履行完毕,定作人享有工作成果的所有权,不再受合同的约束。而云服务提供者根据用户的需求为其定制所需的服务后,合同并未履行完毕,根据用户需求定制服务仅是所提供服务的一部分,用户只是取得了使用云服务提供者为其定制的服务的权利。用户使用其所定制的服务时,双方仍然受此合同的约束。承揽人的瑕疵担保义务也适用于云服务提供者,即云服务提供者为用户定制的服务不符合用户要求的,用户可以要求云服务提供者承担修理、重做、减少报酬、赔偿损失等责任。

因此,云服务提供者提供服务的特殊性使云服务提供者与用户间的合同不属于买卖合同,也不属于租赁合同、承揽合同,应认定为一种特殊的服务合同。哈佛大学的劳伦斯·莱斯格(Lawrence Lessig)认为,网络空间与现实空间不同,网络中独特的行为规范可以对现实法律进行修正。网络服务合同应作为一种新型的合同,在传统法律的基本原理的基础上加以规定。云服务合同作为网络服务合同的一种类型,应在遵循《合同法》基本原理的基础上,不得违反关于格式合同的规定,并参照买卖合同、租赁合同、承担合同。[108]

(二)云服务提供者的违约责任

云服务提供者提供的服务主要是对用户的信息进行加工、存储,未能尽到合同中所承诺的义务时应承担违约责任。其应承担违约责任的情形如下:

1. 服务中断的违约责任

云服务提供者与用户所签订的服务合同是继续性合同,在合同关系存续期间,云服务提供者应为用户提供符合其要求的服务。未能提供服务的,如服务中断给用户造成损失的,云服务提供者应承担违约责任;而符合法定或者约定免责事由时,应予免责,但是符合《合同法》关于格式条款无效情形规定的,应认为无效。

云服务提供者提供的格式合同对违约情形与责任承担方式基本上未予规定,或者规定严密的免责条款来限定其义务。如阿里巴巴在合同中规定:"对于因本公司合理控制范围以外的原因,包括但不限于自然灾害、罢工或骚乱、物质短缺或定量配给、暴动、战争行为、政府行为、通信或其他设施故障以及严重伤亡事故等,致使本公司延迟或未能履约的,阿里巴巴不对您承担任何责任。"[109]《合同法》对格式合同规定,在出现争议时应作出对格式合同提供方,即云服务提供者不利的解释。《网络商品交易及有关服务行为管理暂行办法(征求意见稿)》中规定:"网络商品经营者和网络服务经营者不得以电子格式合同条款等方式作出对消费者不公平、不合理的规定,或者减轻、免除经营者义务、责任,或者排除、限制消费者主要权利的规定。"[110]该规定应适用于云服务提供者提供给用户的格式电子合同。

随着云计算技术的推广,不时会出现云服务中心停机事件,而在云服务提供者的服务条款中,基本没有有关服务中断时的补救措施的规定。如 VMware 的合作伙伴 Terremark 就发生了 7 小时的停机事件,此次停机事件造成 2% 的用户自身系统的瘫痪,而事后并没有明确的解决方案,仅是模糊地对用户担保以后不会再发生此类事件,导致用户对云服务提供者在此次事件上的处理方式极为不满。[111]在云服务提供者提供的格式合同中,往往避而不谈服务出现故障时的补救措施问题,逃避其责任,使处于弱势地位的用户单独承担服务中断造成的不利后果,这是有失公平的。

造成服务中断的原因可能是多方面的,属于法定不可抗力的可以免责,但是属于云服务提供者自身技术故障或者过失导致的系统故障,应就停机中断服务对用户负责,不能一味地逃避责任,藐视法定过错行为定义的严肃性和权威性。对由于云服务提供者原因造成的服务中断,云服务提供者应承担违约责任,采取补救措施,积极恢复服务,继续履行。对于有偿使用的用户,云服务提供者造成用户损失的应承担赔偿责任;对于无偿使用的用户,云服务提供者在故意、重大过失时承担赔偿责任。

2. 披露、泄漏用户信息的违约责任

以微机革命、网络革命和通信革命为主流的新技术革命,将人类社会推进到一个信息化时代,信息本身成为促进经济、技术及社会发展的重要资源,也成为人们不可或缺的无形财产。[112]互联网络对民法体系的最大影响在于,它使信息的财产价值得以极大提升,信息产权在民法中的地位日益提高,从而使那些不包含独创性,但又具有经济价值的信息产权得以在网络环境中产生和存在;同时,这些不具有独创性的信息在社会生活中的地位和作用日益显著。个人数据作为网络环境下的一种重要信息资源,也开始具有越来越重要的商业价值,民法应将不具有独创性的信息产权纳入调整范围。

云服务提供者可以收集两种类型的数据:一种是云服务自动作为其操作的一部分,或者广告政策的一部分,自动收集数据;另一种是用户主动与云服务分享作为使用部分的数据,数据一旦接触云服务提供者提供的"云端",用户就失去了对数据的控制,进而转由云服务提供者第三方来控制。最新调查表明,69%的网络用户在线存储数据或者使用由亚马逊、Google、微软、Yahoo公司提供的基于网络的应用程序。这导致的结果是,使得云服务提供者接触到大量由用户产生的或者与用户有关的信息。由云服务提供者托管的数据,会涉及个人信息、隐私和商业秘密,用户虽失去对这些数据的控制,但这些数据应属用户所有,云服务提供者基于合同进行托管,应尽保密义务。对于云服务提供者披露、泄漏,或者未经授权使用、公开数据的,应承担违约责任。如在Google发生的大规模用户数据泄漏事件中,约15万用户发现自己所有的邮件和聊天记录被删除,部分用户发现账户被重置。根据我国《合同法》的相关规定,其行为显然违反了对用户的保密义务,因而必须依法承担违约责任。

随着用户的价值对广告商的意义越来越重大,网络公司被怂恿更加广泛地收集用户的信息。云服务提供者通过对"云端"信息整理,若未经授权将这些信息提供给第三方或者允许第三方访问这些信息,用户是不可能察觉的。例如,亚马逊通过允许第三方广告商使用它所收集的数据来制作个性化广告,然后亚马逊将其交付给用户。根据一项调查发现,大部分人(78%~86%)不希望他们的网页活动被追踪用来获取目标广告。

云服务提供者只能在获得许可的情况下,才能对其用户资料进行数据挖掘(使用自动分析工具对存储在数据库中的数据,深入抽取隐含的、未知的和潜在的信息,以发现模型和数据间未知关系的活动),用于商业经营活动。云服务提供者为实现"资本化",绕开其提供的严格的隐私陈述声明,不采用数据安全和完整措施时,问题不容小觑,因为他们可以接触到用户的数据并从中获利。在收集详细的用户资料用于针对性的网上广告时,用户资料有可能落入不法分子的手里。例如,如果数据传输到Gmail和存储在服务器上时是加密的,Google的目标广告系统就不可能存在,因为Google没有密钥,不能扫描邮件的内容。选择未加密的方式存储数据,便于同其广告运营商共享用户数据。

云服务提供者未经用户授权自己使用或供他人访问用户数据,或使用用户数据时没有尽到保密义务,或披露、泄漏用户数据,或超越权限处分数据,均应承担违约责任、采取补救措施,如设定访问权限、赔偿用户损失等。对于无偿使用的用户,造成用户损失符合《侵权责任法》规定的,可依法追究云服务提供者的侵权责任。有偿使用的用户在与侵权责任竞合的情况下可择一请求。[113]

3. 破坏信息安全的违约责任

云服务提供者为用户提供服务就应保证用户的信息安全,采取相应的措施对用户数据进行加密,则维护用户信息安全。应定时检测其系统,对系统内部的漏洞、缺陷及时修补。

数据聚集的"云端",自然成为黑客关注的对象。若云服务提供者存储数据时未予加密,则对未加密数据最大的威胁来自恶意的第三方。无保护的云存储和处理,容易受到未经授权的拦截、删除和修改。云服务提供者不能只注重大力推广其服务,还有义务为用户数据提供相对安全的存储环境,在遭受攻击后应积极采取有效措施防止损害的进一步扩大,对用户采取有效的补救措施。云服务提供者有保证用户数据安全的义务,并在紧急事件发生后,采取有效的处理措施且对用户做出补偿,减小黑客攻击所造成的损失。

病毒、木马自网络建立以来,一直危害着网络信息安全,在发生安全事件的类型中,感染计算机病毒、蠕虫和木马程序的现象十分突出。美国威斯康星大学的米勒给出了一份有关现今流行的操作系统和应用程序的研究报告,指出软件中不可能没有漏洞和缺陷[114],对云计算服务也不例外。云服务提供者之所以要承担违约责任,是因为用户使用云服务不仅需付费,还为云服务提供者提供了广告收益;而对于用户来说,其很难确保存储在云服务提供者"云端"的数据安全,此数据由云服务提供者托管,应就数据安全对用户负责。可以激励云服务提供者采取有效措施监管其网络,及时发现漏洞并进行修补,例如,采取对数据分布式存储以使数据分布在不同的数据中心、进行数据备份等有效措施,在第三方攻击后对用户数据进行及时的恢复。第三方攻击虽不可避免,但云服务提供者仍有义务采取补救措施对受攻击的数据进行恢复,尽可能减小用户的损失。但对云服务提供者的要求不能过于严格,如果其能证明尽到了管理义务且当时技术水平无法预见和避免损失,即可免除违约责任。

因第三方原因导致破坏用户信息安全的,云服务提供者应承担违约责任。云服务提供者能证明其已尽到加密义务,且当时的技术无法发现系统漏洞或缺陷的,可免除承担违约责任,但遭受破坏后应及时采取补救措施。

（三）公司业务转让或倒闭后的责任

互联网产业瞬息万变,今日的小公司有可能成为明日的商业巨头。公司为谋求发展经常要经历一些战略性调整,而对用户来说,这些调整并不都是用户愿意接受的。如云服务提供者 Rackspace 关闭其 Slicehost 业务,将 Slicehost 的用户转移到 Rackspace 云服务上,未声明账户切换后价格是否变化。依照我国《合同法》第 84 条的规定:"债务人将合同的义务全部或者部分转移给第三人的,应当经债权人同意。"因此,云服务提供者应提前通知用户。但是,出于用户群的范围广大且不确定,要经过全体用户同意是不现实的,但应通知用户让用户决定是否转移其信息于新的服务商,并应履行通知义务;若用户不同意,应提供解决办法,赔偿用户损失。

（四）云计算环境下特殊侵权责任

1. 云计算服务提供者的侵权责任

《侵权责任法》第 36 条第 1 款规定:"网络用户、网络服务提供者利用网络侵害他人民事权益的,应当承担侵权责任。"这实际上规定了网络服务提供者实施侵权的过错责任,是网络侵权中的一般侵权责任。网络用户或者网络服务提供者,在网络上实施侵权行为,侵犯他人民事权益,构成侵权责任的,应当就自己的行为承当赔偿责任。网络服务提供者作为网络内容直接发布者时,其提供的信息侵犯他人名誉权或者其他权益的,应当承担直接侵权责任。

第 36 条的第 2 款及第 3 款规定了网络服务提供者的共同侵权责任,体现了立法者对中立信息传播技术的保护。网络上的侵权内容大多数并非由网络服务提供者提供,再加上信息的动态性、海量性、更新及时性和传播迅速性,因此,原则上不要求网络服务提供者对信息内容主动审查,而是要求其接到被侵权人的通知后进行处理;同时,界定了网络服务提供者所应承担的主观过错责任。该条第 2 款是"通知与删除"规则的一般规定,即网络服务提供者在接到侵权通知后,应采取有效措施制止侵权行为,否则对损害的扩大部分承担责任,这表现的是一种"明知"或"实际知道"的状态。第 3 款应视为"通知与删除"规则的例外规定,即网络服务提供者虽未收到通知,但对明显存在的侵权信息,也应主动采取措施减少损害的发生,否则也应承担责任,这是一种"应知"或"推定知道"的状态。"发出通知"是被侵权人主张权利救济的手段,对通知的处理则是网络服务提供者对法定义务的履行;而网络服务提供者未履行其法定义务的,对损害扩大的部分承担连带责任。

在上述情况中,网络服务提供者并不承担事前审查的义务,仅是在明显存在侵权信息,或者接到网络用户通知后未采取合理措施制止侵权行为时,与网络用户承担连带责任,尽到其善良管理人的义务即可。第 36 条的规定既保障了网络服务提供者的权利,又为其设定了行为标准,但是随着云计算技术的出现与发展,云服务提供者更具主动性,该条的适用性受到了挑战。

云服务提供者是一种网络服务提供者,但云服务提供者集各项服务于一体,突破了各种服务划分的界定,既提供信息也提供中介服务。其承担侵权责任的方式,除了对自己行为负责外,还应对网络用户的特殊请求有事前审查的义务。杨立新教授认为,网络用户利用网络实施侵权行为,网络服务提供者对网络用户的行为不具有事前审查的义务。[115]但在云服务环境下,随着瘦客户端模式的推进,云计算的发展趋势致力于进一步简化客户端。用户只需接入互联网,为服务付费,即能使用云计算服务。不同于传统的 IT 模式,用户在其所控制的终端设备上运行程序,获得计算结果,服务提供者对用户如何使用服务的行为不具有可控性。而在云计算的环境下,用户向云服务提供者提出请求,云服务提供者为用户的需求部署虚拟资源,通过互联网,利用云服务提供者的计算资源获取结果。由此可以得出,云服务提供者对系统运行的可控性大于传统 IT 模式下服务提供者的可控性。但对一般情况下的用户请求,云服务提供者和传统的网络服务提供者不具有事前审查义务,适用"通知与取下"规则和"明知"规则。特殊情况下,如黑客向云服务的请求为犯罪活动时,云服务提供者应履行审查义务。

2. 云服务提供者的事前审查义务

用户使用服务需向云服务提供者发出请求,得到云服务提供者的许可、为用户分配虚拟资源后,用户才能使用其服务。鉴于网络用户数量非常庞大、请求更新非常迅速,云服务提供者对每一个请求进行审查是不可能的。但是,并不能排除其对网络运行情况进行监测的义务,云服务提供者应制定与其提供的服务相适应的审查机制;识别系统中异常的请求,追踪并确定其为不法请求时应断开服务,拒绝请求,如黑客利用云计算破译密码的情况。亚马逊公司为用户提供 EC2 的云计算网络服务,这种服务按小时计费,而如果要利用这种服务来暴力破解长度为 12 位的密码,黑客需要为此支付 150 万美元以上的服务费。不过如果密码的长度缩短为 11 位,那么只需支付不到 6 万美元的服务费即可;而 10 位密码则只需要支付不到 2 300 美元的费用。黑客们已经开始利用亚马逊 EC2 等云计算服务来暴力破解并窃取用户信用卡密码,并利用获得的信用卡密码去购买新的资源,这样,黑客所拥有的计算资源甚至是一个国家国防用的计算机所不能比的。如果云服务提供者对其提供的服务不进行监测,不控制用户的不法使用行为,试想一下,不法分子利用云计算提供的强大的计算能力进行不法活动,其破坏力是不可估量的。

黑客利用云服务进行犯罪活动时需要请求大量的计算资源,云服务提供者通过监测网络流量、每个用户在其 IP 地址下请求的数量及频率等相关量,如发现异常,在追踪确认后需及时中断为其提供的服务,这样可有效防止云计算为不法分子利用从事犯罪活动。若云服务提供者对网络用户提出的不法请求不予审查即予以许可,云计算的计算能力会被不法分子所利用,这等于为其提供了强大的犯罪工具。因此,云服务提供者有监测网络运行情况的义务,并应将客户的请求进行分类;用户的一般请求都应许可,对用户的异常请求有事前审查的义务,确定有异常时应及时断开服务。

特殊情况不仅指黑客利用云计算破解密码的行为,还应包括符合《刑法》的非法侵入计算机信息系统罪、非法获取计算机系统数据罪、非法控制计算机信息系统罪、破坏计算机信息系统罪等违反法律、行政法规规定的行为。

3. 过错推定的归责原则

归责原则是责令侵权人承担责任的依据。在《侵权责任法》中,有两种不同的原则:一是主观归责的过错原则,以人的主观过错作为确定责任的依据;二是客观归责的无过错原则,仅法律特别规定的侵权行为适用此原则,以人的主观过错以外的客观事实作为确定责任的依据,只要有特定损害事实存在,就要承担相应责任。关于网络服务提供者的侵权赔偿责任,国外立法曾采取过无过错责任和过错责任。前者是网络服务提供者在其提供中介服务的过程中,对其系统和网络中传输、存储或缓存的信息负审核监督义务,一旦其系统或网络被他人利用发生侵权行为时,不论网络服务提供者是否有过错,都要承担责任。后者是网络服务提供者在他人利用其服务或网络实施侵权行为时,仅在知道该行为发生而未能采取处理措施有效制止时才承担责任。在互联网发展早期,由于人们对网络服务提供者的地位、在信息传播中的作用及监控能力的认知尚不足,因而出现过适用无过错责任原则的主张。当前,世界上主要国家和地区都对网络服务提供者采用过错责任,并且明文规定了一些责任限制条款。

过错是网络服务提供者承担责任的基础。之所以规定由其承担相应的民事责任,是因为其主观上有可以归责的事由。在故意侵权的情况下,网络服务提供者违反的是不得侵害他人合法权益的义务;在过失侵权的情况下,网络服务提供者违反的是对他人合法权益应尽到的注意义务。传统民法的侵权赔偿理论认为,“故意”是指债务人明知行为不应当而仍然为之的作为或不作为;“过失”是指债务人应注意并能注意而未加注意的作为或不作为。大陆法系中的“过失”是以注意为前提条件的。英美法系的侵权责任法也是以注意力来区分过失的程度,应尽最大注意而未尽时,视为“重大过失”(gross negligence);应尽普通注意而未尽时,视为“普通过失”(ordinary negligence)。[116]吴汉东认为,在互联网上确定网络服务提供者的责任时,适用“善良管理人”的注意义务标准是合理的。但是随着网络技术的不断发展,法律总是滞后于技术革命,更新迅猛的网络技术将不断挑战法律的相关规定,进而引发对其适用法律的讨论。

云计算环境下,网络用户申请云服务进行大规模破坏活动时,云服务提供者主观上有认知这种行为的可能并可以制止此行为,但未认知、未制止的,应与网络用户承担间接侵权责任,即共同帮助侵权责任。美国网络侵权理论中,主观认知分为两种:一种是“实际知道”(actual knowledge),即帮助侵权人实际认识到直接侵权行为的发生,且这种直接侵权行为是特定和具体的;另一种是“推定知道”(constructive knowledge),即帮助侵权人并非实际认识到特定的直接侵权行为,但通过具体情形能够推定其知道。前者是一种对过错的事实认定,需要原告用证据证明被告事实上知道他人利用其服务实施侵权行为。在信息网络服务中,“实际知道”标准要求网络服务提供者必须能够清晰地判断出网络用户的具体行为是否属于侵权行为。后者则是法律上的推定,即基于网络服务提供者依其专业背景所应具备的预见、判断和控制能力的注意义务,且违反注意义务与造成损害结果之间有因果关系,虽无充分证据证明网络服务提供者对于具体侵权行为存在实际认识,法院也可认定其主观上存在过错。事实上,在互联网环境下信息传播海量而迅速,且不断发生变化,时刻都会有大量数据上传、下载、检索、访问。在这种情况下,识别每一个用户的每一次行为是侵权使用还是授权使用,对网络服务提供者来说在技术上是很难实现的,并且过高要求其注意义务也明显有失公平。这就需要结合相关证据来判断网络服务提供者的主观过错,即适用"推定知道"的标准。在司法实践中,将"推定知道"作为识别网络服务提供者的主观过错,须持一个谨慎的态度,建立严格的适用条件。从客观要件来看,侵权信息内容的违法性比较明显,云服务提供者基于其专业背景不可能不会发现。云服务提供者为用户提供了强大的计算能力,这种无形资源给一般用户提供了方便,但若被不法分子所利用,就可能产生严重的社会危害性。如果云服务提供者对用户的一般请求不加审查就予以许可,可以依照《侵权责任法》第 36 条第 2 款予以防止损害的进一步扩大,但对于如黑客这样的不法分子的不法请求,云服务提供者未识别或者放任这些不法分子的不法活动,应采用过错推定归责原则,推定其有过错,未尽到审查义务,有"重大过失",被侵权人应承担与其过失相应的责任。若云服务提供者证明其的确没有识别的可能性或尽到审查义务也未能防止其发生的,可以免责。

一般情况下,网络用户利用网络服务提供者侵权时,网络服务提供者适用过错归责原则,在接到被侵权者的通知后,不履行相应义务,网络服务提供者与侵权的用户对被侵权者承担连带责任;此种情况也适用于云服务提供者。但对用户的不法请求,云服务提供者应适用过错推定归责原则,承担举证不利的责任。基于网络环境自身的特点,面对专业的黑客和云服务提供者,由被侵权者承担举证云服务提供者未尽到审查义务责任,可想而知会很困难,对被侵权人极为不利。而由云服务提供者承担举证责任,证明其已尽到审查义务,且在当时技术水平下对黑客的行为不具有识别性,可促进云服务提供者积极采取措施监控其系统,提高警惕性,进而有效预防云服务成为不法分子的犯罪工具,为其服务。

云服务提供者对用户的一般请求不具有事前审查的义务,但对不法请求应事前审查。随着云计算的普及,其强大的计算能力不仅能被黑客利用来破译用户密码、窃取信息,还能从事其他性质严重的犯罪活动。只有云服务提供者加强监测其系统,发现异常时积极应对,规范在此种情况下的审查义务,才能防止云计算的资源被不法分子利用从事犯罪活动,给用户造成恐慌,从而维护网络秩序健康发展。

(五)云服务提供者的侵权责任方式

在云计算环境下,云服务提供者提供大量计算资源并控制网络用户的大量数据信息,但其设置的"会员制"使用户通过申请才能使用其服务,这种主动性使其对申请异常计算资源的用户有责任拒绝。特殊情况下,不法分子会利用网络进行破坏活动,网络服务提供者可能出现重大过失未发现或未采取有效措施制止严重侵权行为,因此,云服务提供者应就因其重大过失未及时断开服务造成的严重损失,与侵权人承担共同侵权责任。共同侵权责任,是指两个或者两个以上赔偿义务人对同一损害后果共同承担损害赔偿责任。[117]在此情况下,实施直接侵权的往往是技术高超的黑客,不容易被普通网络用户发现和追踪;帮助他人侵权的则为"提供高科技网络技术、设施及网络服务的人"。[118]前者实施的是直接侵权行为,即违反法律规定而损害其他网络用户权利的行为;后者实施的是帮助侵权行为,其之所以承担责任,是由于该行为具有可受责难性,即帮助他人违反法定义务而促成他人实施了侵害行为。可以认为,不法分子和云计算服务提供者侵害他人权利行为的共同性,是他们承担共同责任的基础。侵害行为的共同性可以从两个方面来分析:在主观方面,侵害行为的实施者和帮助人均有过错,包括故意或者过失,在这里并不要求共同的故意或者意思联络;在客观方面,实施者和帮助人的过错行为结合在一起,导致了同一损害结果的发生。

关于网络服务提供者应承担的共同侵权责任,有两种不同的主张:

一是补充责任。在一般情况下,补充责任是一种保证的履行。补充责任人只有在加害人无法确定,或者虽能确定但因已确定的加害人或者相关责任人条件不足时,才承担全部或者部分责任。有学者主张,网络服务提供者未履行合理注意的义务,客观上对网络侵权损害的扩大具有一定的作用力,可考虑在实际行为人承担责任之后,由网络服务提供者承担补充责任。有学者认为,网络服务提供者承担的连带责任不是补充责任,因为主要责任人与补充责任人在责任履行顺序上是不同的,补充责任人只在以下两种情形下才承担赔偿责任:一是加害人条件不足以承担全部责任;二是未尽必要的注意义务。由于特殊情况下,侵权人侵权责任的不确定性、技术隐蔽性、方法高超、地理位置的分散性,权利人实际上无法先向直接侵权行为人主张权利,这一共同责任形式也不适用于特殊情况下云服务提供者网络侵权责任。

二是连带责任。其是基于连带债务所产生的赔偿责任,是一种比较严重的共同责任,只有在法律明文规定的情况下才能适用。《侵权责任法》规定的8种连带责任中,网络服务提供者侵权责任属于其中之一。网络服务提供者承担的侵权责任,并不是真正的连带责任,虽然名义上是中间责任,但实质上是最终责任。这也是网络服务提供者连带责任的特别之处。在云计算环境下,网络侵权也是如此,侵权人技术高超、隐蔽性极高,何种侵权人在何时何地进行侵权行为,会造成何种损害后果,具有不确定性。因此,云服务提供者在承担了中间责任后,实际上很难向网络用户进行追偿。

云服务提供者对不法分子的特殊侵权行为承担不真正连带责任,其规则设立的法理依据有以下两点:其一,危险控制力理论。侵权人对危险的控制力往往大于受害人,在特殊情况下,不法分子利用云计算进行侵权行为一旦发生,云计算服务提供者依其责任应及时组织力量防止侵害行为扩大,技术提供者对特殊情况下侵权行为控制的成本较低,这是一种成本优势。因此,要求云服务提供者在特殊情况下与不法分子承担连带责任是合理的。其二,损害原因力理论。侵权人的加害行为与受害人的损害结果之间有因果关系。在云计算环境的特殊情况侵权中,云服务提供者与不法分子实施的不同侵权行为,都与其他网络用户的损害有因果关系(具体形式多表现为多因一果)。从共同侵权人对损害结果所起的作用来看,相对于不法分子而言,云服务提供者拥有先进的计算资源,这是一种技术优势,而责令有专业技术的网站经营者承担连带责任是合理的。

连带责任制度在网络侵权行为中的适用性问题,一方面要考虑权利充分救济原则。连带责任减轻了权利人的举证责任,使其在无法寻找、无法起诉不法分子时,得以向网络服务提供者主张权利;同时,也不必受不法分子的赔偿能力的限制,致使其可能不能获得全部赔偿,权利无法得到救济。对于权利人而言,这是一种最有效的保护方法和最经济的诉讼。另一方面是填补损害原则的体现。侵权行为责任主要是赔偿损失,责令云服务提供者承担赔偿责任,旨在填补受害人所受到的损失,恢复到权利未受侵害前的圆满状态。云服务提供者仅就知道侵权行为发生而未采取处理措施的损害部分承担责任,是一种自己责任,对其也不能实行惩罚性赔偿。云服务提供者若能证明其已尽到注意义务,或者在当时技术情况下不能发现不法分子利用云计算进行不法活动,或其已采取措施但终不能阻止不法分子的侵权行为,则可免除其侵权责任。

（六）云计算环境下的责任竞合

根据我国《合同法》第一百二十二条的规定，违约责任与侵权责任竞合时，可选择违约责任或侵权责任。在云计算环境下，发生违约责任与侵权责任竞合可分为以下几种情形：

1. 云服务提供者披露、泄漏用户信息

用户使用云服务提供者提供的服务所产生的信息，属于用户所有。如前文所述，云服务提供者披露、泄漏用户信息未尽到保密义务的，应承担违约责任。

云服务提供者所披露、泄漏的信息侵犯用户的权益，符合《侵权责任法》第二条规定的侵犯用户人身、财产权益的，应承担侵权责任，此时便发生了违约责任与侵权责任的竞合。而所披露、泄漏的信息侵犯了用户隐私权、肖像权、荣誉权、名誉权等符合精神损害赔偿相关规定的，用户应请求侵权责任赔偿，因只在请求侵权责任赔偿时才可请求精神损害赔偿，此时可全面保护用户利益。不符合请求精神损害赔偿的条件时，用户可请求违约责任赔偿。因《合同法》采取无过错责任原则，违约责任在构成上总体来说并不要求违约人具有过错，只要没有免责事由，就要承担违约责任。而此种情况下，用户请求云服务提供者承担侵权责任需举证其有过错，对用户不利，而请求违约责任更为有效。

2. 黑客利用云计算侵犯云服务用户的权益

黑客利用云服务侵犯其他云服务用户权益时，应考虑云服务提供者是否具有事前审查义务；具有事前审查义务的，不仅要承担违约责任，还应承担侵权责任。

云服务提供者就其提供的服务，有保证用户安全使用的义务，即使因为第三方的行为致使用户受到侵害，云服务提供者也应承担违约责任。而由于云服务提供者对其系统的监测有过失，未发现明显异常或者发现异常未及时处理，未尽到事前审查义务的，应承担与其过失相应的侵权责任。云服务提供者审查义务主要针对用户异常的请求，例如，黑客请求利用云计算破译其用户密码，窃取其信用卡账号及密码的行为。未尽到审查义务时，应承担与其过失相应的侵权责任。在此种情况下，被侵害的其他用户可请求违约责任或者侵权责任，择一行使。

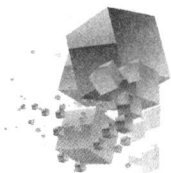

第十六章
财 务

学习要点

1. 掌握云经济服务的财务方面内容;
2. 能结合实践有所运用。

在涉及与客户谈判以及与公司协商的过程中,云经纪人应掌握一定的财务知识,其中主要包括会计和审计方面的知识。但由于云计算本质上是一种集中化的计算资源配置模式,云计算服务提供商自身也难以列示出其业务中哪些是来自云计算的收入及其在收入中的比重,导致在会计和审计等方面有诸多挑战。

第一节 会 计

事实上,云计算服务提供商自身也难以列示出其业务中哪些是来自云计算的收入及其在收入中的比重,更无法对云计算的收入进行及时、正确的确认与计量。其中的原因可能是多方面的,云计算收入确认困难的根源在于云计算业务的复杂性,以及诞生于传统商品交易的现行收入确认准则与新兴商务模式之间的冲突。在云计算商业模式下,终端用户将自己的数据、资源交给云经纪服务商,一旦云经纪人与云计算提供商达成协议管理用户的数据,这些数据或资源便脱离终端用户的控制进入了其他用户的系统。因而,就产生了数据或资源等资产的确认、收入区分与确认、成本计量与配比、会计凭证的合法性以及云会计应用等问题。接下来了解一下云计算对会计制度的挑战。

1. 对数据或资源等资产确认的挑战

资产是指通过过去的交易、事项形成的,并由企业拥有或控制的资源,该资源预期会给企业带来经济效益。在云计算的商业模式下,终端用户的数据和资源离开用户的控制进入数据中心运营或云计算服务提供商的系统,改变了传统模式下数据或资源存在于终端用户的事实,这就动摇了资产确认的"存在性"认定。这使得提供数据或资源的公司在会计期末确认数据或资源等资产的价值时,在技术上增加了难度。此外,缺乏有效的确保用户数据或资源安全的网络框架体系,存储于云中的数据或资源完全依靠云计算服务提供商提供的保障,存在着资产安全的巨大的不确定性。例如,如果存储和处理数据或资源的服务提供商倒闭,那么存储于云中的数据或资源就有可能丢失;其次,如果云计算服务提供商迁移或删除旧数据或资源,会导致用户的数据或资源遗失或被删除;另外,一旦发生因自然灾害导致服务提供商的服务器毁损,也有可能导致用户数据或资源丢失。因此,在云计算商业模式下,改变了传统上对数据或资源等资产的确认模式,使传统的资产确认、计量模式受到很大的冲击。

2. 对收入区分与确认的挑战

云计算产业将会带动软件、信息服务、互联网、服务器、存储、网络设备、数据中心等行业的发展,可以说是对整个计算机、互联网产业链的重构。云计算改变了传统的商业模式,导致交易的各个环节均须重构,因此,必须进行新的交易安排。从事云计算业务的各种市场主体,如云(即数据资源)服务商、平台提供商、应用软件服务商,与终端用户之间,随着商业模式的变化而发生各种交易关系,通常这些交易关系在现有的制度框架下难以进行,应根据交易的新特点,更新交易的内涵,并对交易制度进行新的设计。如苹果应用软件商店和软件开发者之间的软件开发工具包(Software Development Kit, SDK)及分成模式,颠覆了传统收入模式。未来云计算的发展还将孕育出更多的模式,云计算产业的发展成熟将会更新很多会计概念。因此,如何区分云计算服务提供商与其相关产业的收入,如何确认云计算服务提供商的收入,是亟须研究和解决的问题。

3. 对成本计量与配比的挑战

云计算服务提供商既难以对云计算的收入进行及时、正确的确认,又难以对云计算的成本进行及时、正确的计量与配比。云计算服务提供商普遍认为,云计算成本包括的内容很多,而其中的一些成本可能是意想不到的。虽然这些成本未必会降低云计算服务提供商从云计算中获得的实际商业价值,但它们会给云服务的总成本带来影响。从目前来看,云计算的成本主要包括:(1)迁移和存储数据的费用。把大量数据迁移到公共云上并长期存储它们,每年都需要花费资源,而目前许多企业可能还没有意识到这些费用。(2)数据在云端的存储费用。数据存储在云端,每个月仍要支付相应的费用。如果没有完全理解云计算的商业模式,那么就根本想不到有这些成本。(3)集成多家提供商的应用程序的费用。云计算在集成方面存在着隐性成本,如果没有认识到这一点,最后对云计算的成本计量就可能是不全面的。(4)测试软件的费用。将软件迁移到云端之前先要测试软件,这也会带来不可预见的成本。(5)租金和水电设施的费用。如果使用云服务,如租金和水电设施费用这些基本的基础设施费用都会计入成本。(6)准备成本。在云计算服务普遍实施期间,应采取措施来管理固有风险和意想不到的成本。以上云计算的成本,有的费用发生在基础设施建设时期,有的费用发生在运行时期,有的费用则可能发生在未来,这对成本与收入的配比带来了严峻的挑战。

4. 对提供合法、有效会计凭证的挑战

在云计算的商业模式下,是以在线服务为核心,依靠增值服务、功能应用或广告获利。对于比较典型的云计算商业模式,如在苹果的 App Store 平台、Google 的搜索引擎平台、腾讯的即时通信平台上,软件或初始服务均以低价或免费向用户提供,真正的盈利点在于增值服务和广告。但是,由于网络环境的开放性、虚拟性、交互性、匿名性,使传统会计业务确认、计量和报告需要提供合法、有效的会计凭证的模式受到了严重的挑战。在云计算的商业模式下,终端用户的大量数据资源存储在"云"上,能够取得相关合法、有效的会计凭证的可能性很小,证据随时可能销声匿迹的风险客观存在。在云计算环境下,取得会计凭证的程序可能发生的问题也很多,表现最为突出的是会计凭证的取得和管辖问题。电子证据本身就非

常复杂,云计算使会计凭证的取证更加困难。在云计算模式下,数据通过互联网存储和交付,并且在全球范围内流动,数据的拥有者不能控制数据的流动,也无法掌握数据的存储位置。同时,每个国家都有自己的法律及管理要求。在云计算环境下,必须取得会计凭证来确认、计量会计业务的模式受到了严峻的挑战,取得会计凭证和会计凭证管辖权问题不仅涉及判断数据存储位置的问题,还会涉及国际交流与合作的问题。

第二节 审 计

云计算发展对审计的挑战在于云计算对商业模式的颠覆性创新和对会计业务的重大影响,这些挑战将催生大量的审计业务。审计技术、审计方法的每一次重大改进,都是随着商业模式的重大变革而产生的。当越来越多的企业提供云计算服务、越来越多的企业采用云计算服务时,作为提供鉴证服务的审计,面临着严峻的挑战。

1. 评审云计算内部控制所面临的挑战

云计算数据处理与计算机处理有许多不同,从而产生了新的内部控制内容和方式,研究云计算环境下内部控制的评审内容及其方法,无疑对开展云审计和审计质量的控制都具有重要意义。在实施了对云计算内部控制评审后,审计人员要对内部控制作出评价,以确定内部控制是否真正发挥作用。如果认为内部控制没有得到执行,或执行结果表明内部控制存在重大隐患,此时,审计人员应指出审计中是否依赖已有的内部控制。另外,审计人员应当提出一个概括反映信息系统内部控制弱点的属性和程度的总结报告,并将报告列入审计工作底稿。目前,在云计算建设过程中,存在着重视硬件和业务流程建设,而忽视内部控制建设的现象,其结果会导致数据的丢失和泄露、云计算资源的滥用和非法使用、不安全的服务接口和 API、恶意的内部用户、共享云设施带来的安全隔离问题、账户和服务的劫持问题、不能被用户感知的风险态势等问题的发生。云计算中的内部控制问题已经成为制约其顺利发展的主要"瓶颈"问题,是用户质疑和担忧的主要原因。评审云计算内部控制的目标,是对云计算内部控制的有效性进行评审,即对 IaaS、PaaS 和 SaaS 各个层面的内部控制有效性进行评审,以确认云计算内部控制的有效性。但是,云计算环境是一个多用户共享云设施的环境,它所面临的内部控制是一个综合系统,很难对云计算中单个企业进行内部控制评审。与云计算相关的企业很多,而审计组织是接受委托或委派进行审计的,审计组织和审计人员不可能在对云计算中的所有企业内部控制进行评审后,了解被审计企业内部控制的有效性。在云计算环境下,对职责分离的要求可能很难适应。在一般的信息处理环境下,通过职责分离控制程序将不同责任分派给不同的人,如将活动划分为一定的交易授权、在会计记录中记录交易、维护和保管资产,这些控制是可行和有用的。但随着云计算的介入,许多由计算机来做的工作可以由云计算代替,云计算可使多个企业同时由一个公共云在执行业务事件时实时地记录业务数据。这对职责分离概念提出了挑战:企业如何保持有效的内部控制制度?审计人员又如何评审内部控制的有效性?

2. 建设云审计平台所面临的挑战

要实施云审计,审计组织应建设云审计平台。建设云审计平台是一项基础性的工程,对促进云计算的发展具有重要意义。通过建设云审计平台,可以为综合分析云计算服务的风险,客观评价云计算服务平台的数据安全保护能力、业务持续性保证能力以及平台与服务合规性建设水平,为云计算服务的参与者准确理解云服务的安全风险、持续风险以及合规风险,以及合理调整云服务建设与应用提供决策支持。云审计平台主要包括云审计用户服务平台和云审计企业服务平台,既可提供面向云计算服务提供商的信息审计服务,提升云平台的安全保障能力;又可提供面向云计算服务用户的信息监管服务,消除用户对云计算服务平台安全性、可信性、合规性以及持续性等方面能力的担忧,提升云计算用户的信任度。云审计平台应通过自主研究开发的一套云审计通用数据接口,提供针对云服务平台和云数据中心的统一的接口规范和命名协议,建立一套开放、可扩展和安全的接口与技术方法。云计算服务提供者在云审计平台中定义并加载这些接口,就可以实现与云审计的无缝结合,云审计平台利用这些接口可以实时地对云计算相关业务单位进行全面的审计,让用户了解在云平台上发生的一切,可以有效地控制数据在云中面临的风险。而在我国的现实情况下,要在各个不同的审计组织中建设云审计平台,不仅面临着因审计经费不足而需要投入大量资金建设的严峻挑战,而且还面临着审计人员的知识水平不能满足要求、能力不能适应工作需要的严峻挑战。

3. 实施信息安全审计所面临的挑战

从云计算本身带来的风险来说,主要考虑两个层面:一是云基础设施的安全性,二是数据的安全性。因此,实施与云计算相关的信息安全审计应主要从这两个方面加以审计。审计云基础设施的安全性,是指把数据资源放在云中,用户会担心数据的存储和使用的安全性。[119]除了应审计数据的安全备份之外,还应审计云平台自身的效率。审计数据的安全性,包括审计信息系统的安全性。云计算数据和信息系统的安全性对于运行维护、安全事件追溯、取证调查等方面来说极为重要,云计算系统应通过建立安全系统,进行统一、完整的分析,通过对操作、维护等各类云计算系统日志的安全检查,提高对违规事件的事后审查能力。首先,应建立完善的云计算系统日志记录及审核机制,日志的内容应包括用户 ID、操作日期及时间、操作内容、操作是否成功等。其次,应采取有效措施,确保云计算用户活动日志的准确性和完整性。云计算所有重要系统的时钟时间应保持同步,以真实记录系统访问及操作情况,及时将云计算平台生成的各类日志备份到专用日志服务器或安全介质内,采用监控软件以保证用户活动日志的一致性与完整性。目前在我国,云计算才刚刚起步,审计人员要实施云计算信息安全审计,将面临着重大的挑战。同时,云审计只有伴随着云基础设施的发展才能不断发展,如果云审计没有跟上云计算平台和云审计平台的建设步伐,会给云审计带来巨大的审计风险。

4. 搜集审计证据所面临的挑战

审计人员在审计过程中,应根据充分、适当的审计证据发表审计意见,出具审计报告。但是,在云计算环境下,审计人员面临难以搜集到充分、适当的审计证据的重大挑战。在云计算环境下,审计人员能搜集到的审计证据大多是电子证据。电子证据本身就非常复杂,云计算使取证更加困难。[120]首先,在云计算环境下,数据通过互联网存储和交付,审计证据也只能在互联网中取得。在一般情况下,数据在全球范围内流动,数据的拥有者不能控制数据的流动,也无法掌握数据的存储位置。审计人员在进行云审计时,可能无法确切地知道作为审计证据的数据到底被托管在什么地方,甚至不知道这些作为审计证据的数据存放在哪个国家。其次,作为审计证据的数据在云中通常是处在云计算服务提供商和其他客户的数据共享的环境中,云计算服务提供商提供的证据,有可能导致数据完全无法使用,也可能使数据的可用性变得相当复杂。再次,审计人员常使用调查方法搜集审计证据。但在云计算环境下,审计人员特别难以进行调查取证,因为多个客户的日志记录和数据可能存放在同一地点,也可能遍布于不断变化的一组主机和数据中心。如果不能得到合同的承诺,以支持特定形式的调查,那么审计人员依靠调查方法搜集审计证据将是不可能的。云计算同时为多个企业提供服务,同时记录了多个企业使用云计算的情况,当某一个企业需要被审计时,这种多个企业使用云计算的日志被记录在一起的情况增加了审计调查的难度,甚至有可能存在审计调查无法进行的风险。

5. 实施审计程序所面临的挑战

云计算应用的核心是信任,信任是云计算应用的基础,但是,信任却是有待验证的。企业应该让管理者、客户、股东及其他利益相关者清楚地知道,其是如何选择、实施、安排和管理云计算应用的,如何降低风险并消除未来的不确定因素。当前的云计算环境充满了不确定因素,如不进行审计,则只能完全相信云计算服务供应商提供的各类信息。因此,针对云计算应用减少其不确定性的方法之一,就是实施有效的审计程序。但是,在云计算现实环境下,全球主要的云计算服务提供商都不允许其客户委托第三方对其提供的云服务进行审计。至少在未来相当长的一段时间内,客户只能信赖云计算服务提供商的合规性表述。也许只有企业与当地规模较小的云计算服务提供商合作,才有可能允许他们自行委托第三方进行审计。因此,审计组织实施客观、公正的审计还存在障碍,实施有效的审计程序还面临巨大的挑战。

第十七章
云计算发展战略研究

学习要点
了解云计算未来发展方向。

第一节 我国云计算产业发展战略研究

2010年,中国云计算服务在全球市场中的规模增长了40％,这个增速相当高。同时,据世界知名咨询机构高德纳预测,到2015年,这个比例有望提高到95％,而全球云计算产业总规模保守估计将超过220亿美元。从这几个数据可以看出,云计算产业是一个增速相当快而且发展前景非常广阔的产业领域。

在国外,例如,美国、欧盟、日本、韩国都非常注重云计算和云计算产业发展,推进了非常多的云计算发展策略,也实施了一系列云计算方面的规划。包括Google、IBM、亚马逊、微软等企业在内,都是云计算解决方案的提供者。

为什么这些国家和非常知名的跨国企业,都对云计算投入很大的热情? 主要原因之一在于云计算对信息产业和整个经济社会有非常大的影响,它对信息产业的影响主要是两个方面。第一,云计算将为信息产业带来广阔的市场空间,这对信息产业的发展是非常有好处的,而且有很大的驱动作用。第二,云计算将加速信息技术产品创新发展,加速软件服务化进程,具体体现在:(1)推动信息产品表现出新的趋势,一个是IT产品会从生产工具向技术产品表现出一些新的趋势,另一个是IT产品生产工具向随身伴侣发展;(2)从大型供应设备向微型移动设备发展;(3)从高价商用产品向低价普及产品发展;(4)从传统互联网向新兴互联网发展;(5)从终端行为向云服务发展,这种发展最终会推动信息产业发展格局的变革。因为云计算是一种新兴领域,所以国家和地区以及各个大型跨国企业都在加紧布局,以期待在未来信息产业发展格局中占据有利地位。

同时,云计算对经济社会的发展也有非常巨大的推动作用,这主要表现在推动信息基础设施的建设、加快科技和业务创新、提高公共服务水平、促进企业快速发展、变革信息消费方式和促进节能减排等方面。

我国云计算产业发展战略,大致分为以下四方面内容:

第一,我国云计算产业发展现状。发展的环境在不断完善,国务院在加快发展战略性新兴产业的相关决定中,就提出要促进云计算研发和应用。国家发改委和工信部发布的《做好云计算服务创新发展试点示范工作》文件中,选择了北京、上海、深圳、杭州、无锡5个城市开展云计算服务创新发展试点示范工作。

发展环境改革完善的关键是批准工作稳步启动,中国信息标准化协会、中国电子协会、全国信标委的两个工作组都已经在开展云计算标准制定工作。

另一个现状是产业链条粗具雏形。主要表现在基础设施构建能力显著提升、软件产业整体实力稳步增强。由于我国近年来在服务器、存储、网络设备、芯片等方面都取得了长足发展,所以在云计算基础构建方面的能力得到显著提高。

第二,18号文件发布已有十多年,我国在基础软件、应用软件领域,技术产品实力显著增强,并且在我国国民经济和社会信息化领域得到广泛的应用,使得我国软件产业整体实力显著增强,也为支撑云计算发展提供了很好的交流基础。

第三,我国的互联网商务化程度迅速提高,特别是基于互联网的商业模式不断创新,同时,如百度、阿里巴巴、腾讯、中企动力等企业,在云计算内容服务方面已经有了非常丰富的积累和非常多的技术储备,所以,我国在云计算内容服务方面也不断得到丰富,这使得我国云计算产业链条粗具雏形。

第四,我们国内企业在快速跟进。例如,联想以移动互联战略带动云终端产品和云内容服务;浪潮通过行业云解决方案部署云战略;华为、中兴以网络基础设施带动云整体解决方案。华为曾非常高调地召开了云整体解决方案的新闻发布会,任正非以前很少出席新产品发布会,但这次他亲自出席。中国移动希望以其"大云计划"来整合IT资源,支撑业务转型。百度、阿里巴巴、腾讯通过创新内容服务带动云计算相关业务发展。

从这些可以看出,国内这些大企业都对云计算领域进行了非常广泛的布局。但同时,云计算对于我国毕竟是新的东西,虽然很多技术是相对成熟的,但很多概念是新的,特别是我国对创新的概念历来喜欢炒作,所以在这种炒作中,就难免会存在一些问题。

(1)目前我们还缺乏国家层面的云计算发展战略。很多方面虽然国家出台了一些政策,但是还不够;各个地方政府或者各个企业大多在各走各的路,这样容易混乱。

(2)社会各界对云计算的认识存在偏差。

(3)云计算发展的应用结合程度不够。虽然各地都在发展云计算,但它能提供什么样的服务,如何与经济社会,包括与我们个人、家庭消费结合起来,在这方面的探索做得相对很少。

(4)由于结合程度不够,使得目前我国自己的云应用软件和云服务内容尚不够丰富。比如ERP,很多企业都用小型ERP,但它所提供的功能非常雷同。

(5)一哄而上的态势不利于云计算发展,特别是针对云计算产业的理解不够深刻,所以这种一哄而上的局面有时候容易走错路。

同时,我们也要看到我国云计算产业发展面临着机遇和挑战。我国从中央到各级地方政府都对此高度重视,已经把云计算作为新一代信息技术产业的重要领域,云计算产业未来将得到国家在政策、资金、项目方面的大力支持。

工信部在软件和信息服务业"十二五"规划中提出,要加快发展云计算、物联网、移动互联网和应用信息软件,加强云计算研发和产业化,加快云计算在一些领域的应用,同时发展制造业的云计算服务。

发改委已经开始集中推动高技术服务业发展,高技术服务业目前被列入八大领域,其中一个领域是信息技术服务。云计算是信息技术服务中的一项重要内容,所以,发改委提出要大力发展云计算模式的平台运营和应用服务,促进在内部应用技术企业进一步开展相关服务,比如百度、盛大这些企业。同时,推动有条件的制造企业,通过云计算模式向服务转型,这是传统产业改造提升的重要环节。另外,发改委已经根据工作情况选择了部分城市作为云计算试验城市,组织国内骨干企业开展云计算服务。

我国云计算应用潜力巨大、市场前景广阔,这是一个重要的发展机遇。我国正在推进两化融合,注重科技创新,加速做好节能减排工作,在这些方面,云计算都有它的用武之地。同时,中小企业信息化可以通过工业服务来享用云计算服务,对大企业来说,可以加强自己的私有云建设,把自己的数据中心整合起来,这样可以节约很多成本。同时,对个人和家庭可以提供一些照片存储服务或者电影媒体服务等消费应用,这个空间都是非常广大的。

所面临的挑战可能集中在三个方面:一是相关法律法规亟待完善;二是应用推广体制亟待健全;三是产业发展模式亟待突破。

我国云计算产业发展思路和目标,应该明确以下三个原则:

第一,明确抢位发展与稳步发展的关系,在力求领先的同时避免泡沫出现。

第二,明确技术创新与服务创新的关系,坚持以应用与市场为主导。云计算之所以能付诸实践,是因为与其所采用的技术和商业模式相比,其牢牢抓住了市场需求,以应用作为驱动力,不断实现服务模式和服务种类的创新。在云计算要素中,服务与应用需求的联系最为紧密,最能反映市场需求变化,所以在发展云计算时,既要立足于一定的技术基础,以技术创新作为推动力,又要牢牢把握应用与市场这一主线,在服务创新方面下更多功夫。

第三,明确产业发展与基础设施建设的关系,加强资源整合,避免盲目投入云计算的发展,要以一定的 IT 基础设施为基础,但这并不意味着一定要进行全新的基础设施建设。应当在充分利用和整合已有软硬件资源的基础上,适当添加必要的云计算软硬件,通过云计算相关技术的应用,提升 IT 资源整体效能与效率。特别是地方政府、大型企业等在进行云计算中心建设时,需要先期研讨能否利用和整合现有计算中心和各部门(各分支机构)的已有 IT 资源,以改造方式为主完成云计算基础设施建设。

虽然我们应该注重能够将现有的哪些数据中心联系在一起,组织起大的云发展数据中心,就像谷歌在全球有很多数据中心,但它只有一个整合中心,这样就把资源整合起来。我国在基础设施方面应该考虑整合,而不是新建,这样才能避免盲目投入。

在发展思路方面,要以产业链培育为重点,注重上下链、上下环节之间企业的联动和整合,同时突破核心关键技术;要以试点示范作为突破口,推进应用快速发展。此外,很多因素还在于环境以及大家的认知度和接受能力,所以要以产业环境的营造为出发点,加快体制和机制的创新。

对于国家整体目标来说,在发展云计算的时候,既要健康发展产业基本格局,又要保证我国的产业国际竞争力显著提升,同时要使得我国对云计算产业进行发展之后,对信息产业和经济社会发展的推动作用有所增强。对于具体目标,第一,要使云计算成为我国现在提出的新一代信息系统发展的重要引擎;第二,要掌握一批关键核心技术,在部分领域要达到世界领先水平;第三,我国应通过发展云计算产业培育一批具有国际影响力的大企业和一批具有创新力的中小企业;第四,要形成一批产业链完整、创新能力强的云计算产业。

我国云计算产业发展的工作重点可以概括为四个方面:

第一,要加强研发创新,并且要提高云计算安全保障作用,要用研发性的创新、基础上的突破技术来支撑云计算产业发展。

第二,要增加服务种类,提高云计算服务水平和质量,包括政府部门的电子政务,还有医疗、社保等公共事业部门,以及大型企业和中小型企业。对工业领域、农业领域,云计算有很大的应用前景,这些领域需要的服务种类不一样,应积极拓展服务。例如,山东有一家企业,其软件设备是农业部提供支持,面向农村提供 ERP 软件等。但是在推广过程中会面临什么问题? 比如,农村对计算机应用水平和软件掌握的能力相对城市较弱,在软件维护等方面会遇到很多问题。现在云计算就提供了一个新的机会,该企业在积极发展这种大型服务,使得农村用户可以通过网络浏览器直接使用服务,对于该企业推广产品、扩展更大的发展空间有所帮助。云计算要针对各个领域开拓新兴服务领域。

第三,选择重点领域来开展示范试点。新兴事物要同时全面推进并不切实际,应该选择重点行业、领域或者区域开展示范试点,我国现在选择了 5 个城市进行云计算服务的试点。

第四,加快标准制定并进行推广应用,力争掌握未来产业发展的主动权。重点任务分为四个方面:(1)基础设施方面,要将高端服务器、海量存储、芯片、网络基础设施作为发展重点,建立高效可靠的云计算基础设施。(2)技术产品方面,要将虚拟化技术、大规模数据存储和管理等关键技术作为突破点,形成具有自主知识产权的核心产品。(3)标准体系方面,要加快制定我国的云计算标准。(4)应用推广方面,要加强试点示范,支持公共服务云建设以及大企业私有云建设和应用。

同时,应该将软件与服务作为发展重点。在云计算中,既涉及搭建云计算环境的硬件、软件,也涉及基于云计算环境所提供的服务。明确三者之间的关系,对更加全面地认识云计算和确定云计算发展重点具有重要意义。正如没有计算机硬件就无从讨论使用计算机一样,硬件是云计算中最基础的部分。没有服务器、存储设备、网络等硬件的支撑,无论是云计算还是其他任何种类的计算,都无法实现。但客观来看,云计算中所使用的硬件设备,同样可以用于日常计算、网格计算等环境。也就是说,硬件仅仅是云计算中的基础组成,虽不可或缺,却难以体现云计算的独特性。云软件是使云计算独特性得以实现的最重要保证,有了虚拟化、分布式存储、并行处理、数据管理等基础软件,云计算才能够实现其资源汇聚、快速弹性、可控可计量等特征;有了各种服务软件,云计算才能为用户在线提供种类众多的服务产品。

虽然云服务是立足于云硬件和云软件基础上的,但云计算之所以能够获得关注和支持,主要就在于云服务的提供。对于用户而言,虽然可以知道云硬件和云软件的存在,却难以真实感知,只有云服务是用户直接感受并享有的。也正因为有了种类众多、运用方便的云服务,云计算才得以运用,进而实现产业化。未来云计算发展前景如何,云服务内容的扩展和充实是最为关键的因素。综上所述,在云计算的各组成部分中,"硬件是骨骼、软件是血肉、服务是灵魂",软件与服务是云计算产业发展的重点。

在战略措施方面,要使产业能够发展,应做好以下几个方面:一是国家和地方都要制订好发展规划,加强协调引导,为产业发展提供组织保障;二是做好科学规划,加大监管力度,减少无序发展与重复建设;三是开展认定工作,适度设置门槛,优化云计算市场发展环境;四是引导资金投入,加强队伍建设,全面优化云计算发展环境。同时,应注意如下几点:

第一,通过开展试点示范推动云计算产业发展,同时,要促进 SaaS、PaaS、IaaS 产品全面发展,支持软件企业开展云产品,特别是企业与用户需求要对接;重点发展人力资源、客户管理、财务管理等管理型 SaaS 服务,而且要推进安全管理、电子邮件等工具型 SaaS 产品的普及。

第二,发挥移动、电信、联通等运营商的网络基础设施优势,加快推进传统电信企业向云计算信息增值服务商转型。

第三,整合信息服务业资源,促进电信运营商、软件提供商、信息服务提供商和内容提供商的转型升级。

第四,找准地方特色,结合产业基础,发展云计算服务。对于云计算来说,不仅仅是面向区域的,而且是面向全国的,甚至是面向全球来服务的,所以应该调整自己的特色,来发展自己最有能力的方面。

比如,北京就适合以龙头企业为牵引,打造完整的云计算产业链,因为北京的信息产业非常发达。此外,要发挥信息安全企业优势,发展云安全服务。北京的交通是一个老大难问题,所以建议北京以智能交通服务体系建设为应用示范重点,其他如上海、深圳、杭州等城市应分别根据各个地方的特色,提出适合的发展模式。对于南京来说,也应该结合自己的特色。比如根据工信部的考察,发现南京在电力软件、服务器软件、信息安全、交通管理等方面已经有了很多成熟的方案,例如雨花区在这方面形成了有特色的产业集群。所以,应该结合这些产业基础来重点发展云计算服务,从而在这些领域形成核心竞争力。

最后要加强产业环境建设,包括加强云计算重点实验室,工程技术平台、专业设施平台及公共服务基础设施体系的建设,还要促进开源式云计算公共设施服务平台的发展。

第二节 案例展示

【案例一】 yy 信息技术有限公司云计算发展战略研究

一、yy 公司简介

yy 信息技术有限公司(以下简称 yy 公司)业务范围涵盖计算机应用及计算机软件技术开发、咨询、培训服务,信息系统测评,信息安全技术服务,软件服务,计算机及软硬件的销售等业务。

作为一家高科技公司,yy 公司注重在政府与企业信息化领域的服务实践,致力于为政府及企事业单位提供信息化综合解决方案,全力为不同层次的客户提供基于云计算的低成本、高效益的信息化产品和服务。尤其是作为山东省云计算与数据灾备中心的成果转化和运营机构,通过大量的服务实践,yy 公司已经成为省内云计算系统专家、云服务运营专家和信息化综合解决方案供应商。主要业务包括:

(1)云计算咨询服务。专注于为地方政府、产业园区及大型企业用户,提供与云计算产业链建设相关的服务,根据客户的实际需求,结合现有 IT 架构,为客户提供云计算平台解决方案,使客户平台真正具有按需使用、资源共享及弹性扩展的云计算服务能力。

从产业发展、技术革新、政策导向、科学研究、社会效应、经济效益等多个角度帮助客户进行云产业发展规划,避免盲目投资和跟风建设,节约资金;避免单一技术壁垒,促进民族产业发展；围绕用户的真正需求，从宏观角度布局产业链，从微观角度重视服务和应用。

（2）公有云服务。通过公有云服务，可以让客户像使用水、电资源一样使用云计算资源，企业无需基础建设就可以使用 OA、CRM 等应用系统。服务内容包括 IaaS（托管、资源租用等）、PaaS（JAVA 开发平台、微软 TFS 服务等）、SaaS（企业邮箱、CRM、OA、ERP、HR 等）。

（3）客户定制云服务。根据企业需求，基于山东省云计算中心公有云，通过安全技术手段将企业数据中心移植到云端，同时向客户提供运营服务，为企业量身定制地开发或优化基于企业内部云的应用系统。

（4）云灾备服务。云灾备为客户提供各种技术资源、丰富的项目灾备经验以及一套完善的管理工作流程。它是以服务的方式达到客户快速灾备的目标。这不仅降低了客户云灾备的运作成本，还大大减少了客户的工作量并降低了工作强度。

（5）居民健康云服务。通过物联网医疗感知设备，获取以社区及家庭为单位的居民健康医疗信息，并整合医疗机构体检、治疗等医疗信息，建立了完整的居民医疗信息档案，实现居民健康医疗信息自动化管理。医疗卫生机构也可以通过查询居民档案信息辅助其治疗。

（6）中小企业公共服务。专门为中小企业提供一体化综合信息服务的网络平台，包括政务平台、中介服务平台、商务平台和企业 SaaS 平台，目的是推动全省中小企业资源整合，实现信息共享、互通有无、优势互补。

二、成功案例

1. 山东省云计算中心建设

yy 公司作为国内首家实现跨区域资源整合的省级云计算中心，与全省 13 家软件园签订了山东省云计算平台共建协议，联合省软件与信息服务业协会成立了山东省云计算产业联盟，共同推进云计算产业发展与应用推广，促进云计算新技术、新产品、新业务与市场的拓展。

山东省云计算与数据灾备中心是由山东省人民政府发文，国家发改委、山东省发改委、山东省经信委、山东省财政厅共同立项，面向电子政务的专业共享数据灾备中心。一期已完成济南市两个专业的灾备数据机房建设，能提供 2P 存储灾备空间，支持内网（涉密）和外网（非涉密），并符合国家标准要求的 1～6 级的灾难恢复，目前已由 yy 公司运营。

2. 某市云计算中心规划与设计

yy 公司集约化利用山东省云计算中心的海量计算和存储资源，合理搭建本地环境，构建一个资源充足、安全低碳、可弹性扩展的基础支撑平台。建设平台门户，与省级云计算平台对接，实现真正意义上的跨区域资源整合，逐步开发、部署本地行业应用，服务当地的政府和企事业单位。

3. 齐鲁软件园云中心建设

2011 年，针对园区企业需求和平台升级改造要求，yy 公司通过配置资源管理与监控系统、操作系统与数据库及开发工具等关键软硬件设备，运用云计算技术，对平台资源进行智能分配与监控，实现平台的智能化在线管理；同时，部署了多租户开发工具软件，丰富平台的开发工具，方便企业使用。项目建成后，平台的服务能力得到显著增强，园区企业使用平台将更加便捷、高效，对园区的产业集聚和产业发展将起到积极的推动作用。

4. 山东省中小企业公共服务平台建设与运营

yy 公司依托山东省云计算中心的技术与资源,以"中国中小企业山东网"为基础,建设了一个旨在为中小企业管理部门、社会服务部门和中小企业服务的综合性平台。建设内容包括政务平台、中介服务平台、商务平台和企业 SaaS 平台。平台建成后,由 yy 公司打造运营团队,负责运营。

三、yy 公司平台运营策略

1. 案例企业运营管理现状

yy 公司依托于山东省计算中心、国家超算济南中心和山东省云计算中心成立。作为一家高科技公司,yy 公司提供多样化的服务;云计算咨询服务主要从产业发展、技术革新、政策导向、科学研究、社会效应、经济效益等多个角度帮助客户进行云产业发展规划,避免盲目投资和跟风建设,节省资金,规避单一技术壁垒,促进民族产业发展,围绕用户的需求,从宏观的角度布局产业链条,从微观的角度重视服务和应用。公共云服务包括基础设施即服务(IaaS)、平台即服务(PaaS)和软件即服务(SaaS)。其中,基础设施即服务包括托管服务、虚拟主机租用和空间服务等;平台即服务提供了代码业务平台等;软件即服务主要提供基础工具类、管理类、办公类等软件服务。云灾备为客户提供各种技术资源、丰富的项目灾备经验以及一套完善的管理工作流程。它是以一种服务的方式达到快速客户灾备的目标,不仅降低了客户云灾备的运作成本,还大大减少了客户的工作量和工作强度。居民健康医疗云服务可以提供面向居民健康以及医疗卫生机构健康医疗信息的感知、获取、管理与交互服务。

此外,yy 公司有较好的软、硬件设备以及优秀的人才作支撑。yy 公司依托山东省计算中心、国家超算济南中心和山东省云计算中心,招揽了一些懂经营、善管理、精法律、通技术的复合型人才,使得公司蓬勃发展。

迄今为止,yy 公司已经有了相当多的成功案例,如在各地有分支机构的某大型企业、齐鲁软件园云中心建设、山东省中小企业公共服务、某市云计算中心规划与建设等。

2. 案例企业运营策略及运行机制设计

yy 公司主要依靠政府指导,提供公益性和市场化两种服务。yy 公司平台通过自建和合建两种模式协调各种资源,坚持投资者受益的原则,每个板块都有一家主运营商。平台在建设的初期阶段,政府给予一定的平台建设资金,以提供公益性服务为主。平台成熟以后,采用有偿与无偿服务相结合的方式,制定统一的收费、服务标准。平台需要政府主导购买企业需求大而运作成本高的项目(如政务热线)。平台鼓励软件提供商无偿为系统维护升级难、技术复杂的项目提供技术支持(如 SaaS);平台通过网络为其推广产品,而提供商收取服务费用。平台自身主要是购买一些成熟的、后续维护简单的项目,并自己推广运营,收取费用(如企业邮箱)。

对于企业的经营策略可以从几个层面来看:

(1)一个好的企业必有一个好的企业文化,yy 公司的理念是行业创新、服务社会、成就客户、合作共赢。这也使 yy 公司在经营上勇于突破、不循常规,在大风大浪面前勇于一搏,同样也取得了成功。

(2)技术至关重要。作为一家高科技公司,yy 公司可以提供公共云服务、客户定制云服务、基于云计算的共享灾备服务以及健康医疗云服务等,为政府及企事业单位提供信息化综合解决方案,全力为不同层次的客户提供基于云计算的低成本、高效益的信息化产品和服务。yy 公司已然成为省内云计算系统专家、云服务运营专家和信息化综合解决方案供应商。[121]

（3）在行政管理方面,坚持稳定是发展的基础,充分授权,严格监督。在最重要的人事权上,公司享有直接任免事业部门、人力资源部门、财务部门负责人的权利。公司根据企业战略目标,对公司销售收入统一分配。同时,公司决策权与事业部职权相分离。事业部发展壮大的三大权利(经营权、财务权、人事权)都由公司掌握。通过以上分权方式,yy 公司的事业部总经理手上的权力相当有限,这样就形成了公司行政管理的矩阵结构。[122]对 yy 公司来说,这种管理结构不仅灵活,而且通过横向方式分配管理权力,制约了公司职能权力的集中。

（4）在营销方面,yy 公司深深了解到,只有找准用户需求,以实用化、系列化的产品赢得市场,才能在激烈的市场竞争中占有一席之地,创造一个高科技的新市场,以取得更好、更快的发展。[123]此外,yy 公司对基于云计算的信息化产品和服务采取低价销售,使得 yy 公司的产品有更大的市场占有率。而且,yy 公司具有很强的执行力,在市场上也有良好的信誉。

3. 案例企业对云技术平台及运行机制的设计

近几年来,随着中央和省级政府促进中小企业发展的各项政策措施出台和产业集群的快速发展,中小企业公共服务平台进入了快速发展阶段,平台数量大幅增加。在中小企业公共服务平台建设过程中,以市县政府为主导,采取不同方式进行组建,并对服务平台的运行给予一定的财政和项目支持;公共技术服务平台上,主要是产业集群内的龙头企业或行业协会投资建设,实行企业化管理、市场化运作。

从服务内容看,可以分为综合性服务平台和专业性服务平台。综合性服务平台主要为区域内中小企业提供信息发布、政策解读、管理咨询、服务对接、权益保护和创业辅导等公益性服务。专业性服务平台主要为中小企业提供相关行业或技术领域的专业服务,如研发、检测、培训、创业辅导等[124][125][126]。

在运营过程中,中小企业发展的实际需求、服务项目运营方式决定了不同品种占比的高低,在所提供的服务项目中,最受企业欢迎的是信息服务、人员培训、技术服务。服务平台统一协调,形成利益共享机制,省级平台和窗口平台构成山东中小企业公共服务平台网络体系。省级平台、地市级平台以及产业集群等窗口服务平台在运营中始终坚持共享信息、协同服务、取长补短的原则。该平台采用线上、线下两种服务相结合的方式。省级平台通过共享平台线上资源,避免了重复性建设,降低了成本,节约了开支。这几种平台通过资源共享的方式,维护了平台的良性运转。

中小企业公共服务平台在服务和管理方式上,多采取负责人任命制和员工合同聘用制相结合的方式[127][128]。中小企业公共服务平台运营经费的来源主要包括财政拨款、项目拨款、服务收入、社会捐赠和投资收益五大方面,其中省、市中小企业公共服务平台的主要经费来源是财政拨款,公共技术平台的主要经费来源是服务收入。

四、yy 公司电子政务云策略

电子政务平台复杂的业务系统需要云计算为其整合资源、协调业务以及集成平台应用。云计算不仅有助于降低电子政务成本、减小信息共享和业务协同难度,而且能提高电子政务部署效率和政府服务效率。因此,建设电子政务云技术平台,实现了不同电子政务平台间的信息交换以及数据共享,提高了政府部门信息处理的速度与效率,对政府部门自动化办公以及资源整合产生了重大影响。

1. 制度法规优先

电子政务平台的信息资源整合与共享需要虚拟化技术、人工智能、数据挖掘、海量数据存储等技术支撑,云计算使之成为了可能。由于云计算自身不是电子政务资源共享的充分必要条件,而且政府对云平台统建缺乏引导,各个厅局间存在自身利益竞争关系,所以,电子政务云不能由各个厅局自发建设。这项工作需要政府加强制度建设,以制度法规为依托,推动电子政务云的建设工作。

2. 顶层设计优先

电子政务云的建设需要多个厅局间相互合作,建设时间长、技术难度大,是一项系统工程,因此如何设计和规划整个系统就显得至关重要。电子政务云的部署工作坚持先共性后特殊、先易后难、增量优先的原则。"先共性后特殊"是指先迁移所有部门的共有数据对象,再对有特殊要求的对象进行处理;先考虑安全要求低的数据对象,再考虑要求高的数据。"先易后难"是指先实施部门间容易协调的任务。"增量优先"是指优先整合新建的、改造的电子政务系统。

3. 国产软硬件优先

技术进步、产业发展都是由需求带动的,电子政务平台建设必须要考虑对国内产业的推动作用。因此在建设中,应优先使用国产软件和硬件,借此推动我国信息技术的发展和创新。由于国产软硬件企业有信息安全的政治意识,因此可以大大降低电子政务信息在国际上泄密的可能性。

4. 电信运营商优先

电子政务云平台应充分利用各种基础设施,如网络、服务器,主要通过外包方式来运维。目前,市场上提供云计算的服务商很多,有硬件、网络、服务、系统集成多种服务商。由于电信运营商在信息服务产业中占有主导地位,因此政府要优先考虑。电信运营商不仅拥有建设云计算所需要的宽带网络,还有大数据处理中心,在数据挖掘以及服务水平上都有很强的技术能力。最后,电信运营商有信息安全的政治意识,有处理信息安全的经验,在国际网络空间对抗方面也有很强的技术实力。

五、yy 公司战略发展规划

1. yy 公司 SWOT 分析

SWOT 分析方法有广泛的应用范围。其中,S 代表优势(Strengths),W 代表劣势(Weaknesses),O 代表机遇(Opportunities),T 代表威胁(Threats)。接下来分别从这 4 个方面对 yy 公司的内部资源和外部因素进行全面的分析,从而找到适合公司的发展战略。

(1)yy 公司优势因素分析。

①资源优势。

yy 公司云中心是国内首家实现跨区域资源整合的省级云计算中心,规划聚合了省内软件园区、企事业单位、科研院所、高等院校等多方 IT 资源,采取优化升级现有资源的模式,实现区域内 IT 资源的统一管理和集约利用。采用联通、电信各 1GB 光纤双链路,实现与互联网出口连接;通过裸光纤与国家超算济南中心、齐鲁软件园数据中心连接;采用 VPN 方式逐步聚合行业数据中心以及其他园区数据中心资源;将拥有超过 2PB 的海量存储和超过千万亿次的计算能力,形成一个管理中心、多个数据中心的资源分布格局,实现区域内IT资源的集约化利用。

②平台架构优势。

云中心联合英国帝国理工大学、微软、北京用友天宇系统技术有限公司等国内外知名大学和厂商,采用虚拟化、分布式计算、海量数据处理、弹性计算及数据安全等领域关键技术,实现逻辑上的资源集中和动态弹性使用,并自主研发了云计算业务支撑平台和运维管理平台。

③安全策略优势。

云中心充分考虑了云计算模式对关键应用和数据带来的潜在的访问管理权、合理性、法律及商业等方面影响,以可信计算为基础、访问控制为核心,构建纵深的安全防护体系,实施云平台虚拟化安全、基础设施安全、数据安全和运营管理安全的全面管理,确保客户的应用和数据安全,包括虚拟化安全、规范服务器虚拟化安全、网络虚拟化安全、存储安全以及虚拟化安全管理的相关配置要求,以提高虚拟化应用的安全性。基础设施安全,是指建立基础网络、主机等基础设施的纵深安全防御机制,提高基础设施的安全性,保障服务提供的连续性和稳定性。数据安全,是指采用数据隔离、访问控制、加密传输、安全存储等技术手段,保护客户业务数据的安全性、完整性和可用性。运营管理安全,是指制定安全运营策略及安全维护规章制度,并从用户管理、认证、授权及安全审计等多个层面规范安全运营要求。

④服务优势。

服务优势包括虚拟机服务等,云平台借助虚拟机技术,将现有IT资源(服务器、存储、宽带网络)整合成统一管理的资源池,可快速创建虚拟服务。虚拟服务具备以下优势:支持不同配置的虚机模板,客户可以挑选并指定虚拟机的硬件资源和软件配置,快速搭建测试及应用运行环境;支持动态扩展,扩容时不中断业务;支持用户定制、虚拟服务镜像,为虚拟机按用户类型、业务类型创建独立的VLAN,保证系统安全。

应用托管服务,是指云平台拥有设施一流的标准机房、高速稳定的接入带宽、强大迅速的技术支撑、安全稳定的保障措施及贴心全面的优质服务,凭借丰富的运维实力,面向企事业单位提供良好的应用托管平台及应用维护方案。应用托管服务具备以下优势:(1)节省建设费用。客户无须建立自己的中心机房,更不用担心搬迁等造成的资源再建设。(2)节省人力资源。可以以更精简的技术人员完成用户业务需求。(3)体验高级别的网络资源。充足的IT资源和优越的宽带资源使用户充分享受网络带来的便利。

代码级开发平台,其支持代码版本管理、团队协同和异地开发,利用该平台,软件企业可以在线进行应用程序开发、部署和测试。代码级开发平台包括微软的VSTS、IBM的Rational等。

业务级开发平台,其在框架重用、构件重用的基础上,实现了业务逻辑重用和组装动作重用,提供业务建模、数据建模、表单自定义、工作流、权限管理等主要功能。软件企业不用编写代码,只需根据业务需求,即可借助平台快速定制业务,开发出功能强大的企业管理系统。业务级开发平台包括微软的XRM、浪潮的GSP等。

数据级灾备,其关注点在于数据,即灾难发生后,灾备服务平台依靠基于网络的数据复制工具,实现生产中心和灾备中心之间的异步/同步的数据传输,可以确保客户原有的业务数据不遭破坏。

应用级灾备,是指在数据级灾备的基础上构建应用级灾备系统,其具备应用系统接管能力,即在异地灾备中心再构建一套支撑系统,包括数据备份系统、备用数据处理系统、备用网络系统等部分。当生产环境发生故障时,灾备中心可以接管应用继续运行,减少系统的宕机时间,保证业务连续性。

(2)yy 公司劣势因素分析。

①科研层面。

与科研院所及高等院校在云计算相关领域产、学、研、用合作不足,关键核心技术研发方面需要加大投入,云计算服务模式需要创新。

②推广层面。

需要落实与资源提供商、方案提供商、服务提供商及平台提供商的合作,实现技术共享和优势互补,共同探讨合作共赢之道。云计算的示范应用还存在不足,应该大力建设重点领域的示范平台,发展云计算平台应用的重点行业和重点领域,以带动云计算领域周边产业的发展。进一步促进下游企业的信息化,降低能耗,提高效率。

③标准体系建设方面。

尽快实施云计算的标准化工作,以更好地促进云计算的应用发展。

(3)yy 公司机遇因素分析。

①目前全国已有 20 多个城市发布了其云计算战略,各地通过政府与高校、政府与企业等实施产、学、研于一体的联合,积极推进当地云计算的发展,因此,政府部门已经成为云计算基础设施建设的主要推动者。

②云计算服务提供商正如雨后春笋般快速出现,以前传统信息服务提供商正在进行转型或者兼顾,他们提供云计算硬件、软件、解决方案等,形成了自己的优势,推出了自己的服务。因此,基于云服务的提供商正在加速出现。[129]

③云计算的应用需求量十分庞大,在社会的各个领域,如电子政务、城市管理、电子商务等都有着急切的需求,云计算越来越成为社会不可或缺的重要组成部分。

④云计算行业组织和专业联盟是推动产业发展的一支重要力量。云计算产业的发展,需要从所有方面对资源进行有效整合,使政策、技术和标准形成合力,有效促进云计算产业的发展行业组织和专业联盟在此过程中起到关键作用。

(4)yy 公司挑战因素分析。

①谁在为云计算埋单?

几乎在所有的企业中,这都是一个非常纠结的问题。IT 部门在云计算上投入了非常大的成本,而这些都计入公司的账单,也就是说,这些预算被隐藏在各类企业预算中,从而也就产生了另一个问题:如果与云计算账户绑定的公司信用卡持有人离开公司,会怎么样?这无疑会影响云计算的采购,甚至伤害到云计算的项目。

②长远来说,云计算便宜吗?

事实上,有很多事实证明这一点并不正确。以 5 年的时间来看,云计算的模式未必会比购买本地系统所花费的软硬件费用便宜。因为在这个过程中,公司总是会为一些从来没有的服务持续付费。

③云计算服务厂商会将自己的业务放入云中吗?

对于 IT 行业来说,64 亿美元的阴谋也存在。从供应商的角度来看,本地系统绝对比云服务更容易赚钱,所以供应商都会让用户完成这样的迁移吗? ——至少从短期来看,这对于他们来说并不是好事。但从迁移来看,厂商必然会得到丰厚的回报,特别是当用户被锁定于他们的某一项服务中。

④云计算是一种倒退式的开放性运动吗?

在过去的十几年中,企业和行业领袖不断提出行业标准、协议和技术。为什么一家企业在不触及前端接口的情况下无法释放出后端采购系统? 本地系统进展得不错,但是触及云计算服务就不是一回事了。若要改变云计算服务提供商,只会暴露另一面的丑陋而已。

⑤云中的数据所有权归谁?

目前的法律似乎还不能完全回答这个问题。众所周知,云计算之所以如此,是因为用户基本不知道自己的数据存放在何处,而云供应商对于数据的物理位置一直都是保密的。然而,当企业由于法律原因需要数据保留时就会暴露出法律问题。[130]如果企业需要诉讼电子邮件或保存数据作为证据时,执法的时候这似乎都成为了难题。此外,在合同终止后,云供应商是否需要保留数据、数据保留多久都是问题。

⑥云中的数据是否比本地保存更加安全?

对云计算持支持看法的人和CIO都相信数据存储在云端要比存储在本地更加安全,因为他们相信有资质认证的供应商,如果员工经过良好的培训和安全协议,云端必定是安全的。但是如果云计算供应商数据中心的员工不具备足够的安全技能,将会如何呢? 相比自己人管理数据,第三方的IT员工真的更可信吗?

⑦规模巨大的数据中心真的节省了资源吗?

随着云计算的实现,全球各地为建设数据中心忙得热火朝天,Google、亚马逊、微软、IBM等巨头都新建数据中心,而数据中心也就成为了新的行业领域,以致环保人士批评说,这些巨大的数据中心消耗了大量的能源,事实似乎也确实如此。不过大家都忽略了云计算在另一个方面的节约,如使用的纸张更少了,在线协作让沟通成本更低,无须费时费钱的出差,等等。

六、yy公司云计算发展目标规划

基于多年来在IT产业深厚的积累,yy公司立足于中国行业云建设,凭借软硬件一体化的优势,依托自主创新,重点发展云基础核心装备、云操作系统和面向行业的云应用系统[131],目前yy公司已经具备了涵盖IaaS、PaaS、SaaS三个层面的云计算整体解决方案服务能力,领跑于中国云计算产业。2012年8月,yy公司提出了《yy发展"十二五"规划》(以下简称《规划》),《规划》指出,在"十二五"末期,公司将在云计算相关重大装备、关键软件、平台建设方面取得重大突破,并申请一批具有自主知识产权的发明专利,能够提供政务、民生、环境、电子商务等多方面的云服务;能够提出一系列技术标准规范;在一批城市建设云计算示范工程;引进云计算人才,与高校合作进行云计算深入研究,并取得高水平成果,从而使yy公司在云计算硬件设备研发和软件服务提供方面都能达到国际先进水平。[132]

七、研究和建立云计算标准体系

研究和建立云计算技术标准体系,主要是为了规范云计算行业的研发、生产和应用,使云计算的接口统一化、标准化。其中,包括制定统一的云服务评测指标体系规范,研制统一的评测工具,建立标准化的测试环境和平台,并开展评测服务。为了保障云平台的信息和数据安全,应制定适应不同行业需要的云计算安全要求和评测方法标准。建立面向中小企业公共服务平台的数据资源标准。数据资源标准涉及中小企业公共服务信息标准体系数据分类、编码标准、属性信息指标体系、数据交换格式与共享规范、数据文件命名规则和质量控制标准等多个方面。

(1)数据元标准是对山东省中小企业各业务领域、各地区进行信息资源开发、数据交换和最大限度实现信息资源共享的基础。数据元标准的设计内容包括数据元的确定、数据元的分类、数据元的数据结构定义等。

(2)数据分类与编码标准应参考国际、国内信息编码规范,且要遵循山东省中小企业行业的编码规范,为将来行业内及行业外的集成打好基础。

(3)共享数据元标准包括数据共享目录和数据共享信息。数据共享目录是资源目录体系,建立了一套数据共享目录,所有单位的共享数据都可以在共享目录中搜索和查找。数据共享信息,就是共享数据的信息描述。

(4)数据交换元标准,主要包括数据交换目录和数据交换信息。建立数据交换目录,对交换目录名称、交换目录编码、来源和流向进行描述。数据交换信息,就是对交换数据的信息描述。

(5)数据维护与管理规范主要是制定指导日常数据管理、维护、权限划分等方面的标准规范和规章制度。

八、掌握云计算核心技术

(1)建设并逐步完善涵盖中小企业相关的政务信息、电子商务、中介服务以及窗口服务等方面的数据资源库。主要是完成山东省中小企业的产业资源、招商引资、就业招聘、政策法规、信用档案、人力资源、融资担保、项目申报、技术专利和产权交易等基础数据建设,重点进行中小企业政策信息库、成长性企业信息库以及中小企业重点项目库的建设。同时,整合以上业务数据库和综合窗口服务平台、产业集群窗口服务平台的应用数据库,为业务应用提供数据支撑。注重平台网络涉及的基础数据库,包括企业、产品、专家、人才等基础信息资源数据库的建设,为项目的业务应用建设提供完备的基础数据。在基础与业务数据库的基础上建设形成主题数据库,面向中小企业决策支持、组合分析以及预警预测等提供综合数据服务支撑。

(2)数据交换服务平台承担省级服务平台与窗口服务平台之间的数据交换,以及平台网络与外部信息系统之间的数据交换任务等。数据交换服务平台是数据资源中心与其他系统的沟通纽带,将平台网络内部、外部系统有机地、紧密地联系在一起,实现数据共享,消除数据孤岛。

(3)建设具有高可用性和可靠性的基础数据存储、交换、服务系统,应用 SAN、NAS 等方式统一归并业务流程,实现对数据的存储和备份。建设数据管理工具集,实现元数据管理、数据统计分析、数据编辑、数据同步监控等平台管理功能;建设数据中心安全认证体系,实现包括用户身份验证、访问控制及权限管理、安全日志及审计、数据加密、数据摘要、数字签名、时间戳验证等在内的安全技术及其应用。

(4)制订 SAP 基于云计算的最佳 SaaS 解决方案,SAP Business by Design 为企业提供全方位的管理支持,将企业所有方面的关键业务功能模块集于一体并进行关联;利用线上服务为客户提供企业深度的业务状况,并使其降低风险,进行有效控制,制定出有事实依据的决策。信息资源管理维护制度建设,包括制定信息资源共享制度,以约束信息资源提供方提供公开、有效(准确、及时、完整)的信息;明确信息资源提供方的信息公开职责,实行信息公开备案制度等规定;制定信息资源动态管理制度,以明确共享信息资源采集、注册、存储、更新、注销管理办法,保证共享数据库中信息资源的有效性,对共享数据库中的数据资源实现动态管理;制定信息资源安全管理办法,以明确信息资源供需双方交换信息的安全保密协议制度,保障信息资源在采集、存储、备份、访问授权、传输、使用等过程中的安全。

九、构建云计算平台

为了突破大规模数据计算与管理,大规模资源分享与调度、运行协调与安全保障等重大关键技术,构建 EB 级云存储系统、云计算中心网络大容量交换机,研制按需使用的云操作系统,支持亿级并发的云服务器系统,形成云计算技术产品体系,研发相应安全防护产品与软件,构建云计算公共服务与管理平台。云计算平台的研制包括四个方面:

(1)云计算操作系统软件、进程管理软件、大数据分析软件、数据安全控制软件等的研制;

(2)云服务器亿级并发系统的研制;

(3)EB 级云存储系统的研制;

(4)大容量云计算网络交换机的研制,包括虚拟化平台研制和分布式存储研制。

十、yy 公司未来战略发展规划

1. 加强规划引导和合理布局

将软件产业的研发和集成需求相结合,加快 yy 公司云计算产业发展战略的进展,随着云计算规划的研究和发展,引导云计算产业提升。加强云计算技术研究的同时,开发核心技术和应用,加强云计算中心硬件设施升级建设,减少重复建设和不必要的投资,更多购买国产软硬件。yy 公司云计算产业的发展应立足于本地应用需求,并推动行业云逐渐成为中国的主要模式。云计算服务需求来自各个行业,应对各个行业的有价值的数据进行挖掘,及时为行业提供服务。[133]在工业发展方面,要研发公司自主可控的云计算硬件核心装备和云操作系统,要与云计算基础设施运营商、整个产业链的设备制造商、软件服务提供商合作发展,共同提高云计算产业布局。

(1)落实好公司的"十二五"规划。合理布局公司的产业结构,促进产业集聚发展,重点建设云计算示范工程,在示范基地软硬件方面都给予大力支持。提供良好的公共服务,加强软件平台建设,创新云服务的经营模式,提高产业的公共服务满意度。[134]

(2)加快培育新兴产业,抓住新兴服务方式和通信技术融合的趋势,支持信息技术在服务业作为支撑工具和服务产品的研究和开发,加快下一代互联网、移动互联网和物联网环境的发展。[135]

(3)努力对云计算骨干企业加强指导,努力培育一批具有先进管理水平和创新能力的技术骨干企业。指导主要人员,发挥带头作用,为员工创造良好的工作环境。[136]优化工作流程,促进创新资源的合理流动和管理协调,加快研发协同工作系统的建立。

2. 核心技术的研发

(1)要以公司现有的技术积累为基础,以社会对云计算的需求为导向,以人才为中心,加强云计算硬件设备和关键算法的研究。通过建立专项资金,做到专款专用,支持对应项目的研发和实验。[137]建立云计算的研发、试验和工业化平台[138],在不同的地区、不同的行业建立示范项目,带动技术的发展。

(2)引导创新要素向企业靠拢,实施电子发展基金、"核高基"等重大项目,重点研发云计算、移动互联网和物联网方面的关键软件技术,最终在关键技术上形成突破。发展软件产业的试点示范,逐步完善产业链。

3. 云计算应用推广

为满足有迫切需求的重点行业和领域,建设重点行业试点应用平台和大规模云计算平台,并根据具体需求实施试点工程,以此来推动相关产业链的协同发展,进而推进区域经济发展。首先,根据具体服务内容、服务对象、服务原则和目的,通过实际应用提炼并完善关键技术,寻求合理高效的商业模式,提高公众的认知能力和接受能力,增强公众信心。其次,进一步推动商业实践,鼓励并支持相关行业协会开展商业性的示范工程,对龙头服务型企业给予政策的优惠和扶持,共同推动当地云计算产业的发展。[139]

4. 加强标准体系建设

云计算需要一套标准规范来促进快速发展,其主要内容包括以下几点:

(1)不同云之间的互操作性标准[140],如私有云和公有云之间、私有云和私有云之间、公有云和公有云之间的互操作。

(2)云应用程序的开发标准和云服务的接口标准,主要针对云计算和企业级交换标准。

(3)云计算架构层、平台层和应用软件层之间的接口标准,是云计算服务目录管理、不同云之间无缝迁移的可移植性标准。云计算商业标准,包括云计算用户提高资产利用率标准,评估性能价格比、资源优化和性能优化标准等。云计算架构治理标准,包括设计、建模、部署、规划、监控、运营支持、管理、服务水平和质量管理的标准。云计算安全和隐私标准,涉及数据的保密性、可用性、完整性,物理上和逻辑上的标准。应组织相关人员积极参与国际标准的制定工作,进行云计算标准、云计算技术和服务的运营管理标准制定,以此来争取公司在国家云计算标准行业的话语权。此外,为充分发挥市场经济的作用,产业部门制定标准时,在考虑技术因素的同时,也要考虑以市场为标准。

(4)要推动云计算标准化的发展,yy公司的工作重心是努力把中国的云计算需求加入到国际标准化阵营,因为云计算本身是无国界的,标准也应该是无国界的。当然,对于标准的研究、推广和应用是有国界的[141],大型的技术性公司会设立专门的标准化小组。yy公司应争取与国际大公司合作参与到这些组织中,作为一家受人尊敬的创新公司积极研究和实践云计算标准,而不是直接享受别人的成果。国家云计算标准化是这些公司投资和研究的结果。

(5)加强IT队伍的建设,积极引进和培养云计算各类人才,引进云计算技术研发与产业化领军人物,培养高端人才,支持公司云计算战略发展。在云计算领域内加强与IT企业、高校和科研单位的联合人才培养。[142]

下面分析yy公司在人员方面面临的问题,并制订相应的解决方案。

市场的竞争归根结底是人才的竞争,yy公司目前虽然人员总数不少,但是专业水平高的云计算技术专家较少,高层次、高素质的管理人员较少。因此,要根据目前的人才结构以及企业发展需求,做好在职人员素质情况调研工作,学习先进的用人理念,制订并实施企业人才培养计划,适时制定合理的用人政策。

(1)对公司目前急缺的人才,靠引进和聘用来解决。通过网上招聘、猎头公司等多种途径,招贤纳士,网罗公司需要的专业人才,招聘云计算专业高级工程师成为公司技术负责人。

(2)做好校园招聘,面向国内外知名院校,引进急需紧缺人才,并加强新进公司的大学生和研究生的培养力度,做好人才储备。对新来的大学生,大胆使用,给他们压力,使其早日成材,满足公司长期人才需求。

(3)yy公司可以依托山东省计算中心,发挥自身资源优势,建立山东各高校的硕士生、博士生人才联合培养机制,以此来满足公司的用人需求,为公司所用。

(4)加强对现有人才的培养。根据公司目前发展现状,在做好引进人才的同时,还应注重对企业现有人员的培养。首先,要帮助他们解决生活上的困难,鼓励其立足于本职工作、潜心学习,给予人才充分的尊重,提升他们对企业的荣誉感和自豪感;其次,要给予人才适当的发展机遇,挖掘现有人才的聪明才智,发挥其才能,并对其中经过考察、具备良好业务素质、有一定培养前途的人员给予关注,争取有利条件让他们到国内外高等院校及相关专业校院进一步深造,进行专门的培训,以此来拓宽他们的视野,使其尽快成为企业所需的高级专业人才。

十一、yy公司面向中小企业的云服务规划设计

基于云计算的中小企业信息化平台,设计时应充分考虑其开放和共享的特点,下面从系统架构、业务运营、关键技术和基础设施资源方面分别描述。

1. 系统架构方面

构建以电信能力开放引擎为核心的PaaS平台,打破传统电信业务的建设模式,借鉴互联网开放、合作、创新的理念以及业务交付平台(SDP)架构,同时将测试环境,运营商电信能力向第三方开放,降低业务成本,缩短业务周期[143]。

2. 业务运营方面

采取分阶段逐步实施策略,构建业务生态环境和统一运营服务体系规范创新运营模式,实现平台资源、产品资源、合作资源、运维资源的全国广泛共享。

3. 关键技术方面

采取SOA技术、中间件技术和SaaS技术,构建yy公司面向中小企业的云服务平台。技术体系的基本思路是,采用SOA构建一体化的信息通道,利用其业务驱动的架构模式、松散结合的服务和组件,支持商务流程和满足用户需求,并创建功能或者服务的"构件",来构建一体化信息平台,为信息化规划建设打造畅通无阻的信息通道。[144]SOA的实施涉及对企业应用、数据的整合;顶层则涉及企业数据和业务逻辑的综合应用,甚至是跨部门或跨组织的应用;而在底层与顶层中间,则是通过流程、服务以及协议的转换,实现业务与技术的融合、顶层应用与底层应用的对接。

正是位于架构中间的几个关键层次,使得企业应用可以随业务变化而进行快速的调整与重构。同时,为了实现这种对接,各层次需要建立一个一致的规约,这种规约通过统一的元数据管理来实现。[145]此外,为了保证企业级架构的有效性,对各层次服务提供有效的管

理手段也是必不可少的,包括消息路由和转换服务、监控服务、策略服务等。

构建中小企业公共服务平台网络需要不断丰富和完善其服务体系的内容,不断适应日益变化的中小企业的发展需求,采用中间件技术可以实现这一发展需求。在构建平台网络的过程中,需要在梳理现有业务和信息系统的基础上,实现原有系统应用和数据的整合。中间件可以实现在不同的技术之间共享资源,屏蔽底层操作系统的复杂性,管理计算资源和网络通信,从而降低应用信息服务构建的复杂性。采用中间件技术的平台网络将注意力集中在服务平台的业务上,不必为应用系统在不同系统软件的移植而重复工作,从而减少技术上的负担,也减少平台网络系统的维护、运行和管理的工作量,还减少计算机总体费用的投入。

中小企业公共服务平台网络将依托 SaaS 技术,吸引更多、更好的 IT 服务厂商,将适合中小企业业务发展的信息系统,如办公(OA)、人力资源管理(HR)、客户关系管理(CRM)、合同管理等,以可插拔的方式纳入省服务平台体系。针对同一信息系统,也可放置不同 IT 服务商的产品,供广大中小企业进行选择使用。

基于 SaaS 技术与模式,中小企业信息化发展主要依托两个方面:一是可以充分利用本次工程建设的全省云服务中心提供的网络基础设施及软件、硬件运作平台;二是 SaaS 服务提供商负责组织培训、实施以及后续的相关信息系统的维护工作。中小企业不需要购买软硬件、建设机房等基础设施,也不需要专业的 IT 人才,便可通过互联网使用这些信息系统。

4. 基础设施资源方面

统一基础资源的调度和管理,充分整合现有各省的分散的软硬件资源,利用虚拟化技术,实现资源共享和按需分配,达到资源利用率最大化。

中小企业信息化平台在实际部署组网时,可以根据业务发展需要以及系统安全性要求,将平台划分为"私有云域"和"公有云域"。其中,"私有云域"为中小企业信息化平台的支撑中心部分。考虑到系统安全性,系统内部通过物理区域隔离、VLAN 划分和路由策略设置等多种方式,实现数据隔离和安全访问控制。"公有云域"面向中小企业客户,提供按需取用的服务器资源池、数据存储池、软件下载和维护池、计算能力池和通信能力池。

平台的总体目标是:采用云计算信息技术,通过计算机网络平台,把管理作为核心,通过整合社会上的各种有效资源,在未来 3~5 年内,构建一个基于"云+端"的功能齐全的中小企业信息平台,使其成为华北地区乃至全国的服务于中小企业的服务示范平台。

山东省中小企业云计算公共服务平台,把促进区域经济协调发展作为首要任务,它依托山东省"十二五"规划,以平台作为服务的圆心,以三级公务服务体系、产业集群为圆周,从而实现企业资源共享,促进参与,形成一个综合的服务平台[146][147]。

该平台建设完成后提高了企业的竞争力、促进了中小企业信用发展、完善了企业的信息化系统、提高了企业办公自动化、解决了中小企业融资难的问题,同时,有利于选拔、招聘人才,最终实现信息化带动工业化,优化中小企业的产业结构,促进山东省经济的发展。

山东省中小企业公共服务平台应用云计算技术作为支撑。云计算技术是将软件、软件运行平台、信息基础设施进行整合,通过互联网技术按需提供服务[148][149]的一种技术。云计算技术也是服务器虚拟化、效用计算、基础设施服务、平台服务等技术综合应用的结果。

本平台以云计算为依托,主要是利用其两大优势:一是节省企业硬件投资,企业无须自建数据中心和购买硬件设备,只需申请服务就能利用各种硬件资源;二是云服务层,云计算和云服务两者相辅相成,云计算撑起云服务,云服务保持企业对云计算的依附,云服务是云计算当前使用最广的应用。

基于云计算的山东省中小企业公共服务平台总体分为下面几个层次：

第一是处于该平台底层的是云基础设施层（IaaS），在这个平台上面，中小企业可以部署操作系统和应用程序[150]。对于在部署的操作系统上的任意可运行的软件，企业无须管理就能使用。平台还可以根据企业申请的权限为其分配不同的操作系统、存储空间。该层主要是通过服务器虚拟化技术分配利用基础设施，包括处理、存储、计算服务器资源。

第二是云平台层（PaaS），在 PaaS 上面的运营企业一方面可以管理、维护各种应用，另一方面 PaaS 为企业提供开放的 API 标准，企业按照标准自己开发出符合自身的应用，并可以部署在平台上。

第三是云服务层（SaaS）。企业可以使用企业管理、企业协同、辅助工具等 SaaS 应用。此外，SaaS 还提供了管理系统，让平台任意插入满足其标准的第三方的 SaaS 服务，让企业在线管理各种财务，如销售、分成结算等。实现了双方合力共赢的局面。

平台用户是企业用户通过网络服务的方式请求服务。平台用户通过注册、登录申请各项服务项目。

十二、yy 公司面向电子政务的云服务规划设计

yy 公司计划经过 4 年努力，在社会服务、企业管理、电子政务等方面建设几个高效、共享的云计算应用试点平台，并带动一批 IT 企业从传统信息服务方式向提供云服务方式转型，培育一批有影响力的云计算服务企业，从而形成云计算服务、产品、技术一体化的产业格局，其云服务能力在山东地区达到领先水平。电子政务云服务平台设计架构如图 17—1 所示。

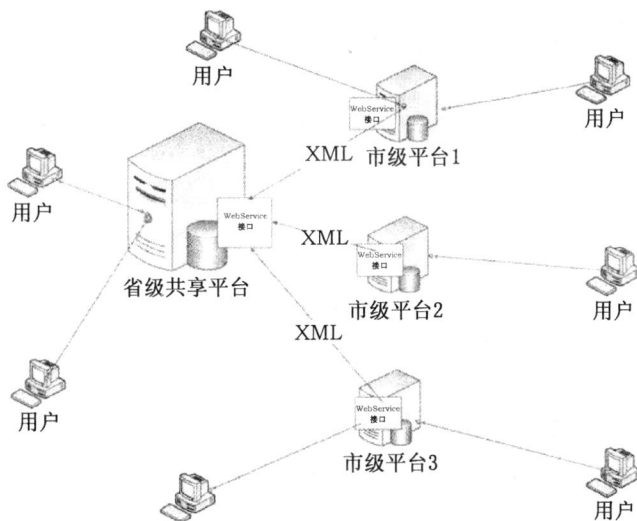

图 17—1　电子政务云服务平台设计架构

在这种架构下，地市级平台定时向省平台传输本级和所辖县区平台数据，并提供对外的市级和所辖县区数据查询；省级平台采用数据集中存储的方式，综合管控全省各县市区数据，并提供全省数据查询。地市级各单位可以选择在云计算平台搭建其信息共享平台，只需

要申请相应的系统账号,并按时进行数据报送即可,在节约了大量的软硬件投入成本以及系统维护开支的同时,也获得了便捷的数据管理、数据共享和网站集成。

1. 总体要求

(1)优化资源配置,实现资源共享。

在政府部门现有的各种资源的基础上建设电子政务云平台。云计算平台的三大特性分别是虚拟化计算、动态扩展和按需使用。开启了电子政务云平台后,政府部门的软硬件就可以进行集中部署、资源共享、统建共用,从而在很大程度上避免了重复建设和浪费。

(2)创新产业发展。

电子政务云平台在建设过程中要具有创新的理念,要集成创新、自主创新、引入先进技术消化吸收再创新,通过创新研究云计算关键技术的解决方案,建立健全云计算行业的标准,为云计算的发展营造一个和谐的环境。通过创新推动电子政务云的发展。

(3)加强云计算的交流,推进政府与企业的合作。

要与国内外的同行多做交流,从而在合作的基础上,丰富完善云平台,促进山东省云计算平台的部署与扩展。

2. 主要任务

(1)云计算基础设施的建设。

云计算的基础设施是电信网络运营商、传统数据中心和其他行业共同合作建立的。它具有环保、节能、低碳等特征,推动了传统信息基础设施的转型和再利用,大大提高了各种资源的利用率。[151]

(2)研究云计算应用技术。

电子政务云平台需要先进的云计算技术,只靠引进技术还远远不够,还需要自身开展服务器高速互联、云存储、云安全、虚拟化、大规模数据计算等关键技术的研发工作,并把研发工作列入山东省技术研发计划,为突破关键技术创造条件。

(3)云计算试点示范的开展。

通过整合资源、业务协同等方法,建设了面向政府的跨域云,推动了云计算在全社会的使用。[152]电子政务云平台是政府部门协同办公、资源共享的试点示范。

(4)带动云产业的发展。

电子政务云平台的成功建设,带动了相关产业的发展,尤其是山东移动网络、云存储、云计算服务业等云计算行业的发展,形成了辐射整个山东的计算产业群。

(5)强化云安全设施平台。

在建设过程中,相关云安全的关键技术都是通过引入研发和自主研发两种方式,推动了信息安全的发展,为云安全建设提供了一套完整的解决方案,促进了云计算的安全发展。

案例二 曙光公司云计算战略的背景以及发展规划[153]

一、曙光公司云计算战略发展的背景

1. 曙光公司的发展历程

曙光信息产业股份有限公司(以下简称"曙光公司")是在中国科学院计算技术研究所、中国云计算研发中心、天津工业园区管理委员会的合作下,以国家"863"计划重大科研成果为基础建立的独立的研发中心。1993年,曙光公司成功研发了第一台拥有独立版权的"曙光一号",标志着中国第一个独立研发项目的诞生。

1996年,曙光信息产业有限公司开始正式推广"曙光1000"。公司成立以来,随着服务器系统的发展,曙光公司一直致力于服务器产品的研发以及生产,同时进行高性能计算机的研制,在高新技术不断被攻破的同时,标志着我国自主研发的高性能计算机系统开始拥有自主知识产权以及品牌,通过形成产业化的市场规模方式来进行大规模的发展。

随后,中国高性能计算机进入蓬勃发展时期,我国超级服务器技术和产品,"曙光2000"、"曙光3000"、"曙光4000"的成功研发并应用,标志着我国在世界高性能计算机排名中进入了前十,到2008年,"曙光5000"出世,浮点运算达到230万亿次,2010年"星云"诞生,此项一跃成为全球高性能Top500排行榜榜眼,计算能力达到3 000万亿次,创造了中国计算机前所未有的佳绩。从此,中国高性能计算机的发展产生了巨变。目前,该项目已在深圳超级计算机中心投入使用。

过去,中国的高性能计算机领域一直处于空白状态,进口高性能计算机的引进,更是在巨额花费的前提下,要在外国人的监督下才能使用。这样耻辱的条件,就是大家熟知的"玻璃房子"的故事。曙光公司一直怀揣着一个梦想,通过我们自身的努力,创造出中国自己的信息产业,研发出属于我们自己的高端计算机产品,从而改变"玻璃房子"带给我们的耻辱。曙光公司的独立创新产品,使国外高性能计算机对中国市场的垄断不复存在。

2009年,曙光公司生产的高性能计算机在高性能计算机Top 100排名中名列第一,2010年又一次排名第一,数套高性能曙光计算机入选。这证明了曙光公司在高性能计算机领域所拥有的强大技术实力。国内的服务器生产厂商在依靠自主创新技术的前提下,赢得了广大用户的信赖,曙光在高性能计算机上再一次腾飞。

2. 曙光公司积极推动高性能计算普及化应用发展

在信息化时代,企业在思变的同时,大众的认知观与生活观正在发生着重大的改变。高性能计算作为IT界的高端技术,成功应用于石油、气象、航天、汽车制造、高校教育、科研机构等各个领域。高性能计算与人们的日常生活息息相关,大到科研计算,小到超市结算,高性能计算正在以不同的方式影响并作用于人们的日程生活中,发挥着不可忽视的重要作用。

其实,平台客户就是云计算生产使用的先驱。比如,摩根银行部署有大规模的高性能计算。中国在高性能计算、集群网格使用上是最成功的。例如,上海超算中心就是一个高性能计算中心,超算项目实际上就是一个云中心,大概有300家企业用户。这些用户行业包括了航天、航空、生物、医药研究、机械制造等。超算中心不但可以提供硬件资源,还可以提供应用软件给用户使用,客户不需要自己建立庞大的数据中心,而是可以直接使用超算中心的资源,这些提供给用户的资源其实都是虚拟的,实际上就是一个私有云。所以在中国,从高性能计算演变到云已经有相当长的一段时间了。

说起"云计算",大家都不陌生,这几年各类云计算概念蜂拥而至,各大厂商纷纷加入这场"云计算领地争夺战"。虽然云计算如此火热,但据行业研究咨询机构预测,直到2010年,国内云计算业务仍然处在摸索阶段。作为经济、科技实力不断增强的中国,"云计算时代"正在考验着中国云计算提供商。如何在"云计算时代"抢得发展先机,如何在原有的云计算基础上取得突破,已成为中国市场上各大云计算提供商目前最为关注的焦点。曙光公司为了适应云计算时代的发展,以成都云计算中心为起点,应由传统的服务器硬件提供商逐步向云计算服务提供商转变。

对于云计算最重要的到底是什么？到现在为止，还没有专家能够找到一个标准的答案，只是在某些地方做出了一些标准，例如，通过性能、耗电以及计算能力等指标来进行衡量。然而，对于云计算这个行业来说，短期内是不会出现标准的。在没有应用的过程中，很难总结出一个指标，而曙光公司的"星云"拆分，正是为了让机器能够更好地用起来，在满足一些具体应用的同时，在网络、存储、内存等重要指标上有了很大变化。这个理念就说明了应用决定计算机的使用，只有应用更多、更广泛，一个云计算中心才能更好地运营。

一个系统平台的建立以及应用的增长，或者是一台高性能计算机的出现，都会拉动一个行业规模的提升。多年来，曙光公司一直致力于高性能计算的普及和应用发展，致力于将高性能计算技术应用于经济和其他各个领域。前期由于技术、资金和一些其他原因的制约，高性能计算机与大型机之间的运算需求没有体现出来，这也是高性能计算机发展中遇到的"瓶颈"，曙光公司就是要将计算的"高速公路"修好，这条路修好以后，在经济的快速发展中，路上跑的车就会多起来。在过去几年间，曙光公司专注于集群、网格技术的发展与推广，而现在开始转向于专注云计算。

曙光公司从事超级计算机、高性能计算机的研制市场化已有20多年的时间了。在这些年，采用了不同的手段来推广高性能计算机，希望让它的用户面更广，希望有更多人能够运用高性能计算机的手段来解决问题。

曙光公司做云计算是水到渠成的事情，是一项历史性的沿革。曙光公司最终的专注点是应用，哪些应用能够从大型主机模式、小型机模式搬到共享的云环境里面去，曙光公司就会帮助用户搬移，并且帮他运行好，把资源整合起来，这就是从高性能计算到私有云的一个逐渐沿革的过程。而曙光公司在商业应用方面已经做了多年的应用支持，可以帮助客户把应用从大型机搬到X86的机器上，并且运行良好。所以，曙光公司本身就是基于云架构的平台，帮助客户和市场逐渐把应用从过去的系统结构迁移到云环节里面。曙光公司的产品的两个主要层次都是在应用和计算机资源之间。一个是应用的中间性，这是帮助所有应用向分布式系统迁移，向云的系统里面迁移，不同的应用有不同的中间性；另一个是云的管理平台，要把所有的资源集中在一起，提供给云资源的管理和环境。

曙光公司作为中国高性能产业的代表之一，正在以积极的态度顺应科技的发展潮流；用自己企业所拥有的科技和多年来积累的经验，推进中国高性能计算机普及化发展；以云计算服务平台以及应用优势，迎接云计算时代的来临。

二、曙光公司云计算发展规划

1. 曙光公司云计算发展战略的市场分析

云计算是未来社会信息化发展的最大热点，也是当今十大信息化发展的一个大趋势、大方向。云计算的应用就是通过网络资源把大量的硬件资源整合到一起，统一管理。小到一台电脑，大到一家公司的核心服务器中的信息，都可以交给云计算来处理，云计算就相当于一个硬件资源池，按照客户的需求向客户提供计算服务。

云计算的产业结构涉及两个方面，即软件资源和硬件资源，过去所使用的高性能计算机和未来的云计算就像是孪生兄弟，也是计算机的两种不同应用。曙光公司在20多年里，一直致力于服务器的研发和高性能计算的研发，所以在硬件资源方面有着得天独厚的优势；依据现有的研发中心和生产基地,加上 20 多年的技术积累,以及高性能计算机在国内的大部分应用,均为了在未来云计算时代一展拳脚;利用自身的硬件基础、品牌优势以及市场运作,来面对即将到来的云计算时代。

经过十几年的努力,曙光公司在全国多个重要城市进行了云计算中心的布点,建立了逐步成型的小型云计算中心,这样的布局是为将来全面打开市场而服务的。从服务器制造厂商向未来云计算中心以及基础设施的服务商进行产业转型,目的是在最短的时间里建立起云计算体系。

作为云计算中心的应用者之一,曙光公司开创了云计算领域独有的实践模式,并具有自主知识产权的硬件设施。云计算的商业模式最为重要,目前曙光公司的商业模式为由政府提供土地以及楼房等固定资产的投资,由曙光公司进行产品和技术的投入,这样的商业模式从政府层面到公司层面都达到了完美的平衡,这是曙光公司对未来云计算中心建立模式的一种探索。目前,一些应用,如物联网、天气预报、地震资料处理以及交通流量监测等都已成为重要的应用。

曙光星云高性能计算机是中国第一台面向未来云计算环境的超级计算机。星云的设计理念以平衡资源和动态调节为主,目前成为云计算中心的建设主力机型。目前,星云系统已在深圳部署,为深圳、港澳等地区提供计算服务,主要用于高性能计算、互联网数据处理以及动画渲染等领域。

2011 年,曙光经过几年的筹备,在成都、上海、哈尔滨等地区建设了云计算中心平台,同时,曙光公司和其他厂家进行合作,在拥有自主知识产权的基础上,曙光公司在虚拟化技术、高性能计算服务以及云计算中心等方面与其他高新技术企业达成战略合作,开发在未来云计算的三个应用:城市、企业、私有上将进行大力投入。根据这三大应用,曙光公司目前已研发的产品和技术专利已超过 15 项,主要包括计算、存储、电子政务以及地震处理等多方面服务,将来用户可以通过建立的云计算中心购买计算服务,就像从水厂购买自来水、从电厂购买电等服务一样,能减少大量的硬件资源部署以及人力的投入,提高计算能力。目前,曙光公司全面主导的 10 个元计算中心,其中包括成功运营的上海超算中心,以及中国第一个由企业投资并商业化运营的成都云计算中心,都展示了曙光公司超强的云计算中心的建设以及运营优势。

曙光公司以目前的基础,计划在未来几年里,将建设 30 个云计算中心并分布于全国各个省会城市。当这些云计算中心建成以后,相互之间可以备份、调用数据,实现覆盖全国的云。多年来,曙光公司建立的云计算中心以及支持其他公司建立的云计算中心,将会在未来的高性能产业发展中发挥重要的作用。

2. 曙光公司的云计算发展的 SWOT 分析

下面将以 SWOT 分析方法作为主题。SWOT 分析在企业战略管理中经常使用,S 表示优势,W 表示劣势,O 表示机遇,T 表示威胁,通过这四个方面对曙光公司发展云计算商业应用模式的现状进行分析。

(1)优势因素分析。

第一,曙光公司要做云计算基础设施服务的供应商,就要充分利用曙光公司多年来在服务器、存储、高性能计算机方面所积累的技术、产品以及各方面的优势。曙光公司在云计算中心运营经验以及在云计算软件、硬件平台等方面的优势,将有效融入云计算应用平台,服

务于广大用户。

第二,曙光公司要做云计算平台服务的供应商,也就是所谓的PaaS。在全国各地建设云计算中心,让自身成为基础设施服务的供应商。截至目前,曙光公司已建成或正在建设的云计算中心,已有成都、无锡、深圳、哈尔滨、天津、长春等多地的云计算中心;于2000年建成的上海超级计算中心也已开始部署曙光超级计算机;还有一些企业构建的山西云计算中心等。全国各地都有积极建设云计算中心的趋势,这样可以使业务得以统一。曙光公司的云计算中心的建立,可以协调并管理多个平台,在这个协同管理环境下,曙光公司将整合各方面的优势资源,如商务管理、供应链管理以及制造管理等,从而实现资源的优化配比,促进企业之间的同步合作,加快对市场变化的监控、反应。

第三,曙光公司作为一家系统的制造商,将与众多合作伙伴广泛合作,共同推动软件的SaaS化,这样信息可以高度共享。由于云计算中心也是数据的存储中心,不同的设备之间可以实现数据的备份以及迁移,并将客户内部的信息进行整理,从而解决了数据的共享问题,消除了企业间的信息不对称,使得企业实现可持续发展。

通过曙光公司的云计算服务可以加强我国IT信息化建设的基础,加快各行各业的信息化建设。过去每个单位都是由自己来建设网络中心,在设备上运行数据、信息。曙光公司的云服务解决了各个企业的信息系统建设资源浪费问题,每个单位重复建设数据中心将是对硬件资源、人力资源以及能源资源的极大浪费。曙光公司的云计算服务的商业模式能够很好地解决以上问题,必将推动中国信息化进程向更高的层级跃升。发展和应用体现了曙光公司云计算思想的前瞻性,在结合自身技术基础的同时,互联网技术的成熟更是让云计算这种模式被更多的人所认可和接受,曙光公司的云计算商业应用模式能够更好地为信息化服务做出应有的贡献。

(2)劣势因素分析。

首先,曙光公司云计算的数据并非绝对安全,这也是云计算发展的共有问题,它没有办法保证数据的绝对安全。数据保存在统一的硬件资源中,数据损坏、被窃取等事件在云计算初级商业模式下很有可能发生。在云里面存储的数据,对用户来说不具有透明性,而云计算服务还没有一个标准的服务协议。目前,曙光公司在各地云计算平台所使用的技术没有达到完整的统一,这种现象使得企业所采用的应用程序很难从一个云计算平台迁移到另一个平台。不能够迁移,使得云计算服务缺少了灵活性,每个平台的独立意味着整个产业的技术兼容性和利益共享还达不到统一,在发展过程中,还需要进一步探索。

其次,云计算平台的搭建需要依赖网络。云计算平台的应用对网络硬件资源的要求比较高,云计算服务的网络连接必须是实时的,不能出现中断现象。应用程序的正常运行必须依赖于网络设备的正常运转,在网络出现故障的同时,服务也将停止,在网络上传输的数据,会因为网络的原因出现不稳定现象。如何快速修复网络,对曙光公司以及云计算中心都是一个必须考虑的问题。同时,大量电力的消耗也是云计算中心建立时不可回避的一个问题。一个云计算中心的建立和独立运行,其他配套资源也起着至关重要的作用,网络、电力、技术人员以及其他成本,这些都势必会导致市场竞争的激烈化。

最后,曙光公司的云计算理念自兴起以来,一直定位于商业应用,在军队、政府、金融行业里,云计算的使用方案问题还没有得到科学地解决,面临着信息的保密、内部数据的完整以及安全等问题。这些方面使得曙光公司的云计算商业化存在着一个最大的问题,那就是如何让"政企分开"。

（3）机遇因素分析。

首先，曙光公司云计算市场前景广阔。曙光公司云计算发展的市场环境正在逐渐成熟，公司在云计算基础设施方面已逐步完善，软、硬件的整体实力在不断提升，其高性能计算机在不同的领域以及不同的行业都得到了广泛的使用。

其次，在国家的"十二五"重点规划里，云计算规划已经成为了重点项目之一，云计算的商业化应用将是我国计算机产业发展的重点。在新一代信息化发展中，云计算被视作重点产业之一，受到国家和政府的重视，在未来的规划中起到重要作用。国家将在政策、资金以及其他方面给予大力扶持，将云计算服务商业化提升到战略层面，为国家的发展贡献一份力量。

再次，曙光公司在互联网的快速发展中也得到了提升，互联网的快速发展大大丰富了云计算中的内容服务，这也使得曙光公司的云计算商业化使用得到了基础验证，随着市场、国家对云计算的需求与指导，将会出现大量的商业机会，曙光公司紧紧抓住这个机遇，为未来的云计算时代的发展奠定坚实的基础。

最后，曙光公司的云计算发展应用具有很大潜力，与其商业应用模式的发展是息息相关的，IT行业发展到今天，凡是涉及计算、网络基础的都会更快地发展。在工业信息化过程中，注重科技创新、节能减排这些层面，使得曙光公司同样拥有广阔的发展空间。

（4）挑战因素分析。

城市云是云计算应用的一种，是将一个城市内所有的计算、网络、存储和安全整合到一起的IT资源，是在一定范围内对所有单位提供统一计算服务的大型IT基础设施建设。在此模式的应用中，云计算将成为一个城市的基础设施，与水厂、电厂等基础设施一样，可以按需取得并使用。这种方式不仅可以节省大量的信息化基础设施建设投资，又可以降低设备的使用折旧，人员的运行和维护成本也将低于过去的标准。这种按需计算的云计算服务模式，已经走入人们的视野，全球电子信息领域的厂商都在围绕云计算重新布局，而且各个IT厂商也都意识到云计算存在的价值，纷纷推出自己的云计算相关应用，同时在技术以及资金方面都增加了投入。曙光公司借助这些年建立的高性能计算中心的成功运营经验与技术实力，成为了各地市政府首选的云计算中心建设项目的最佳合作伙伴，为城市管理、社会民生工程建设、企业服务和新兴产业的繁荣提供了基础平台。曙光公司应在全国各大城市签订城市云计算中心合作建设项目合同，同时应与成都、无锡云计算中心签订扩容建设项目合同。

①自主可控——"中国云"。

云计算带来信息资源的高度集中的同时，安全问题也日益受到关注。"中国云"是"端到端"自主可控的整体解决方案和安全阀门，是中国云计算产业追求的最高境界。

②合作畅享——"未来云"。

"未来云"不涉及云计算的核心，它是一种云应用。云计算模式的应用正在吸引着大量金融机构的观战，目前曙光公司正在与国家开发银行合作，签订了战略合作协议，银行作为投资方在云计算时代为企业建设搭建了一个平台。曙光在构建云计算中心的同时，也离不开云计算发展的各个产业链上的合作厂商，只有在整合各方面资源的前提下，才能实现聚合式发展。曙光公司应具有前瞻的眼光，通过对资源的整合、优势的互补以及各个厂商在云计算领域的技术实力,共同将这个时代具有非常意义的项目做好,共同推动云计算的发展。

云计算的发展已经成为不争的事实,这将是未来 IT 行业的发展趋势,同时,云计算带来的问题也在逐步增大,信息安全首当其冲。众所周知,信息化时代,信息安全是最为重要的,对于国家而言,我们不可能把我们的命脉交由国外的厂商把握。因此,有着曙光这样的民族产业,有着自己的技术研发实力,有着拼搏的精神,必定会在云计算领域有所作为。

三、曙光公司云计算战略规划的实施

1. 技术支持

曙光公司凭借十几年在高性能计算领域的研发与解决方案的积累,到目前为止,已经掌握了云基础设施的建设、云管理平台的建设以及云服务等一系列云计算产品和技术,完全可以为用户提供云计算整体解决方案。

(1)曙光 Cloudbase——可靠的云基础设施。

近些年来,绿色节能问题越来越受到人们的重视,信息中心设备的数量不断增多,所以,数据中心的能耗已成为人们关注的焦点问题。为了解决绿色节能问题,曙光公司应推出基于 Cloudbase 的解决方案。Cloudbase 是一体化的数据中心基础设施解决方案,包括多款基础设施产品及相关服务。Cloudbase 解决方案可以降低数据中心的能耗水平,同时实现降低数据中心的 PUE 指标。曙光 Cloudbase 云基础设施系统是以机柜排为单位,封闭风道,以冷冻水为冷媒,包括机柜、配电、制冷、监控四个子系统,可以有效解决服务器设备高密度安装时产生的散热、节能、配电、线缆管理及监控等一系列问题。

(2)曙光 Cloudview——智能高效的云管理操作系统。

与传统的数据中心相比较,云计算中心的运营管理更为复杂、要求更高。云计算中心的运营管理解决方案要能够高效、自动化地管理云中的资源,完成服务的快速交付,必须要有服务质量保证措施。云计算中心运营管理解决方案的好坏直接影响着云平台是否可按预定目标正常运转,是否可以取得预期的收益。为了解决以上一系列问题,曙光公司推出了曙光 Cloudview 的高效管理系统。曙光 Cloudview 具有虚拟化、弹性可扩展平台、多租户资源管理、Web 自助服务门户四大特点。在大规模混合资源管理、企业级虚拟化、资源动态扩展以及完善自助服务门户等方面,必须具备这四大特点,云计算的一个操作系统才是完善的。

曙光公司的云管理解决方案应主要以 Cloudview 产品为核心,对超大规模数据中心软、硬件资源进行统一的调度管理,这样可以为用户提供数据中心的管理维护降低难度,提升云计算服务器的质量。

(3)曙光 ParaStor——统一快捷的云存储。

曙光 ParaStor 是一款网盘服务产品,它可以让用户直接体验云存储的便利特点。曙光 ParaStor 支持数据自动同步、安全备份以及共享功能,使数据永不丢失;支持文件搜索与查找,使用起来非常便捷。只要有网络,在任何时间、任何地点,任何可用设备上都可以对文件进行管理及备份。

曙光公司针对实际的业务操作,应采用曙光 ParaStor。它是分布式存储架构,针对云计算环境进行性能优化,并采用副本、集群等多种容错技术,使各项指标可以达到主流中高端存储阵列水平。它还可以提供满足第三方开发需求的应用程序访问接口。目前已在深圳超算中心实验成功,可以广泛推广。

（4）曙光 Cloudfirm——乐享云安全管理中心。

云安全管理中心是对云计算中心进行全面安全保障的环节。通过对用户、资产、安全事件等进行统一的监控管理和审计分析，通过高效专业化支撑平台和先进监测工具及时进行安全事件预警并掌握安全状态，能及时发现针对云计算环境的网络攻击、病毒传播和异常行为等安全事件，可以为预警、应急响应和事件调查提供保障；能采取主动防护手段保护用户数据，满足各种 IaaS、PaaS、SaaS 服务的安全需求。

曙光 Cloudfirm 应成为曙光公司重点自主研发的安全产品，通过对云计算中心进行整体安全监控和管理，从而实现从网络层、数据层到应用层的立体云安全防护体系。这里主要包括四个方面的重点安全：身份安全、网络安全、内容安全以及数据安全。

2. 培训管理、研发、技术人员

应用程序开发人员是人才中的关键，必须要精通应用程序，所以必须对人员进行各种各样的培训，或开展更为广泛的研讨会等。但由于公司开发人员的减员和流动性等各种原因，这样的培训必须定期重复并作为常态保持下去；尽管对于开发人员应用程序的培训成本是较为昂贵的，但一定要做。当然还有一些免费的资源，如可以对开发人员进行云知识的培训，定制一些有用的入门级培训材料。

同时，应对专业的技术人员进行岗位培训，对整个系统的正常运行、基本维护、设备的基本配置以及各管理软件的正常使用进行学习；聘请专家们开展云服务培训会，深度交流当前云服务技术的成果；鼓励员工经常参加各种竞赛活动。

尤其是管理人员以及销售人员，更应熟悉项目的整体设计理念与建设思路，了解项目整体体系框架、各个技术平台体系结构以及业务应用系统结构等；定期进行理论知识的学习和培训，加强实践工作的锻炼，及时充电。

3. 资金和固定资产投资

曙光公司的服务器产品日趋成熟，市场规模日益扩大。在 2006 年 7 月，曙光公司天津滨海高新区华苑软件园的海泰绿色曙光产业基地落成，它是研发、制造、物流和产品工艺工业基地，拥有先进的专业化服务器制造生产线及世界一流的可靠性试验研究环境。可与此同时，该基地虽然在自主研发的组织结构中承担着重要作用，但它的规模已不能完全承担公司更大、更快的发展需求，这在公司的战略布局中是一个极为重要的发展问题。由于需求不断扩大，曙光公司的扩建迫在眉睫。二期工程已经开始，预计耗资超过 5 亿元，可以年产高性能计算机 50 多万台，将成为亚洲最大的高性能计算机与服务器生产基地。这标志着曙光公司在产业化道路上实现了跨越式突破，不仅能提升曙光公司的竞争力，而且可以进一步推动国产服务器产业的发展，并进一步加快天津市高性能计算机产业化基地的规模化发展。

4. 渠道和客户关系及服务体系建立

未来的曙光公司应专门建立云计算渠道，全面进行"云端"布局，与渠道商共同加快向"云未来"前进的步伐。曙光公司在推出一系列激励政策的同时，还不断提升在云计算领域的专业化管理水平和服务能力。

曙光公司作为传统硬件厂商，通过全新的云计算理念，提供曙光云计算方面的体验，让用户逐渐实现对云端应用的尝试。通过渠道对行业用户的资源进行整合，把曙光的计算资源加入云计算建设中，尽快从渠道推进云时代业务。

曙光公司根据自身的优势，通过云计算背景、渠道，对传统能源、电力、公安行业提供服务,与行业合作伙伴共同搭建云计算环境的应用,在技术产品上提供支持,用传统行业优势引导未来潜在行业应用的发展。同时,曙光公司还启动了云计算合作伙伴招募计划,通过全国各地的云计算中心和先进技术,为合作伙伴进行云平台的规划和设计,提供基础运维环境。曙光公司整合政府资源、客户资源、市场资源等各项优势,为合作伙伴提供拓展行业应用的平台和机会,加速其在云计算市场中的发展。曙光公司还将向云合作伙伴提供咨询评估服务,围绕云计算新技术和架构的实践为云伙伴提供顶层设计咨询,帮助他们扩展云服务,开发最具应用实践价值的云产品,提升核心竞争力。

曙光已与 VMware、NEC、方正、紫光优蓝、永中软件等公司开展合作,启动云合作伙伴招募计划,此举将会进一步推动曙光公司城市云的落地生根,为中国云计算产业贡献力量。通过渠道,针对客户的需求进行方案的应用推广,扩大产品的市场采购,让全新的渠道政策来扶持合作伙伴,给用户提供全面的产品服务体系。

5. 生产运营、质量、安全及环境管理

自从云计算这个概念提出后,全国各个软件、硬件厂商都争相开始建立云计算服务中心,曙光公司的云计算管理系统的研发就是其中一个代表。

曙光公司的新建生产基地已落户天津滨海新区,服务器生产线的增加,提高了曙光公司服务器的产能,目前已达到全年 50 万台服务器的生产能力;建立了以天津为中心,覆盖全国主要城市的物流配送,同时,研发中心设立在北京中关村,产品从研发到生产阶段,全程由技术人员进行跟踪。从前期的产品外观设计、性能测试到后续的产品装机的整个过程,技术人员根据每一步的结果提交报告,以保证整个生产运营过程。

生产质量管理则由公司质量体系部门负责,将生产的机器型号、技术参数以及详细的产品资料全部提交国家质量管理体系进行产品检测,并由国家出具检测报告和质量认证证书。

同时,安全的私有云成为了用户和供应商首要考虑的问题,自从云安全产物被 IT 厂商提上了主要项目日程,这不仅涉及一个国家科技的实力,更是关系到国家信息的安全问题。只有处理了互联网安全问题,才能真正开创属于中国的云计算时代。

数据安全通常会遇到以下几方面的问题:云计算用户的数据信息从终端传输到云计算的过程中,既容易被截获,也很可能被窃取,即便正在云计算中处置时,也有可能被不法用户窃取。因此,必须要对传输的内容进行加密,密码放在用户本人的 USB Key 中才能充分保障用户的安全。对数据安全方案采用文件加密系统,只有用户才能解开密钥,用户的系统处置是封锁的安全域,这样才可以充分保障用户的系统安全。

本着不断完善、不断创新的理念,给用户提供一个安全的互联网环境,曙光公司加快了对安全云的研发,推出了曙光"安全云",包括 SecServer750、TJCard 加密卡和 NiKey 智能密钥,向用户提供安全系统 CA、文件加密、单机登录等集安全加密和身份认证功能于一体的安全处理方案,解除用户对系统安全的顾虑,大大提高了云计算的安全等级。

第五篇

云经纪师 与云交易所

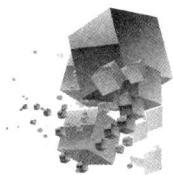

第十八章
云经纪软件

学习要点
1. 了解云经纪软件与云交易所交易制度；
2. 掌握云经纪软件的基本运用。

伴随着云计算技术的发展和云计算标准的出台，从技术上来说，云计算底层的虚拟化技术使得使用者感觉不到物理硬件设备的差别，不同供应商的产品可以获得同样的使用效果；并且，统一的标准又使得云计算产品有了一定的度量值。云计算产品可以标准化，成为标准的交易产品；成为标准化的产品后，为其进入公开、公正、公平的市场进行交易提供了可能。

从目前市场规模来看，根据工信部统计，在云服务领域，2013年，我国IaaS市场规模为10.5亿元，增长率高达105%；PaaS（管理软件资源的服务）市场规模为2.2亿元，增长20%；SaaS市场规模为34.9亿元，增长24.3%。未来，云服务市场的潜在空间在万亿元以上。

标准化了的云计算产品可以在一个公开的市场进行公正、公平的交易，交易所提供了云计算产品信息及需求信息平台，这有利于云计算用户进行体验，以及云计算产品供应商优胜劣汰的健康发展。

随着云计算技术的发展，以及国家云计算相关标准、法律法规的完善，云经纪人应该及时进行新知识的学习，云计算市场管理部门也应组织云经纪人的培训。云经纪师是在云计算交易领域推出的首个认证，能为云计算知识普及、市场推广、中介培育、应用规划和应用预算、产品检测、企业认证、推荐上市、应用安全、战略规划等方面培养所需的人才，具有广阔的就业前景。云经纪师培训内容覆盖了与云计算资源交易相关的技术、架构、软件、安全的知识体系和市场开发、资讯、用户培训等广泛领域，具有极强的实用价值。云经纪师职业培训是新疆中亚商品交易中心股份有限公司（以下简称"交易中心"）推动云计算生态系统发育的重要举措。

云经纪师经过培训和考试认证，分别按助理云经纪师、中级云经纪师、高级云经纪师相应资质开展业务活动：

（1）助理云经纪师，具有从事云计算经纪业务资质；

（2）中级云经纪师，具有从事云计算经纪业务资质、项目咨询服务资质；

（3）高级云经纪师，具有从事云计算经纪业务资质、项目咨询服务资质，以及上市产品检测、上市产品推荐、云计算应用规划等相关资质。

云经纪师培训通过对不同级别的优秀学员进行就业推荐，使其获得差别化佣金，从而激励云经纪师在服务客户的同时不断提升自身技能水平。云经纪师的培训由交易中心组织实施,也可由交易中心授权分中心、综合类会员,或授权培训机构组织实施。专家委员会对取得云经纪师职业资格的人员,依据相关规定实行后续教育和年检,后续教育和年检每两年一次。培训师资由专家委员会指定,也可由交易中心、分中心、综合类会员、授权培训机构聘请业内的资深专家担任,但须报交易中心培训部备案核准。

作为行业的新兴业务,目前的云经纪软件只是凤毛麟角,本章以新疆中亚商品交易中心云交易系统 Web 交易端为例,简要介绍云经纪软件的各个功能。

常用的云经纪软件主要功能包括挂牌、查询、在线交易、合同管理、违约管理、资产管理、资料管理等。

第一节 挂 牌

一、买家挂牌需求分析

挂牌:需求挂牌。

描述:交易商自行登录 Web 交易端,发布需求挂牌。

条件:交易商已开通三方存管账户。

步骤:(1)交易商登录 Web 交易端;(2)进入菜单"挂牌"选择"需求挂牌";(3)填写发布需求信息;(4)确定发布。

注释:(1)如果无匹配的卖单商品信息,直接发布需求成功。(2)如果有匹配的卖单商品信息(标准挂牌与应需挂牌的商品),系统弹出匹配卖单商品信息,选择卖家商品信息,点"确定匹配",直接形成电子合同;点"放弃匹配",放弃本次发布需求单操作。询价单如图 18—1所示。

二、卖家挂牌标准分析

挂牌:标准挂牌。

描述:交易商自行登录 Web 交易端,发布标准挂牌商品,每次标准挂牌收取挂牌总价值20%的履约保证金。

条件:交易商已开通三方存管账户,且资金账户上有足够可用资金。

步骤:(1)交易商登录 Web 交易端;(2)进入菜单"挂牌",选择"标准挂牌";(3)填写发布信息;(4)确定挂牌,即发布挂牌商品成功。商品标准挂牌如图 18—2 所示。

三、卖家挂牌需求分析

挂牌:应需挂牌。

描述:经交易中心保荐上市的交易商,自行登录 Web 交易端,录入发布商品。

条件:交易商已开通三方存管账户,且资金账户上有足够可用资金。

步骤:(1)交易商登录 Web 交易端;(2)进入菜单"挂牌",选择"应需挂牌";(3)填写发布

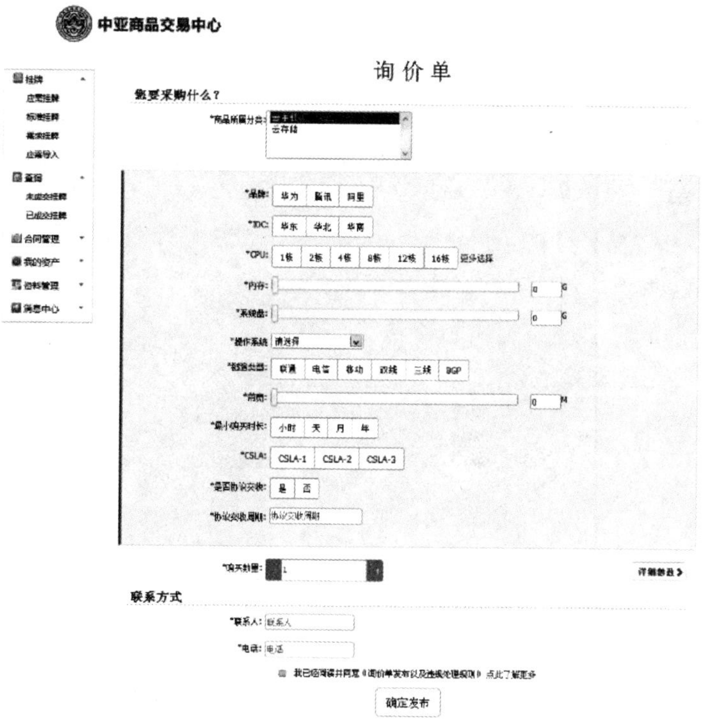

图 18-1 询价单

图 18-2 商品标准挂牌

信息;(4)确定挂牌,即发布商品成功。商品应需挂牌如图18-3所示。

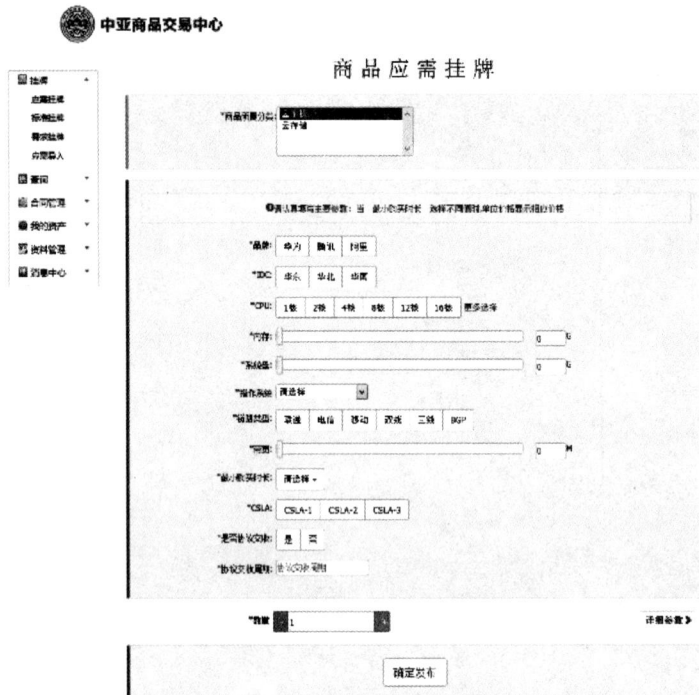

图18-3　商品应需挂牌

四、卖家导入应需挂牌

挂牌:导入应需挂牌。

描述:经交易中心保荐上市的交易商,自行登录Web交易端,批量导入发布商品。

条件:交易商已开通三方存管账户,且资金账户上有足够可用资金。

步骤:(1)交易商登录Web交易端;(2)进入菜单"挂牌",选择"应需导入";(3)根据交易中心提供的产品导入模板表格,生成"应需导入"信息;(4)确定挂牌,即发布商品成功。商品导入如图18-4所示。

图 18-4　商品导入

第二节　查　询

一、买家如何查看已执行过的需求挂牌

查询：未成交挂牌。

描述：交易商自行登录 Web 交易端，管理需求挂牌。

条件：交易商已执行过的需求挂牌。

步骤：(1)交易商登录 Web 交易端；(2)进入"查询"，选择"未成交挂牌"；(3)选择"查看详情"可查看发布需求挂牌的详细信息。已执行过的需求挂牌如图 18-5 所示。

图 18-5　已执行过的需求挂牌

二、卖家如何查看已挂牌商品（标准挂牌、应需挂牌）

查询：未成交挂牌。

描述：交易商自行登录 Web 交易端，进行查看。

条件：交易商已开通三方存管账户。

步骤：（1）交易商登录 Web 交易端；（2）进入"查询"，选择"未成交挂牌"，查看自己已挂牌或录入的正在销售中的商品。已挂牌商品如图18－6所示（与买家已执行过的需求挂牌截图相同，仅账号有区别）。

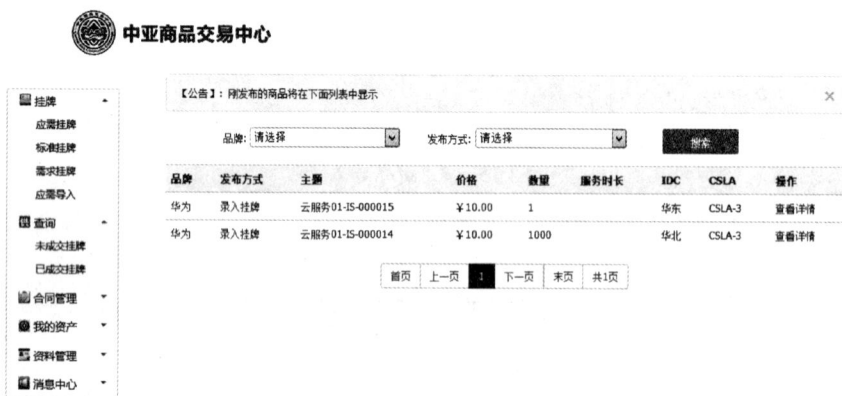

图18－6　已挂牌商品

三、卖家如何查看已成交挂牌商品（标准挂牌，应需挂牌）？买家如何查看已成交需求商品（需求挂牌）

查询：已成交挂牌。

描述：交易商自行登录 Web 交易端，进行查看。

条件：交易商已开通三方存管账户。

步骤：（1）交易商登录 Web 交易端；（2）进入"查询"，选择"已成交挂牌"，查看已成交的商品。

第三节　在线交易

一、卖家直接卖出商品给选定买家

在线交易：成交"买家挂牌"。

描述：卖方交易商自行登录 Web 交易端。

条件：交易商已开通三方存管账户，且资金账户上有足够可用的资金。

步骤：（1）进入菜单"在线交易"，查看买家挂牌信息，选择成交；或者选择"检索"，填写待成交商品信息,进行检索;(2)根据检索出的需求挂牌信息,查看"卖出",进入商品详情页面;(3)若要卖出,则确定交易,将商品卖给买家,形成电子合同。

(a)直接成交,如图18-7所示。

图18-7 直接成交

(b)检索成交,如图18-8所示。

图18-8 检索成交

二、买家买入挂牌商品

在线交易：成交"卖家挂牌"。

描述：买方交易商自行登录 Web 交易端。

条件：交易商已开通三方存管账户，且资金账户上有足够可用资金。

操作步骤：(1)进入菜单"在线交易"，查看卖家挂牌信息，选择成交；或者选择"检索"，填写待成交商品信息，进行检索；(2)检索出卖家"标准挂牌"与"应需挂牌"的商品；(3)根据检索出的商品信息，选择"购买"，进入商品详情页面；(4)如果要买入，填入需求数量、需求时长以及所需公网 IP 数量，再选择"确定交易"，形成电子合同。

(a)直接成交，如图 18-9 所示。

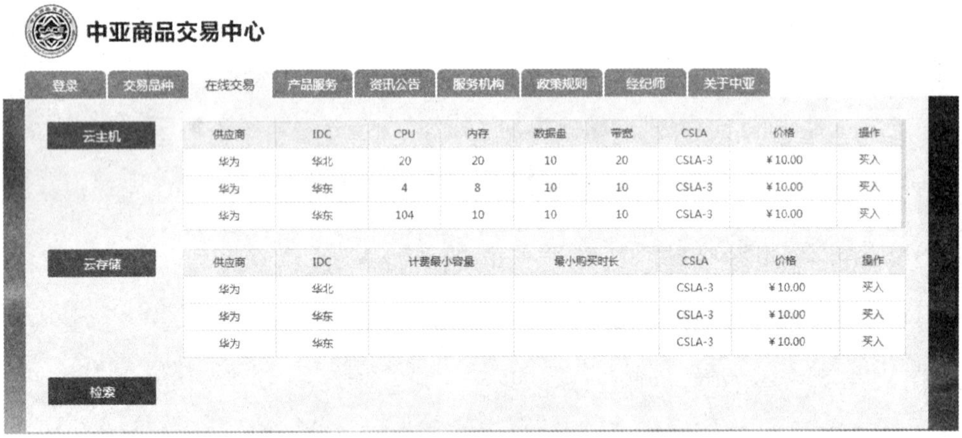

中亚商品交易中心

| 登录 | 交易品种 | 在线交易 | 产品服务 | 资讯公告 | 服务机构 | 政策规则 | 经纪师 | 关于中亚 |

云主机

供应商	IDC	CPU	内存	数据盘	带宽	CSLA	价格	操作
华为	华北	20	20	10	20	CSLA-3	￥10.00	买入
华为	华东	4	8	10	10	CSLA-3	￥10.00	买入
华为	华东	104	10	10	10	CSLA-3	￥10.00	买入

云存储

供应商	IDC	计费最小容量	最小购买时长	CSLA	价格	操作
华为	华北			CSLA-3	￥10.00	买入
华为	华东			CSLA-3	￥10.00	买入
华为	华东			CSLA-3	￥10.00	买入

检索

图 18-9　直接成交

(b)检索成交，如图 18-10 所示。

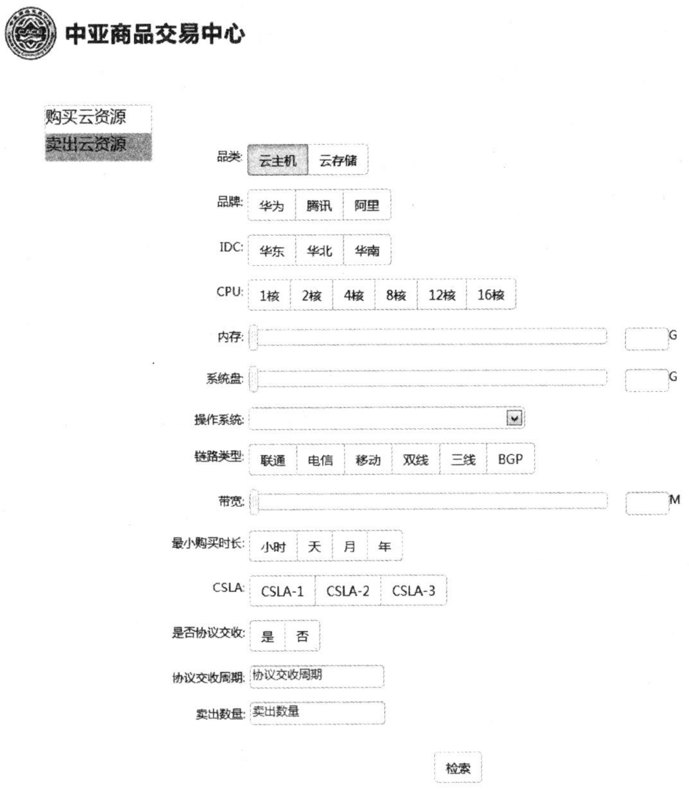

图 18－10　检索成交

第四节　合同管理

一、买卖双方如何对电子合同进行操作

合同管理:我的合同。

描述:交易商自行登录 Web 交易端,对电子合同进行管理。

条件:交易商已有成交的电子合同。

步骤:交易商登录 Web 交易端,选择"合同管理",进入"我的合同",再进入引导页面,流程如下:

(1)买家在 D1 日 * 内执行"转入尾款"操作,即解冻买家履约保证金,同时冻结所有货款;

(2)卖家在 D2 日 * 内执行"开通服务"操作,即开通服务;

(3)买卖双方分别执行完转入货款与发货操作后,系统自动向交易中心发起交付流水审核,交易中心审批通过后,系统自动扣除买家 100％货款,增加卖家 100％货款,同时冻结卖家交收保证金,冻结卖家发票保证金,解冻卖家履约保证金。

（4）买家在 D5 日*内执行"交收确认"操作，即表示已收到货物。特别提醒：到 D10 日*收市时，买家如未执行交收确认操作，系统自动执行交收确认操作。

（5）买家执行交收确认后，系统自动向交易中心发起交付流水审核，交易中心审批通过后，系统自动解冻卖家交收保证金。

（6）卖家在 D10 日*内执行"开具发票"，即表示已将发票交付到交易中心。

（7）卖家执行"开具发票"后，交易中心审核人员在"交易中心→发票确认"执行"发票确认"后，系统自动向交易中心发起交付流水审核；交易中心审批通过后，系统自动解冻卖家发票保证金。特别提醒：到 D10 日*收市时，交易中心未执行"发票确认"操作时，系统自动执行"发票确认"操作。

（8）最后，交易中心执行清算操作后，关闭合同。

注解：带"*"的内容，在交易中心已公布的交易规则中明确，买卖双方合同中明确的交收日为 D0 日，D0 日后的每一天按顺序记为 D1 日、D2 日、D3 日、D4 日、D5 日……D10 日。电子合同如图 18-11 所示。

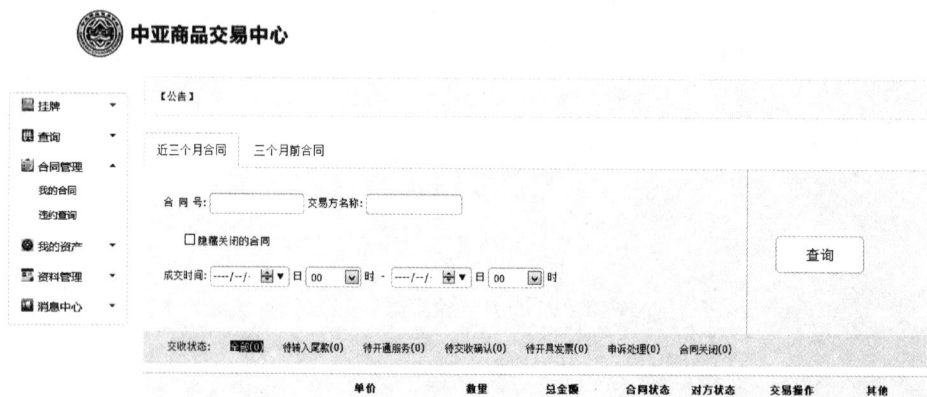

图 18-11 电子合同

二、买家如何查看所有申诉

合同管理：违约查询。

描述：买家登录 Web 交易端，查看"我的违约申请"，并可撤销违约。

条件：买家在合同应该执行"交易确认"时未执行，而是执行了"发起申诉"。

步骤：（1）进入菜单"合同管理"，进行"违约查询"；（2）查看买家交易商发起的申诉；（3）如果交易中心未处理，可"撤销违约"；（4）对于非买家交易商发起的申诉，不能撤销违约。申诉如图 18-12 所示。

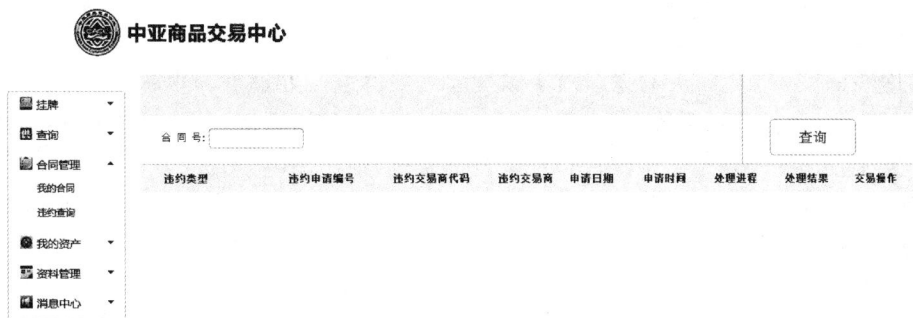

图 18－12　申诉

第五节　违约管理

一、买方违约

从电子合同形成至 D1 日,买家未付款。

违约:买方违约。

描述:交易中心认定的买方违约。

条件:买家未按时支付合同尾款。

步骤:(1)交易中心审核人员在 D1 后查询出违约记录并选择;(2)确认"发起违约",发起审核流程;(3)审核人员登录交易中心管理平台,审核通过后,系统自动解冻卖家履约保证金、买家履约保证金,将买方履约违约金划付给卖方;(4)若审核不通过,则还原电子合同发起违约前的状态,合同继续有效。

二、卖方违约

1. 从电子合同形成至 D2 日,买家已付款,卖家未发货。

违约:卖方违约。

描述:交易中心认定的卖方违约。

条件:卖家未及时发货。

步骤:(1)交易中心审核人员在 D2 日后查询出违约记录并选择;(2)确认"发起违约",发起审核流程;(3)审核人员登录交易中心管理平台,审核通过后,系统自动解冻卖家履约保证金、买家履约保证金,将卖方履约违约金划付给买方;(4)若审核不通过,则还原电子合同发起违约前的状态,合同继续有效。

2. 从电子合同形成至 D5 日,卖家已发货,但货物未收到或货物不符。

违约:卖方违约。

描述:交易中心认定的卖方违约。

条件:卖家发货出错。

步骤:(1)买家在 D5 日未在其已成交的合同中执行"交收确认",而是"发起申诉";(2)交易中心审核人员进入交易系统对买家发起的申诉进行处理;(3)审核人员登录交易中心管理平台,审核通过后,系统自动解冻卖家交收保证金和发票保证金,解冻买家履约保证金,将卖方交收违约金划付给买方;(4)若审核不通过,则还原电子合同发起违约前的状态,合同继续有效。

3. 从电子合同形成至 D10 日,卖家未开发票。

违约:卖方违约。

描述:交易中心认定的卖方违约。

条件:卖家未开具合同约定的发票。

步骤:(1)交易中心审核人员在 D10 后查询出违约记录并选择;(2)确认"发起违约",发起审核流程;(3)交易中心审核人员在交易系统审核通过后,系统自动解冻发票保证金,将卖方发票违约金划付给买方;(4)若审核不通过,则还原电子合同发起违约前的状态,合同继续有效。

4. 从电子合同形成至 D10 日,卖家已开具发票,交易中心对收到的发票或未收到发票提出异议。

违约:卖方违约。

描述:交易中心认定的卖方违约。

条件:卖家开具发票出错。

步骤:(1)交易中心审核人员在 D10 后查询出违约记录并选择;(2)确认"发起违约",发起审核流程;(3)交易中心审核人员在交易系统审核通过后,系统自动解冻发票保证金,将卖方发票违约金划付给买方;(4)若审核不通过,则还原电子合同发起违约前的状态,合同继续有效。

三、双方违约

1. 从电子合同形成至 D2 日,买家未付款,卖家未发货。

违约:双方违约。

描述:交易中心认定的双方违约。

条件:从电子合同形成至 D2 日,买家未付款,卖家未发货。

步骤:(1)交易中心审核人员在 D2 日后查询出违约记录并选择;(2)确认"发起违约",发起审核流程;(3)交易中心审核人员在交易系统审核通过后,系统自动解冻卖家履约保证金、买家履约保证金,减少买卖双方履约违约金;(4)若审核不通过,则还原电子合同发起违约前的状态,合同继续有效。

第六节　资产管理

一、买家如何查看购买的云计算产品

资产:云计算产品。

描述:交易商自行登录 Web 交易端,查看所拥有的云计算产品。

条件:交易商已开通三方存管账户。

步骤:(1)交易商登录 Web 交易端;(2)通过"我的资产"中"云计算产品"进行查询。买家资产如图 18-13 所示。

图 18-13　买家资产

二、交易商如何查看资金账户金额

资产:云计算产品。

描述:交易商自行登录 Web 交易端,查看所拥有的账户金额。

条件:交易商已开通三方存管账户。

步骤:(1)交易商登录 Web 交易端;(2)通过"我的资产"中"账户"查询资金情况;(3)可通过"入金"和"出金"完成资金转入或者资金转出操作;(4)选择"账户明细"查询资金流水记录。

(a)交易商资金如图 18-14 所示。

(b)交易商账户明细如图 18-15 所示。

三、交易商如何将资金转入

资产:入金。

描述:交易商自行登录 Web 交易端,完成账户充值。

条件:交易商已开通三方存管账户。

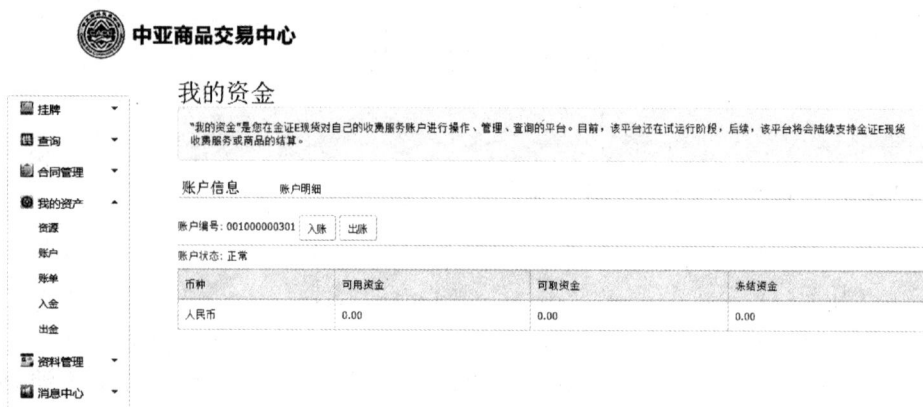

图 18－14　交易商资金

图 18－15　交易商账户明细

步骤：(1)交易商登录 Web 交易端；(2)通过"我的资产"中"入金"，将三方存管账户资金转入交易系统的资金账户，完成入金。交易商资金入账如图 18－16 所示。

四、交易商如何将资金转出

资产：出金。

描述：交易商自行登录 Web 交易端，将资金转回。

条件：交易商已开通三方存管账户。

步骤：(1)交易商登录 Web 交易端；(2)通过"我的资产"中"出金"，将交易系统的资金账户中的资金划出至三方存管账户。交易商出账如图 18－17 所述。

图 18-16　交易商资金入账

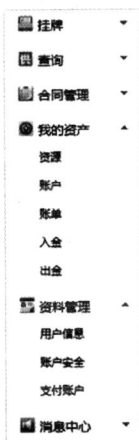

图 18-17　交易商出账

第七节　资料管理

一、如何修改账户信息

资料管理:用户信息。

描述:交易商自行登录 Web 交易端,修改账户的一般信息。

条件:交易商记得原登录密码。

步骤:(1)交易商登录 Web 交易端;(2)通过"资料管理"修改其原有的"用户信息"。账户信息管理如图 18-18 所示。

图 18-18　账户信息管理

二、如何修改交易账户密码

资料管理:账户安全。

描述:交易商自行登录 Web 交易端,修改密码。

条件:交易商记得原登录密码。

步骤:(1)交易商登录 Web 交易端;(2)通过"账户安全",根据引导页面修改其原有"账户密码";(3)通过设置密保问题,可以更方便地找回密码。账户安全管理如图 18-19 所示。

三、如何绑定手机、邮箱

账户中心:账户安全。

描述:交易商自行登录 Web 交易端,绑定手机和邮箱。

条件:交易商记得原登录密码。

步骤:(1)交易商登录 Web 交易端;(2)在"账户安全"中选择"手机修改"或"邮箱修改"

图 18－19　账户安全管理

可修改绑定的手机或邮箱，以便今后通过手机或邮箱找回交易商登录密码；(3)交易商在注册时，需预留初始手机和邮箱。绑定手机、邮箱如图 18－20 所示。

四、如何绑定或撤销三方存管账户

资料管理：支付账户。

描述：交易商自行登录 Web 交易端，进行绑定或撤销三方存管账户。

条件：交易商已有资金账户但无三方存管账户，或交易商已开三方存管账户但资金账户中无资金。

步骤：(1)交易商登录 Web 交易端；(2)通过"账户安全"选择"支付账户"；(3)对于无三方存管账户的交易商，选择"绑定三方存管账户"，再填写相关信息，以绑定三方存管账户；(4)对于有三方存管账户的交易商，选择"解绑三方存管账户"进行绑定解除，解绑成功后，则可进行重新绑定。三方存管账户绑定或撤销如图 18－21所示。

您好，shuxg002 欢迎来到中亚商品交易中心！　　　　退出　用户中心　官方微博　微信　客服热线：021-23454

中亚商品交易中心

- 挂牌 ▼
- 查询 ▼
- 合同管理 ▼
- 我的资产 ▲
  - 资源
  - 账户
  - 账单
  - 入金
  - 出金
- 资料管理 ▲
  - 用户信息
  - 账户安全
  - 支付账户
- 消息中心 ▼

【公告】　　　　　　　　　　　　　　　　　　×

基础信息

❶温馨提示：
1.登录手机和登录邮箱只用于登录，不会展示在您的联系方式中；
2.一个帐号，只能对应绑定一个登录手机和登录邮箱；
3.绑定登陆手机、邮箱，可享受通过绑定手机或邮箱找回密码等服务。

登陆账号：　030010000003

登录手机：　暂无　手机认证

登录邮箱：　暂无　邮箱认证

产品安全

登录密码：　修改更高级别的密码能提高帐号的安全性。 修改

密保问题管理：　新一代密码保护问题由3个问题以及对应的答案组成，专门用于您忘记密码时取回密码。与之前的密码保护问题相比，采用最新的问题验证，更加安全。 未设置　设置

图 18-20　绑定手机、邮箱

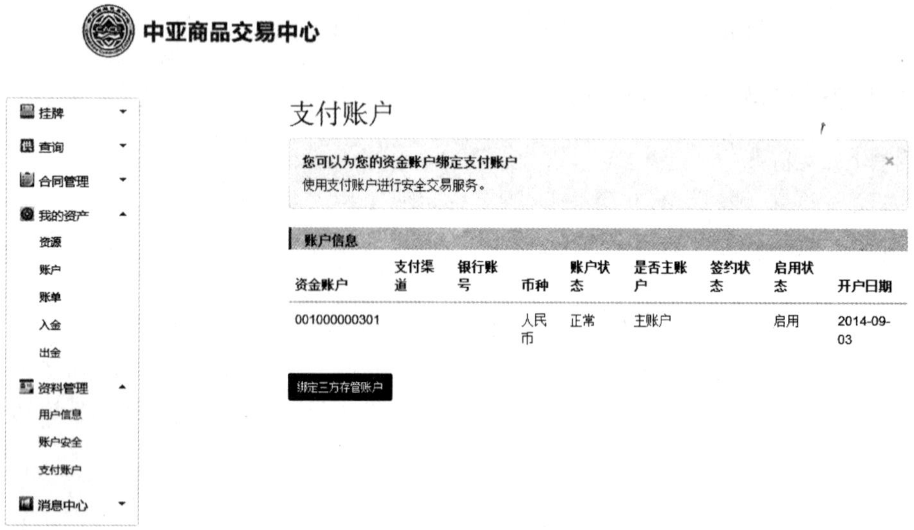

中亚商品交易中心

- 挂牌 ▼
- 查询 ▼
- 合同管理 ▼
- 我的资产 ▲
  - 资源
  - 账户
  - 账单
  - 入金
  - 出金
- 资料管理 ▲
  - 用户信息
  - 账户安全
  - 支付账户
- 消息中心 ▼

支付账户

您可以为您的资金账户绑定支付账户　　　　　　　×
使用支付账户进行安全交易服务。

账户信息

资金账户	支付渠道	银行账号	币种	账户状态	是否主账户	签约状态	启用状态	开户日期
001000000301			人民币	正常	主账户		启用	2014-09-03

绑定三方存管账户

图 18-21　三方存管账户绑定或撤销

第八节　其　他

其他：注册。

描述：注册成为游客，同时可升级为交易商。

条件：无。

步骤：(1)打开 Web 交易端首页；(2)通过"登录"选择"注册"，并填写注册信息成为网站游客；(3)使用游客账号进行交易商申请；(4)填写个人或机构交易商开户信息，并完成提交；(5)提交后等待交易中心审批，审批通过或不通过均发短信通知；(6)交易中心审批通过后，交易商继续使用其注册游客时的账号和密码，登录 Web 交易端；(7)继续通过"资料管理"选择"支付账户"绑定三方存管账户，便可进行出/入金操作，开展后续交易。用户注册如图 18－22 所示。

图 18－22　用户注册

第十九章
云交易的交易所制度

学习要点

1. 了解云经纪软件与云交易所交易制度；
2. 掌握云经纪软件的基本运用。

云计算的出现不仅能让用户不再使用大多数价格高昂的硬件，同时也能让用户在第三方服务器之间进行转换，寻找价格最低的计算能力。而云计算市场的迅猛发展，未能掩盖云资源商品化推进迟缓的现状，企业定价交易模式仍占市场主流。全球已有交易所及企业正在启动现期云交易的尝试。

此前，一些公司也在为云计算能力提供交易市场，其中包括亚马逊旗下的"弹性计算云服务"(Elastic Compute Cloud Service)市场，但这与特定的服务提供商联系在一起。也曾有公司计划创建一个交易所来对计算能力进行交易，其中包括 2005 年美国市场上的一项计划，该计划将电子股票市场运营商 Archipelago 和 Sun Microsystems 都包括其中，但到目前为止都还未进入交易的阶段。

2013 年 10 月，芝加哥商品交易所(CME)与云 ROI 代理商 6Fusion 签署意向书，尝试建立自由买卖云资源的新型市场。据 6Fusion 官方网站最新消息显示，今年 4 月双方已签署了最终的开发销售协议，推进 IaaS(基础架构即服务)资源交易的即期汇率，6Fusion 将以旗下 UC6 平台跟踪监测现货交易。

德国金融市场运营商——德国证券交易所集团(Deutsche Boerse)——计划在 2014 年初建立全球第一家独立的云交易所，进行有关计算能力的交易，从而将计算能力变得商品化。德国证券交易所集团表示，云交易所会从 2014 年第一季度开始作为现货市场进行交易，面向的对象是有外包数据存储和计算机处理需求的公司及其他组织，使其能像购买原油和电力等商品一样购买计算能力。

德国证券交易所集团是法兰克福证券交易所和欧洲期货交易所(Eurex)的运营商，该集团已经与柏林云计算管理软件公司 Zimory 联手建立了一家合资企业，负责运营新成立的云交易所。在这个交易所中，存储能力将以至少 1TB(相当于 1024 GB)的数据单位进行交易，处理能力则将以至少 10 PU(Performance Unit)为单位进行交易，每 PU 代表 8 GB。

德国证券交易所集团表示，计算能力的合同期分为一天、一周、一个月、一年及无限期，买方取消交易需提前一天通知，卖方则需提前一个月。该集团还表示，考虑到安全性和财产问题，买方可选择供应商以及外包数据所在的地区。

德国证券交易所集团表示，该集团目前正在与约 20 家公司进行合作，这些公司将出售计算和存储能力。与此同时，航空公司、汽车公司和信息技术公司都已经表示出了购买计算和存储能力的兴趣。据预计，这个云交易所将在 3 年以后实现盈利。如果现货市场能发展起来，那么云交易所将推出受监管的衍生品市场，提供期权和期货合同交易，这种衍生品市场可能会在 2015 年推出。

国内云交易标准化尝试则处于启而不动的阶段。业内人士对此表示，云产业要充分被市场所接受，必须要形成完整的生态系统，包括建设运营工程的云供应商、云消费者、开发应用及提供项目咨询的服务商和市场营销经纪商。而目前国内的现状是，云市场提供的产品同质化严重，但各类公司为获得差额利润而定价不齐，大型企业产品定价过高。同时，市场中介，包括交易平台及检测机构等的缺位也是问题所在。

本章将从云交易模式及我国第一家云交易所——新疆中亚商品交易所——的云交易制度两方面进行介绍。

第一节　云交易模式

目前的云交易模式一般参考证券、能源或者大宗商品的电子交易平台，因此，交易模式可分为以下几类：

一、买卖方需求挂牌

现货挂牌交易是指挂牌方通过交易市场挂牌报价系统，预先公布要买卖商品的详细情况，包括商品名称、生产厂家、品牌、商品质量、价格、数量、最小交易数量、交货地点、交提货方式、挂牌信息有效期等要素，经交易市场审核后，通过交易市场交易系统进行"挂牌"发布买卖信息，摘牌方在挂牌信息中选择自动生成，输入购买价格和不少于最小交易数量的买入数量，当购买价格大于或等于销售价格时，即按卖方价格成交。挂牌方在挂牌有效期内可以随时修改没有成交的供货或采购信息，一经成交不得撤销，摘牌方在下单且成交后即订立购销合同。根据交易成交方式的不同，又可分为现货挂牌洽谈交易和现货挂牌撮合交易。

（1）现货挂牌洽谈交易。现货挂牌洽谈交易可分为现货要约销售和现货要约采购两种，交易商首先进行现货挂牌要约（销售或采购），感兴趣的采购商查阅挂牌要约信息后，可以应约（采购或销售），在买卖双方确认成交后，可以通过交易系统签订详尽的电子合同。双方可以在打印合同、签字盖章后进入货物交收处理、货款了结、违约处理和违约金支付流程。

（2）现货挂牌撮合交易。现货挂牌撮合交易是指卖方在交易市场委托销售订单/销售应单，买方在交易市场委托购买订单/购买应单；交易市场按照价格优先、时间优先原则确定双方成交价格并生成电子交易合同，并按交易订单指定的交收仓库进行实物交收。

二、场外交易

场外交易市场，又称柜台交易市场或店头交易市场，是指在交易所外由证券买卖双方当面议价成交的市场。它没有固定的场所，其交易主要利用电话进行，主要以不在交易所上市的产品和服务为主。与交易所交易不同，场外交易有以下特征：

（1）场外交易市场是一个分散的无形市场。它没有固定、集中的交易场所，而是由许多各自独立经营的产品经营机构分别进行交易,并且主要是依靠电话、电报、传真和计算机网络联系成交的。

(2)场外交易市场的组织方式采取做市商制。场外交易市场与交易所的区别在于不采取经纪制,投资者直接与供应商进行交易。

(3)场外交易市场是一个拥有众多云计算产品种类和经营机构的市场,以未能在交易所批准上市的产品为主。

(4)场外交易市场是一个以议价方式进行交易的市场。在场外交易市场上,产品买卖采取一对一交易方式,对同一种产品的买卖不可能同时出现众多的买方和卖方,也就不存在公开的竞价机制。场外交易市场的价格决定机制不是公开竞价,而是买卖双方协商议价。

(5)场外交易市场的管理比交易所宽松。由于场外交易市场分散,缺乏统一的组织和章程,不易管理和监督,其交易效率也不及交易所。

三、竞价交易

1. 现货竞价交易

现货竞价交易是指在交易市场组织下,买方或卖方通过交易市场现货竞价交易系统,将商品的品牌、规格等主要属性和交货地点、交货时间、数量、底价等信息对外发布要约,由符合资格的对手方自主加价或减价,按照"价格优先"的原则,在规定时间内以最高买价或最低卖价成交,并通过交易市场签订电子购销合同,按合同约定进行实物交收,可分为现货竞买交易和现货竞卖交易。

现货竞买交易是指卖方将拟销售现货商品的详细资料向交易中心申报,经批准后通过市场的竞价交易系统公开上市。买方在公布的起报价基础上自主报价和加价,由出最高买价的买方买入商品,并订立购销合同进行实物交割。

现货竞卖交易是指买方将拟采购现货商品的详细资料向交易中心申报,经批准后通过市场的竞价交易系统公开上市,卖方在公布的起报价基础上自主报价和减价,由出最低卖价的卖方卖出商品,并订立购销合同进行实物交割。

一般而言,合同订立后不可解除、不可变更、不可转让。现货竞买交易的起报价是卖方可以接受的最低价,以此作为竞买交易的底价。现货竞卖交易的起报价是买方可以接受的最高价,以此作为竞卖交易的底价。

2. 竞价拍卖交易

竞价拍卖交易是指类似于现场拍卖会方式的、卖方交易商对自己的现货进行竞价拍卖的"一对多"的竞价交易模式。卖方交易商填写、发布竞价销售商品委托报价单的详细信息,买方交易商可以下单竞买,在交易期限内按照价格(高)优先、数量优先、时间优先的原则成交。

3. 竞价招投标交易

竞价招投标交易是指买方交易商提出自己的要求在电子交易市场进行招标购买,卖方交易商进行投标的"一对多"的竞价交易模式。买方交易商可在限定的商品范围内选择某种商品进行招标购买,填写、发布竞价采购商品委托报价单的详细信息,预计交货日能有符合买方采购条件的商品的卖方交易商可以下单竞卖,在交易期限内按照价格(低)优先、数量优先、时间优先的原则成交。

四、现货中远期交易

现货中远期交易一般以 6 个月内的标准化电子交易合同为交易标的,交易商采用保证金、"多对多"集中撮合动态定价的交易方式,在合同有效期内根据浮动盈亏实行当日无负债结算,在交收日以仓单进行现货交收。现货中远期交易是目前各电子交易中心最常用的一种交易模式。

五、现货延期交易

现货延期交易,也称为连续现货交易、现货定单延期交易,是指交易商通过交易中心电子交易系统进行交易品种的买入或卖出的价格申报,经电子交易系统撮合成交后自动生成电子交易合同,交易商可根据该电子交易合同约定,自主选择当日交收或是延期交收的交易方式。交易中心在指定时间段接受交易商的交收请求,对符合交收条件的请求进行交收处理。为解决申请交收时买卖数量不等造成的交收差额,由交易中心认定的中间仓交易商弥补交收差额。

六、网上商城/超市交易

网上商城是指在互联网上建设的"多个商铺对多个采购者"的大型商城,是一种"多对多"的网上交易模式,各供货商可以在网上商城分别建立自己的网上商铺,各采购者可以浏览各商铺展示的在售商品,进行在线购物。网上商城为供货商提供自助开店、展示商品和店铺管理等便利功能,为购物者提供检索商品、浏览店铺、在线购物等便利服务,为商城管理人员提供对会员、商铺及整个商城的后台管理功能。

网上超市是一种类似于现实生活中的购物超市的交易模式。电子交易市场运营方统一负责所售货物的采购和销售,通过网上超市,可以发布各种类型的商品信息,采购者可以在网上超市中浏览、选购所需的商品并下订单(放进购物车),在"收银台"确认支付即可完成交易。网上超市是能够以较快的速度、立竿见影地带来电子商务"人气"和业务量的电子交易模式。

七、团购

团购交易模式既可以作为系统的功能模块来使用,也可以单独使用,为客户快速建立团购平台。此平台既为广大顾客提供联合向商家进行大宗廉价购买的消费服务,又可为商家带来巨大的营业额。

虽然目前云交易的模式较多,但还未有受到广泛认可、监管较严的云交易平台/交易所。2014 年 7 月成立的新疆中亚商品交易中心作为国内首家云计算交易平台,标志着我国云交易模式的开拓创新。下一节中,我们将就这一平台的运行模式及规则等进行详细的介绍。

第二节　新疆中亚商品交易所云交易

2014 年 7 月,国内首家云计算交易平台——新疆中亚商品交易中心股份有限公司(以下简称"交易中心"）——在克拉玛依市白碱滩区创立并召开董事会，交易所设在上海。该公司由克拉玛依市广盛城投开发公司、克拉玛依市金融发展公司及深圳新深联合能源有限公司发起设立。克拉玛依是中国西部著名的"油城"，因其出色的信息化建设，克拉玛依被批准成为中国云计算服务创新示范区、中国智慧城市示范城市、国家首批信息消费试点城市以及中国下一代互联网示范城市。克拉玛依云计算产业园区主任李云介绍说，计划到2020年，园区将建成拥有3.5万机柜数的大型云计算数据中心和灾备中心聚集区。交易中心是国有控股的混合制企业，采用一体化战略发展模式，按照建立中立交易平台的原则，全方位整合中亚区域的竞争优势，对接沿海地区的金融优势，为交易者营造公开、公平、公正的市场环境，构建安全、有序、高效的市场运行体系。目前，已经落户的企业（项目）有新疆重要系统灾备中心、华为云服务数据中心、中国石油新疆区域数据中心、中国石油新疆区域网络中心、天地图灾备中心、北方数据中心、HP全球技术咨询服务实施中心、IBM联合创新中心等。

交易中心成立后，作为国内首家云计算交易平台，将依托交易产品质量监测标准的建立，利用云经纪人体系的市场化推广，打通供需对接"瓶颈"，率先对市场资源开展"云化"整合。在解决市场有效性的同时，通过"池化"组合交易、OTC预售等交易模式的创新，探索具有新疆中亚商品交易中心特点的发展之路，促进民族信息化产业的发展。交易中心将在三季度推出云主机、云存储两个产品的应需挂牌交易，四季度将推出后续多种交易方法及云产品。交易中心也在同时研发OTC预售交易模式，产品和交易模式还将扩展。

此交易平台将促进云的应用，发掘当前被闲置的云资源，通过交易平台市场调节功能的发挥，为创业型企业、小微企业平等参与市场竞争提供帮助；还将结合云计算的交易特点，利用交易平台的价值发现功能，以OTC预售为基本模式，通过交易指数的形成，以"商品云"质押形式，为互联网企业提供融资、担保等服务。其在行业内首次提出云经纪人概念，云经纪人通过资质认证，对接供需双方，为市场交易的规模化发展提供保障。

此交易平台的建设，为新疆包括整个西部利用资源优势实现跨越式发展提供了模式支持，使传统的"西气东输"升级为"西数东输"。国内信息产业可以依托平台，抱团经营，与国外强势企业进行市场竞争，制定产业标准，影响全球信息产业发展格局，争夺世界级产业话语权；结合云经纪人的市场化培训，提高全社会的互联网安全意识。

目前，百度、腾讯、360等大型互联网企业都提供了各自的"云服务"，但国内尚未有集中销售这一新型服务的交易平台。

对于国内云计算市场现状，交易中心总经理何杰表示，初期两款产品将主要采取买卖方需求挂牌、大供应商OTC预售、竞价交易和团购等交易方式，后台程序统一处理资金结算和商品交付，"获得产品公允价值最有效的办法，就是创造大量真实交易"。此外，交易中心还通过国际标准服务等级协议（SLA）的引进，提升第三方检测的权威性。

而云商品现货交易市场的出现，还将突破互联网产品价值确认的"瓶颈"。何杰表示，交易中心将力争推进云商品的融资服务落地，推进将具有较好变现性的"商品云"加入银行质押品目录。此外，交易中心还将以交易佣金、云交易商风险保证金、私募股权基金等组成云交易风险基金，为商品云提供融资担保。

在此前CME与6Fusion合作之时，6Fusion公司创始人考恩（Cowan）曾对把云计算打造成下一项大宗商品表示期待。何杰也透露了国内交易中心未来将推进云价格指数出台的计划，"商品云由此将具有储备和投资价值，云服务机构可以像股票经纪商一样交易产品；而大型云供应商也可以根据市场交投和预期情况,通过预售锁定成本"。

一、云化

长期以来,部署如 ERP 和 OA 等大型的企业管理系统是一项非常重要的任务。在企业部署这些系统时,提前支付的授权成本就高达上百万元人民币,有的多达上千万元人民币,而且通常需要大批 IT 人员和顾问调研、实施这些系统,并将其与组织的其他系统集成。这种级别的部署在时间、人力和预算方面的要求,对任何规模的组织来说都意味着巨大的风险,因而中小企业往往无法使用这类软件,也无法得到信息化的效益。

企业管理软件公有云的出现在一定程度上改变了这种状况。"云化"的管理软件不要求用户部署大型基础结构(不需要机房、服务器、操作系统、数据库软件),不要求客户聘请专业 IT 人员(部署实施应用程序和应用程序的运维工作,包括测试和修补程序、升级程序、监控性能等,都由提供商来完成),消除了为使用大型软件而需提前付出的资源成本;需要的是"开箱即用"以及免费、私密的企业社交空间,省去企业信息化部署的成本和精力,放在云端,打开浏览器、输入账号就可在开放的 OA 平台与同事交流工作和想法、安排任务、知道彼此在做什么、何时需要协作。

基础设施云化和应用软件云化是云计算技术发展和演进的两个重要方向,但它们并不是孤立和并行的,两者要密切结合、相互作用、共同发展。

基础设施云化能够降低 IT 系统的投资,并能提高 IT 系统对于业务支撑的连续性和可用性。但是,基础设施云化必须建立在应用软件云化(分布式架构设计)的基础上。应用软件云化之后,通过部署在云化的基础设施平台上,既能够获得良好的处理性能,更能极大地提高系统的扩展性,并能实现快速部署。

下面,我们将以微软为例,介绍企业如何从基础设施和应用软件两方面进行云化。

在云计算时代,有三个平台非常重要,即开发平台、部署平台和运营平台。Windows Azure Platform 是一个运行在微软数据中心的云计算平台,包括一个云计算操作系统和一个为开发者提供的服务集合。微软云计算平台既是运营平台,又是开发、部署平台,开发人员创建的应用既可以直接在该平台上运行,也可以使用该云计算平台提供服务;平台上既可运行微软的自有应用,也可以开发部署用户或 ISV 的个性化服务;平台既可以作为 SaaS 等云服务应用模式的基础,又可以与微软线下的系列软件产品相互整合和支撑,这是微软云计算平台的最具特色的一面和强大之处,其整体功能结构如图 19-1 所示。

由图 19-1 可以看到:Windows Azure Platform 和 Windows Azure 是有区别的,Windows Azure 是 Windows Azure Platform 的一个组成部分,Windows Azure 是微软的公共云 PaaS 解决方案。Windows Azure Platform 包括三大组成部分:Windows Azure、SQL Azure、Windows Azure Platform AppFabric。

(一)Windows Azure:云计算服务的操作系统

Windows Azure 是一个云服务的操作系统,它提供了一个可扩展的开发环境、托管服务环境和服务管理环境,这其中包括提供基于虚拟机的计算服务和基于 Blobs、Tables、Queues、Drives 等的存储服务。Windows Azure 为开发者提供了可托管、可扩展、按需应用的计算和存储资源,还为开发者提供了云平台管理和动态分配资源的控制手段。Windows Azure 是一个开放的平台,支持微软和非微软的语言和环境。开发人员在构建 Windows

图 19-1　微软云计算平台

Azure 应用程序和服务时，不仅可以使用熟悉的 Microsoft Visual Studio，Eclipse 等开发工具，同时 Windows Azure 还支持各种流行的标准与协议，包括 SOAP、REST、XML 和 HT-TPS 等。Windows Azure 主要包括三个部分，一是运营应用的计算服务；二是数据存储服务；三是基于云平台进行管理和动态分配资源的控制器（Fabric Controller）。

（二）SQL Azure：云中的数据库

SQL Azure 是一个云的关系型数据库，它可以在任何时间提供客户数据应用。SQL Azure 基于 SQL Server 技术构建，但并非简单将 SQL Server 安装在微软的数据中心，而是采用了更先进的架构设计，由微软基于云进行托管，提供的是可扩展、多租户、高可用性的数据库服务。SQL Azure Database 帮助简化多数据库的供应和部署，开发人员无须安装、设置数据库软件，也不必为数据库打补丁或进行管理。SQL Azure 为用户提供了内置的高可用性和容错能力，且无须客户进行实际管理。SQL Azure Database 支持 TDS 和 Transact-SQL（T-SQL），客户可以使用现有技术在 T-SQL 上进行开发，还可以使用与现有的客户自有数据库软件相对应的关系型数据模型。SQL Azure Database 提供的是一个基于云的数据库管理系统，它能够整合现有工具集，并提供与客户自有软件的对应性。

（三）Windows Azure Platform AppFabric：云的基础架构服务

Windows Azure Platform AppFabric 基于 Web 的开发服务，可以把现有应用和服务与云平台的连接和互操作变得更为简单。Windows Azure Platform AppFabric 为本地应用和云中应用提供了分布式的基础架构服务。在云计算中，存储数据与运行应用都很重要，但是还需要一个基于云的基础架构服务。这个基础架构服务应该既可以被客户自有软件应用，又能被云服务应用。Windows Azure Platform AppFabric 就是这样一个基础架构服务。AppFabric 能够使客户自有应用与云应用之间进行安全连接和信息传递。它使得在云应用和现有应用或服务之间的连接及跨语言、跨平台、跨不同标准协议的互操作变得更加容易，并且与云提供商或系统平台无关。AppFabric 目前主要提供互联网服务总线（Service Bus）和访问控制（Access Control）服务。

了解了微软云计算平台的整体功能后，下面关注一下企业在什么情形下会使用云计算。

微软的架构布道者比尔·扎克(Bill Zack)详述了使用云的关键场景以及 Windows Azure 所提供的解决方案,主要包括工作负载、计算、存储、通信、部署和管理的场景。

1. 工作负载

在一天或者一年之中,只是在特定的时间段内偶尔会使用的应用程序应该放在云中,如很多批处理程序。那么,就存在 3 种不同的工作负载模式:

(1)迅速增长或者迅速失败。

这种工作负载模式遇到的是这样的情况,启动新业务的时候,无法精确地预测成功率有多大,而这正是实际容量所需要的。这些应用程序在启动时容量很小,但随着时间的推移,请求的增加会不断增大。这样的应用程序很适合云平台,因为云平台能够快速适应不断增长的资源。

(2)不可预知的爆发。

例如,当 Web 服务器上的负载突然增大到某个峰值时,会导致系统无法处理瞬间的流量。所有者应该提供足够的容量来应对这样的负载。但是他们不希望看到这样的流量峰值,即便他们确实预先考虑了,增加的容量通常也不会用到。这是另一种很适合云平台的情况。

(3)可预测的爆发。

随着时间的变化,负载会持续地依照预测的方式变化。所有者会提前购买必需的设备和软件,而不需要依赖于云提供商。

2. 计算

微软提供按需提供的(On-demand)应用程序实例,这种模式针对的是一种特殊事件,其中,应用程序需要迅速增大,然后再减小。Windows Azure 使用自动管理的 Web 和 Worker 角色来适应这样的需求。其中,Worker 角色分配是指当我们将大型的工作切分为小块完成,每小块都与单独的 Worker 角色实例关联的时候,采用的就是这种机制。

3. 存储

存储采用以下定义:

(1)Blob:Blob 用来存储大量非结构化数据。

(2)表:用来存储海量数据的非关系型解决方案。

(3)DB:SQL Azure 提供了云中的关系型数据库。

(4)数据保护:如果存储在云中的数据中包含敏感数据,并且有人想要确保它不会公开,那么可以对其进行加密。Windows Azure 会在不久的将来提供加密/解密服务。

(5)信息服务:微软拥有数据集市,它是针对想要买卖数据的公司的。

4. 通信

(1)面向服务整合:Azure 允许应用程序使用其他应用程序所提供的服务。微软的整合方案是 WCF Web 服务,Worker 角色能够暴露这样的端点。

(2)消息传递:消息传递是由 Windows Azure Queues 提供的,用来在 Web 和 Worker 角色之间异步通信。

(3)穿过防火墙的消息传递:通过 Service Bus Queues,应用程序能够彼此通信,而不需要打开额外的端口。

5. 部署

（1）云部署：应用程序是使用独立的服务定义文件和配置文件部署到云上的，这些文件会根据目标角色打包。Web 和 Worker 角色以及它们的类型都定义在服务定义文件中，而服务配置文件中则包含了每种角色的数量。

（2）从基于前提的（On-premise）应用程序转移到云：尽管这并非对于大多数应用程序都是可行的，然而针对某些应用——像简单的 ASP. NET 站点——还是可以做的。

（3）混合的环境，基于前提和云：通过使用 REST 接口、对 SQL Azure 的安全访问、服务总线以及访问控制服务，Windows Azure 使我们可以将基于前提的应用程序和云中的服务组合在一起。

（4）双重应用程序：可以将应用程序设计为基于前提和云两种环境中运行，但是这种设计过程会比较复杂。如果一家公司将其应用程序在自己的服务器上运行，但是在季节性的高峰期时（像圣诞节）使用云，那么这会非常有用。

（5）安全联合：Windows Azure 通过访问控制服务（Access Control Service）提供了安全联合。

（6）SaaS：部署在云中的应用程序可以作为服务提供。

6. 管理

为运维而设计：Windows Azure 提供了诊断 API，使得运维团队可以监控并识别问题。

服务实例管理：应用程序实例可以通过 API 或者 Azure 门户启动、停止或暂停。

通过微软云计算平台的实例，我们可以发现，云计算正在彻底地改变我们未来的生活，使得企业以较低的成本整合资源、部署和应用云计算。当然，目前的云化尚存在一些关键的技术问题，比如多租户问题、安全问题、存储问题等。多租户是一种软件架构技术，实现在多用户环境、在保证各用户间数据隔离的前提下，如何共用相同的系统或组件。租户是指拥有独占而隔离的、专有使用策略、SLA 保证、可统计和可计费的资源服务单元，租户也可形成有层级关系的树形结构。以多租户为基础的业务服务模型是云计算数据中心的重要特征。对于租户，缺省采用物理隔离实现，应用的数据和元数据都可在隔离的硬件上承载；对于以子租户缺省为逻辑隔离的，各子租户间共享物理节点资源，拥有独立的进程服务、独立的数据库，在同一租户下的子租户共享一个命名空间，在 ACL 控制下，可访问其他子租户的数据。如何在支撑系统云化的实施中运用多租户技术，是通过云化实现集中化的关键之一。

云化后，安全成为比较突出的问题。潜在的风险有：共享资源池可能引起的全局故障、多租户环境的安全隔离不完全、多系统共存和资源池的动态化导致的安全策略的复杂性、虚拟化技术带来的新安全威胁和入侵点、虚拟机的剩余信息保护、虚拟资源内部之间的安全管控等问题。这些安全问题都需要在云化过程中仔细处理。

而由于云计算产品的特性，目前可以标准化交易的产品是云主机和云存储。

云主机（又称云服务器或云计算服务器）是整合计算、存储与网络等 IT 基础设施资源，提供基于云计算模式的按需使用和按需付费能力的服务器租用服务。云主机服务整合了高性能服务器、优质网络带宽等优质服务平台，同时具备弹性扩展的特性，既满足中小企业和个人站长用户对主机租用服务低成本、高可靠、易管理的需求，又提供了面向大中型互联网用户的弹性计算平台服务，是云计算服务在 IaaS 交付层次的重要服务。

云主机包括两个核心产品：面向中小企业用户与高端个人用户的云主机租用服务和面向大中型互联网用户的弹性计算平台服务。例如，希望根据自身经营弹性扩展 IT 基础资源的中小网站和网络游戏公司,需要快速获得 IT 基础资源的软件开发商,对 IT 基础资源有临时性和短期性需求的企业以及希望减少 IT 投入成本、简化 IT 管理的企业。

目前在国内,企业用户较为关注云主机的以下特性:

(1)服务性价比较高;

(2)服务商的运营能力、产品的网络品质和稳定性较强;

(3)易于快速实现、自动部署;

(4)应对业务的弹性扩展;

(5)系统高可用性和快速恢复能力;

(6)管理轻松便捷。

云存储是通过整合存储设备,协同对外提供基于云计算模式的按需使用和按需付费能力的数据存储和业务访问功能的一种租用服务。

云存储是一种以数据存储和管理为核心的云计算系统。云存储是从云计算概念上延伸和发展出来的一个新的概念,是通过集群应用、网格技术或分布式文件系统等功能,将网络中大量各种不同类型的存储设备通过应用软件联合起来协同工作,共同对外提供数据存储和业务访问服务。简单来说,云存储就是将存储资源放到云上供人存取的一种服务,使用者可以在任何时间、任何地方,通过网络方便灵活地存取数据。

二、检测、认证、上市

(一)交易规则

为实现公平、公正、公开的交易,任何交易市场都应制定完整、合理的交易规则,通过规则建立公平、公正、公开的交易。云计算市场作为一个交易市场,其交易规则必然符合一般市场的交易原则。

市场交易原则就是市场交易活动中必须遵循的规则和秩序的根据。市场交易原则主要包括自愿、平等、公平、诚实信用。它们从不同的方面,规范着市场上买卖双方的交易方式和交易行为。

1. 交易规则的作用

遵守市场交易原则,是保证市场交易活动有秩序、按规则进行的基本条件。有了这个原则,市场主体从事各项交易活动便有章可循,买卖双方才不致引起不必要的纠纷,从而使交易顺利进行;如果没有这个原则,市场交易必然无秩序,就会陷入混乱的状态。

交易活动是商品服务市场上的基本活动,市场交易原则对于规范经营者和消费者的行为具有至关重要的作用。遵守市场交易原则:微观上,有利于保护消费者的合法权益和经营者的利益;宏观上,有利于市场经济健康发展,有利于加强社会主义精神文明建设。

市场交易原则从形式上看是人为制定的,它可以被遵守,也可以被破坏,但这只是一种表面现象。实际上,不管人们是否了解市场交易原则,在交易活动中总要自觉或不自觉地遵守市场交易原则。例如,在市场交易中,不管是先交货后交钱还是先交钱后交货,总是存在一个时间差。允许存在一个时间差,说明交易双方存在起码的信任关系,说明诚实信用原则在无形中起着作用。遵守市场交易原则,市场秩序就有保证,交易活动就可以正常进行;违背市场交易原则,市场秩序就会受到破坏,交易活动就无法正常进行。这关系到每个人的切身利益。可见,坚持市场交易原则并不是仅仅出于人们的良好愿望,而是市场交易活动的客观要求。

2. 交易规则的原则

自愿原则是市场交易的基本原则。强买强卖,"搭配"销售,是违反"自愿"交易原则的。特别是"搭配"销售,是销售者利用某种商品短缺而强迫消费者购买劣次商品的一种销售行为,是变相的"强卖"。实行自愿原则,就是基于双方是不同的利益主体,出发点和意愿不同,使得任何一桩交易都必以自愿为原则,交易条件应该为双方所接受,不能使一方屈从于另一方的意愿。

平等是市场经济的一般特征,也是市场交易的重要原则。平等,是指在商品服务市场上,尽管交易双方是以购买者和销售者的不同身份出现,但都是地位平等、机会均等的市场主体。市场经济是一种平等经济,买卖双方、卖卖双方、买买双方在市场上是一种平等竞争、平等交换关系。任何"势利眼"、"以貌卖货"、以地位和官职高低卖货的现象都是违反平等交易原则的,是对市场秩序的破坏。商品是"天生的平等派",它要求同样的商品卖同样的价钱,实现等价交换。为了实现等价交换,市场不管交易双方的身份和地位如何,要求买卖交易双方地位平等、机会均等,是一种平等竞争、平等交换的关系。实行平等原则,就是基于交易双方是地位平等、机会均等的市场主体,不存在谁比谁优越或谁对谁恩赐的问题;实行平等原则,就是对每一个市场交易主体而言,都应享有人格尊严、得到尊重的权利。

公平是市场交易的灵魂,是衡量市场交易活动是否有序和规范的试金石。公平的行为是指在交易中明码标价、秤平尺准、童叟无欺;而缺斤少两、坑蒙拐骗、黑市交易等现象,则是违反公平的市场交易原则,消费者的利益就会受到损害,甚至消费者的生命也会受到侵害。公平的市场交易活动一旦遭到破坏,种种矛盾和纠纷就会不断出现。公平原则是把消费者作为弱者来保护,这是因为在交易过程中,经营者可以利用所拥有的场所、设备和工具,为自己谋取不正当的利益。尽管从交易过程表面看是"自愿"和"平等"的,实际上是不等价交换,构成了对消费者权益的侵害,造成了不公平的后果。如一方缺斤短两、一方自愿购买,从表面看,这种市场交易活动似乎是自愿平等的。实际上,消费者是在不知情的情况下购买这种商品的,并不是真正自愿的行为,并不是真正处在平等的地位。即使说消费者自愿购买,由于消费者的知情权受到侵害,受到坑蒙拐骗,这种交易活动也是不公平的。仅有自愿平等的原则并不能保证市场交易具有公平的结果,实行公平原则是实现市场交易规范有序的灵魂。

诚实信用是现代市场交易活动的基本精神。例如,市场上假冒伪劣、掺杂使假、以次充好、非法销售等种种现象,都是违背诚实信用原则的。这种现象的存在,对建立正常的市场经济秩序危害极大。

3. 交易规则的内容

在新疆中亚商品交易中心交易的云计算产品,是指符合交易中心对云计算的交付验收环节进行标准化规定,并可以交付、度量、监控的云计算资源及服务。目前,交易中心批准上市参与交易的首期产品种类为云主机和云存储。

交易时间为北京时间每周一至周五(国家法定节假日除外),交易时间为交易日的 9:00 至 16:00。交易中心认为必要时,可以调整交易时间或暂停交易,并另行公告。

应需挂牌交易系统的交易报价是含税报价,卖方交易商须向买方交易商开具发票。

(二)交易参与方

会员是指经交易中心审核批准的,在交易中心授权范围内从事交易中心经纪或自营等授权业务的企业法人或者其他经济组织。

交易商是指经交易中心审核批准的,通过云计算交易系统从事交易活动的企业法人、其他经济组织和合格的自然人。交易商可通过交易中心会员或分中心介绍,也可通过网络注册与交易中心签约参与交易。交易中心将为交易商提供唯一的交易系统登录账号,交易商自行设定并管理其交易商交易密码。交易商登录交易系统后,方可进行交易。

交易商可由经纪商介绍获得交易账号,也可通过交易中心网站(www.xjcace.com)注册正式账号(非浏览用户账号),填写并完善相关信息,经交易中心审核通过即可成为交易商。

1. 申请成为交易商(企业法人及其他经济组织)须具备的条件

(1)经工商行政管理部门登记注册,具有相关云商品、云服务行业背景的独立企业法人;

(2)具有固定的经营场所、必要的组织机构、专职的工作人员和完善的规章制度;

(3)遵守国家法律法规,具有良好的资信和商誉,无违法记录的企业法人;

(4)承认并遵守本交易中心的交易规则及本交易中心另行颁布的其他规章制度;

(5)交易中心要求具备的其他条件。

2. 交易商的权利

(1)参加交易中心举办的相关活动;

(2)使用交易中心提供的有关设施;

(3)享用交易中心提供的结算、交收服务;

(4)享用交易中心提供的市场行情信息和有关服务;

(5)对交易中心工作进行监督,提出批评或建议;

(6)按规定程序申请或注销交易商资格;

(7)在交易中心进行应需挂牌交易;

(8)按规定可享有的其他权利。

3. 交易商的义务

(1)遵守国家法律法规及交易中心的规章制度,接受监督管理,配合交易中心的工作;

(2)保护好自己的交易账号和交易密码,并对使用其交易账户所产生的后果负责;

(3)主动、及时地了解交易中心发布的信息、公告和各项制度;

(4)严格履行电子合同,对于成交的电子合同承担风险和法律责任;

(5)维护交易中心声誉,按规定缴纳各项费用;

(6)发生重大情况时,应及时报告交易中心;

(7)保证提供材料的真实性,并承担相应的法律责任;

(8)交易中心规定应履行的其他义务。

云计算交易市场同样会对供应商的产品制定准入标准,以保证入市交易的云计算产品的品质。该类标准会从交易商技术人员标准、云计算产品宿主机机房的标准、云计算产品宿主机的标准以及云计算产品的参数标准对云计算产品作出规定。

上市供应商是指通过上市推荐,符合交易中心规定的云计算厂商标准,得到认证的云计算产品供应商。上市供应商可以进入商品池参与应需挂牌交易。

为提高云计算的服务合同实施能力,对云计算供应商的资金要求如下:国内云计算供应商的注册资金应不少于100万元人民币;国外云计算供应商注册资金不少于等值100万元人民币。云计算供应商的注册资金发生变化的,应该在1个月内及时更新交易中心备案。

对云计算供应商的专业云计算技术人员要求如下:国内云计算供应商的专业云计算技术人员应不少于10人;国外云计算供应商针对国内客户服务的专业云计算技术人员应不少于10人。云计算供应商的专用云技术人员人数发生变化的,应该在1个月内及时更新交易中心备案。

云计算供应商对其提供云计算服务的IDC机房必须执行24×7的运维管理。

对云计算供应商的客户服务要求如下:云计算供应商提供服务支持网站或者专用客服支持电话;客服支持网站24×7运行,对于客户的服务请求,在接收到服务请求起2小时内必须进行首次响应;客服支持电话至少5×8运行,对于客户的服务请求,在接收到服务请求起4小时内必须进行首次响应。

云计算供应商IDC机房必须符合国家标准《电子信息系统机房设计规范》(GB50174)、《电子信息系统机房施工及验收规范》(GB50462)、国家建筑标准设计标准图《电子信息系统机房工程设计与安装》(GJBT1093)。云计算供应商IDC机房达到国家标准机房的B级标准(B级对应TIA/EIA-942的T2);建议云计算供应商提升IDC机房以达到国家标准机房的A级标准(A级对应TIA/EIA-942的T4)。云计算供应商IDC机房必须有2路独立电力供应,彼此互为备份。云计算供应商IDC机房须部署备用电力设备:备用电力设备可以是UPS设备或者后备发电机组;UPS存储电能或者后备发电机组存储发电燃料至少支持机房设备满负荷4小时运行。云计算供应商IDC机房至少有一条稳定链路与主干互联网相连接。云计算供应商IDC机房与主干互联网的连接带宽最低为100Mb,平均延时须小于20ms。

(三)上市交易方式

推荐上市是指交易中心指定具有推荐资质的机构或个人对参与交易中心交易的经认证的卖方交易商进行审核,确保卖方交易商的企业资质、服务承诺等符合法律、行政法规以及交易中心的相关要求,并推荐其产品在交易中心上市交易的行为。其中,认证是指交易中心指定具有质量检测资质的机构或个人,对卖方交易商的商品或服务进行初步检测及评定,并对符合交易中心相关产品质量标准要求的供应商授予证书的行为。检测和评定是指需要通过云计算服务等级协议(C-SLA),即交易中心根据交易商提供的云计算产品及服务的品质、水准、性能等方面进行客观评级的标准。

1. 检测

云计算作为一种新的IT运营模式,确保可靠的服务质量(QoS)至关重要。云计算的核心思想,是将大量用网络连接的计算资源统一管理和调度,构成一个计算资源池向用户按需服务。它为用户提供了一个高性能计算环境、高度弹性的可计算平台,以及准确、安全、可靠且稳定的计算资源和存储资源。然而,近年来国际主流的云计算系统和应用均暴露出不同程度的可靠性和安全性问题,例如:

(1)Google应用引擎平台宕机。

2009年7月3日,Google App Engine遭遇"数据仓库操作延迟增加、错误率上升"等故障。这次故障持续了约6小时,更糟糕的是,在Google更新Google Groups上的消息时,App Engine Status网页却因这次故障而完全无法访问。据悉,这次Google App Engine故障不仅造成用户的经济损失,甚至影响了Mac版Chrome浏览器的开发。2010年2月25

日,Google 支持第三方网络应用的 App Engine 平台再次发生宕机故障,所有存放的第三方应用陷入瘫痪,殃及绝大部分网络应用。整个平台瘫痪时间超过 2 小时。

(2)Google Gmail 和日历服务中断。

2010 年 2 月 23 日,Google Gmail 出现故障,持续时间长达 2.5 小时,这次故障导致全球数以百万计的用户在几小时内无法访问账户,经济损失无法估量。由于此次服务器故障,Google 将针对企业的 Google Apps 高级版订户的付费时间延长 15 天。2010 年 10 月 12 日到 2010 年 10 月 19 日,Google 的日历服务中断了 8 天。这起事故让 0.2% 的 Google 日历用户中断了多天的访问。

(3)Google Voice 服务宕机。

2010 年 11 月 23 日,Google Voice 网络电话服务再次发生宕机事故,部分 Google Voice 用户无法拨出或接听电话。这次宕机事故只是 Google Voice 多个问题中的一个。2010 年 11 月 2 日和 5 日都发生了类似的宕机事故。

(4)亚马逊 S3 服务故障。

Amazon 的云存储平台 Simple Storage Service(S3)在 2008 年 7 月出现了服务故障,故障持续了 8 个小时之久,依赖 S3 进行文件存储的在线公司因此蒙受了损失。S3 在 2 月份的时候也出现过一次类似的故障,当时该故障持续了 2 个小时。

(5)亚马逊 EC2 云计算服务遭到僵尸网络攻击。

2010 年 4 月,亚马逊基于云计算的 EC2(弹性计算云)服务在一个星期内接连发生了两起故障,一起是僵尸网络引起的内部服务故障,另一起是在弗吉尼亚州的一个数据中心发生的电源故障。

云计算代表 IT 领域向集约化、规模化与专业化道路发展的趋势,是一种面向互联网的 IT 资源交付和使用模式,但它在整合 IT 资源、提高资源利用率的同时,其性能、安全可靠性问题备受关注。因此,专业性的云计算系统测试是解决目前云计算故障问题、保证云服务 QoS 的一个重要手段。

从测试云的角度来讲,可以有两种界定:一种是界定为云计算系统功能和标准符合性测试、云计算系统性能测试以及云计算系统安全可靠性测试;另一种是界定为云服务用户端测试和云服务中心测试。

就第一种界定而言,云计算系统软件的发展及应用与其相应的技术标准或规范是分不开的,衡量一种云系统是否能够符合用户需求,从很大意义上讲,就是在衡量它们所提供的服务的正确性以及是否符合技术标准或规范,即计算系统功能和标准符合性测试。虽然目前云计算相关标准不是很统一,但就云计算特征和主要功能来说,各家还是比较统一的,如分为三个层次:SaaS、PaaS 和 IaaS,要实现资源池及其调度管理,任务的分解、调度和执行,按需自助服务,服务计费,工作流管理,虚拟化平台以及门户应用等一些主要功能。如果就 SaaS 来说,可以进行的是 Web 服务测试,一个很重要的方面就是测试其是否符合规范,包括 UDDI、XML、SOAP、WSDL 等,只有符合这些规范,才能向用户提供正确的 Web 服务,因此 Web 服务测试所使用的方法和技术可以被云服务测试所借鉴和引用。云计算服务测试的目标是确保云服务为给定的请求传递期望的应答。

而云计算性能测试的目标是验证在各种负载情况下云计算服务的性能。进行性能测试的最佳方式是使得多个测试客户运行完整的云服务测试,包括请求提交和应答验证。性能测试不仅通过指定的并发请求数目来监视服务器的响应速率,还要测试各类负载是否会导致云服务功能性故障。因此,要求云服务性能测试工具能够设置或者定制性能测试场景(主要是指定负载等级、负载分布等)来执行云性能测试套件。根据高性能计算系统常见的应用场景,云计算系统性能测试可设置的场景主要包括 bell 曲线、缓冲区测试、线性增加和稳定负载。这样,通过使用不同的测试场景来使用不同的测试,同时还应支持跨越远端的云服务器分布虚拟用户,从而模拟极限测试与压力测试。

云计算系统安全可靠性测试的采用主要是以系统评估为主、测试为辅的方法。因此,也需要对现有的云计算系统进行提炼,总结出普遍适用的云计算模型,进而能通过云计算模型得到云计算的安全可靠性模型,在这个模型下对云计算系统的安全可靠性进行评估。云计算系统的安全可靠性模型主要是由一些评价指标构成,这些指标要能完整地描述系统可靠性要求的各个方面,指标之间应减少交叉,防止相互包含,要具有相对独立性。模型的结构也决定了指标之间的组合关系,这些关系与云计算系统的应用类型有关。测试人员通过测试或评估收集这些指标值,这些指标值通过模型提供的结构组合在一起,它与其他测试的结果最终构成了对云计算系统的安全完整的评价。

而在第二种界定中,对用户端的测试重点是访问连接,访问连接主要是用户端的 Web。云服务中心的测试重点是向用户交付所需的资源,包括基础设施、应用平台、软件功能等,由资源层、资源管理层、服务管理层和访问管理层提供服务。

(1)资源层。

资源层是构建云测试平台的基础,它包括服务器、存储和网络设施等。资源层由资源管理层管理,负责高并发量的用户请求处理、大运算量计算处理以及云数据的存储等。

(2)资源管理层。

资源管理层监控和管理平台资源的使用情况,迅速反应,完成节点同步配置、负载均衡配置和资源监控等工作,确保资源能顺利分配给合适的用户,动态地部署、配置和回收资源。

(3)服务管理层。

服务管理层提供管理和服务,对云用户和用户选择的云测试服务进行管理。云测试服务部署在服务管理层,是平台的核心内容。

(4)访问管理层。

访问管理层提供云用户请求服务的交互界面,根据用户请求转到相应的程序,是用户使用云平台的入口。

这四层包括硬件和软件,共同构成了云服务中心平台要测试的内容。目前,云服务中心测试的内容主要包括如下 20 个方面:

(1)硬件环境。

测试软件在不同应用场景下对硬件环境的要求。

(2)软件环境。

测试软件对不同运行平台(如操作系统、数据库、浏览器等)的适应性。

(3)虚拟化测试。

虚拟化是云计算数据中心的一个最为明显的特征。虚拟化测试在物理环境中的延迟、吞吐量等指标,在虚拟环境里必须用虚拟端口的方式去测试。

(4)响应时间测试。

响应时间的测试方法主要有两种：一种是基于真实服务器的业务响应时间测试，此测试结果包含了中间网络设备与服务器两部分处理延迟时间；另一种是通过测试模拟服务器快速响应请求，这种测试方法可以尽量减少服务器端处理延迟的影响，得到近乎纯粹的网络处理延迟时间。

（5）性能。

进行云服务中心平台的性能和压力测试。云计算性能测试的目标，是验证在各种负载情况下云计算服务的性能。进行性能测试的最佳方式是使得多个测试客户运行完整的云服务测试，包括请求提交和应答验证。性能测试不仅通过指定的并发请求数目来监视服务器的响应速率，还要测试各类负载是否会导致云服务功能性故障。因此，要求云服务性能测试工具能够设置或者定制性能测试场景（主要是指定负载等级、负载分布等）来执行云性能测试套件，根据高性能计算系统常见的应用场景，云计算系统性能测试可设置的场景主要包括 bell 曲线、缓冲区测试、线性增加和稳定负载。这样，通过不同的测试场景来使用不同的测试，同时还应支持跨越远端的云服务器分布虚拟用户，从而模拟极限测试与压力测试。

（6）安全性。

进行漏洞扫描、访问控制等安全性测试，测试云防火墙及防病毒软件等。

（7）可靠性测试。

云计算系统可靠性测试主要采取以系统评估为主、测试为辅的方法。云计算系统的可靠性主要是由一些评价指标构成，这些指标要能完整地描述系统可靠性要求的各个方面，指标之间应减少交叉，防止互相包含，要具有相对独立性。测试人员通过测试或评估来收集这些指标值，这些指标值通过模型提供的结构组合在一起，与其他测试结果最终构成了对云计算系统的完整评价。

（8）服务配置或重配置测试。

私有云、公有云或者混合云都应该在需求增加或者不需要的时候重新配置服务，这种配置和重配置要在基于云的测试计划中模拟。

（9）分布式云测试。

基于云的软件应用可以在不同地理位置使用，这种地理分布以及各种 ISP 提供的服务需要进行实际测试模拟。

（10）多租户测试。

基于云的软件应用具有多租户性，目的是使在不同层级上的客户端分离，并结合不同的 Web 服务器、分离的数据库服务器或者同一服务器上的数据库层的数据分离。测试计划可能需要为这些内容设计账户并设计合适的测试。

（11）功能降低测试。

在同一时间，过多用户登录并使用应用的时候，基于云的软件应用服务器应该完全降低性能，而不是超负荷。

（12）连接或断开操作测试。

基于云的软件应用只为连接模式设计，或者互联网连接到服务器可用的时候。客户端不会存储任何内容，服务器端应用存储所有数据。断开模式允许基于云的软件应用可以在连接或者断开模式中工作。在断开模式中工作时，数据本地化存储；互联网到服务器连接可用时，本地存储数据同步到服务器。如果这个功能只为基于云的应用设计，测试计划就需要有所体现。

(13)架构测试。

架构主要由用户界面层、逻辑层和虚拟机管理层组成。用户界面负责获得用户输入以及返回测试输出;逻辑层负责包括代码和测试用例在虚拟机上的部署,以及收集虚拟机性能数据和虚拟机返回结果,最后汇总成报告;虚拟机管理层负责虚拟机的建立、回收,以及监控虚拟机的性能等任务。

(14)云可移植性测试。

私有云和公有云混合时,基于云的应用的可移植性不能看作是理所当然的事情。测试计划应该包括高层次功能,确保云可移植性。有时甚至是在私有云中,如果系统安装的Web 服务器或者数据库服务器不完全一样,就可能会遇到奇异的应用行为。如果私有云服务器上的例子完全在控制之中,公有云就需要彻底测试,只为确认一下。

(15)验证测试。

①关键技术验证:提供虚拟化技术、分布式存储技术、海量数据管理、分布式资源管理、服务器协同技术等云计算关键技术验证服务。②需求验证:提供测试需求、用户需求验证服务。③架构验证:提供私有云、公有云、混合云、联合云的架构验证服务。

(16)云平台测试。

提供数据中心基准、虚拟机安全性、云计算平台兼容性测试等服务。

(17)云设施测试。

提供基准测试、存储能耗、基础设施兼容性、安全性测试等服务。

(18)云应用测试。

提供应用的功能、性能、可靠性、稳定性、易用性等测试服务。

(19)软件测试。

软件测试应用现有的软件测试技术展开测试。

(20)标准符合性测试。

测试云服务中心平台的软件协议、接口、数据等的标准符合性。

一方面,云测试还处于起步阶段,理解云测试还要经历一个过程。随着云计算服务的发展,云测试也会快速演进。另一方面,云计算的 QoS 保证是提高云用户服务满意程度、云资源利用率、云服务商利益、云服务商市场竞争力以及持续发展的关键。由于云服务模式的多样性、资源的虚拟化以及用户需求的动态变化,相比于传统的电信服务、网络服务和网格服务,云计算的 QoS 实现更为复杂。

目前,云服务 QoS 保证通过 SLA(Service Level Agreement,服务等级协议)来实现。Amazon EC2 支持的 SLA 提供了"可用性"服务保证,称为"全年运行时间百分比",不小于99.95%;SLA 违约由用户监测和申明。GoGrid 的服务"可用性"指标包括服务器正常运行时间、存储的可用性和主要 DNS 服务的可用性,并且提供了与网络性能相关的一些监测指标,比如时延、分组丢失率等。3Tera 虚拟数据中心提供了"可用性",保证 VPDC SLA,3Tera 的目标是实现 100% 的可用性保证(99.999%),VPDC 的可用性由 3Tera 监测。而国内的云服务提供商的 SLA 随着云计算产业的发展也变得更加详细,以阿里云为例,目前,阿里云提供三种类型的 SLA:云服务器 SLA、关系型数据库 SLA 和开放存储服务 SLA。

阿里云提供的云服务器(Elastic Compute Service,ECS)是一种处理能力可弹性伸缩的计算服务,其管理方式比物理服务器更简单高效,能够快速构建业务系统,降低开发运维的难度和整体 IT 成本。ECS 是整合了计算、存储与网络资源的 IT 基础设施能力租用服务,支持弹性扩容,并提供基于云计算模式的按需使用和按需付费的结算功能。阿里云服务器(ECS)服务等级协议的服务等级指标涵盖以下方面:

(1)数据持久性。

数据持久性按服务周期统计,一个服务周期为一个自然月,如不满一个月不计算为一个服务周期。数据持久性计算公式为每个服务周期完好数据的云服务器磁盘除以每个服务周期完好数据的云服务器磁盘与每个服务周期丢失数据的云服务器磁盘之和,即每 100 000 个 ECS 云服务器磁盘,每月数据不丢失的概率为 99.999%,每月最多只有 1 个 ECS 云服务器磁盘可能发生数据丢失。

(2)数据可销毁性。

在用户主动删除数据或用户服务期满后需要销毁数据的,阿里云将自动清除对应物理服务器上磁盘和内存数据,使得数据无法恢复;云服务所用的设备在报废弃置、委托维修或转售前,阿里云将对其物理磁盘采用消磁操作,消磁过程全程视频监控并长期保留相关记录。阿里云定期审计磁盘擦除记录和视频证据以满足安全合规要求。

(3)数据可迁移性。

用户启用 ECS 时,阿里云提供镜像复制和快照恢复的方式,以便于用户快速部署环境并迁入数据;用户停止使用 ECS 时,可以通过网络自行迁出数据。

(4)数据私密性。

阿里云使用加密和安全组隔离等手段保证同一资源池用户数据互不可见,其中,安全组通过一系列数据链路层、网络层访问控制技术实现对不同用户资源的隔离。

(5)数据知情权。

用户对于数据、备份数据所在数据中心的地理位置、数据备份数量具有知情权,其中:①目前,阿里云数据中心分别位于杭州、青岛、北京、香港,用户在开通云服务时,必须根据地理位置选择相应的数据中心,用户数据将存储在其指定的数据中心。②阿里云服务具备自动数据备份功能,备份数量详见相关技术文档,备份数据默认与源数据存储在同一个数据中心。用户无须指定数据自动备份数量及自动备份数据所存储的位置。③除因当地法律法规,或政府监管部门的监管、审计要求,用户的所有数据、应用及行为日志不会提供给第三方。除用于阿里云的产品运行状态的统计分析,用户的行为日志不会对外呈现用户个人信息数据。用户在阿里云中国境内数据中心的所有数据不会被存于境外的数据中心,也不会被用于境外业务或数据分析。

(6)数据可审查性。

依据现行法律法规或根据政府监管部门监管、安全合规、审计或取证调查等原因的需要,在符合流程和手续完备的情况下,阿里云可以提供用户所使用的服务的相关信息,包括关键组件的运行日志、运维人员的操作记录、用户操作记录等信息。

(7)服务功能。

云服务器具有自助管理、数据安全保障、自动故障恢复和防网络攻击等高级功能,ECS 适用于社区网站、企业官网、门户网站、电子商务网站、SaaS 应用、游戏类应用等。ECS 服务的所有具体功能可详见阿里云在官网上提供的详细说明文档、技术文档及帮助文档。ECS

所有可能影响用户的功能性变更都将向用户公告。

(8)服务可用性。

服务可用性不低于99.95%。

ECS可用性＝每个服务周期单台云服务器所有可用时间/（每个服务周期单台云服务器所有可用时间＋每个服务周期单台云服务器所有不可用时间）

其中:①ECS可用性按服务周期统计,一个服务周期为一个自然月,如不满一个月不计算为一个服务周期,统计的业务单元为单个ECS实例,时间单位为分钟。②不可用时间:ECS所提供的服务在连续5分钟或更长时间不可使用方计为不可用时间,不可使用的服务时间低于5分钟的,不计入不可用时间,ECS不可用时间不包括日常系统维护时间,由用户原因、第三方原因或不可抗力导致的不可用时间。

(9)服务资源调配能力。

ECS提供多种配置并具备弹性扩容能力,用户可根据需要按照阿里云配置方案自行在线扩展或缩减所使用的ECS资源。用户可在10分钟内启用或释放100台云服务器,或在5分钟内完成停机升级CPU和内存,并支持在线实时升级公网带宽。

(10)故障恢复能力。

阿里云为付费用户的云服务提供7×24小时的运行维护,并以在线工单和电话报障等方式提供技术支持,具备完善的故障监控、自动告警、快速定位、快速恢复等一系列故障应急响应机制。

(11)网络接入性能。

用户在开通阿里云ECS服务时,可自主选择每个ECS实例所需的公网出口带宽,公网出口带宽可配置的范围是0～200Mbps。阿里云采用BGP多线接入,保障用户的网络接入质量。

(12)服务计量准确性。

ECS服务具备准确、透明的计量计费系统,阿里云根据用户的ECS实际使用量据实结算,实时扣费,具体计费标准以阿里云官网公布的有效的计费模式与价格为准。用户的原始计费日志默认最少保留3年备查。

(13)服务赔偿条款。

赔偿范围涵盖因阿里云设备故障、设计缺陷或操作不当导致用户所购买的ECS服务无法正常使用,阿里云将对不可用时间进行赔偿,但不包括以下原因所导致的服务不可用时间:①阿里云预先通知用户后进行系统维护所引起的,包括割接、维修、升级和模拟故障演练;②任何阿里云所属设备以外的网络、设备故障或配置调整引起的;③用户的应用程序或数据信息受到黑客攻击而引起的;④用户维护不当或保密不当致使数据、口令、密码等丢失或泄漏所引起的;⑤用户自行升级操作系统所引起的;⑥用户的应用程序或安装活动所引起的;⑦用户的疏忽或由用户授权的操作所引起的;⑧不可抗力以及意外事件引起的;⑨其他非阿里云原因所造成的不可用。

赔偿方案根据产品付费模式的不同也相应不同:①包年包月预付费模式ECS:每个ECS实例按不可用时间的100倍赔偿,赔偿仅限故障ECS实例服务时长的补偿,不适用于折算现金及代金券;②按量付费模式ECS:每个ECS实例故障赔偿＝故障前24小时平均每分钟费用×不可用时间×100,如果没有到24小时,按实际使用时长计算平均值,按量付费均以代金券形式赔偿;③按故障时间×100/台赔偿,赔偿总额不超过支付的单台云服务器费用总额。

2. 认证

认证是指交易中心指定具有质量检测资质的机构或个人,对卖方交易商的商品或服务进行初步检测及评定,并对符合交易中心相关产品质量标准要求的供应商授予证书的行为。

供应商资格认证程序是为了规范供应商的管理,从源头控制与供应商合作的风险,确保供应商稳定、有效地提供符合要求的产品和服务。对于取得认证的供应商,交易中心将授予证书。证书有固定的格式,并且有一定的有效时间。

同时,我国也在积极推进云服务认证工作,我国可信云服务认证工作于 2013 年 10 月启动,是我国目前唯一针对云服务的权威认证体系,由数据中心联盟和云计算发展与政策论坛联合组织,目前已经取得显著成果。据工业和信息化部通信发展司副司长陈家春介绍,可信云服务认证包括云主机服务、对象存储服务、云数据服务、云引擎服务、块存储服务五大类。此次国内的可信云服务认证依据三个标准:《云计算服务协议参考框架》《可信云服务认证评估方法》《可信云服务认证评估操作办法》。这三个标准明确了企业资质的合法性、云服务承诺的完备性和规范性,以及服务协议(SLA)的完备性和规范性,最后是云服务承诺的真实性。可信云服务认证自建立评估标准到组织评估测试,一直秉承客观、公正、公开的原则。以云主机为例,测评标准分为数据资产、服务保障、责权利三个方面,包含数据存储的持久性、数据私密性、服务可用性等共计 16 项指标,采取服务协议审查、证明材料审查、技术测试和实际考察及监测 4 种评估手段,整个评估流程需经过文档核查、技术测评、现场查验、专家评审、外部复审等多个环节。可信云服务认证并非一次性评估,认证组织方将对参与认证的云服务进行持续的动态监测。目前,可信云服务认证已经针对参评的云服务启动了云主机和 PaaS 平台的可用性和性能监测,具体检测指标包括单台云主机可用性、单台云主机的基本信息、单台云主机的主机性能以及 PaaS 平台所有服务状态。可信云服务认证有效期 1年,监测情况将作为复核时的参考指标。

2014 年召开的可信云服务大会共有 33 家云服务商的 54 个云服务申请参评可信云服务认证,最终中国电信、中国移动、阿里巴巴、新浪、腾讯、世纪互联、百度、UCloud、京东、蓝汛、华为、网宿、上海有孚、奇虎 360、金山、浪潮、万国数据、苏州国科、甘肃移动 19 家云服务商通过了认证。

在可信云服务认证的体系下,云服务商的服务将有"尺度"可以丈量,云计算服务商服务协议的规范以及运维管理的方法都将得到认证和评估,而且用户可以根据这些评估认证结果选择优质的云服务,获得可信、安全、高质量的服务,从而推动我国云计算产业健康、有序发展。

因此,交易中心对云计算产品的检测认证,是指对申请进入交易中心进行云计算产品交易的云计算产品服务供应商(以下简称"供应商")的准备上市交易的云计算产品及服务,实施技术标准符合性、合规性、安全性等检测认证工作。

供应商在申请获得交易中心云交易市场推荐资格之前,必须先进行产品服务检测认证;检测认证机构根据交易中心的要求,至少每 3 年对上市认证供应商产品服务进行一次全面的检测认证。

本规定所称的检测认证机构应按照交易中心或云计算产品服务检测认证标准机构有关

认证认可的规定取得资质认定,通过交易中心检验部门的认可,并取得交易中心关于云计算产品服务检测认证授权资格

交易中心检验部门负责检测、认证资格的认定和管理工作,并定期向社会公布通过检测、认证资格认定的机构名单及其业务范围。

检测内容包括但不限于:服务可用性、事故响应、服务弹性与负载公差、数据生命周期管理、技术合规与漏洞管理、变更管理、数据隔离、日志管理与认证、能耗管理等。

具体检测内容和标准按照不同的产品类型来细分,检测并认证分级。产品种类包括但不限于云主机、云存储等。具体内容与要求参照《新疆中亚商品交易中心股份有限公司云计算产品上市供应商入市标准(试行)》。

3. 上市

根据《新疆中亚商品交易中心股份有限公司推荐上市管理办法(试行)》,申请交易中心推荐上市授权服务机构必须具备以下条件:

(1)是中华人民共和国境内注册登记的企业法人或其他经纪组织;

(2)是交易中心的分中心或签约会员单位;

(3)熟悉交易中心的交易规则和相关业务;

(4)拥有良好的经营状况和专业的技术团队;

(5)至少有 1 名高级云经纪师;

(6)交易中心规定的其他条件。

交易中心在接到申请材料后的 5 个交易日内完成审核,并告知其审核结果。申请单位在接到审核通过通知函后,应于 5 个交易日内到交易中心签订有关的法律文件,同时向交易中心缴纳相应费用。申请单位办理完相关手续并结清相关费用后,交易中心向其颁发交易中心推荐上市授权服务机构证书。

推荐上市服务机构享有以下权利:

(1)为经过产品认证检测的卖方交易商提供推荐上市服务;

(2)收取推荐上市服务的相应佣金;

(3)查阅经过产品认证检测的卖方交易商与推荐工作相关的各项材料;

(4)按照交易中心规定,对被推荐上市的卖方交易商进行监督,提出批评或建议;

(5)按交易中心规定注销其推荐上市授权服务机构的资质;

(6)在交易中心网站公示其推荐上市授权服务机构的信息;

(7)交易中心规定或推荐上市协议中约定的其他权利。

推荐上市授权服务机构应履行下列义务:

(1)遵守国家法律、法规、规则及交易中心其他相关规定;

(2)按交易中心有关规定缴纳各项费用;

(3)接受交易中心的监管;

(4)完成推荐上市服务后出具交易商推荐上市报告;

(5)保证其提供报告的真实性、准确性、合法性,并承担相应法律责任;

(6)完成、保存交易商推荐上市报告;

(7)对被其推荐上市的交易商有监督义务;

(8)履行保密义务;

(9)交易中心规定或推荐上市协议中约定的其他义务。

推荐上市授权服务机构可根据需要向交易中心申请注销其推荐上市授权服务机构的资格,或者在接到交易中心撤销其资格的通知后,应当在 15 个交易日内办结以下事项:

(1)结清在交易中心的全部债权、债务;

(2)根据交易中心要求,将由其推荐的交易商妥善移交给交易中心的推荐上市服务机构;

(3)其他应当办理的事项。

在交易中心未批准其申请前,推荐上市授权服务机构仍应对其推荐的交易商负责。

推荐上市授权服务机构出现下列情况,交易中心有权撤销其推荐上市授权服务机构的资格:

(1)损害交易中心形象的;

(2)不按照交易中心的规定缴纳相关费用的;

(3)经确定其提供的交易商推荐上市报告中有明显与事实不符的情况;

(4)对其推荐上市的交易商未做充分的推荐上市辅导的;

(5)违反交易中心规定及相关法律、法规的。

被取消资格的推荐上市授权服务机构,将在交易中心网站上删除其相关信息并公示,终止其余交易中心的授权关系。交易中心对推荐上市授权服务机构实行年审制度,审核未通过的,交易中心有权责令其整改或撤销其推荐上市授权服务机构的资质。

4. 交易方式

新疆中亚商品交易中心采用电子合同的形式进行交易。电子合同是指交易商通过交易中心交易系统的电子信息网络,以电子数据的形式达成商品买卖或相关服务的协议。云计算电子合同报价以人民币计价,计价单位为元。

云计算电子合同的基础条款包括但不限于:

(1)主服务协议;

(2)产品服务清单(订购列表、对应子附件);

(3)授权产品售后服务约定(含联系信息、联系方式等);

(4)云计算服务等级协议(C-SLA);

(5)产品服务续购、升级、扩容约定;

(6)产品服务转售约定;

(7)用户合理使用规则(合规约定);

(8)保密协议。

云计算电子合同的要素包括但不限于:合同名称、交易代码、交易商(名称、代码)信息、品牌(名称、代码)、商品(名称、代码、技术架构)、区域(名称、代码)、云计算服务等级协议(C-SLA)、交易报价、交易单位、交易期限、成交单位、服务周期、申报交收时间、各项履约保证金、交易手续费、是否可转让等。

5. 交易种类

交易系统中具有应需挂牌交易和普通挂牌交易功能。应需挂牌交易是指上市供应商或符合资质的会员通过交易中心,将待售商品信息注入交易平台的"商品池",买方交易商按其采购需求进行检索,交易系统挂出保证金充足且符合买方交易商采购条件的商品信息,买方

可选择成交并生成电子合同的一种交易模式。买方交易商若对交易系统中所显示的商品信息不符合买方交易商的预期或不存在符合其需求的商品信息,买方交易商在确保其保证金充足(保证金总量大于购买总额的20%)的情况下,可选择在系统内根据其商品要求进行普通挂牌交易。

上市供应商或符合资质的会员参与应需挂牌交易,并向其在交易中心的交易商资金账户存入足额的保证金。上市供应商或会员存入的保证金大于等于其所挂多个商品中单个商品最高价值量的20%,其所挂牌的所有商品信息都将被检索显示。上市供应商或会员所挂牌的商品一旦成交,则将立刻冻结相应的保证金。上市供应商或会员应及时补足保证金以供交易商进行检索。

普通挂牌交易是交易商根据其云计算产品逐一发布商品信息以供买方交易商选择并购买。在普通挂牌交易系统中,交易商发布商品信息所需的履约保证金按照单个商品价值量的20%进行冻结。卖方交易商经推荐上市后,可通过交易系统录入其商品或服务信息,商品信息应包括但不限于云计算电子合同的要素内容。卖方交易商应如实填写交易商品或服务的真实信息。未经推荐上市的卖方交易商可通过交易系统进行限定数量内的挂牌,须确保其保证金账户内有充足的履约保证金,其挂牌信息最终汇入交易中心云计算资源池以供买方交易商进行检索。卖方交易商可通过应需挂牌交易系统对买方交易商挂牌信息进行检索,对符合其供应的商品或服务通过云计算交易系统达成交易,同时交易中心冻结其相应的履约保证金。交易商双方交易成功后,即进入交收环节;交易中心作为第三方,监督其电子合同履约进度。

另一种交易模式是转售。转售是指买方交易商通过交易系统购买服务后,对其剩余服务周期进行挂牌转卖的交易过程。转售是应需挂牌交易模式的补充。可转售的商品是指在交易系统中被标注为"转售"的商品。协议交收的商品,在商品未交付之前不得参与转售交易。

转售交易商出售商品或服务,需向交易中心提供该商品或服务的原始电子合同,经交易中心审核批准后,方可进行转售挂牌交易。交易商在转售剩余的服务时,要确认服务的剩余时间必须大于该服务购买时的周期单位(天、月、年)。为了维护转售交易中双方交易商的权益,在转售期间交易中心将实行履约保证金制度。转售交易成功后,交易中心作为平台服务方,将监督商品服务商、转售交易商以及买方交易商签署三方协议,以确立各自的权利与义务。转售交易商出售的商品或服务,交易中心将收取一定比例的交易手续费。转售交易商在出售商品或服务时,需向商品服务商支付转售商品或服务价值总量的一定比例作为转售服务费。转售交易商出售的商品服务出现以下情况的,交易中心有权撤销其挂牌交易:

(1)转售的商品服务未经该供应商转售许可;

(2)转售商品规格与原始商品规格不一致的;

(3)转售的商品信息与原始商品信息存在不一致的;

(4)转售商品剩余服务周期进行拆分出售的;

(5)在转售的商品服务期间,其原始服务周期已到期的;

(6)转售的商品服务周期超过原始商品服务周期的;

(7)转售的商品服务存在法律纠纷的;

(8)交易中心认为的其他情况。

6. 结算和交收

交收是指在交易中心组织下,卖方交易商向买方交易商交付商品或服务、开具全额发票、提供其他必要单据以及转移交易商品或服务的相关权利的过程;买方交易商向卖方交易商支付货款、收受商品或服务、开具全额发票与其他必要单据以及验货收货的过程。交收期间买方若对所购买的商品或服务存在异议的,可委托交易中心指定检测机构对商品或服务进行质量检测、性能评估。指定检测机构是指经交易中心核准,对卖方交易商的挂牌商品进行质量检测和性能评估的检验机构。买卖双方在完成交收流程之后,卖方交易商仍需根据双方所签署的服务等级协议履行后续服务。买方交易商在购买商品或服务时应仔细阅读服务等级协议内容。服务等级协议是指卖方交易商根据买方交易商所购买的商品或服务就其品质、水准、性能等方面所达成的双方共同认可的协议或契约。

结算是指交易中心根据交易商电子合同条款和交易中心相关规定,对交易商交易、交收及各项费用等进行资金计算、划拨的业务活动。

交易中心与交易商之间资金划转通过同一结算银行的交易中心结算账户和交易商资金账户进行办理。交易中心为交易商货款提供结算服务,交易中心结算实行"一收一付,先收后付"。卖方交易商按照实际成交情况交付商品或服务并开具发票,买方交易商按照实际成交价格支付货款。交易中心仅为经交易中心核准的交易商及会员提供结算服务。交易中心针对交易商及会员实行履约保证金制度、交收保证金制度和发票保证金制度。保证金是指交易商存入交易中心指定结算账户用于交易的资金。

7. 违约处理

交易商对其名下所有在交易中心成交的合同负有履行合同和承担风险的责任。对交易商的违规、违约行为,交易中心有权依据国家法律法规和交易中心交易、交收规则等有关规定,采取相应的处罚措施。

下列属于应需挂牌交易交收违规行为:

(1)买方交易商未按约定及时支付全额货款的;

(2)卖方交易商未按约定及时提供足额云计算产品的;

(3)卖方交易商交付的云计算产品质量不符合约定标准的;

(4)卖方交易商在规定的期限内未将足额发票送达的;

(5)买方交易商或卖方交易商违反其他约定的。

交易商发生交收违约,交易中心有权通知违约与守约的双方交易商在 24 小时内自行协商。若双方协商不成,交易中心则按照合约约定的违约赔偿标准扣划违约方的资金支付给守约方作为赔偿,由此发生的一切损失概由违约方承担。

会员、交易商之间发生的交易纠纷可自行协商解决、提请交易中心调解。交易中心调解纠纷应在事实清楚、责任明确的基础上,依据国家有关法律、法规和交易中心的规章制度进行。交易中心调解纠纷应当在查明事实的基础上,促使当事各方相互谅解,达成协议。交易中心调解不成的,当事人可以依法提请新疆仲裁委员会进行仲裁。

同时,交易中心履行监管稽查职责,会员、交易商、交易市场相关参与者应当自觉接受交易中心监督。稽查是指交易中心根据其交易、结算、交收等交易规则和交易中心与相关各方签署的书面协议,对会员、交易商、交易市场相关参与者的业务活动及交易行为进行的监督和检查。稽查包括日常检查和专项调查。对日常检查工作中发现的、投诉举报的、监管部门和司法机关等单位移交的或其他途径获得的线索进行审查后,认为有违规行为发生的,交易中心应当予以专项调查。会员、交易商及交易市场相关参与者涉嫌重大违规,经交易中心专项调查的,在确认违规行为之前,为防止违规行为后果进一步扩大,确保违规事件处理的执行,交易中心可以对上述机构或人员采取下列限制性措施:

(1)限期说明情况;

(2)暂停登录新的交易商代码;

(3)冻结资金;

(4)限制交易;

(5)交易中心认为必要的其他措施。

交易中心履行监管职责时,可以行使下列职权:

(1)查阅、复制与交易有关的信息、文件和资料;

(2)对会员、交易商等单位和人员进行调查、取证;

(3)要求会员、交易商等被调查者申报、陈述、解释、说明有关情况;

(4)制止、纠正、处理违规行为;

(5)交易中心履行监管职责所必需的其他职权。

交易中心同时设立投诉、举报电话。投诉、举报人应当身份真实、明确;投诉、举报人不愿公开其身份的,交易中心为其保密。投诉必须符合下列条件:

(1)投诉人必须实名投诉;

(2)有明确的被投诉人,且被投诉人为新疆中亚商品交易中心股份有限公司的会员单位或其他交易市场相关参与者;

(3)有具体的投诉请求和投诉事实;

(4)属于新疆中亚商品交易中心股份有限公司受理投诉的范围和管辖范围。

投诉应当向交易中心市场部递交下列书面资料:

(1)投诉申请书。投诉申请书必须写明:投诉人的姓名、性别、年龄、职业、工作单位和联系方式,法人或者其他组织的名称和法定代表人或者主要负责人的姓名、职务、指定联系人及联系方式;投诉对象;投诉处理请求和投诉事实。投诉人为自然人的,需在投诉申请书上签字;投诉人为法人的,需在投诉申请书上盖章。

(2)投诉主体材料。投诉人为自然人的,提交身份证复印件;投诉人为法人的,提交营业执照副本复印件、组织机构代码证复印件、法定代表人身份证明、法定代表人身份证复印件。

(3)证据材料。即证明所投诉行为的相关证据。

市场部工作人员收到投诉资料后,在 2 个工作日内进行初步审查,资料齐全的予以登记;投诉资料不全的,告知投诉人补充材料。投诉登记后,经审查,认为符合受理条件的,于投诉登记后 3 个工作日内做出受理决定,并通知投诉人;认为不符合受理条件的,应当在投诉登记后 3 个工作日内决定不予受理,并书面告知申请人。对于受理的投诉,应及时处理。

会员、交易商以及交易市场相关参与者有多种违规行为的,交易中心可采取"分别定性,数罚并用"的处理措施;多次违规的,从重或加重处罚。

会员存在以下行为之一的,交易中心责令其改正,并依情节轻重,给予警告或提出公开批评;公开批评累计达到 3 次的,撤销其会员资格:

(1)未按规定履行审核义务,为不符合入市交易条件的客户办理入市手续的;

（2）拒绝、阻挠交易中心依法对其代理业务行为进行监督检查的；

（3）擅自对媒体发布未经交易中心审核、确认的有关交易中心的信息、言论，造成重大负面影响的，或进行虚假宣传的；

（4）资金、人员和设备严重不足，管理混乱的；

（5）交易中心认为的其他情况。

会员存在下列情况之一，并且在交易中心规定期限内未向交易中心书面报告的，交易中心给予警告或公开批评；情节严重的，撤销会员资格：

（1）变更法定代表人；

（2）变更注册资本或股权结构；

（3）变更名称、住所或者营业场所、经营范围及联系方式；

（4）设立、合并或者终止分支机构；

（5）变更分支机构的营业场所、负责人或者经营范围；

（6）因涉嫌违法、违规受到有权机关立案调查、处罚或者受到其他交易中心处罚；

（7）交易中心认定的其他情况。

会员存在下列情况之一，交易中心撤销其会员资格：

（1）从事非法代理交易业务；

（2）从事非法集资活动；

（3）向交易商收取交易中心规定以外的任何费用；

（4）从事与授权服务范围无关的活动，损害交易中心形象；

（5）泄露交易商的交易信息，利用交易商信息牟利；

（6）违反国家法律、法规或严重违反交易中心有关规定。

交易商具有下列违反交易管理规定行为之一的，责令改正，没收违规所得。情节较轻的，给予警告；情节严重的，给予通报批评或取消交易商资格的处罚。

（1）为伪造虚假的市场行情而进行连续买卖或蓄意串通，按事先约定的方式或价格进行交易或互为买卖，影响或企图影响市场价格的；

（2）利用内幕信息或国家机密进行交易或泄露内幕信息影响交易的；

（3）以操纵市场为目的，用直接或间接的方法操纵或扰乱交易秩序，妨碍交易，损害国家利益和社会公共利益的；

（4）其他违反交易中心有关交易管理规定的行为。

做出会员资格的处罚由交易中心决定，并报交易中心总经理批准。交易中心对违规行为核查后，事实清楚、证据确凿的，依照交易中心交易规则及本办法规定予以裁决并执行。交易中心做出裁决应制作处理决定书。

处理决定书主要包括以下内容：

（1）当事人的姓名或者名称、住所；

（2）违规事实和证据；

（3）处罚种类和依据；

（4）处罚的履行方式和限期；

（5）不服处罚决定申请复议途径和限期；

（6）做出处理决定的日期。

交易中心应将处理决定书送达当事人。处理决定书可挂号邮寄送达。邮件寄出后,市内 3 日、市外 7 日视为送达。处理决定书同时分送有关协助执行部门。交易中心做出的处理决定书自送达之日起生效。当事人对处理决定书不服的,可于决定书生效之日起 10 日内向交易中心书面申请复议一次,复议期间不停止决定的执行。交易中心应于收到复议申请书之日起 1 个月内做出复议决定,复议决定为最终决定。

8. 授权服务机构管理

授权服务机构是指经交易中心审核批准,在交易中心授权范围内从事交易中心授权业务的企业法人或者其他经济组织。交易中心授权服务机构按业务范围分为经纪类会员、自营类会员、综合类会员以及交易分中心、授权培训机构。

(1)经纪类会员,是指经交易中心审核批准的,从事经纪业务以及云计算产品上市推荐等服务的企业法人或其他经济组织。

(2)自营类会员,是指以经营自身产品为交易目的的企业法人或其他经济组织。经交易中心审核批准获得交易通道,在交易所市场内从事自营业务和预售业务。

(3)综合类会员,是指经交易中心审核批准的,同时具备自营类会员资质及经纪类会员资质的企业法人。

(4)交易分中心,是指经所在地省级金融办审核批准,由交易中心与符合资质的大型综合云计算服务商合作成立的分中心。

(5)授权培训机构,是指经交易中心审核批准,同时具备培训资质,得到授权进行云经纪师培训工作的企业法人或其他经济组织。

申请成为授权服务机构,须向交易中心提供下列文件及资料:

(1)关于加入《新疆中亚商品交易中心股份有限公司类会员申请书》(加盖公章);

(2)公司简介(加盖公章);

(3)企业法人营业执照(副本)复印件(加盖公章);

(4)税务登记证(副本)复印件(加盖公章);

(5)组织机构代码证(副本)复印件(加盖公章);

(6)企业法人身份证复印件(加盖公章);

(7)交易中心认为需要提供的其他文件。

交易中心收到符合要求的入会申请材料后,应于 5 个工作日内提出处理意见,提交会员资格审查委员会审核。会员资格经审查委员会审核通过后,交易中心对符合会员条件的申请单位发出入会通知书。

申请单位自收到交易所入会通知书之日起 30 个工作日内办理如下事项:

(1)缴纳授权服务机构资格费,具体费用为经纪类会员 80 万元,自营类会员 120 万元,综合类会员 200 万元,分交易中心 1 500 万元,授权培训机构 50 万元;

(2)缴纳年费 2 万元(第 1 年免收);

(3)在交易中心指定的银行,开设资金专用账户;

(4)与交易中心签署相关授权法律文件;

(5)其他必须办理的事项。

逾期未办理的,视为自动放弃入会资格。

申请单位办理完入会手续后,即正式取得会员资格。交易中心颁发会员证书、授权服务机构铜匦。

授权服务机构按业务范围分别可履行下列权利：

(1)经纪类会员享有下列权利：

①代理交易中心进行市场开发,并根据其业务情况获得相应佣金；

②协助交易商办理交易中心入市交易手续；

③代理交易中心推介交易商品；

④为交易中心推荐上市供应商及自营类会员；

⑤开展会议营销,培训交易商；

⑥享用交易中心提供的市场行情信息和有关服务；

⑦对本市场工作进行监督,提出批评或建议；

⑧按规定程序申请、注销或转让经纪类会员资格；

⑨在交易中心网站公示经纪类会员信息；

⑩其他依法应享有的权利。

(2)自营类会员享有下列权利：

①从事交易中心产品的自营业务；

②代理交易中心推介交易商品；

③有权参与交易中心的"商品池"及预售交易模式；

④交易中心书面委托的其他事项；

⑤享用交易中心提供的市场行情信息和有关服务；

⑥对本市场工作进行监督,提出批评或建议；

⑦按规定程序申请、注销或转让自营类会员资格；

⑧在交易中心网站公示自营类会员信息；

⑨其他依法应享有的权利。

(3)综合类会员享有经纪类会员、自营类会员资格范围内的所有权利。此外,还可进行如下市场行为：

①参与云供应商的上市调查、保荐；

②可开设营业网点,从事网点分支服务；

③高级云经纪师达到3名以上并得到交易中心验收通过的,可以进行云经纪师培训业务；

④经过培训获得云检测认证资格的,可进行认证供应商的检测工作；

⑤向交易中心推荐经纪类会员、自营类会员、授权培训机构及上市供应商。

(4)交易分中心享有综合类会员、经纪类会员、自营类会员资格范围内的所有权利。此外,还能以交易中心的名义实施以下行为：

①独立或与交易中心合作进行交易制度的创新研究；

②独立或与交易中心共同进行云计算商品和市场开发；

③进行相应上市商品市场的推广和维护；

④进行市场开发并向交易中心推荐综合类会员、经纪类会员、自营类会员以及培训机构并获得佣金；

⑤进行市场开发,并获得相应业务佣金；

⑥实施各种级别的云经济师培训业务；

⑦与交易所约定的其他事项。

（5）授权培训机构享有下列权利：

①按照交易所的规定开展招生工作；

②按照交易所的规定开展培训的组织与协调工作；

③实施具体教务工作，包括教材发放、学员资料收集与整理、模拟操作辅导等教务办允许的其他教务工作；

④为学员提供后期培训辅导和其他服务；

⑤交易所书面委托的其他事项。

授权服务机构均应履行下列义务：

①遵守国家法律、法规、本交易规则及交易中心其他相关规定；

②按交易中心有关规定缴纳各项费用；

③接受交易中心的监管；

④及时向交易中心通报其重大变更事项；

⑤保证其提供材料的真实性、准确性、合法性，并承担相应法律责任；

⑥完善客户服务，维护交易中心声誉；

⑦履行保密责任；

⑧其他依法应履行的义务。

授权服务机构资格可转让，可撤销。

授权服务机构资格的转让程序如下：

（1）转让方向交易中心提交书面转让申请；受让方需根据本办法第二十条提交相关资料。

（2）交易中心在收到申请资料后对受让方的资格进行审核，并于5个交易日内给予答复。

（3）交易中心批准后，转让方和受让方签订《新疆中亚商品交易中心股份有限公司会员资格转让协议书》，并在10个交易日内到交易中心办理如下事项：①转让方结清在交易中心内的全部债权与债务；②转让方移交会员资格证书给受让方；③受让方到交易中心签订相关会员的法律文件；④按交易中心规定应当办理的其他事项。

（4）转让价款由受让方支付给转让方，转让价格由转让方和受让方自行协商确定。

（5）交易中心在网站上更新会员的有关信息。

授权服务机构存在以下情况之一的，资格不得转让：

（1）由于经济纠纷、违法或犯罪，接受有权机关立案调查处理期间；

（2）在市场中涉嫌违规的；

（3）取得交易中心会员资格未满1年的；

（4）已被交易中心取消会员资格的；

（5）与交易中心发生债务纠纷尚未了结的。

兼并授权服务机构的法人或与授权服务机构合并后新设立的法人承继授权服务机构资格的，应当向交易中心提出申请，经交易中心审查批准后，方可承继授权服务机构资格。

授权服务机构资格的撤销程序如下：

(1)授权服务机构在经营过程中若出现下列情形之一的,交易中心有权撤销其会员资格:①损害交易中心形象的;②从事非法集资活动的;③不按照交易中心的规定缴纳相关费用的;④未通过交易中心年检的;⑤违反交易中心规定及相关法律、法规的。

(2)授权服务机构接到交易中心取消其会员资格的通知后,应当在10个交易日内办妥下列手续:①结清在交易中心内的全部债权与债务;②退还与交易中心签订的相关法律文件和会员证书;③按规定应当办理的其他事项。

(3)被取消授权服务机构资格的,在交易中心网站上将删除该会员的有关信息并公示,终止其与交易中心的授权关系,会员向交易中心缴纳的相关费用不予清退。

授权服务机构单位有下列情况之一的,应当在10个交易日内向交易中心提供以下书面报告:

(1)变更法定代表人;

(2)变更注册资本或股权结构;

(3)变更名称、住所或营业场所、经营范围及联系方式;

(4)经营状况发生重大变化;

(5)发生50万元以上诉讼案件或经济纠纷;

(6)因涉嫌违法、违规受到有关机关立案调查、处罚;

(7)交易中心要求报告的其他情况。

9. 信息披露及异常处理

交易中心通过网站发布交易中心有关文件和数据资料,向交易商提供交易行情及相关行业综合信息。交易中心、交易商、会员、指定结算银行、指定检测机构等不得泄露在从事与交易中心有关业务中获取的商业秘密,不得发布虚假的或带有误导性质的信息。

在交易过程中如出现以下情形之一的,交易中心可根据情况采取调整开市时间、暂停交易等紧急措施:

(1)因地震、水灾、火灾、战争、罢工等不可抗力或计算机系统故障、网络故障等不可归于交易中心的原因,导致交易无法正常进行;

(2)交易数据出现异常;

(3)交易中心认为的其他情况。

交易中心宣布进入异常情况并决定暂停交易时,一般暂停交易的期限不超过3个工作日。

参考文献

[1]高德纳.云计算需要 7 年才能成熟. http://www.cnbeta.com/articles/76503.htm. 2014—7—19.

[2]http://tech.qq.com/a/20080507/000290.htm. 2014—7—19.

[3]http://tech.qq.com/a/20080421/000290.htm. 2014—7—19.

[4]毛新生.云计算经济学. http://www.eeo.com.cn/2011/0909/211011.shtmlIBM.

[5]http://www.jifang360.com/news/2012125/n297942831.html,2014—7—25.

[6]http://www.china-cloud.com/yunzixun/yunjisuanxinwen/20120401_11009.html,2014—7—23.

[7]http://www.d1net.com/cloud/news/211882.html.

[8]http://internet.yangtse.com/153865/815251270684b.shtml. 2014—7—19.

[9]中国"云计算"的底气. http://finance.sina.com.cn/stock/t/20140730/023519855914.shtml.

[10]中小企业利用云计算服务减少 IT 经济损失. http://www.d1net.com/cloud/vendors/276730.html.

[11]云计算与服务器整合的价值. http://hb.qq.com/a/20120327/001958.htm.

[12]在云计算中如何安全地移动数据. http://dev.yesky.com/110/35552110.shtml.

[13]http://www.d1net.com/cloud/news/276330.html. 2014—7—20.

[14]http://www.jifang360.com/news/201345/n406846692.html. 2014—7—19.

[15]云服务方式的比较与选择. http://www.metalchina.com/members/news.php? id＝576900. 2014—8—17.

[16]惠普云说法.云管理？云服务的保障. http://www.doserv.com/article/2009-11-26/2889085.shtml. 2014—8—17.

[17]Cloud Service Brokerage—2013：Methods and Mechanisms，Service-Oriented Computing-ICSOC 2013 Workshops，2014：135—136.

[18]http://cloud.chinabyte.com/news/234/12586234.shtml.

[19]http://www.d1net.com/cloud/news/77571.html.

[20]http://www.datacenterdynamics.com/focus/archive/2012/03/brokering-cloud；http://blog.sina.com.cn/s/blog_88e4888601011vid.html.

[21]http://www.searchcloudcomputing.com.cn/showcontent_80116.htm.

[22]http://difang.gmw.cn/xj/2014-07/04/content_11834030.htm.

[23]http://www.searchcloudcomputing.com.cn/showcontent_80116.htm.

[24]http://cloudgo.cnw.com.cn/cloud-computing/htm2013/20131028_285214.shtml.

[25]孙建锋.BCC 公司发展云计算业务的商业模式研究[D].辽宁大学,2012.

[26]雷万云.云计算——企业信息化建设策略与实践[M].北京:清华大学出版社,2010.

[27]陈素婷.图书馆网络参考咨询服务模式探究[J].江西图书馆学刊,2010(2).

[28]杜海宁.基于云计算的图书馆海量数据存储研究[J].图书与情报,2010(3).

[29]张秀. 基于云计算的高校数字化图书信息主动服务[J]. 内蒙古科技与经济,2010(23):131－132.

[30]吴赛娥. 2009－2010 年我国图书馆情报领域云计算研究论文计量分析[J]. 情报搜索,2012(4)：17－20.

[31]王长全,艾雰. 云计算环境下的数字图书馆信息资源整合与服务模式创新[J]. 图书馆工作与研究,2010(1):48－51.

[32]Foster, I.,Zhao, Yong, Raicu, I.,Lu Shiying. Cloud Computing and Grid Computing 360-degree Compared. 2010－07－12. http//arxiv. org/abs/arxiv. 0901. 0131.

[33]孔凡娟. 云计算带给图书馆的影响与思考[J]. 图书与情报,2010(2):93－95.

[34]张春明. 云计算应用领域探索[J]. 福建电脑,2011(7):56－57.

[35]阴江烽. 3G 业务在图书馆的扩展应用分析及其关键技术[J]. 河南科技大学学报:自然科学版,2007(8):97－99.

[36]Keren Mills. M-Libraries Information Use on the Move[EB/OL]. http://arcadiaproject.lib.cam.ac.uk/docs/M-Libraries_report.pdf,2009－06－01.

[37]张军雄. 云计算在图书馆未来发展中几个不确定因素的探讨[J]. 现代情报,2010(9):9－10.

[38]吴世忠. 应用密码学——协议、算法与 C 源程序[M]. 北京:机械工业出版社,2000.

[39]W. Diffie, M. E. Hellman. New directions in cryptography. *IEEE Trans on Info. Theory*,1976,22(6): 644－654.

[40]R. L. Rivest,A. Shamir, L. Adleman. A method for obtaining digital signatures and public key cryptosystem. *Comm. ACM*,1978(21):120－126.

[41]D. Boneh, M. K. Franklin. Identity-based Encryption from the Weil Pairing.*CRYPTO*,2001:213－229.

[42]Sahai A., Waters B.. Fuzzy Identity Based Encryption[C]. Advances in Cryptology (EURO-CRYPT 2005). Lecture Notes in Computer Science(3494),Berlin: Springer-Verlag, 2005:457－473.

[43]韩晋,杨岳,陈峰等. 基于非等时距加权灰色模型与神经网络的组合预测算法[J]. 应用数学和力学,2013(4):408－418.

[44]OASIS extensible resource identifier (XRI) TC. http://www. oasisopen. org/committees/xri/.

[45]Identity management. http://en. wikipedia. org/wiki/Identity Management,2010.

[46]Xiaoning Wang, Jian Lin, Yongqiang Zou, and Li Zha. A login shell for computing grid, eScience, 2008. *eScience 2008*. IEEE Fourth International Conference, 2008:762－769.

[47]Zhiwei Xu, Huaming Liao, Haiyan Yu, and Li Zha. Notes on classifying network computing systems. *Chinese Journal of Computers*, 2008,31(9):1509－1515.

[48]L. Youseff, M. Butrico, and D. Da Silva. Toward a unified ontology of cloud computing, Grid Computing Environments Workshop, 2008. GCE 2008, 2008:1－10.

[49]William Stallings. *Croptography and Network Security Principles and Practices*. Pearson Education, 2006:207－208.

[50]金晨辉,郑浩然,张少武,胡斌,史建红.密码学[M].北京:高等教育出版社,2009.

[51]Bruce Schneier,吴世忠等译.应用密码学[M].北京:机械工业出版社,2000.

[52]陈尚志.密钥管理技术研究[D].解放军信息工程大学,2003.

[53]冯登国,裴定一. 密码学引导[M].北京:科学出版社,1999.

[54]Diffie, W., Hellman, M. E. New Directions on Cryptogragy. *IEEE Trans on Info. Theory* 1976,22(6): 644－654.

[55]Ron Rivest, Adi Ashamir, Leonard Adleman. *RIVE*78. MIT, 1977.

[56]Koblitz, N.Elliptic Curve Cryptosystems. *Mathematics of Computation*, 1987, 48: 203－309.

[57]Pohlig, S. C., Hellman, M. E..An Improved Algorithm for Computing Logarithms in GF(p) and Its Cryptographic Significance. *IEEE Trans on Info. Theory*, Vol. 24, No. 1, 1978:106—111.

[58]Aash, A., Duane, W., Joseph, C., Brink, D..公钥基础设施(PKI)实现和管理电子安全[M].北京:清华大学出版社,2002.

[59]Shamir, A. "Identity-based Cryptosystems and Signature Schemes". Proceedings of the Advances in Cryptology-CRYPTO'84. Lecture Notes in Computer Science. Berlin: Springer-Verlag, 1984,196:47—53.

[60]http://www. w3. org/TR/2005/REC-xkms2-20050628/.

[61]Namje Park, Kiyoung Moon, Sungwon Sohn. "A study on the XKMS-based Key Management System for Secure Global XML Web Services". *WSEAS TRANSACTIONS on COMPUTERS*, Issue 2, Volume 2:327—333.

[62]Benatallah, B., Casati, F.. "Distributed and Parallel Database". Special Issue on Web Services. Kluwer Academic, 2002.

[63]Sheth, A., Cardoso, J., Miller, J., Kochut, K. "QoS for Service—Oriented Middleware". Proceedings of 6th World Multiconference on Systemics, Cybernetics and in Informations(SCI 02). Orlndo, Fl, 2002, 8: 528—534.

[64]范小芹,蒋昌俊,王俊丽,庞善喜.随机 QoS 感知的可靠 Web 服务聚合[J].软件学报,2009,20(3):546—556.

[65]Xu, D., Nahrestedt, K.. "Finding Service Paths in a Media Service Proxy Network". Proceedings of the SPIE/ACM Multimedia Computing and Networking Conference(MMCN), 2002: 171—185.

[66]Sheth, A., Cardoso, J., Miller, J., Kochut, K.. "QoS for Service—Oriented Middleware". Proceedings of 6th World Multiconference on Systemics, Cybernetics and in Informations(SCI 02). Orlndo, Fl, 2002, 8: 528—534.

[67]范小芹,蒋昌俊,王俊丽,庞善喜.随机 QoS 感知的可靠 Web 服务聚合[J].软件学报,2009,20(3):546—556.

[68]Xu, D., Nahrestedt, K.. "Finding Service Paths in a Media Service Proxy Network". Proceedings of the SPIE/ACM Multimedia Computing and Networking Conference(MMCN), 2002: 171—185.

[69]Liu, Y.T., Anne, H.H., Zeng,L.Z.. "QoS Computation and Policing in Dynamic Web Service Selection". Proceedings of 13th International Conference on World Wide Web(WWW), 2004: 66—73.

[70]Maximilien, E.M., Singh, M.P.. "Toward Autonomic Web Services Trust and Selection". Proceedings of the 2nd International Conference on Service Oriented Computing(ICSOC), 2004: 212—221.

[71]Tong Hongxia, Zhang Shensheng."A Fuzzy Multi-attribute Decision Making Algorithm for Web Services Selection based on QoS". Proceedings of IEEE Asia—Pacific Conference on Services Computing, IEEE Computer Society, 2006: 51—57.

[72]宋驰.基于用户偏好的启发式 Web 服务组合的研究与实现[D].北京邮电大学,2008.

[73]Wang Ping, Chao Kuoming, Luo Chichun. "On Optimal Decision for QoS-aware Composite Service Selection". *Expert Systems with Applications*, 2009, 37(1): 440—449.

[74]Parejo, A.J., Fernandez, P., Cort EAR. "QoS—aware Services Composition Using Tabu Search and Hybrid Genetic Algorithms". Proceedings of IEEE International Conferenee on Web Service, 2008.

[75]Su Sen, Zhang Chengwen, Chen Junliang. *An Improved Genetic Algorithm for Web Services Selection*. Berlin: Springer, 2007.

[76]Wang Yan, Lin, K.J.. "Reputation-oriented Trustworthy Computing in e-commerce Environments". *IEEE Internet Computing*, 2008, 12(4): 55—59.

[77] Yan，Lin，K. J.. "Reputation-oriented Trustworthy Computing in e-commerce Environments". *IEEE Internet Computing*，2008，12(4)：55—59.

[78]Zhang Jia，Xu Di. "A Mobile Agent-supported Web Services Testing Platform. Proceedings of the IEEE/IFIP International Conference on Embedded and Ubiquitous Computing". *IEEE Computer Society*，2008：637—644.

[79]Chen Huowang，Wang Ji，Dong Wei. "High Confidence Software Engineering Technologies". *Chinese Journal of Electronics*，2003，31(12A)：1933—1938.

[80]Peter Mell，Timothy Grance. The NIST Definition of Cloud Computing. *NIST*，2011(9).

[81]孙磊,戴紫珊,郭锦娣.云计算密钥管理框架研究[J].电信科学,2010(9):70—73.

[82]张啸农.基于 XML 的密钥管理体系的研究[D].长沙理工大学,2007.

[83]施光源,张建标.可信计算领域中可信证明的研究与进展[J].计算机应用研究,2011,28(12):4414—4419.

[84]黄曦.Web 服务器集群负载均衡技术的应用研究[D].重庆大学,2004.

[85]李辉.网络服务器的负载均衡的研究与实现[D].大连海事大学,2003.

[86]S. Sharma，S. Singh，M. Sharma. "Performance Analysis of Load Balancing Algorithms". *World Academy of Science，Engineering and Technology* (PWASET)，2008(28)：269—272.

[87]周幼英,李福超,雷迎春.关于调度算法与 Web 集群性能的分析[J].计算机研究与发展,2003,40(3):483—491.

[88]Y. M. Teo，R. Ayani. "Comparison of load balancing strategies on cluster-based web servers". *Simulation*，2001(77)：185.

[89]胡春华,罗新星,王四春,刘耀.云计算环境下基于信任推理的服务评价方法[J].通信学报,2011,32(12):72—81.

[90]欧阳峰,巫江.企业信息化模式的概念和意义探讨[J].中国管理信息化,2006,9(12):12—14.

[91]谢康.中国企业的信息需求与信息化投资模式[J].管理世界,2000:96—103.

[92]靖继鹏,霍红梅.企业信息化建设及新模式研究[J].情报科学,2003,21(5):449—451.

[93]华经纵横经济信息中心.中国中小企业信息化发展研究报告(2009).

[94]朱泽民.中小企业信息化建设模式的分析与比较[J].企业技术开发,2008(78).

[95]王舰,杨振东.基于云计算的中小企业财务信息化应用模式研究[J].中国管理信息化,2009(17):53.

[96]王舰,杨振东.基于云计算的中小企业财务信息化应用模式研究[J].中国管理信息化,2009,(17):53.

[97]朱泽民.根据《中小企业信息化建设模式的分析与比较》一文的表格整理得到.

[98]赵元.云计算在港口行业中的应用研究[D].北京交通大学,2009.

[99]王舰,杨振东.基于云计算的中小企业财务信息化应用模式研究[J].中国管理信息化,2009(17):53.

[100]赵元.云计算在港口行业中的应用研究[D].北京交通大学,2009.

[101]那罡.保卫云端：云计算时代的安全视角[N].中国计算机报,2011(22).

[102]蒋坡.国际信息政策法律比较[M].北京:法律出版社,2001:292—294.

[103]美国联邦政府电子政府与科技发展办公室. TheFederal Information Security Management Act of 2002[EB/OL].（2010—11—02）[2011—01—10]. http://www. estrategy.gov/../documents/ hr2458word. doc.

[104]朱腾伟,孙占利.信息网络传播立法刍议[J].重庆邮电大学学报:社会科学版,2009(4):46—49.

[105]房晶,吴昊,白松林.云计算安全研究综述[J].电信科学,2011(4).

[106]王泽鉴.民法学说与判例研究(7)[M].北京:中国政法大学出版社,1997.

[107]高阳. 云计算环境下合同问题研究[J].公民与法,2011(12).

[108]高阳. 云计算环境下合同问题研究[J].公民与法,2011(12).

[109]阿里巴巴. 阿里巴巴服务条款.http://info. china. alibaba. com/biznews/pages/alihome/js-fw. html,2013(3).

[110]李松伟. 国内首部"电子商务"公开征求意见. http://do. chinabyte. com/74/112O0574. shtml. 2012(2).

[111]涂兰敬. 英雄难过"安全"关:盘点云计算安全事故. http://server. zol. coni. cn/228/2280114. ht-ml 2012.

[112]吴汉东. 知识产权基本问题研究(总论)[M].北京:中国人民大学出版社,2009.

[113]高阳. 云计算环境下合同问题研究[J]. 公民与法,2011(12).

[114]彭珺. 计算机网络信息安全及防护策略研究[J]. 计算机数字工程,2011(1).

[115]杨立新. 侵权责任法:规定的网络侵权责任的理解与解释[J]. 国家检察官学院学报,2010(4).

[116]吴汉东.论网络服务提供者的著作权侵权责任.国家社科基金重大招标项目《科学发展观统领下的知识产权战略实施研究》的阶段性成果.

[117]张新宝,唐青林. 共同侵权责任论.http://www. civillaw. com. cn/article/default. asp? id-18319. 2012(1).

[118]王迁,凌红. 知识产权间接侵权研究[M].北京:中国人民大学出版社,2008.

[119]文峰. 云计算与云审计——关于未来审计的概念与框架的一些思考[J]. 中国注册会计师,2011 (2).

[120]邓川,杨文莺. 云审计对会计师事务所的机遇、挑战及对策[J]. 财会研究,2012(4).

[121]郝明丽. 海南省战略性新兴产业选择研究[D]. 郑州大学,2012.

[122]李雯雯. 上市公司高管内部薪酬差距影响因素分析[D]. 重庆大学,2012.

[123]冯军政. 环境动荡性、动态能力对企业不连续创新的影响作用研究[D]. 浙江大学,2012.

[124]姜伟. 配电自动化网络无功优化研究[J]. 电气技术,2012(8).

[125]王钰. 我国"科技走出去"战略模式研究:主体、区位、领域和路径[D]. 对外经济贸易大学,2012.

[126]吴炜. 可持续发展观视野下的福建省海洋战略性新兴产业培育研究[D]. 福建农林大学,2011.

[127]刘治强. 国际产业转移趋势与大连新兴产业发展研究[D]. 辽宁师范大学,2011.

[128]杨扬. 中国创业板 IPO 抑价现象实证研究[D]. 北京大学,2011.

[129]张东杰. 嵌入国民财富核算的江苏省产业结构升级研究[D]. 南京航空航天大学,2011.

[130]Hulaas, J., Kalas, D..\"Monitoring of Resource Consumption in Java-based Application Servers\". Proceedings of the 10th HP OpenView University Association Plenary Worksop (HPOVUA 2003), Geneva, Swizerland (2003).

[131]王平. 我国战略性新兴产业发展的现状与国际比较[J]. 东方企业文化,2011(18).

[132]W. Binder and J. Hulaas. \"A portable CPU—Management framework for Java\". *IEEE Internet Computing*, Sep. /Oct. 2004,8(5):74—83.

[133]B. M. Cantrill, M. W. Shapiro, and A. H. Leventhal. \"Dynamic instrumentation of production systems\". Proc. USENIX Annual Technical Conference, 2004:15—28.

[134]Q. Zhang, L. Cherkasova, G. Mathews, W. Greene, and E. Smirni. R-capriccio. \"A capacity planning and anomaly detection tool for enterprise services with live workloads\". In Middleware, 2007.

[135]赵嘉辉. 简论我国新兴能源产业政策的发展定位[J]. 中外能源,2012(1).

[136]崔嘉伟,孟波. 云计算在电子商务领域应用初探[J]. 软件应用,2012(6).

[137]C. Guo,W. Sun,Y. Huang,Z. Wang,and B. Gao. \"A framework for native multi-tenancy application development and managementf\". E-commerce Technology and the 4th IEEE International Conference